普及版

日本が知らない戦争責任

日本軍「慰安婦」問題の真の解決へ向けて

戸塚悦朗
TOTSUKA ETSURO

現代人文社

『普及版　日本が知らない戦争責任』刊行によせて

　初版出版以来10年近くのときが流れました。日本政府が、いわゆる「従軍慰安婦」問題（日本軍性奴隷問題）の解決の決めてとして打ち出した民間基金政策は、被害者側全体との和解を実現することができないまま、アジア女性基金（ＡＷＦ）解散という形で、2007年3月終焉しました。

　この間、日本政府の姿勢に対しては、国際社会の厳しい批判が継続し、さらに拡大し続けています。他方、日本の国会には、立法を通じてこの問題を自主的に解決するために、民主党を中心とする野党共同提出の法案が継続するなど、大きな進展が見られます。

　2007年7月の参議院選挙では、民主党が勝利し、参議院では与野党勢力が逆転しました。政権交代を実現することができれば、「解決不能」と言われていた日本軍性奴隷問題の立法解決が可能となり、それをきっかけにアジアとの和解のプロセスが始まるというヴィジョンがはっきりと見えてきました。日本の市民一人ひとりが立法解決の是非を真剣に検討し、政治的決断をする段階が到来したのではないでしょうか。

　本書初版が売り切れたため、「図書館を活用して欲しい」としか言えなくなりました。講義の参考書として指定することも、講演に使用することままならず、実際上の不便もあります。

　この時期に、最小限の補足（補論1、2）を加え、本書の普及版を実現することができることは、まことに喜ばしいことです。現代人文社成澤壽信社長のご協力に感謝する次第です。

2008年3月

著者　戸塚悦朗

まえがき

●筆者の立場と本書のねらい

　筆者が国連に日本軍「慰安婦」問題を持ち出した動機を尋ねられることがある。それは，本書の特色と限界を示すから，公表の責任があるだろう。ここで簡単に説明しておこう。

　92年2月当時筆者は，「日本が，国際人権（自由権）規約委員会への個人通報権を認める国際人権（自由権）規約の第1付属議定書を批准するまでは，日本に関する重大人権侵害問題を国連人権委員会に提起し続けよう」という個人的方針を自らに課して，国際人権活動を継続していた。同議定書批准がない限り，人権侵害を受けた日本在住の市民個人は，国際機関に訴えることができない。人権擁護に携わる国連の政治機関である人権委員会には，国連との協議資格を持つNGO代表でなければ出席できない。当面は，個人被害者は，人権侵害を国連に訴える有効な手段を持たない。そういった個人被害者のために，国連NGO代表の専門家が日本の人権侵害を提起し続けない限り，国際的人権擁護機関も手続も機能しない。日本の象徴的な重大人権問題を国際的人権擁護の政治的手続を使って提起することが，この分野でボランティア活動に携わる筆者の責任でもあるのではないかと考えるようになっていた。このような活動は，日本の市民ばかりか政府にもやがては理解されて，長期的には同議定書の批准を促進するだろうと期待していたのである。それが批准されれば，日本在住の個人は，国籍を問わず誰でも国際機関に人権侵害を訴えることができるようになるから，筆者の国連NGOとしての活動は必要がなくなるはずであった。

　それまでにも，この方針にしたがって，被拘禁者の人権問題や過労死問題などを提起していた。ところが，91年暮れには，金学順さんなど韓国の日本軍性奴隷被害者が民事訴訟を提起した。92年初頭には吉見義明中大教授によって，この問題への日本軍関与を証明する資料が公表された。その直後韓国を訪問した宮沢首相（当時）が，日本軍の関与を認めて，あいまいながらも謝罪するという事態になっていた。だから，この問題も国連に

報告すべき時期だと判断したのである。問題提起の直接の動機はこのようなところにあった。誰からも依頼されたわけではなく，自主的な活動だった。正直に告白するなら，女性の人権問題についても，韓国・朝鮮の植民地化問題，戦争被害問題の提起が第1次的動機ではなかったし，何年も継続する覚悟があって始めたことではなかった。

　その意味で，この問題に関わった筆者の立場は，国際人権法の実践に携わる法律実務家的専門性に限定されていたのである。筆者は，女性の人権問題についても，韓国・朝鮮の植民地化問題，戦争被害問題についても専門家ではなかった。その後，韓国・朝鮮関係の女性・市民団体や日本の市民団体で活躍していた多くの優れた運動家との様々な出会を通じて，多くを学んだ。その過程で，自らの無知・無関心を強く反省するようになったことを告白しておかなければならない。これらの問題と国際人権・人道法と国際機構の諸問題が交錯する学際的実践分野での新しい活動ではあるが，「非専門家が無責任な発言をする」との批判を受けることは避けられない。建設的激励として批判を甘受すべきだと思う。

　勇気を奮って名乗り出た被害者とそれを支援する内外の多くの女性・市民運動の声は，筆者が関係するＮＧＯばかりか，国際法律家委員会，世界教会協議会，リベレーションなどの国連ＮＧＯや世界の女性運動を動かした。予想を大きく越え，この問題は内外で大きく報道され，世界的な関心事となった。国連や国際労働機構（ＩＬＯ）などの国際機関は，この問題に重大な関心を寄せ，その解決のために介入を重ねてきた。96年2月には，国連人権委員会対女性暴力特別報告者ラディカ・クマラスワミ氏は，軍性奴隷に関する報告書で日本政府に重大な勧告をした。同年3月と97年3月に，ＩＬＯ専門家委員会も年次報告書で対日勧告を重ねた。98年8月には，国連差別防止少数者保護委員会特別報告者ゲイ・マクドゥーガル氏は，武力紛争下の組織的強姦・性奴隷などに関する報告書で，さらに詳細に日本政府の法的責任を明らかにした。このように，国際人権手続の活用が異例の発展をしたため，筆者もそれに応じて多忙を極め，報告も豊富になったのである。

　以上からわかるように，本書は，ＮＧＯが国連などの国際人権手続を実践的に活用した実例に関する，法律家としての報告である。日本に関する人権問題で，ここまでの展開を見せた事例はなかった。この種の類書もな

い。だから，国際人権手続の実際を知って，これを活用したいという法律家や市民には，本書は相当程度参考になるであろう。しかし，フェミニストや韓国・朝鮮問題，戦争被害問題の専門家にとっては，必ずしも満足できるものではないのではないかと思う。それにもかかわらず，日本によって侵略された植民地・被占領地での重大人権侵害，ことに女性に対する暴力の問題に関して，国連がこれだけ積極的に介入した事例はないので，それなりの参考にはなるかも知れない。また，日本の閉鎖性・閉塞性に強い不満を持つ市民にとっては，日本の国家機関がどのような病根を持つのかについて，重要な一断面を発見するきっかけとなるのではないかと期待している。その上で，本書が多くの読者にとって興味深い読み物となるのであれば，幸いである。

　この事例を通じて，知りえたことがある。

　第1に，日本がまだ人権後進国状態から脱し切れていないことである。戦前にあった日本人の人種的優越性の民族的確信は，国境を越えた向こう側のアジア人を同じ人間として尊重する必要性を感じさせなかった。相手が女性であればなおさらだった。その傾向が今も残っている。日本政府は，今日でもアジア女性に対する国家機関による犯罪を犯罪だったと率直に認めることができない。国籍が違っても人間は人間ではないのか。人間を人間として認めることができなければ，人間の生まれながらの権利である人権を尊重することができるはずがない。この問題がすべての人権侵害問題の根にあるのではないか。

　第2に，日本には，国際法を遵守しようとする政治的合意がまだないことが確認できた。日本政府は，国際法違反があっても，あらゆる手段を使って否認し，戦争犯罪など国際法違反を承認しない。明らかな国際法違反も放置したままなのだ。

　第3に，日本政府は，何が国際法違反かについて，国際機関の勧告を尊重しないこともわかった。日本は，満州事変に際して，国際連盟リットン調査団の報告書に従わなかった。今日でも，マクドゥーガル報告書やＩＬＯ専門家委員会報告書など国際機関の勧告を尊重していない。この点で，戦前と変わりがない。

　第4に，以上の問題点について，日本の市民も報道関係者も政治家さえもが，真相を十分知らされていないことが明確になった。最後の点は恐ろ

しい結果を生む。過去の犯罪も言い抜けて責任を逃れるだけではない。将来も同様の行為が犯される恐れがある。国家機関が犯罪を犯しても，それを主権者・報道機関・政治家が知らなければ，歯止めがきかず，防止しようがない。本書は，国連審議の過程を通じて，これらの点をも明らかにしようとしている。

　しかし，この事件の真相が明らかになる過程で，日本が変わりつつあることもわかった。有識者レベルのみならず，草の根レベルで，日本が犯した戦争犯罪の真相を究明し，日本として取るべき責任を取ろうとする運動が成長してきた。わずかではあるが教科書にも「従軍慰安婦」問題が記載されるようになった。これに反対する強力な保守層の抵抗もある。しかし，大多数の若者達は「真相を知りたい」と希望している。このような運動によって，日本が少しずつ変わって行く過程が本質的に重要なのではないのか。本書は，ささやかではあるが，このプロセスの一端を担おうとするものである。

● 謝辞

　未だに日本政府は国家の法的責任を認めず，日本軍性奴隷被害者の要求は満たされていない。日本の法律家として日本政府の政策を変更させることができていない責任を痛感する。その意味で被害者に謝罪したい。また被害者が名乗り出て証言することがなければ，日本軍性奴隷問題もなく，本書もなかった。被害者から多くを学ぶことができた。勇敢に証言した被害者に畏敬の念を覚える。残念ながら，すでに亡くなられた被害者も少なくない。ご冥福を祈りたい。

　被害国と日本の支援団体及び国連NGOは，被害者支援の運動に努力をおしまなかった。国連とILO関係者は，被害者と支援運動の声に応え，被害者が日本軍の性奴隷であったことを認め，日本政府に厳しい勧告を出した。その他良心的に被害者を支援してきた関係者は余りに多数で，一人ずつ名前をあげることは困難である。

　本書の主題である国連活動を継続していた間，第二東京弁護士会及び日本弁護士連合会の暖かい支援を頂いた。

　本書で報告した国際的活動は，以上すべての方々の協力によって可能となった。この場をかりて，心より御礼申し上げたい。

最後に，法学セミナー「日本が知らない戦争責任」シリーズの名付け親であり，本書の出版を引き受けて下さった成澤壽信氏，シリーズの本書収載を快諾して下さった法学セミナー編集長の串崎浩氏，同シリーズの前身「国際人権レポート」を育てて下さった週刊法律新聞編集長の河野真樹氏の激励と協力に深く感謝申し上げたい。

1999年1月（シアトルにて）

ワシントン大学客員研究員・弁護士　戸塚悦朗

●本書で加えた若干の調整等

①用語の統一の問題がある。法学セミナーのシリーズの進展過程で,「従軍慰安婦」という用語が,ときにより,「慰安婦」「従軍慰安婦被害者」「日本軍強制慰安婦」「日本軍性奴隷」などと変化してきている。最初から統一すべきだったが,国連文書などの表現が変化したこともある。公式文書の引用の場合は,原文に忠実にしたが,その他では,便宜上簡易な「慰安婦」に統一した。

②資料をも載せたかったが,頁数の制限もあり,原則として割愛することにした。しかし,法学セミナーのシリーズに資料が掲載されている場合は,その連載番号をできる限り表示して,参考に供した(次頁**法学セミナー連載と各章の対照表**ご参照)。なお,国連関係の資料については,早期に整理して一般の利用が可能になるようにしたいと作業中である。

③引用文献中にある E/CN.4/…… という番号は,UN Doc.(国連文書)の番号である。

④原則として毎月のシリーズを1節として,できる限りそのまま載せることにした。節ごとに独立した読み切りになっている。だから,全体を通読しなくても,関心のある部分だけを拾い読みして頂いてもよいであろう。官職などは,いずれも当時のものである。内容も,その時点の判断で書かれている。判断を大きく間違ったと思うことは,今のところない。ただ,政治状況は流動的で,筆者の期待どおりに推移してこなかったことは否めない。仮に,当時の判断に間違いがあってもそのままにしてある。読者のご批判を請いたい。

⑤重複的説明が多少あることが気になる。読みにくいと感じる読者は,その部分を読み飛ばして頂いてもよいであろう。しかし,部分的に参照したい読者のためにも,そのままとした。今拙速に改定することは,各節の論理体系を崩すことにもなろう。いずれ全面的に書き改める必要があるが,それは将来の課題に残した。

⑥配列は,およそシリーズの連載の順になっている。しかし,理解の便宜のために項目別に整理する段階で,ある程度並べ変えたことを付言したい。

⑦残念ではあったが，分量が多すぎて，シリーズ全体を収載できなかった。殊にクマラスワミ報告書以後については原則として省いた。また，法学セミナーのシリーズ自体が93年8月人権小委員会以後の報告であるので，この問題に関する国連審議の全期間をカバーしていない。それ以前については，週刊法律新聞の「国際人権レポート」に報告してあるので，それを参照されたい。

⑧なお，本書は著者個人の責任で執筆されたもので，必ずしも筆者が代表した団体（日弁連，ＩＦＯＲなど）の見解を代表しているものではない。

● 法学セミナー連載と各章の対照表

序　章　　連載①（94年1月号）

第1章　　連載②（94年2月号），連載③（94年3月号），連載④（94年4月号），連載⑤（94年5月号），連載⑥（94年7月号），連載⑦（94年8月号），連載⑧（94年9月号），連載⑨（94年10月号）

第2章　　連載⑩（94年11月号），連載⑫（995年1月号），連載⑬（95年2月号）

第3章　　連載⑭（95年3月号），連載⑮（95年4月号），連載⑯（95年5月号）

第4章　　連載⑰（95年16月号），連載㉒（95年11月号）

第5章　　連載⑱（95年7月号），連載⑲（95年8月号），連載⑳（95年9月号），連載㉑（95年10月号），連載㉒（95年11月号），連載㉓（95年12月号），連載㉔（96年1月号），連載㉕（96年2月号），連載㉖（96年3月号），

第6章　　連載㉗（96年4月号），連載㉘（96年5月号），連載㉙（96年6月号），連載㉚（96年7月号），連載㉛（96年8月号），連載㉜（96年9月号），連載㉞（96年11月号），連載㉟（96年12月号）

第7章　　連載⑪（94年12月号），㉘（96年5月号）連載㊵（97年5月号）

第8章　　連載㊱（97年1月号），連載㊲（97年2月号），連載㊳（97年3月号），連載㊺（98年11月号）

目次

序章 国際的孤児になるニッポン
——国連人権小委員会「慰安婦」問題等に関する決議……*1*
- 画期的決議 *1*
- 日本政府に大転換を迫る決議 *2*
- 各国政府の国連への協力に期待 *3*
- 決着していなかった「日韓二国間関係」 *3*
- 韓国外務部長官の書簡 *5*
- 情報不足の日本政府・外務省判断を誤る *6*
- 国際的孤児になる可能性 *8*

第1章 賠償問題から加害者処罰問題へ……*10*

1 いまも残る日本の処罰義務……*10*
- 規約人権委員会でも「慰安婦」問題 *10*
- 「性奴隷」の視点 *11*
- バタビア軍事法廷 *12*
- 戦後処理問題についてのピョンヤン国際会議 *13*
- 日本の行為は「ジェノサイド」 *14*
- 日本政府の処罰義務のゆくえ *15*

2 「不処罰」を原因とする賠償・補償義務
——ファン・ボーベン最終報告書……*17*
- 注目すべきファン・ボーベン最終報告書 *17*
- 「慰安婦」問題にあてはめると *18*
- 「条約で決着済み」政府の抗弁は破綻する *20*
- 世界平和にも貢献 *22*

3 韓国人被害者ら50年ぶりに告訴・告発……*24*
- 50年ぶりの提訴 *24*
- 誠意のない検察 *24*
- 残念な拒否回答 *25*

4 日本軍「慰安婦」問題で、NGO「責任者処罰」要求
——第50会期国連人権委員会……*27*
- 真正面からの提起 *27*
- マスコミの力量不足 *28*
- NGO、ファン・ボーベン最終報告を高く評価 *28*
- NGO、「責任者処罰」を要求 *29*

5 不処罰問題と早期の解決方法で一歩踏み込んだ勧告
——国連現代奴隷制作業部会（94年4月25日〜5月4日）……*31*
- 一歩踏み込んだ勧告 *31*
- 95年も＜強制労働＞が議題に *31*
- 討議される可能性のある「責任者処罰」 *32*
- 早期解決のための常設仲裁裁判所 *33*

6 日本政府の法的責任とは……*34*
- 65年日韓協定をめぐる論争 *35*
- 犯罪の不処罰を理由とする賠償義務 *37*

7 四面楚歌の日本政府がとるべき道……*39*
- ジェーンズ事件 *39*
- 疑いがない日本の賠償義務 *41*

　　　　女性と開発に関するアジア閣僚会議での出来事　42
　　　　早期の解決を　43
　8 被害者への賠償問題から加害者処罰問題へ
　　　　——第46会期国連人権小委員会報告 ································ 44
　　　　審議の概要　45
　　　　各ＮＧＯの発言　45
　　　　各国政府の発言　48
　　　　ＮＧＯフォーラムの開催など　49
　　　　人権小委員会の決定　50
　　　　日本政府の姿勢　53

第2章 国際法律家委員会（ICJ）の対日勧告 ······ 55
　1 ICJの実情調査と勧告 ·· 55
　　　　ＩＣＪ対日勧告へ　55
　　　　ＩＣＪとは　56
　　　　ＩＣＪ勧告にいたる経過　56
　　　　ＩＣＪ対日勧告の骨子　58
　　　　今後の見通し　59
　2 ICJ最終報告書の意義 ·· 60
　　　　国家責任論議の不在　61
　　　　ＩＣＪ最終報告書の意義と日本政府のとるべき道　62
　　　　精神病者の人権問題に関するＩＣＪ勧告の前例　63
　　　　秘匿されたＩＣＪ最終報告書（草稿）　64
　　　　「法的問題」の解説　67
　　　　「勧告」の解説　69
　3 ICJ最終報告書への外務省の虚偽戦術
　　　　——与党3党，法的責任を否定，村山民間募金構想を承認 ············· 70
　　　　経過の概要　70
　　　　外務省虚偽発言と前後の状況　71
　　　　外務省虚偽発言をめぐる事実関係　72
　　　　与党3党慰安婦問題等小委員会の決定　74
　　　　村山構想および与党3党第1次報告の意味　75
　　　　ＩＣＪ代表の抗議　76

第3章 クマラスワミ予備報告書と対日調査 ······ 78
　1 国連人権委対女性暴力特別報告者「慰安婦問題は犯罪」と指摘 ··········· 78
　　　　国連報告書公表の報道　78
　　　　取り上げられた「慰安婦」問題　79
　　　　国連報告書の内容と犯罪と処罰の視点　80
　　　　国連人権委員会レベルで始まる調査　81
　　　　今後何が起こるのだろうか　82
　　　　監視が必要な外務省の行動　83
　　　　求められる村山構想の撤回と政策転換　84
　　　　国連人権委員会対女性暴力特別報告者ラディカ・クマラスワミ氏の予備報告書　85
　2 村山構想を強行する政府・外務省 ·· 86
　　　　日本政府・外務省の法的立場を崩壊させる世界の法律家の見解　87
　　　　大韓弁護士協会の建議・見解　87
　　　　日本弁護士連合会提言　89
　　　　国際仲裁の拒否　90
　3 国連初の対日調査実現へ ··· 91

　　　　対女性暴力特別報告者の予備報告書採択　91
　　　　国連人権委員会の「慰安婦」問題審議　91
　　　　人権小委員会報告書に関する審議──議題19　92
　　　　女性に対する暴力問題を含む人権の促進と奨励に関する審議──議題11　93
　　　　関係者を失望させた日本政府の発言　97
　　　　国際社会と日本のズレ　98

第4章　北京世界女性会議……101

1　「性奴隷」（「慰安婦」）問題で厳しい国連行動計画案準備…………101
　　　　「鎖国」に逆もどりする日本政府　101
　　　　はずされていた「性奴隷」　102
　　　　ＮＧＯの要求とロビーイング　104
　　　　国連女性の地位委員会の審議　106
　　　　修正案の実現　108
　　　　沈黙を守り続ける日本政府　109

2　北京（第4回）国連世界女性会議報告
［ＮＧＯフォーラム・シンポで「民間基金」拒否］
　　　　──「日本製品の国際的ボイコット」も決議 …………………………110
　　　　処罰と賠償の原則を盛り込む──性奴隷で政府間会議行動綱領採択　110
　　　　日弁連などのＮＧＯフォーラムでの活動　112
　　　　ＮＧＯフォーラム最大級の関心事となった「慰安婦」問題　113
　　　　政府間会議，加害者処罰・被害者への賠償の原則を採択　116

第5章　「民間基金」では解決できない……118

1　国連現代奴隷制作業部会報告──崩壊寸前の「民間基金」方式 …………118
　　　　ＮＧＯの参加低調な国連現代奴隷制作業部会　118
　　　　現代奴隷制作業部会の審議　119
　　　　現代奴隷制作業部会での日本政府の姿勢　121
　　　　現代奴隷制作業部会の勧告　122
　　　　崩壊寸前の「村山構想」──なぜ日本赤十字社は，協力を拒絶したのか　123
　　　　国連・ＮＧＯ勧告を受け入れるべき日本政府　126

2　「慰安婦」個人賠償法の制定 ……………………………………………127
　　　　日本政府の責任回避と民間募金の強行　127
　　　　国連における「慰安婦」問題の審議　128
　　　　日本政府の国連における抗弁　128
　　　　国連の権限に関する手続的抗弁　129
　　　　条約による決着の抗弁　129
　　　　国連の行動　130
　　　　立法による解決への道　132
　　　　なぜ，「慰安婦」を優先するべきなのか──新たな加害行為　134

3　ＩＣＪ国際セミナーを終えて──民間募金方式を拒絶する最終文書採択……136
　　　　ＩＣＪ国際セミナー開催の経過　137
　　　　国際セミナーの目的　137
　　　　国際セミナーの準備　138
　　　　国際セミナーの概要　139
　　　　国際セミナー成功への感謝　140

4　国連人権小委「行政的審査会設置」等を日本政府に提示
　　　　──外務省の情報操作に操られる日本のマスコミ …………………141
　　　　国連人権小委，慰安婦問題で日本に解決方式を初勧告　141
　　　　今会期人権小委員会では何が決議されたのか　142

混乱する報道・朝日新聞の誤報　*142*
　　　いずれが正しい報道か　*143*
　　　政府の情報操作の発覚と波紋　*146*

5　従軍「慰安婦」被害者個人賠償法案等の提案 ………………… *148*
　　　日本軍「慰安婦」問題を取り巻く状況　*148*
　　　立法による解決の方向と可能性　*150*
　　　協力の賜物　*153*

6　解決にならない「民間基金」……………………………………… *153*
　　　国連勧告に従った解決を迫られる日本政府　*153*
　　　破綻が見えてきた「国民基金」　*155*
　　　日本政府の政策破綻の原因　*156*
　　　フィリピンの被害者との交流　*157*

7「国民基金」反対！　国際会議開催
　　　──国連勧告に従った「慰安婦」問題の解決を決議 ………… *159*
　　　国際会議の概要　*160*
　　　日本政府の「国民基金」政策破綻の原因　*161*
　　　真の「解決」にならない「国民基金」　*162*
　　　迫られる立法による解決　*165*

8　挫折した村山構想・「国民基金」による解決
　　　──政府は国連勧告を受け入れよ ……………………………… *165*
　　　「国民基金」を投げ出し村山政権退陣　*165*
　　　挫折した村山構想・「国民基金」による解決　*165*
　　　議員立法による「慰安婦」国家賠償をめぐる諸問題　*166*
　　　真相究明のための緊急立法の必要性　*174*

第6章　クマラスワミ報告書と対日勧告…… *175*

1　クマラスワミ報告書の衝撃 ……………………………………… *175*
　　　報告書を入手　*175*
　　　クマラスワミ報告書公表までの経緯　*175*
　　　クマラスワミ報告書の概要　*176*
　　　クマラスワミ報告書の意義　*178*
　　　今後の国連審議　*179*
　　　日本政府の態度　*180*

2　圧倒的な支持を受けるクマラスワミ報告書
　　　［国連人権委員会中間報告］──日本政府「拒絶要求」文書隠し ……… *182*
　　　日本政府は受け入れるか　*182*
　　　日本政府の報告書拒絶要求　*183*
　　　幻の文書「日本政府の見解」　*183*
　　　幻の日本政府文書の存在　*185*
　　　なぜ前文書を撤回し、秘密にしたのか　*186*
　　　情報操作をやめない外務省　*187*
　　　万雷の拍手で歓迎されたクマラスワミ報告書　*188*
　　　今後の見通し　*189*

3　挫折した日本政府のクマラスワミ報告書拒絶要求
　　　──国連人権委女性の暴力に関する決議採択 ………………… *190*
　　　日本政府のクマラスワミ報告書拒絶要求　*190*
　　　クマラスワミ報告書の審議概要　*190*
　　　カナダ第1決議案の存在判明　*190*
　　　日本政府に対するＮＧＯの怒りと反発　*191*

政府間非公式交渉　*191*
　　　日本政府，紳士協定を破る　*193*
　　　決議の採択　*194*
　　　国会に虚偽報告を続ける日本政府・外務省　*194*
　　　滅びへの道　*198*
　4 クマラスワミ報告書と国会の動き ……………………………*198*
　　　議員立法の提案　*198*
　　　日本国内の世論の動向　*203*
　　　国際的反響　*204*
　　　政治的決断を迫られる橋本首相　*205*
　5 国連現代奴隷制作業部会，クマラスワミ報告書を審議………*205*
　　　国際労働会議の審議とその成果　*206*
　　　進展するクマラスワミ報告書の国連審議　*207*
　　　国連現代奴隷制作業部会の審議概要　*208*
　　　勧告原案の審議・採択　*212*
　　　日本政府，作業部会に異例の事後介入　*213*
　　　迫られる政策転換＝国連勧告に沿った解決を　*213*
　6 「アジア女性基金」支払い強行
　　　　　──被害者側の受取り拒否で日本政府政策挫折 ………*214*
　　　国民基金側説明団の被害国事前訪問　*215*
　　　基金説明の問題点　*216*
　　　日本政府の強硬方針と激化する被害者運動　*218*
　　　国民基金政策の限界　*220*
　7 「国連・専門機関への協力を求める」対日勧告
　　　　　──国家補償なくして解決なし …………………………*221*
　　　審議経過の概要　*222*
　　　盛りだくさんの関係報告書出版　*224*
　　　審議進むクマラスワミ報告書　*225*
　　　一歩前進した人権小委員会の対日勧告　*225*
　　　日本政府民間基金政策を強行　*226*
　　　被害者の反対運動　*227*
　　　日本軍「慰安婦」問題と国連・ＩＬＯの勧告　*227*
　　　補償は日本国家が行わなければ意味がない　*228*
　　　法的責任の問題　*228*
　　　国連・ＩＬＯ勧告に照らし問題解決を　*229*

第7章　**強制労働条約違反とILO**……*230*
　1 「慰安婦」と強制労働条約違反……………………………*230*
　　　法的根拠はどこにあるのか　*230*
　　　問題提起の経過と問題点　*231*
　　　先例入手の経過　*233*
　　　バグワティ判事を囲む東京セミナーの開催　*234*
　　　「慰安婦」問題に関するバグワティ判事の認識　*236*
　　　「慰安婦」問題に強制労働条約を適用することができるか　*236*
　　　「慰安婦」と強制労働条約適用除外規定の問題　*238*
　　　ＩＬＯの監督・不服申立手続にはどのようなものがあるか　*240*
　　　各国労組の対応に注目　*240*
　2 ILO専門家委員会，日本軍「慰安婦」制度は強制労働条約違反と
　　　報告──迫られる国際機関勧告に沿った解決………………*240*
　　　ＩＬＯ専門家委員会の勧告　*241*

クマラスワミ勧告と日本の世論の動向　*243*
　　　台湾の「慰安婦」問題　*243*
　　　見えてきた具体的解決の方向　*244*
　3 ILO専門家委員会，日本政府側反論を退ける……………………*245*
　　　ＩＬＯ専門家委員会年次報告書を公表　*245*
　　　強制労働条約に関する法的諸問題　*245*
　　　97年度ＩＬＯ専門家委員会報告書公表にいたる経緯と国連審議　*246*
　　　97年度ＩＬＯ専門家委員会の判断　*248*
　　　資料（ＩＬＯ専門家委員会1997年第85会期報告書）　*250*

第8章 **日本は何をすべきか**……*255*
　1 鍵を握る奴隷・犯罪・国際法違反の承認
　　　――日本軍「慰安婦」問題の解決の必要条件………………*255*
　　　迫られる奴隷・犯罪・国際法違反の承認　*255*
　　　強制性の問題　*256*
　　　国際的法的評価　*256*
　　　公娼制ゆえに日本軍「慰安婦」制度は合法だったか　*261*
　　　公娼制は，国内法上合法だったか　*262*
　　　公娼制度は，奴隷制だった　*263*
　2 日本軍「慰安婦」問題をめぐる新状況と提言………………*265*
　　　出口なしの政府　*265*
　　　フィリピンでも解決はない　*265*
　　　「国民基金」を拒否する台湾当局　*266*
　　　固まる韓国の基金受取り拒否　*267*
　　　日本政府・外務省は，まだ国民基金政策に固執している　*269*
　　　国会が解決のイニシアチブを　*269*
　3 米国政府が入国を禁止
　　　――「731部隊」「慰安婦」関与の旧日本軍関係者…………*270*
　　　各紙の報道ぶり　*271*
　　　米国の処分は内政干渉か　*272*
　　　米国政府による入国禁止措置の意義　*273*
　4 行政改革を迫られる日本外交………………………………………*273*
　　　実例をあげよう　*275*
　　　官僚による情報操作による国の破滅　*276*
　5 マクドゥーガル国連報告書公表……………………………………*277*
　　　第50会期国連人権小委員会の成果　*277*
　　　マクドゥーガル報告書に関する報道の問題　*277*
　　　マクドゥーガル報告書の意義　*278*
　　　マクドゥーガル報告書に関する決議　*279*
　6 NGOの失敗……………………………………………………………*280*
　　　現代奴隷制作業部会報告に関する決議の後退　*280*
　　　現代奴隷制作業部会説得に失敗したＮＧＯ側運動　*281*
　　　現代奴隷制作業部会に関する誤解　*282*
　7 緊急に必要な国会による真相究明…………………………………*284*
　　　なぜ進展しないのか　*284*
　　　国会の国政調査権による真相究明　*285*

終　章 **国際法上の責任**……*288*
　1 日本の国際法違反にはどのようなものがあるか………………*288*

　　　　国際人道法（ハーグ規則・1929年ジュネーブ条約・人道に対する罪）　288
　　　　「醜業」関係3条約　290
　　　　1926年奴隷条約　292
　　　　ＩＬＯ29号強制労働に関する条約（1930年）　292
　　　　慣習国際法　295
　　2 被害者側と真の和解を実現するために何ができるか ………… 299
　　　　国民基金政策に対する一貫した疑問　299
　　　　求められる大胆な政策転換　300
　　　　打開の道は　300

巻末資料 人権委員会決議1994／45による，女性に対する暴力とその原因及び結果に関する特別報告者ラディカ・クマラスワミ女史による報告書追加文書［朝鮮民主主義人民共和国，大韓民国及び日本への訪問調査に基づく戦時軍事的性奴隷制問題に関する報告書］…… 300

あとがき　303

補論1　戦時女性に対する暴力への日本司法の対応 ……… 314
　　　──発掘された日本軍「慰安婦」拉致処罰判決（1936年）をめぐって
　　1 資料 ……………………………………………………………… 314
　　2 背景 ……………………………………………………………… 314
　　3 今回発見された資料の意義 …………………………………… 315
　　4 長崎地裁判決の言い渡し日 …………………………………… 327
　　5 長崎地裁判決の判決書 ………………………………………… 327
　　6 長崎地裁判決に関わった当事者等関係者 …………………… 327
　　7 主文 ……………………………………………………………… 330
　　8 判決理由 ………………………………………………………… 331

補論2　日本軍「慰安婦」問題で国内外で大きな進展 …… 357
　　1 国会への立法解決提案の実現 ………………………………… 357
　　2 最近の重要な進展 ……………………………………………… 358
　　3 筆者の活動の進展 ……………………………………………… 368

　　補論資料 第164回参第7号　戦時性的強制被害者問題の解決の促進に関する法律案…… 377

序章

国際的孤児になるニッポン

―― 国連人権小委員会「慰安婦」問題等に関する決議

●画期的決議

　国連差別防止少数者保護小委員会（人権小委）は，93年8月25日，戦時奴隷制に関する決議（決議番号1993／24）を採択し，内戦を含む戦時の組織的強姦，性奴隷，および奴隷類似慣行に関する高度の研究を行う特別報告者を任命することを決めた。同人権小委の専門家委員であるリンダ・チャベス女史（米国出身）が特別報告者に任命されたが，同氏は，著述家，テレビ評論家，新アメリカ地域センター所長という著名人である。

　国連人権活動上の技術的問題になるが，この決議は，国別重大人権侵害状況の議題ではなく，「現代奴隷制」の研究の議題の下でなされた。だから，決議文そのものを読むと，「性奴隷」（sexual slavery）という日本軍「慰安婦」を指す公式国連用語（世界人権会議ウィーン宣言・行動計画に初めて登場した）はあっても，「日本」という文字が見えない。そのためか，日本外務省当局が報道関係者に対して，「この決議は，ユーゴスラビア問題の決議だ」と説明し，一時混乱した。しかし，国連欧州本部のプレスリリース（9月1日付）は，ハイライトとして人権小委が討議した重要な諸問題をあげ，「また，人権小委は，とりわけ，第二次大戦中の日本軍によって奴隷化された『慰安婦』の苦境，……などを考慮した」と明確にこの決議の性格を述べている。韓国挺身隊問題対策協議会（挺対協）と筆者の共同プレスリリース（8月25日付）はもとより，国際法律家委員会（ＩＣＪ）公表のプレスリリース（8月26日付）も同様の評価である。

　幸い，日本の報道関係者は，このような外務省の小手先の陽動作戦に惑

わされることがなかった。毎日新聞は，決議案の修正提案があったのをきっかけに，「国連が『慰安婦』直接調査，差別小委報告官任命決議採択へ」（8月21日付朝刊1面）と事前報告した。その他のマスコミも，決議採択を待って，いっせいに同趣旨で報道した。ＮＨＫテレビは，人権小委決議採択の現場画像を含め，決議直後に素早く報道した。新聞各社も，「国連『慰安婦』調査を決定，特別報告官を任命」（読売新聞8月26日付夕刊・大阪版は1面トップ）「国連，慰安婦問題を調査，人権小委決議，来年には中間報告」（朝日新聞同日付夕刊国際面トップ）などと大きく報道した。

● 日本政府に大転換を迫る決議

　決議の概要を説明しよう。任命された戦時奴隷制に関する特別報告者の重要な任務の一つは，第二次大戦中の日本による性奴隷に関して，適切な事実を研究し，法的分析を加え，結論および勧告を報告することである。それは，決議前文・本文が，次のような国連の審議経過を踏まえていることから明確にいえる。

　92年8月，人権小委は，戦時売春に従事することを強制された女性の状況，すなわち，日本帝国軍による「慰安婦」とされたアジア，主として韓国の，女性の状況に関する情報を「重大な人権及び基本的自由の侵害を受けた被害者の原状回復，補償及びリハビリテーションへの権利に関する特別報告者」に対して送付するよう，事務総長に要請した（決議前文第3節参照）。

　93年5月には，現代奴隷制作業部会が，戦時の女性の性的搾取およびその他の形態の強制労働，すなわち第二次大戦中の日本による「慰安婦」とその他の男女強制労働被害者の状況に関する情報を，人権小委および前記補償への権利に関する特別報告者に対して送付することを決定した（同前文第4，5節，現代奴隷制作業部会報告書・UN Doc. E/CN.4/Sub.2/1993/30の第48〜49，80〜87節および勧告中雑事項40頁参照）。今回任命された「戦時奴隷制に関する特別報告者」は，補償への権利に関する特別報告者が受け取った資料，すなわち日本による「慰安婦」および強制労働被害者の状況に関する資料を考慮に入れるよう要請されている（同決議本文第3節最初の部分参照）。

　また，奴隷および奴隷類似慣行に関する特別報告者の研究対象は，「性

奴隷」のほかに,「奴隷類似慣行」も含んでいる。だから,日本による第二次大戦中のアジア人「慰安婦」のみならず,アジア人（連合国捕虜・民間人被収容者を含む）奴隷的労働被害者の状況をも含むといえよう。この点は,報道では小さな扱いしかされなかったが,将来への重要な布石となろう。

　これによって,国際法的な論議の面でも重要な転換点を迎えたことに注意すべきだと思う。この決議は,現代奴隷制作業部会などにおいて,日本政府が,「国連創設前の状況に関しては国連には権限がない」とか,「朝鮮民主主義人民共和国以外の被害諸国との関係では,すべての補償問題は諸条約によって解決済みである」と強く主張したにもかかわらず,人権小委によって採択された。この点を軽視すべきではない。これら日本政府の主要抗弁が国連決議によって事実上否定されたと評価できる。日本政府の「国際法無視」「国連審議拒否」「個人賠償・補償拒否」の法的主張・姿勢は,大転換を迫られたといえよう。

● **各国政府の国連への協力に期待**
　戦時奴隷制に関する国連調査の今後の見通しに関心が高まっている。特別報告者に任命されたチャベス氏は,研究に際して,国連がすでに受け取った情報以外にも「政府,ＮＧＯなどからの情報も取り入れる」意向を人権小委に明らかにした（同報告者の人権小委に対する8月27日提出書面）。同特別報告者は,当面,最も緊急に問題とされている,組織的強姦・性的奴隷制に関して,①国際法,②歴史的事実,③被害者への補償・責任者の処罰の3点の検討から研究を開始する。
　「これらの点について,良質,高度かつ豊富な情報提供がなされるか否かが,今後の国連の研究成果を左右する」といっても言い過ぎではない。関係ＮＧＯ・政府は,これまで国連決議に向けて多くの情報を提供し,国連審議促進に大きな貢献をした。

● **決着していなかった「日韓二国間関係」**
　関係政府による国連調査への協力に関連して,重大な事実があるので報告しよう。
　韓国政府は,1993年8月10日人権小委で,議題15（現代奴隷制）に関連

して発言した。「慰安婦問題に関する実状研究のために専門家を任命すべきであるとの提案を支持する。わが政府は、この専門家の任務遂行に協力する所存である」と述べたのである。「国連調査に協力する」と約束したのは韓国政府が初めてだ。「8月4日の前河野官房長官談話と日本政府第2次調査結果公表で、日韓二国間では決着済みとされた」と考えていた向きは、この発言に驚いた。筆者は、「韓国政府が国連で公式発言をするか否か」について強い関心を持って同政府の動向を注視していた。それは次のような経過があったからだ。

　8月4日、宮沢政権最終日のことだ。同政府は、「駆けこみ」的に従軍慰安婦第2次政府調査結果を公表し、「慰安婦」に対する強制を部分的に承認した。これに基づき、河野官房長官は、政府として謝罪・反省を表明した。その際、韓国外務部アジア局長が、「『今後、この問題を韓日間の外交課題としては提起しない、というのが現時点でのわが国政府の立場だ』と語った」と報道（朝日新聞8月5日付朝刊）され、「韓日間外交決着」と日本および韓国の関係者を憂慮させた。多くのＮＧＯ関係者は、この報道を知って、「韓国政府は、とうとう宮沢政権・日本外務省につぶされて、被害者を見捨てたのだろうか」と落胆した。これに先立ち、宮沢政権・外務省筋から「第2次報告書が出れば、日韓二国間外交関係は政治決着になる」との情報を入手した日本のマスコミからそのような報道が流され続けていた。その裏付けが韓国側からも出たと受け取られたのだ。宮沢政権・外務省は、この一言が欲しいばかりに、第2次調査結果公表を強行したと見られていた。もし韓国外務部アジア局長発言が韓国政府の真意を代表していたのであれば、宮沢政権・日本外務省が大成果を上げ、細川政権の手足を縛ったことになる。政権最終日に公表するという極端な無理をおし通したのもこのためだったのであろう。もし、韓国政府が日本との間で「外交決着」をしてしまったとするなら、国連人権小委では沈黙するであろう。もしそういう事態になれば、ＮＧＯが国連に求めてきた「国連による真相究明」「国連を媒介とした解決」のための決議獲得の支障になったはずだ。だから、韓国政府の国連における動向に注目し続けたのである。

　もちろん、挺対協は、前記韓国外務部アジア局長談話に強く反発した。ただちに韓国政府に対し、同アジア局長の解任を要求するとともに、同政府の立場を明確にするよう公開質問状を提出した。筆者は、9月初旬にソ

ウルの挺対協を訪問し，この点を尋ねた。挺対協から，韓国外務部長官の書簡（日本語訳資料・韓国外務部長官の93年8月28日付挺対協に対する回答書簡［山下英愛氏訳］参照）をもらった。これを読んで，すっきりした。疑問が晴れたのである。韓国政府は，韓日間外交決着などしていなかったのだ。前記韓国外務部アジア局長談話の報道が誤報だったのか，あるいは同局長が勇み足をしたのかどちらかだと思われる。

● 韓国外務部長官の書簡

　実際はどうだったのだろうか。韓国外務部長官の前記書簡を見てみよう。次の3点に要約できる。第1に，韓国政府は，日本政府の第2次調査結果公表によっては（強制性を認め，これについて謝罪・反省を表明したことを一定程度評価してはいるが），「慰安婦」問題の完全な真相究明がなされたとは見ていず，今後も日本政府は真相究明を続けなければならないこと。第2に，韓国政府は，今後，①日本政府の真相究明を注視し，②国連等国際的分野での真相究明の努力を支持，これに協力し，③民間による，日本政府に対する訴訟と真相究明活動に関心を払い，これらに協力すること。第3に，韓国政府が，賠償・補償を要求しないとしたのは，国民的・国家的誇りを高揚させる一方，日本政府に徹底的真相究明を要求する趣旨であること。

　第1, 2点からは，「韓日外交決着」はなかったことは明白だ。特に，日本政府はもとより，国連等による真相究明ばかりか，民間による真相究明にも力点が置かれている点，および訴訟にも関心を払い，協力するとしていることに注目すべきだろう。

　第3点は，これまで日本の報道関係者から誤解されてきた点だ。「エコノミック・アニマル」と評されるほど，「何事も金銭第一」という価値観に汚染され切ってしまったかに見える日本人には理解が困難かもしれない。韓国では，93年9月に，最高裁長官など高官があいついで辞任するという重大事件が起こった。司法・行政・立法各府の高官が財産の公開を義務づけられたが，公開されたデータから「蓄財」が過ぎると批判されたのだ。日本では考えられないほど金銭的腐敗に敏感だ。宮沢政権・外務省は，「補償に代わる措置」などというあいまいな金銭の支払いを提案することによって，真相究明も責任の承認も，うやむやにしようとした。これは，

民族・国家の誇りを金銭と引換えにしようとする一種の「買収」ともいえる。韓国政府は，このような「金銭第一」の日本人の発想に立腹したのだろう。「問題は金銭ではない。まず，真相究明だ」と主張しているのだ。しかし，「真相がわかれば，いかに日本人でも自ら法的責任を認め，自主的に賠償・補償を申し出るはずだ」とも考えているのではなかろうか。同書簡を熟読するとそう読める。「日韓二国間外交決着」どころか，日本は，きわめて厳しい外交課題を負ったと見るべきだろう。

　宮沢政権・日本外務省は，この問題については後の政権の判断に委ねるべきだった。にもかかわらず，戦争責任・補償問題が新政権下で前進することを恐れ，それを阻止するために，無理やり「二国間外交決着」をしたかのような状況を作り出そうとしたのだろう。既成事実で新政権の手足を縛ってしまおうという作戦だったのではないだろうか。そのような前政権・外務省の巧妙な作戦によって，報道関係者が操作され，それによって次期政権政治家も騙されてしまった可能性がある。

● 情報不足の日本政府・外務省判断を誤る

　国連戦時奴隷制特別報告者の関係各国への訪問は，早ければ94年2～3月の人権委員会がこの人権小委決議を承認した後になるであろう。日本政府は，人権委員会で，人権小委の決議を率直に受けて，「特別報告者の日本訪問招待を含め，資料提供など，その研究に最大限協力する。国連の勧告には従う」と約束すべきだ。国連の手続は重層的になっているから，その後に経済社会理事会の承認（94年7月頃）も必要となっている。これまでの経過からみて，仮に日本政府が反対しても，国連による調査手続は着実に進んでいくであろう。もちろん，ＮＧＯ側が，国連の審議を促進するために従来と同様の活動を継続することが必要であることはいうまでもない。

　さらに，同特別報告者は，旧ユーゴスラビア領域における人権状況に関する人権委員会の特別報告者が受け取った資料をも考慮に入れるよう要請されている点について注目することが重要である（決議第3節第2部分参照）。これは，特別報告者が，第二次大戦中の奴隷および奴隷類似慣行とともに，現在の内戦下の女性の虐待に関する状況についても調査し，過去および現在の被害者の状況を解決し，将来の戦時・内戦下における奴隷お

よび奴隷類似慣行を予防するために研究することを可能にするであろう（前文第1，2節参照）。

これらの研究結果は，戦時奴隷に関する特別報告者によって，94年4月の現代奴隷制作業部会に提出されるほか，94，95年の人権小委にも報告書が提出されることとなる（決議本文第2，4節参照）。

国連が大きく動き出した新局面で，最も心配されるのは，日本外務省の政策転換ができていないことだ。この段階に至っても，「国連決議には法的拘束力がない」などと言って「徹底抗戦」を唱えている外務省当局者などの古い政策は，通用しない時代にきている。9月初め韓国を訪問した自民党を中心とする日韓議員連盟も，「日韓二国間で基金を創れば解決するだろう」との甘い見通しの外務省筋情報のもとに行動したのだろう。

これまでの外務省で「慰安婦」・強制連行問題など戦争責任問題を担当してきたのは，アジア局である。内閣でこの問題を担当する責任者，外政審議室谷野室長も元アジア局長である。アジア局担当者は，多国間の国際関係に疎い。日韓など二国間問題だけを扱ってきたからだ。国連でこれだけ大きな問題になっているにもかかわらず，アジア局関係者は，人権小委に1人も出席しなかった。だから外務省担当者にはファーストハンドの情報がない。そのため，国際情勢がわからない可能性がある。

十分な真相を伝えられなかった細川首相は，情勢分析を誤ったのではなかろうか。そうでなければ，補償問題で熱心だったはずの新連合政権のもとで，「細川政権補償を否定」と報道（8月26日付ジャパンタイムスなど）されたような大後退が，なぜ起こったのか説明がつかない。細川首相は新政権発足直後，「侵略戦争」の反省発言で国際的に高く評価された。しかし，前記大Ｕターンの結果，その評価は地に堕ちたようだ。

これまでの「二国間決着路線」は，すでに破綻している。前記決議は，国際的には，問題が「多国間化」したことを象徴している。細川新政権は，「多国間・国連による解決」路線を真剣に検討しなければならないだろう。

それが必要な事件が続々と起きている。1993年8月10日，米国ＮＢＣテレビの視聴者2000万人という著名ドキュメンタリー番組「デートライン」は，「慰安婦」問題と責任者不処罰の問題を取り上げた。9月には，オランダで奴隷的使役を受けた元日本帝国軍捕虜・民間人被収容者が，「補償要求」を恐れる外務省の圧力で後退した細川政権に対し抗議しようと，訴

訟提起を決めた。9月9日朝の英国BBCテレビニュースは、タイ・ビルマ鉄道建設で日本帝国軍に奴隷労働を強いられた英国人被害者の映像を放映、「被害者らが日本政府・企業に対する訴訟を検討中」と報道した。9月10〜13日には、ベルリンで「慰安婦」問題などをめぐって在独日韓婦人団体主催の国際会議が開かれた。9月20日には、来日したJ・メージャー英国首相が、細川首相に対して、奴隷労働を強いられた連合国の捕虜に対する虐待問題の存在を指摘した。欧米諸国の首相としては初めてだ。日本の戦争責任問題は、アジアだけでは解決できなくなってきた。10月4〜8日には、ニューヨークで、国連婦人の地位促進部門が関与する専門家会議が開催され、女性に対する暴力と関連して「慰安婦」問題が討議された。人権小委決議をきっかけに、筆者などが把握しきれないほど多くの国際会議で日本帝国軍が犯した戦争犯罪が、日常的に討議される段階に入った。

　これらを日本政府は深刻に受け止めるべきだろう。外務省官僚の誤った情報に頼って、「少数のNGOが動いているに過ぎない。そのうち沈静化する」などと誤解していると大きな誤りを犯すだろう。宮沢政権・外務省は、国連外交でNGOに対し連戦連敗を重ねたのである。ことに93年の現代奴隷制作業部会、世界人権会議での宮沢政権の敗北は決定的だった。ところが、外務省官僚は、政府・国会議員に十分な情報を提供してこなかったから、新政権関係者も国際情勢に気づいていない可能性がある。この段階で官僚支配から抜け出さないと、新政権も前政権同様の誤りを犯すことになるだろう。

●国際的孤児になる可能性
　この点と関連して、「国連の戦時奴隷制に関する調査・研究それ自体の影響力をどう見るのか」という問いに答えることが重要だ。外務省官僚は、国連人権小委の決議採択に際して、報道関係者に対して「法的拘束力がない」ことを強調した。確かに、国連人権小委特別報告者の報告書そのものには、日本に特定の行動を義務づける法的拘束力はない。しかし、国連機関としての報告書は、学説以上の影響力を持つことが多い。国際法解釈の重要な資料ともされるだろう。国際世論に訴える力は、NGOの文書とは比較にならない。

　今後、人権委員会、経済社会理事会、総会などの国連機関が審議を重ね

るたびに，正式国連文書として配布されるだけでなく，公式議題の一つとして取り上げられることになる。人権小委の決議は，国連機関内部で一定の効力を持つのである。人権小委によって，いったん正式な決議として取り上げられた以上，これは上部機関によってさらに審議され，成長していく。審議のたびに，日本政府は，「四面楚歌」とはこのようなことかという実感を味わうことになろう。それでも日本政府が「法的拘束力がない」と言い張っていれば，文字どおり国際的孤児にならざるをえない。

　過去にそのような先例がある。国際連盟リットン報告書（32年10月1日）の事例だ。この報告書も，それ自体で日本帝国を拘束する法的拘束力を持つものではなかっただろう。しかし，これを無視することはできなかったからこそ，日本帝国政府は，国際連盟を脱退した。日本帝国には，同報告書の勧告に従うという選択肢もあった。それをせずに武力で世界に挑戦，侵略戦争拡大に突入していったのである。その結果は，アジア諸民族を中心とする戦争被害者にとっても，日本人にとっても，悲惨極まりないものだった。それ以来，日本に関して，これほど重要な国際機関による調査が行われたことはなかった。今回の国連による戦時奴隷制の調査に際しても，日本政府は，かつてと同様に過ちを犯すことになる可能性がある。「『法的拘束力がない』という外務省官僚の防衛論理はその危険を包含する」と不安になるのは筆者一人だろうか。

　＊序章で報告した国連人権小委の審議には，国連との協議資格をもつ非政府間国際機構（ＮＧＯ）である国際友和会（ＩＦＯＲ）の代表として出席した。本書中でＩＦＯＲの活動として報告されている場合も原則として筆者が代表した。

第1章
賠償問題から加害者処罰問題へ

1　いまも残る日本の処罰義務

●規約人権委員会でも「慰安婦」問題

　93年10月24～30日の間，規約人権委員会（国際人権［自由権］規約により，同規約上の権利の国際的実施のために設置された国際機関。政府報告書審査などの権限がある）出席のため，ジュネーブ国連欧州本部に出張した。日弁連代表団の一人として，27～28日の第3回日本政府報告書審査を傍聴したが，「慰安婦」問題についてのみ報告しよう。

　同規約26条（法の前の平等）との関連で，台湾・朝鮮出身の旧軍人・軍属が日本国籍喪失により恩給などを受給できない問題について，3委員が発言した。まず，スウェーデン出身のベネグレン委員は，「戦争被害者である『慰安婦』は，いかなる補償からも取り残されてしまうのではないかと憂慮している」という趣旨の短い発言をした。

　これに対して，日本政府代表の国方外務省・人権難民課長は，「国籍条項の撤廃は考えていない」と述べた。『「慰安婦」については，規約批准前に発生した事項なので，規約の適用があるかの問題はあるが」としたうえで，これまでの経過を説明した。宮沢首相の謝罪，政府による第2次調査発表・河野官房長官談話をも含む詳細なものだ。内容的に新味はなかったが，一委員の短い発言に対しても，丁寧に回答しようとする姿勢がうかがえた。

この時より，さまざまな国際機関の会議で，「慰安婦」問題がさかんに討議されるだろう。そのたびに日本政府は同じ回答を繰り返さざるをえない状況に追い込まれたのだ。討議自体は，日本政府に対して何らかの対応を強制する法的拘束力はない。しかし，安保理常任理事国入りを目指す日本が，いつまでもこの状況に耐えられるだろうか。疑問だ。

● 「性奴隷」の視点

　今回の規約人権委員会には，多くのカウンターレポート（政府報告書に対抗して国際・国内ＮＧＯが委員に提供する情報）が出された。ところが，関係ＮＧＯ間で「慰安婦」問題へのアプローチに注目すべき違いが出てきた。台湾日本兵問題など「戦後補償」問題に長年取り組んできた自由人権協会が詳しい報告書（Japan Civil Liberties Union: REPORT ON POST WAR RESPONSIBILITY OF JAPAN FOR REPARATION AND COMPENSATION. April 1993）を出した。その中の「慰安婦に関する報告」（髙木健一弁護士執筆部分）は，「慰安婦」に対する取扱いが人道に対する罪を構成すると主張してはいるが，補償問題を論ずるにいたると一転これを法的には旧「軍属」と扱っている。恩給など金銭補償を目指して同規約26条による差別論を展開する必要上の「法技術的主張」であろう。

　これに対して，日弁連は，同委員会委員全員に送った「採り上げて欲しい質問事項」（Japan Federation of Bar Associations: LIST OF SUGGESTED QUESTIONS. October 1993）の中で，これとは異なる主張をした。被害者本人や挺対協などが，「『慰安婦』は，日本帝国軍による性奴隷犯罪の被害者であって，加害者日本帝国軍の軍属扱いされるべきではない」としているため，その被害感情を尊重しようとしたのだ。また，被害実態からいっても，「日本帝国軍のために働いた軍属」というよりも，その「性奴隷」とするほうが適当だろう。日弁連前記書面は，広義の「戦争被害者」という概念を立てている。日本帝国軍側にあって戦争被害を受けた旧軍人・軍属には，恩給など累積で33兆円（毎年1・7兆円）にも上る補償がなされているのに対して，その加害行為により真の戦争被害を受けた「慰安婦」などの被害者にはまったく補償がなされていないことを問題にして，規約26条に違反する差別だと批判したのである。

　ロビーイングの過程で，委員から「規約26条のいう『法の前の平等』を

言う必要がある。日本軍による戦争犯罪の被害者の間で、国内法・国際法上の差別的取扱いはないのか」と質問され、これに答える必要があった。日本は、ポツダム宣言10条を受諾し、「一切ノ戦争犯罪人ニ対シテハ厳重ナル処罰ヲ加ヘラルベシ」とする原則を承認した。さらに、日本は、サンフランシスコ平和条約11条によって、連合国捕虜等に対する残虐行為など戦争犯罪および人道に対する罪を裁いた「極東国際軍事裁判所並びに日本国内及び国外の他の連合国戦争犯罪法廷の裁判を受諾」た。また、「日本国の捕虜であった間に不当な苦難を被った連合国軍隊の構成員」に対しては、同条約16条によって金銭的補償義務を受諾していることも重要だ（ただし、金額は不当に少額だった。ここで問題にしているのは補償義務の諾否という原則的問題である）。にもかかわらず、同様に日本帝国による「戦争犯罪・人道に対する罪による被害」を被った「慰安婦」については、日本の当局は、一人の責任者をも自ら処罰していない。また、「諸条約によって決着済み」として、被害者への補償義務をも承認していない。条約も「法」だ。「法の前の平等」に反する不合理な差別だ。

これら基本的事実について、補充情報を現地で急遽提供した。こうして、日弁連の「慰安婦」差別論は、日本帝国軍の軍属との対比ではなく、日本帝国による他の種類の戦争犯罪の被害者との対比に目を向け、注目すべき発展を遂げることになった。

● バタビア軍事法廷

戦争犯罪の処罰の点でもう一言付言したい。日本帝国軍がオランダ女性35名を「慰安婦」とした事件について、バタビア（現在のインドネシアの首都ジャカルタ）におけるオランダ軍事法廷が、日本軍人等を裁いたことが朝日新聞により92年7月に報道された。重大犯罪で有罪と認定され、9名の被告人らは死刑（1名）など重い刑に処せられた。この先例は重大な意味を持つ。実は、このバタビア「慰安婦」裁判は、前記平和条約11条のいう「国外の他の連合国戦争犯罪法廷の裁判」に含まれるはずだ。そうなると、これは単に国際法上の「先例」という以上の意味を持つことになろう。日本が、この判決を受諾した段階で、オランダ女性が被害者である場合には、「慰安婦」に対する行為が重大な犯罪であったという法的評価を公式に認めたことになるからだ。ところが、日本政府は、アジアとりわけ

韓国・朝鮮女性が被害者となると，まったく同じ加害行為（多くの場合，オランダ女性よりも韓国・朝鮮女性のほうが被害期間も長く，被害実態はより悲惨である）について，犯罪であることを決して認めないのである。これ以上のアジア女性・韓国・朝鮮女性に対する蔑視・差別はあるだろうか。決して許されてはならない，規約26条などに違反する差別だろう。

●**戦後処理問題についてのピョンヤン国際会議**
　さらに，注目すべき国際会議がもう一つあった。93年11月7〜8日朝鮮民主主義人民共和国（以下，共和国）の首都ピョンヤン（平壌）で開催された日本の戦後処理問題に関するピョンヤン国際会議に出席したので報告したい。テーマは，1905年「保護条約」の効力問題，「慰安婦」問題，強制連行問題である。
　主催者は，共和国の日本軍「慰安婦」・太平洋戦争被害者補償対策委員会である。同国外から多数の参加があった。韓国挺身隊問題対策協議会から2名，フィリピン「慰安婦」調査団から2名，日本からは朝鮮人強制連行真相調査団関係者，日本の戦争責任資料センターの研究者ほか，国会議員，学者，弁護士など15名が参加した。共和国からは同委員会関係者や研究者など150名ほどが参加した。同国でこの種の国際会議が開催されることは初めてのことであろう。連日，新聞・テレビ等の取材があり，注目された。
　参加者は，「慰安婦」被害者3名，強制連行被害者3名の貴重な証言を聴く機会があった。討議では，25もの発表がなされた。その内容は多岐にわたり，とてもここで報告することができないので他にゆずりたい。
　特に強く印象に残った点を述べたい。それは，「責任者の刑事処罰」の要求について参加者の間で広範な一致が見られたことだ。その結果，国際社会での論議と日本でのそれとの間のズレは，ますます大きくなった。「慰安婦」に対する加害行為の凄惨さは，筆舌に尽くしがたいものがある。ピョンヤン国際会議での被害者の証言を聴けば，当時の日本の刑事法に照らしても，数え切れないほどの殺人，誘拐，強姦，監禁，強要，暴行傷害，その他の犯罪が行われたことが誰の目にも明らかだ。加害者らの行為は，世界中どの国の当時の法に照らしても，重罪として裁かれるべき犯罪に当たるとされたはずだ。今日の日本では，交通事故によって外国人を殺傷し

た場合でも，実刑判決を受ける覚悟がいる。ところがなぜか「慰安婦」に対する加害行為となると，日本では「処罰」など話題になることさえほとんどなかった。被害者の支援運動の関心も，金銭的「補償」要求に集中してきた。マスコミも加害者の刑事上の責任を問うことがほとんどなかった。新聞の見出しにも「処罰」は，まったく登場しなかった。日本政府も，「耐え難い苦しみと悲しみを経験」した被害者に対して，「道義的」見地から「補償にかわる措置」をすると言う。しかし，この「措置」に「責任者の処罰」を加えようと考えている政府関係者は，誰もいないだろう。ある政府関係者は，処罰要求についてジャーナリストから尋ねられ，「できるはずがない」と一笑に付したという。日本は，処罰要求に対して，誠実に向き合うことさえしていないのだ。

●日本の行為は「ジェノサイド」

挺対協の李効再共同代表は，「慰安婦」に対する日本の行為を「ジェノサイド」・人道に対する罪に当たるとした。日本は，韓国女性を性奴隷とし，出生能力を奪い，「民族を抹殺しようとした」という厳しい評価である。これを前提とする挺対協の要求の骨子を要約すると次のとおりである。①真相究明。②責任の承認。③謝罪。④追悼。⑤金銭的補償。⑥教科書に真実を記載するなど（再発防止措置）。⑦責任者の処罰。偶然だが，これらの要求項目は，ファン・ボーベン国連補償問題特別報告者の最終報告書（本書17頁）があげる重大人権侵害被害者の賠償への権利の内容とぴったり一致する。

共和国側の発表者の論調も同様だ。この会議の参加者には，共和国・日本の帝国主義の朝鮮占領被害調査委員会が作成した資料（「日本帝国主義による『慰安婦』犯罪事件の真相調査中間報告」92年8月）が配布された。この中で同委員会は，「慰安婦」犯罪事件は，「国際法上『人道に対する罪』」であって，「国際法上時効の成立しない重大な人権蹂躙大罪」であるとしている。それを前提に，この問題の「解決方法」として同委員会が日本政府に求める要求は，次のとおりである。①犯罪事実の全面的調査・公開。②責任者の刑事処罰。③公式の謝罪表明（追悼，教科書への事実記載を含む）。④誠意ある補償措置。⑤国連を通じての国際的解決（日本政府が誠意ある解決に応じなければ，国際裁判など国連を通じて解決する）。これ

も，挺対協の要求と同一である。

　また，フィリピン「慰安婦」調査団のラウデス・インダイ・サホール氏は，93年10月初旬，国連が関与する「女性に対する暴力の廃絶」に関する国際専門家会議で行った日本による「慰安婦」問題の報告（Lourdes Indai Sajor: "WOMEN IN ARMED CONFLICT SITUATIONs", MAV/1993/WP. 21 September 1993）を紹介した。その要点は，次のとおりである。フィリピンなど日本帝国軍の敵国側「慰安婦」への加害行為は，通常の戦争犯罪となり，人道に対する罪も成立すると主張する。これに対し，オランダ女性被害者の例を除き，極東国際軍事裁判所など戦争犯罪法廷も日本の法廷もこの犯罪をまったく裁いてこなかったことを批判している。日本政府に対する要求は，挺対協などと同様だ。アジア女性人権協議会など世界の女性運動は，95年北京（第4回）国連世界女性会議に向けて，このような女性に対する暴力に効果的に対応する，被害者への補償機関，国際刑事法廷の設置を求めている。

　これらの国際的要求を見ると，「慰安婦」に対する加害行為を「人道に対する罪」など広義の戦争犯罪としていること，処罰がなされていないことを批判していること，日本に対し責任者処罰を要求していること，日本がこれに応じない場合を想定して，国際刑事法廷設置を求めていることの4点で広範な一致がみられる。

● 日本政府の処罰義務のゆくえ

　筆者は，処罰問題に関しては，「『慰安婦』問題と国際法の諸問題」という論文を発表した。

「慰安婦」に対する加害行為について，①日本政府が批准した諸条約の明文の規定によって，国際法上「処罰義務」を現在にいたるもまだ負っていること，②この処罰義務に違反する場合には，国際法上「不処罰の国家責任」が生じ，被害者に補償義務があること（これは，前記ファン・ボーベン報告書原則および指針提案中の「一般原則2」からもいえる），③戦争犯罪の不処罰は国際人権［自由権］規約26条などに違反する不合理な差別でもあることを主張した。主要なポイントを述べておこう。

　まず，①の処罰義務だ。人道に対する罪に当たることは，筆者もかねて前記論者同様の主張をしている。その場合，日本政府に国際慣習法上の処

罰義務があることはいうまでもなかろう。しかし、これは文書に書かれた成文国際法ではないため、一般には理解が困難かもしれない。ところが、日本は、成文国際法上明文の処罰義務を負っているのである。

　第1に、強制労働条約上の義務がある（30年ILO29号条約（強制労働ニ関スル条約）、日本は32年批准済み）。同条約11条は、一定年齢範囲の男子のみの強制労働を許しており（もちろんさまざまな規制がある）、女性の強制労働はいっさい禁止している。第2回調査結果発表に際し、日本政府は、大多数の「従軍慰安婦」に対する強制を認めたのだから、同条約違反の事実の存在を認めたことになろう。この場合、同条約には（補償を義務づける規定はないが）、強制労働を強いた者を刑事犯罪者として処罰すべき義務を日本政府に負わせる明文規定がある（同条約25条）。だから、日本政府は「慰安婦」に性奴隷労働を強いた犯罪の責任者の処罰義務を負っていることは間違いない。

　第2に、「醜業」のための人身売買を禁止する3条約がある。これらには、植民地には適用しないという除外規定や留保があるが、「慰安婦」制度の立案、実施の命令・許可・授権などの行為が東京の軍中央で行われ、多くの場合連行には日本軍船舶が使われ、連行には日本軍人・官憲等が関与したので、これら条約は本件にも適用できると考える。そのうち「醜業ヲ行ナハシムル為ノ婦女売買禁止ニ関スル国際条約」（10年条約、日本は25年加入）の1条には、売春目的で、未成年女性（21歳未満）を「勧誘シ誘引シ又ハ拐去シタル者」は（本人の同意を得たとしても）、「罰セラルヘシ」という明文規定がある。また、その2条は、売春目的で「詐欺ニ依リ又ハ暴行、脅迫、権力濫用其ノ他一切ノ強制手段ヲ以テ成年ノ婦女ヲ勧誘シ誘引シ拐去シタル者」をも「罰セラルヘシ」とする。さらに、同条約3条は、重ねてこれら規定に抵触する犯罪を「処罰スル為必要ナル措置ヲ」とる義務を明文で規定している。前記共和国委員会の中間報告では、名のり出た「慰安婦」131名中81名が未成年（20歳未満）のとき連行されている。また、日本政府は、ほとんどすべての「従軍慰安婦」が騙されたかその他の強制手段で連行されたこと、「慰安所」では全面的に強制があったことを認めている。だから、大部分の「慰安婦」への加害行為について、日本政府に処罰義務があるといえよう。

　重要なことには、これら国際法には時効がない。だから、これらの処罰

義務は，現在の日本政府をも拘束しているのである。ただし，現在日本国内法を適用して責任者を処罰しようとしても，日本の刑事訴訟法上は殺人罪でさえも公訴時効が成立しているので，訴追ができない。しかし，日本の国会も立法など必要な措置をとる義務を負っているはずだ。今からでも，国際法上の処罰義務を果たすべく適切な立法をして，処罰の努力をしなければならないということになろう。

　この場合も，日本政府は，補償問題同様「65年日韓協定など国際条約で処理済み」と弁解するだろうか。日韓協定を例にとるなら，65年に日韓で締結された協定は，「財産及び請求権」など経済的権利に関するものであって，このような日本の犯罪処罰義務を解除するものではない。いかに日本政府でも，このような抗弁はできないだろう。「責任者の処罰」という一致した国際的要求を前に日本政府は，根本的政策転換を迫られている。

2　「不処罰」を原因とする賠償・補償義務
　　　――ファン・ボーベン最終報告書

●注目すべきファン・ボーベン最終報告書

　日本のマスコミには報道されなかったが，国連広報担当部局が93年の人権小委のハイライトとして取り上げた重要な成果の一つに，重大人権侵害被害者の補償等への権利に関する特別報告者ファン・ボーベン教授の最終報告書（UN Doc. E/CN.4/Sub.2/1993/8。日本の戦争責任資料センターより，日本語完訳が発行されている）がある。最終報告書が提案する原則・指針は，関係者必読の文献である。

　その要点および関心を払うべき点を述べよう。

　第1に，国家による直接加害行為（作為のみならず，不作為によるものを含む）について，国際法上の重大人権侵害である奴隷・奴隷類似慣行など一定範囲の被害者は，個人として加害国家に対して，直接賠償・補償を請求する権利があることが明らかにされた（一般原則1および6）。当然の結果ではあるが，筆者らの主張が国際法の国家責任論を基礎に裏づけられたと考えられる。きわめて心強い。

　第2に，国家が直接の加害者として責任を負うのではなく，私人など第三者が加害者である場合であっても（もちろん国家公務員が加害者である

場合を含むことは当然だろうが），国家が国際法上の犯罪の責任者に対する国際法上の処罰義務を怠った場合には，被害者個人は，国際法上の不処罰の責任を負うべき国家に対して補償を請求できるとの，筆者の93年の人権小委奴隷制作業部会以来の主張も支持されたと考えられる（一般原則2）。

一般原則2がいう国家の人権尊重義務，人権の確保義務は，国際法上真相を調査する義務およびこれに対して適当な措置をとる義務を含む。さらに，それらの義務には，犯罪者の捜査・訴追・処罰の義務が含まれよう。

この点は，ドイツと違い，戦争犯罪・人道に対する罪の責任者を自ら裁いてこなかった日本にとってきわめて重大だ。「慰安婦は，私人によってなされたものだ」「個人の賠償・補償請求権は多国間・二国間条約で消滅した」という日本政府の抗弁も，この原則の前には無意味になるだろう。

● 「慰安婦」問題にあてはめると

この「不処罰を原因とする賠償・補償義務」という原則は，読者にとって耳新しいと思う。日本にとって最も大きな問題とされる「慰安婦」問題を例にとって解説してみよう。

日本政府は，内容的には不十分ではあったが，93年8月4日国内で，8月17日国連人権小委員会でも，日本帝国軍・警察・官吏らが，朝鮮人女性などを「従軍慰安婦」とするため，業者を使い，あるいは直接に，強制したり，騙したりして慰安所に連行し，本人の意に反して日本帝国軍兵士に対する性的奉仕を強いたことを認めた。これらの承認された最低限の事実に基づいても，日本政府は，国際慣習法上も，条約上も下記のとおり加害者処罰義務を負っていると思われる。

第1に重要なのは，「慰安婦」に対する加害行為が，国際慣習法に違反する性奴隷であり，かつ人道に対する罪を構成すると多くのNGOによって指摘されていることである。日本帝国の管轄権の範囲内で犯された国際犯罪の責任に対して，現日本政府は，日本帝国政府に引き続き，犯罪者に対する捜査・訴追・処罰義務を負うことはいうまでもなかろう。また，人道に対する罪について時効にかかるとするような国内法規定は，国際慣習法違反であると考えられるから，仮にそのような規定があったとしても無効とせざるをえない。国際法上は，日本政府の処罰義務は消滅していないのである。

第2に，強制労働条約および「醜業」のための人身売買禁止3条約違反が問題とされる。

　強制労働条約は，女子の強制労働をいっさい禁止している。「慰安婦」女性に対して，日本帝国軍将兵への性的奉仕という労働を強制することも，この女子強制労働の禁止に違反するとせざるをえない。同条約は，このような強制労働を課した加害者を処罰することを締約国に義務づけている。

　問題は，戦時などの緊急事態があれば，強制労働条約の適用を免れることができる場合があるという規定があることだ。しかし，日本が参加する戦争が起きれば，日本帝国中どこでも，誰に対しても，いかなる強制労働も許されるとする解釈には無理があろう。緊急事態にのみ許される適用除外規定なのだから，日本政府がこの適用除外規定の適用を求めるなら，戦時の各具体的状況下で，また個々具体的緊急事態下で，最小限度の強制労働を，真にやむをえないものとして必要不可欠であったとすべき事情・関連性・必然性・相当性を立証することが必要であろう。また，人種（民族）・言語・宗教・思想などを理由とする適用除外に関する差別的取扱いも許されないとされるべきであろう。この点，緊急事態の場合に適用除外を許す国際人権B規約4条のデロゲーション規定（効力停止条項）の解釈の手法が参考になろう。戦時下の日本帝国兵士の性的欲求の緊急性と朝鮮女性のみに性奴隷を強いるべき事情・関連性・必然性・相当性等の立証は，不可能であろう。強姦予防，性病の防止，兵士の意欲向上など，どんな理由をあげてみても，著しく品位を欠く，不合理かつ不条理なものでしかない。強制労働を正当化すべき緊急性の立証は成功しないだろう。

　また，「醜業」のための人身売買を禁止する3条約は，成人女性を強制などにより売春のために連行した場合，および未成年（21歳未満）女性は本人が同意したときであっても，これを売春のために勧誘した場合は，ともに加害者を処罰することを締約国に義務づけている。成年者も未成年者もともに強制され，騙されて「慰安婦」とされた。その募集・連行・管理・性奴隷処遇の実態は，3条約違反行為を明白に示している。3条約の規定上，日本政府がその奴隷化に関与した者を処罰しなければならないことは明らかだ。

　問題は，この3条約には朝鮮など植民地を除外する規定があることから，朝鮮における「慰安婦」連行行為には3条約が適用されえないとされるか

どうかである。

　筆者は，朝鮮で女性が連行された場合も，日本帝国の属人的・属地的管轄の範囲内に入る事実が立証されるなら，十分適用されうると考える。被害者「慰安婦」らは，日本帝国軍人・警察・官吏またはこれらの者の指示を受けた者によって連行されたのが実態だ。このように日本帝国官吏が直接・間接に関わっている事実から見ると，犯行者らは日本帝国の属人的管轄の範囲内に入っている。さらに，被害者女性の多くは，日本領とみなされうる日本船舶によって連行・移送されている事実がある（国際法律家委員会報告書は，被害者が移送の途中で日本の港に上陸したことを理由に日本帝国内地に適用される条約の適用を肯定している）。そのうえ，「慰安婦」政策立案，その実施の命令・授権・許可など中枢による犯行行為は，日本帝国軍・政府中枢の所在した東京，すなわち日本帝国内地において犯されている事実もある。これらの事実から判断すれば，これらの犯罪行為は，日本帝国内地の属地的管轄の範囲内で犯されているのであるから，植民地除外規定によって，これらの条約の適用を免れることはできないとすべきであろう。

　したがって，日本政府は，現在でもこれら条約の規定によって禁止された犯罪を行った者を処罰する義務を負っていると思われる。

● 「条約で決着済み」政府の抗弁は破綻する

　日本帝国は，犯行がなされたときすでにこれらの条約の締約国であったから，「慰安婦」に対する犯罪の責任者の国際法上の処罰義務があったといえよう。また，これらの処罰義務は，現在でも消滅していない。これらの条約には時効による免責の規定はないからである。また，日本と被害国民の所属する諸国との間で，これらの犯罪を処罰しないという刑事免責の条約も締結されていない。もっとも，適切な措置なしにそのような条約が締結されても，原則としてユスコーゲンス（23頁に注記）に違反して無効であると思われる。原則5はこのような条約を認めないであろう。したがって，日本政府の負うこれらの処罰義務は，現在でも消滅していないとせざるをえない。

　日本は，戦後から現在にいたるまで，これらの重大な犯罪について，処罰のための捜査をすべき義務があった。ところが，日本はこれを怠り，現

在にいたるも処罰のための何らの努力も行ってこなかった。そればかりか，日本帝国軍・政府およびこれを引き継いだ敗戦後の日本政府は，犯罪の証拠を積極的に隠滅し，犯罪の存在および責任を否定する虚偽の言辞を弄し，犯罪の重要証拠を秘密として公表していない（証拠提供義務は，原則17）。そればかりか，多くの加害者があるにもかかわらず，それらを積極的にかばって，誰一人として処罰のために捜査の対象にさえしていない。日本政府・国会は，これらの重大人権侵害被害者に対する犯罪の責任者の処罰のために必要な立法上の努力もしていない。

したがって，日本政府・国会・司法当局は，現在でもこの処罰義務に違反し続けているのである。この不処罰の事態に前記一般原則2を適用するなら，日本政府には（一般原則1による，直接の加害行為，および犯罪の防止義務違反による賠償・補償義務以外に），不処罰による賠償・補償義務が現在にいたるもまだ発生し続けているのである。

この論点は，日本ではこれまでほとんど論じられてこなかったと思われる。日本におけるこれまでの論議は，犯罪の問題を「補償と関係ない」と切り捨ててきた。「戦争だから，何をしても処罰まではする必要がないのではないか」と犯罪意識を欠いた直観的反応が支配して，不処罰（impunity）の状況を作り出してきた。猛省すべきだろう。

実は，一般原則2に述べられている不処罰による賠償・補償責任に関する国際法上の法理は，ファン・ボーベン報告書が説明するように，ことさら新しいものではない。伝統的国家責任論により認められているものである。典型的な先例としては，ジェーンズ事件に関する米国＝メキシコ間の仲裁判決がある（広部和也「ジェーンズ事件」〔波多野里望・東壽太郎編著『国際判例研究国家責任』〔三省堂〕394～403頁〕）。これは，20年代の事件である。

この法理がいかに重要かは，次の問題点を考えるだけで十分理解できよう。日本政府は，韓国人である「慰安婦」被害者個人についても，その補償問題は，65年の日韓協定で最終的に決着済みであるとする。ところが，65年の協定は，財産的な問題のみを処理しているに過ぎず，日本の刑事処罰義務を解除していない。だから，「慰安婦」被害者への加害行為をなした日本帝国軍・政府関係者および関係私人について，その犯罪を捜査・訴追・処罰すべき国際法上の義務はいまだに継続していることになる。宮沢

政権はもとより，細川政権も，その後の政権もこの処罰義務を継続的に怠っているのである。現在でも責任者を処罰すべきことは当然であるが，すでに永年にわたって不処罰義務違反が継続しているのであるから，不処罰を理由として賠償・補償をなすべきこともまた当然という結論にいたらざるをえない。

　だから，不処罰は，補償に関係がないどころか，国際法上は，賠償・補償義務の直接の発生原因になる。それをファン・ボーベン最終報告書が明確にしていることに注目すべきであろう。

　第3に，国家は，これら個人の権利を被害者との協議なしに放棄してはならないこと（結論および勧告13）も，重大な人権侵害に基づく賠償請求権に時効がないこと（原則および指針15）も明記されている。

　以上述べたことからもわかるとおり，「多国間・二国間条約で，個人の補償請求問題は解決済み」との日本政府・外務省の抗弁は，ファン・ボーベン報告書によって破綻したと見てよいのではないだろうか。国際的にも国内的にも，このような主張をし続ける日本政府・外務省は，ファン・ボーベン報告書を肝に銘じ，抗弁を撤回すべきだと信じる。

　第4に，再び処罰の問題に戻ろう。興味深いのは，賠償（reparation）義務の概念に補償（compensation）義務以外のさまざまな措置への義務が含まれていることだ。詳しくは，原則8「原状回復」（restitution），原則9「補償」（compensation），原則10「リハビリテーション」，原則11「満足」（satisfaction）および「再発防止の保障」（guarantees of non-repetition）があげられている。それぞれの原則が豊富な内容を含む。

　「満足」の中身がことに重要だ。原則10(b)（真相究明）および同(e)（責任者の訴追）がともに処罰に関係する。それらだけでなく，原則5は，国際法上の犯罪の訴追・処罰が賠償義務に含まれること，および不処罰がこの原則に違反することも明確にしている。戦争犯罪・人道に対する罪に対してさえ処罰義務の観念が薄い日本政府・外務省はもとより，その意識を支える法曹，法学者，市民，マスコミも含めて猛省を必要とするであろう。「慰安婦」問題は決して金銭補償や謝罪のみで済む問題ではないのである。

●世界平和にも貢献

　さて，ファン・ボーベン最終報告書の国連内における今後の取扱いはど

うなるだろうか。

　この原則・指針の提案を含め，同最終報告書を高く評価する決議が，1993年8月25日，人権小委によって全会一致で採択された。決議は，人権委員会に対して，最終報告書の出版を提案し，広く各国政府，政府間・非政府間国際機構から意見を求めるのみならず，結論および勧告は人権委員会で，原則および指針は人権小委員会において（必要があれば作業部会を設けて），もう一段進んだ審議をするよう求めた。

　原則および指針の提案は，国連総会の決議になるまで正式議題としてあげられ，さらに国連の審議が続くだろう。この審議のゆくえは，ＮＧＯにとって重大関心事であり続けるだろう。その間「慰安婦」・強制連行問題は，この議題と関連して継続的に国連で討議され続けるであろう。関係ＮＧＯは，自らの関心事である「慰安婦」・強制連行問題との関係でこの討議に参加することが必要だが，自らの利害のみで国連活動に関わることには問題がある。それとともに，将来，この原則および指針の提案が，他の被害者の救済，ひいては世界の人権の向上に重大な役割を果たすであろうこと，重大人権侵害再発の予防にも役立つことに思いを致すべきであろう。この原則および指針の提案の促進に努力することが，やがては世界平和の実現にも貢献することをも忘れてはならない。

　この報告書は，戦時奴隷制に関する特別報告者の研究の基礎ともなりうるだろう。これは，前記したように，伝統的国際法の分析のうえに書かれたものであって，その核になる部分は，第二次大戦前の国際法によっている。だから，「慰安婦」・強制連行問題に十分適用可能であることにも注目すべきだ。国際法の世界的権威者によって書かれ，人権小委で高く評価されているだけに，この段階ですでに，国内裁判所に提出される裁判上の鑑定書などの文書よりもはるかに重みを持つ法的文書が入手できたことになる。この報告書が，日本の戦争責任に関する法的論議のゆくえにも大きな影響を与えることは間違いなさそうだ。

　99年3〜4月の国連人権委員会は，同最終報告書を基礎に同委員会が審議した結果のまとめを討議する予定である。

　　（ユスコーゲンス）　　国際法上の強行規範。日本の国内法でいうと民法90条の公序良俗に当たる。条約法に関するウィーン条約53条に規定がある。ユスコーゲンスに違反する条約が無効であるという法理を

第1章　賠償問題から加害者処罰問題へ　23

確認している。注意すべきは，同条がいう「いかなる逸脱も許されない規範」は，同条約成立前からあったことだ。たとえば，武力行使を禁ずる国連憲章の定め，海賊の禁止，奴隷取引の禁止などがこれに当たり，従前から存在したことは争いがない。人権もこれに当たるとの指摘も，国際法委員会の審議でなされている。何がユスコーゲンスに当たるかは，国際判例の積み重ねで確認されることになる。

3　韓国人被害者ら50年ぶりに告訴・告発

●50年ぶりの提訴

　元日本軍「慰安婦」，韓国挺身隊問題対策協議会（挺対協）が94年2月7日，日本の検察当局に対し，公式に責任者の処罰を要求した。残念ながら，検察当局は誠意ある対応をしなかった。

　同日午後2時，元日本軍「慰安婦」27名が，「慰安婦」を奴隷化した日本軍関係者らの処罰を求める告訴状を東京地方検察庁に提出した。

　この日，東京地検を訪ねたのは，韓国から告訴状を携えて来日した姜徳景（カン・ドッキョン）さんら「慰安婦」代表6名，挺対協総務・李美卿（イ・ミギョン）さん，朴元淳（パク・ウォンスン）弁護士ら挺対協代表5名である。通訳5名，介護者9名，日本人弁護士6名も立ち会った。

　筆者も，被害者らの要請を受けて告訴状等の提出に立ち会ったので，経過を報告したい（29頁参照）。

　被告発者は「氏名不詳」の者多数である。被告発事実は，被害者らの体験と挺対協などの調査事実に基づく，被害者らの連行，奴隷化の具体的内容である。

●誠意のない検察

　検察庁1階の待合室で告訴人らに面接したのは，東京地検直告係の清藤検事である。同検事は，告訴状，告発状を斜め読みした後，「受理できない」と述べた。その理由は，①時効の完成，②被告訴人が不特定である，③被告訴事実が不特定である，④罰条が不備である――以上の4点で「形式が整っていない」という。

　これに対し，韓国で検察官を経験している挺対協顧問の朴元淳弁護士は，

①時効は，人道に対する罪などの国際法上の犯罪の場合は適用されないはずである，②被告訴人は，氏名こそ特定していないが，具体的な被害事実は特定しており，捜査によって十分特定できるはずであり，その捜査の責任は日本の検察当局にある，③被告訴事実は，十分に特定できている，④罰条は，戦争犯罪，人道に対する罪などで，これらも処罰可能な場合である。具体的犯罪事実は，当時の日本法上も犯罪であったはずである，との反論をしたが，担当検察官は，これをいっさい受け付けなかった。

2時間近い交渉の結果，担当検事は「これで終わります」と席を立って，立ち去ってしまった。

「慰安婦」被害者，李総務，朴弁護士は「あまりにも誠意のない態度である」「この問題が国際問題化していることをまったく理解していない」と，失望と怒りをあらわにしていた。「韓国では，告訴状・告発状は受理するのが普通で，検察官は誠実に対応しなければならない」と朴弁護士は言う。被害者らは，検察庁前で，「責任者を処罰せよ」などとアピールし，結果を待っていた報道関係者を前に，東京地検と日本政府に対する抗議の意思表示を繰り返した。

● 残念な拒否回答

この告訴状・告発状の提出に立ち会った筆者ら6人の日本人弁護士の一致した感想だが，「告訴状・告発状を一応は預かって，国際法上の諸問題などの十分な研究の後に受理・不受理を決めるというような柔軟性を示すことが，なぜできなかったのだろうか」という疑問だ。

被害者らは，筆舌に尽くしがたい被害を日本帝国軍・政府によって受けた。その大筋の事実は，自民党政権下の日本政府でさえも承認し，謝罪している。その謝罪の誠意さえ疑われる対応だった。被害者らは50年近くも，被害の後遺症に悩まされてきた。しかも，はるばる韓国から自費で来日しているのである。その気持ちを考え，「斜め読みで，十分内容を読まないでつき返すというのはどうか」と，筆者ら日本人弁護士らも担当検事に助言した。

実は，担当検事もそのような状況から気持ちを動かされ，告訴状・告発状の「事実上の預かり」という措置をとる可能性について検察庁上司と協議した。しかし，協議後もあくまでも当初の方針を変更しなかった。つま

り、この対応は、担当検事のみならず、東京地検全体の方針だったと思われる。だから、なおさら残念でならない。

「慰安婦」被害者らへの加害行為への反省、犯罪を憎む気持ち、正義を実現する意欲、被害者らへのあたたかい気持ち、いずれも感じさせない、実にかたくなな東京地検の対応だった。

問題点をあげておこう。

第1に、日本の官庁の具体的対応と日本政府の事実承認、謝罪の間に大きな隔たりがあることだ。これをどう埋めるか、各省庁が真剣に考えるべきであろう。

第2に、日本の検察も人道に対する罪など国際法上の犯罪について、真剣に検討すべきことだ。憲法39条は遡及処罰を禁止している。しかし条文をよく読めば、「何人も、実行の時に適法であった行為……については、刑事上の責任を問われない」とされているだけである。「慰安婦」被害者らへの加害行為は、告訴状、告発状記載の事実を読めば、当時の日本法上も違法行為であったことがわかるのであって、この条文上は処罰を考慮してさしつかえない場合だ。問題は、刑事訴追時効が完成している場合に、処罰をすることが憲法31条の「適正手続」に触れるか否かだ。

この点について、被害者側は、「人道に対する罪にあたる場合は、時効を適用してはならない。訴追時効の適用は、国際法違反になる。この場合は、訴追時効の規定を適用すれば、それ自体が国際法違反で、無効な行為である」という。なぜなら、国際法は国内の法律に優先するからである。そうであるとするなら、当時の国内法の適用も可能で、憲法上の問題もクリアーできるはずだ。さらに、朴弁護士は「国際法による処罰もできるはずだ」と主張している。少なくとも、このような点についての検討抜きに、告訴状、告発状をつき返すのはいかがなものであろうか。

前例のない事件だから困難な問題であることは認めるが、慎重な検討をする必要があったといわざるをえない。

第3に、現行法上、日本の当局が被害者らの要望に沿うことができないとすれば、今後日本政府としていかなる措置が必要かについて、真剣な検討を開始することが必要であろう。国際友和会（国際ＮＧＯ・ＩＦＯＲ）は、2月7日細川首相あてに勧告を送付した。日本軍「慰安婦」に対する加害行為を処罰することは日本の国際法上の義務であること、処罰要求に

対応する「戦争犯罪・人道に対する罪等を処罰する法律」を制定すべきであることなどを勧告している。日本政府・国会は，直ちにこの勧告に対して誠実な対応をすべきであろう。

4 日本軍「慰安婦」問題で，ＮＧＯ「責任者処罰」要求
——第50会期国連人権委員会

●真正面からの提起

　第50会期国連人権委員会が，94年1月31日から3月11日までの間，ジュネーブ国連欧州本部で開催され，日本軍「慰安婦」に対する日本帝国軍による犯罪の処罰などをめぐる審議が関係者の注目の的となった。日本軍「慰安婦」問題などが国連人権委員会で審議されたのはこれで3度目だが，今回はこれまでとは異なり質的発展があったので，その点を中心に報告しよう。

　第1に，日本軍「慰安婦」に対する犯罪の「責任者処罰」要求が，多くのＮＧＯなどによって，国連で初めて真正面から提起された。これが，最も重要な出来事だったといえよう。マスコミによっても，「従軍慰安婦問題・『責任者処罰』急浮上・国連人権委」（毎日新聞2月17日付朝刊），「従軍慰安婦を巡り『処罰問題』討議へ」（朝日新聞2月18日付朝刊）などと報道された。

　第2に，この処罰要求に対して，日本政府は，足掛け3年間の国連審議を通じて初めて答弁を差し控えたところから，関係者の注目を浴びた。きわめて重要な新事態だ。関係ＮＧＯなどから，「日本政府のこれまでの法的反論が破綻したために答弁できなかったのだ」と受け取られた。驚くべきことだが，この重大な事実を日本の大手マスコミは，まったくといってよいほど報道しなかった。「新たな展開に外務省戸惑い」（朝日新聞3月5日付朝刊）とする小さな記事が唯一の例外である。

　第3に，不処罰（impunity）に関する人権小委員会特別報告者の研究を評価・継続を承認する決議，ファン・ボーベン最終報告書を高く評価し，出版のうえ国連内討議を人権小委で発展させる決議，人権委員会のもとに女性に対する暴力に関する特別報告者を新設する決議など，3件の関連決議がなされた。国連による日本軍「慰安婦」問題解決に向かって，複数の

道が開けてきた。ところが，これらの点では，「慰安婦などの賠償請求権確認・国連人権委」（東京新聞3月5日付＝共同），「慰安婦問題・『責任者処罰』議題に・国連人権委，決議を採択」（朝日新聞3月5日付朝刊）などと部分的報道はあったが，全体像に迫る，質量ともに十分かつ正確な報道がなされなかったのが残念だ。

●マスコミの力量不足

　他の関連決議の中に，戦時奴隷制の研究など人権小委員会の5つの新研究の提案について，とりあえず予算を付けることを留保する決議があったところから，「国連の慰安婦問題調査先送り」（読売新聞3月5日付朝刊）などと，こればかりはマスコミ各紙（毎日新聞，産経新聞＝時事，東京新聞＝共同）が報道した。そのため，日本の関係者の間では，国連でのこの問題の解決が困難になったかのような誤解が生まれた。

　いずれにしても，以上3点すべての総合的な把握がなされない限り，国連でのこの問題の審議を正確に理解することはできない。日本のマスコミにその力量が不足していたといえよう。もし，これらすべてを総合的にとらえるなら，今回の人権委員会では，少なからぬ前進があったことがわかるであろう。

●ＮＧＯ，ファン・ボーベン最終報告を高く評価

　ところで，「責任者処罰」問題などの提起は，5つのＮＧＯによってなされた。

　国際民主法律家協会（ＩＡＤＬ）は，日本政府が日本軍「慰安婦」問題の解決に誠意を見せていないことを指摘し，「問題に直面せず，解決を遅延させている。すべての生存被害者が死亡するのを待っているかのようだ」と批判した。日本帝国軍の行為は，人道に対する罪に当たり，このような「残虐な犯罪には時効を適用することはできない」ことを強調した。ＩＡＤＬは，国連人権委員会が，人権小委員会の提案した「戦時奴隷制」の研究を支持するよう求めた。

　反女性搾取第三世界運動（ＴＷＭＥＷ）は，ファン・ボーベン最終報告書を高く評価し，これに照らせば，日本軍「慰安婦」の生存被害者が，個人として日本政府に対して損害賠償を求める権利があることは明らかであ

るとした。自民党長老議員が「14万2000人の慰安婦が戦時中に死亡した」と述べた事実をあげ、20万名と推定される日本軍「慰安婦」被害者の大部分がすでに死亡していて特定できないと述べたほか、次のように指摘した。日本政府の93年8月の発言は、NGOにとっては受け入れがたい。日本での訴訟にも長年かかり、早期解決が期待できない。日本の国会における特別委員会設置の見通しもない。それゆえ、国連がこの問題の解決機構を創り、解決をはかるべきだと提案した。

　提案の内容は、以下の3点だ。第1に、日本軍「慰安婦」制度は、「戦争犯罪及び人道に対する罪を構成する」から、国連はこのような犯罪の処罰などができる「国際法廷」を創設すべきである。第2に、生存被害者への賠償問題を早期に解決するため、日本政府は国連事務総長に対して、「日本と被害者との間の仲裁機関の設置を求める」意思表示をすべきである。第3に、死亡して特定できない被害者に対する集団的償い（ファン・ボーベン最終報告書提案）として、「4兆円（被害者数を20万名、1人当たり2000万円として計算）を国連に寄付」し、被害国の「女児・女性の福祉」のために貢献すべきである。

● NGO、「責任者処罰」を要求

　世界教会協議会（WCC）は、「戦時奴隷制」に関する人権小委員会決議を高く評価した。WCCは、細川政権が、当初の方針から後退し、日本軍「慰安婦」問題解決のために従前の日本政府同様「補償に代わる措置」に固執して、責任者処罰および被害者への損害賠償を拒絶していることを厳しく批判した。生存被害者が老齢であって、93年だけでも3名が死亡した事実、被害者の要求は「名誉回復」であって、「責任者の処罰と損害回復」が必要であることをあげた。さらに、挺対協と韓国の27名の被害者が、2月7日、日本軍性奴隷犯罪を犯した責任者の処罰を東京地検に対して求めたにもかかわらず、告訴・告発状の受取りさえ拒絶された事実を報告した（24頁参照）。

　WCCは、「女性に対する暴力が世界的な関心事になっている」こと、ウィーン宣言・行動計画が「武力紛争時のすべての女性の人権侵害に対して特に効果的な対応が必要である」としていること、「犯罪者処罰のための国際法廷が設置された」こと、「バタビア軍事法廷が35名のオランダ人

日本軍『慰安婦』に対する犯罪について，日本軍関係者を処罰した」こと，「ドイツ政府が現在でも，ナチ犯罪者を処罰し，被害者に賠償を続けている」ことなどをあげ，にもかかわらず，「膨大なアジア人女性に対する戦争犯罪と人道に対する罪を犯した犯罪者の処罰が全くなされていない」事実を厳しく非難した。

WCCは，人権委員会に対して，「戦時奴隷制」に関する特別報告者を任命するという人権小委の提案を支持するばかりでなく，「日本政府に責任者の処罰と被害者に対する被害回復の措置をとらせるよう」要求することをも求めた。また，WCCは，日本は国連安全保障理事会の常任理事国となることを求めているが，「この問題を解決するまで，世界の平和を論ずる資格はない」とも批判した。

以上の3つのNGOの発言は，議題17のもとでなされたところから，人権小委員会の人権委員会に対する提案であるファン・ボーベン最終報告書を評価し，「戦時奴隷制」研究の提案を支持する形になっている。しかし，発言の内容は，すべて，日本軍「慰安婦」に対する行為が犯罪であって，現在でも責任者処罰がなされなければならないと要求する点で，次の国際友和会発言と認識を共有していることに注目すべきだろう。

国際友和会（IFOR）の発言は，議題10の拘禁などに関する審議に関連してなされた。これまで，この問題に関するNGOの発言は，主として議題17の人権小委員会の報告書との関連でなされてきた。それは，この問題の国連での審議が，主として人権小委員会現代奴隷制作業部会の決議（重大人権侵害被害者の賠償等への権利に関する人権小委特別報告者に情報を送付する旨の92年5月同部会決議）から出発したことによる。

国際友和会があえて異なる議題を初めて選んだのには理由がある。人権委員会の拘禁などに関する審議の対象はかなり広く，「人権侵害侵犯者の不処罰（impunity）問題」は，人権小委員会で研究を継続してきた問題ではあるが，人権委員会での決議は，これまでこの議題の下でなされてきた。だから「責任者処罰」問題を討議するには，この議題のほうがふさわしいとの国際友和会の判断があったのである（実は，「人権と基本的自由侵害の被害者の賠償，原状回復およびリハビリテーションへの権利」も議題10のもとで決議されてきた）。

5　不処罰問題と早期の解決方法で一歩踏み込んだ勧告
　　──国連現代奴隷制作業部会（94年4月25日～5月4日）

●一歩踏み込んだ勧告
　94年4月25日から5月4日まで，国連現代奴隷制作業部会に出席した。同部会は，最終日4日に，8月に開催される差別防止少数者保護小委員会（人権小委）に提出する報告書の勧告部分を公開審議で採択した。これまでの2年間の国連審議における「日本による奴隷」問題に関する流れを振り返ると，「同部会がどのような見解を示すかによって，その後の1年間の国連の動きが予想できる」といってもよいだろう。94年は，93年より一歩踏み込んで，不処罰問題および日本軍「慰安婦」や強制連行・労働問題の解決方法を示唆する勧告が採択された。予想より大きな成果が上がり，「我々の努力が報われた」と感激した。
　同部会は，人権小委（26名の専門家委員からなる）の下部機関で，5名の委員によって構成されている。

●95年も＜強制労働＞が議題に
　勧告採択予定の最終日4日朝は，午前10時頃から，「どのような勧告が出るのか」と，まるで，裁判の判決を受ける日の朝のような緊張感に襲われながら，開会を待った。その間，委員の一人に「よいニュースがありますか」と尋ねると，「イエス」との答えだ。前日3日の非公開討議の結果のタイプが遅れたために，部会開会は，少し遅れ11時頃になった。94年の同部会では，93年同様開会後になってもＮＧＯには原案が配布されなかった。5名の委員が1頁ごとに原案チェックしながら，原案を修正しつつ，採択の審議を進める。その議論を聞きながら情報収集するしか方法がない。「強制労働は95年も討議すると決まりましたね」という委員の発言をマキシム委員長が確認したことから，95年も強制労働が議題に入ることがわかった。92年は，強制労働は正式議題にあがっていなかった。だから，筆者は，奴隷制の議題で，日本軍「慰安婦」と強制連行・労働問題に関する発言をした。そのため，92年の同部会勧告で，強制労働が93年の議題（そして引き続き94年も）に入ることに決まったのだ。日本の強制労働問題のた

めに，これが「現代的奴隷制の事例である」との認識が定着してきたようだ。94年は，日本帝国による強制連行・労働の関係で，在日朝鮮人被害者2名（李実恨氏，劉喜亘氏），中国人被害者1名（趙満山氏），オランダ戦時民間人被収容者1名（ユンスラガー氏）がそれぞれ深刻な被害を証言したので，委員は，強制労働問題をより強く意識するようになっていたのである。

　日本関連の「戦時女性の性的搾取及び強制労働」に関する情報の取扱いについて，同部会が93年に引き続きどのような勧告をするのか注目されていた。93年の同部会では，当時進行中だった「人権と基本的自由の重大侵害被害者の被害回復・賠償・リハビリテーションへの権利に関する研究」の特別報告者であるファン・ボーベン委員に，部会に提出された関係情報を送付し，研究にあたって考慮に入れるよう要請する勧告をした。しかし，93年8月でこの研究が終了したため，94年は異なる取扱いになることが予想された。

　IFORは，94年2月国連人権委員会で，朝鮮・韓国などの日本軍「慰安婦」被害者に関して，日本の司法当局による加害責任者の処罰がまったくなされていない問題を「最悪の事実上の不処罰の実例」として取り上げた。そして，「人権侵害侵犯者の不処罰問題」を研究中である人権小委員会共同特別報告者であるギセー委員とジョワネ委員に，この問題を考慮するよう要請した。IFORは，この部会審議に際して，この討議経過を報告した。同部会に参加した国連NGO・リベレーション（朝鮮人強制連行真相調査団ホン・サンジン事務局長ほか4名が代表した）も，不処罰問題に焦点をあてた発言をした。

　委員が，「特別報告者は，ギセー委員とジョワネ委員だったですね」などと発言したことなどから，94年の部会は，同共同特別報告者に「不処罰問題」との関連で，NGO提出の情報を取り上げることが検討されていたことがわかった。この部分も異論なく採択された。これで，IFORなどNGOの要請が受け入れられ，これらの情報が同共同特別報告者に送付され，考慮の対象にされることになったことが確認できた。

●討議される可能性のある「責任者処罰」
　この不処罰問題に関する同部会勧告が持つ意義の重要性は，これまでの

経過を知らない向きにはわかりにくいかもしれない。しかし，この部会勧告は，今後の日本の歴史を変えうる重大な意味を持っていると思われる。

今日「ファン・ボーベン研究」が，日本軍「慰安婦」問題などに重大な影響を与えていることを知らない関係者は少ないだろう。しかし，そのきっかけとなったのは，92年の同部会が，前記のとおり，重大人権侵害被害者の賠償等への権利に関する人権小委の特別報告者ファン・ボーベン教授に，関係情報を送付するという勧告をしたことであることを記憶している人は少ないだろう。今では，「ファン・ボーベン研究」は，関係者の必読書になって，大きな影響を与えている。これと対比すると，この勧告の持つ意味がわかる。

94年2月以来，韓国挺身隊問題対策協議会（挺対協）と日本軍「慰安婦」被害者が提起してきた「責任者処罰」の問題が，94年の国連人権小委員会では，正式に問題にされる可能性が出てきたのである。これまで，日本軍「慰安婦」問題は，国際社会におけるのとは異なり，日本では「金銭賠償の問題」としかとらえられてこなかった。日本では，戦争犯罪の処罰問題については，極東国際軍事裁判を「勝者の不正な裁判」などと非難することが少なくなかった。まして，「日本の司法当局自らが，戦争犯罪の処罰を行う必要性があるかどうか」などは，国際法や刑事法に関する諸学会，日弁連を含む法曹界など専門家はもとより，政治家，マスコミ，一般市民もまったく議論してこなかった。

IFORは，2月，挺対協を支援し，「戦争犯罪及び人道に対する罪などを処罰する法案の要綱」を提案して，細川首相に立法の勧告を送付した。そのときにも，マスコミからも市民団体からも反応は鈍かった。そのため，政界，法曹界，学界でも，戦争犯罪の問題はまったく議論されなかったという経過がある。

そのほかにも，重大な進展があった。

● 早期解決のための常設仲裁裁判所

94年の国連・現代奴隷制作業部会に対して，IFORは，常設仲裁裁判所に関する手続などについての情報を提出し，「日本軍『慰安婦』問題のような国家と被害者個人との間の国際紛争の解決のためにハーグの常設仲裁裁判所を利用できる。日本政府は，被害者が要求した場合は，常設仲裁

裁判所による紛争解決に同意すべきだ」と指摘した。

これまで,国連は,日本軍「慰安婦」・強制連行など関係情報を受けると,大略して2つの対応をしてきた。第1に,適当な関連研究を行っている特別報告者に情報を送付,考慮を要請した（92年・93年の現代奴隷制作業部会）。第2に,「戦時奴隷制の研究」を行う特別報告者を任命する決議を採択（93年の人権小委員会）する措置をとった。この両者とも,主として問題の研究に重点があったといえる。

ところが,前記ＩＦＯＲの主張は,研究から一歩踏み込んで,「どのような方法で早期に公正かつ最終的な紛争解決ができるか」という視点からのものである。一般的研究を越えて,研究の結果提案されうるであろう紛争解決の手法・手続問題を具体的に提起したのだ。だから,国連がこのような具体的新提案に対応して,どのような措置をとるか強く注目された。もし,積極的に提案を採用するなら,今後の国連審議も大きく前進する可能性があると予想できるはずである。

この問題に関する勧告原案を審議した際,委員の1人が,原案の修正を提案した。1つのパラグラフを2つに分け,文言をわずかに変える提案だ。その必要上全文が読み上げられた。原案は提案どおり採択された。勧告内容は,以下のとおりである。

「いかなる事項でも当事者が仲裁付託しようと希望すれば,奴隷制の諸形態を含む人権侵害の被害者及び国家は,常設仲裁裁判所を利用することができるとの情報を歓迎する」

「人権侵害,殊に奴隷様慣行の被害者を援助する1つの方法として,常設仲裁裁判所の管轄権に関して,任意に仲裁付託のための合意をすることができることについて,関係当事者の注意を喚起する」というのである。

この勧告は,人権小委員会の5人の委員のものだから,94年8月の人権小委員会でも重視されることは間違いないはずだ。国連特別報告者1人の提案より重みがあるともいえる。今後解決方法が論議されるたびに,国連関係者は,この点を出発点として論議を始めることになった。

6　日本政府の法的責任とは

●65年日韓協定をめぐる論争

　日本政府は、朝鮮半島植民地支配当時、日本によっていかなる不法行為が行われたとしても、賠償請求問題は、日本軍「慰安婦」に対する犯罪行為の被害を理由とする賠償請求を含め、「すべて解決済み」と確信しているように見える。

　これに対して、被害者側からは、「日本軍『慰安婦』問題については、日韓交渉当時討議がなされていず、明示の放棄がなされていない」「いかなる国家も、個人の権利を放棄する権限がないから、韓国政府により個人の賠償請求権が放棄されたとしてもそれは無効である」「韓国が放棄したのは、韓国が被害者個人の賠償請求権を日本に要求するための国際法上の外交保護権に過ぎない。したがって、被害者個人の日本に対する請求権は消滅していない」「国家による人権の放棄は、仮にそれがなされたとしても、ユスコーゲンス（国際法上の強行規範）に反し、無効である」などの主張がなされてきた。

　これらの論点はきわめて難解な国際法上の問題を含むので、国際的な仲裁判断による決着を待つしかない。

　ところが、細川首相宛の国際友和会勧告書（94年2月7日付）は、「不処罰を理由とする賠償義務」という新たな国際法上の主張を提出し、関係ＮＧＯ・政府の注目を集めた。これによって、日本政府の「日韓協定の抗弁」は、きわめて明確に破られたと思われる。以下、その論理を紹介してみたい。国際友和会の主張は、94年2月の国連人権委員会にも書面によって提出され、国連文書として出席者に配布された（UN Doc. E/CN.4/1994/NGO/19）。これに対して、日本政府は、異例の沈黙を守った。同年5月の国連現代奴隷制作業部会でもいっさい反論しなかった。

　これまでのＮＧＯの主張は、日本軍「慰安婦」に対する犯罪行為を理由とする金銭賠償の請求（財産的価値を持つ請求）に力点を置いていた。そのため、「65年の日韓協定によって解決した」との日本政府の抗弁が相当程度の有効性を持ったのである。ところが、国際友和会は「不処罰を理由とする賠償義務」問題は、「日韓協定によって解決された範囲に入らない」

というのである。その論理を追ってみよう。

　国際友和会は，日本軍「慰安婦」に対する犯罪行為（その事実関係は，日本政府が，日本帝国軍関係者の関与，被害者への強制を認めた以上，否定できない）の加害者について，前記した多くの国際法上の理由から，「日本政府はこれらの者を処罰する国際的義務を免れない」とする。

　48年，バタビアのオランダ軍事法廷は，日本軍「慰安婦」オランダ人女性被害者について，日本軍関係者9名を戦争犯罪を理由に死刑を含む厳罰に処している。日本は，サンフランシスコ平和条約11条で，白人被害女性に関するこの判決を受諾している。だから，アジア人日本軍「慰安婦」に対する加害行為が処罰に値する犯罪だったことは，日本政府も否定できないはずである。また条約上の明文規定で処罰義務も明白だ。

　問題は，この処罰義務が65年日韓条約によって解決されたかどうかである。ここで，「財産及び請求権に関する問題の解決並びに経済協力に関する日本国と大韓民国との間の協定」（日韓協定）を振り返ってみよう。問題の条文は，「両締約国は，両締約国及びその国民（法人を含む。）の財産，権利及び利益並びに両締約国及びその国民の間の請求権に関する問題が，51年9月8日にサン・フランシスコ市で署名された日本国との平和条約第4条(a)に規定されたものをも含めて，完全かつ最終的に解決されたこととなることを確認する」（2条1項）と定めている。同協定議事録は，ここにいう「財産，権利及び利益」とは，「法律上の根拠に基づき財産的価値を認められるすべての種類の実体的権利をいう」，「財産，権利及び利益並びに両締約国及びその国民の間の請求権に関する問題」には，「日韓会談において韓国側から提出された『韓国の対日請求要綱』（いわゆる8項目）に属するすべての請求が含まれて」いると定めている。

　これが，「完全かつ最終的に解決されたことになる」とされる内容である。それは，財産的価値を持つ問題に限られていて，誰が見ても，犯罪に関する処罰義務が解決したといえないことは明らかである。国際法上の義務に時効はないから，加害行為がなされた当時の日本帝国政府はもとより，羽田政権およびその後の政権下の日本政府も継続的にいまだに日本軍「慰安婦」に対する加害責任者の処罰義務を負っているとするしかない。処罰義務の対象となる加害者には，重要な「責任者」のみならず，加害犯罪行為をなしたすべての者が含まれる。結論をいえば，65年日韓協定にもかか

わらず，日本の犯罪処罰義務は未解決のまま残っているのである。だから，被害者はもとより，韓国政府を含めた被害国家の政府は，この点について国際法上外交保護権を行使して，日本の国家責任を追及できるはずである。この点がきわめて重要だと思われる。

● 犯罪の不処罰を理由とする賠償義務

今日まで，韓国人である日本軍「慰安婦」に対する加害行為が日本の司法当局によって処罰された事例は，1件も知られていない。94年2月東京地方検察庁に対してなされた韓国人被害者27名と挺対協による告訴・告発状は，受理さえされなかった。国際友和会が勧告した処罰立法の提案については，日本の国会は議論さえしていない。したがって，65年協定以後も今日にいたるまで，日々新たに日本の犯罪処罰義務違反は，完全な形で継続していることになる。

不思議なことだが，この点は，「死角」に入って，これまでまったく論議されたことがなかった。日本でも韓国でも，日本軍「慰安婦」に対する加害責任者の処罰義務についての論議がごく最近までまったくされなかったことが原因であろう。

国際友和会は，このような犯罪の不処罰を理由として，日本政府は，日本軍「慰安婦」に対して日々新たに賠償義務を累積的に負ってきているとしている。残念なことに，日本でも韓国でも，筆者を含め実務法律家は，国際法に不慣れだ。だから，この「犯罪の不処罰を理由とする賠償義務」の主張は，一見斬新に見える。しかし，この理論は，国際友和会が新たに提唱した理論ではないことに注意を喚起したい。この理論は，これまで日本軍「慰安婦」問題に応用されることがなかったのみであって，国際法的には，新しい理論に基づいているのではない。むしろ，戦前から存在する伝統的国際法の国家責任の理論に基づく主張に過ぎないのである。この点を詳述してみよう。

ファン・ボーベン最終報告書（UN Doc. E/CN.4/Sub.2/1993/8）の一般原則2は，「人権及び基本的自由を尊重し，又尊重を確保する国際法上の義務に違反した場合には，すべての国家が被害回復を行う義務を負う」とする。「人権の尊重を確保するための義務には，違反行為を防止する義務，違反行為を調査する義務，違反行為者に対し適切な手段をとる義務，被害

者に救済を提供する義務を含む。国家は，人権の重大侵害に責任あると思われるいかなる個人も，自己の行動にたいする責任から免れることはないことを確保しなければならない」とする。

これによれば，人権確保義務には，「違反行為者にたいし適切な手段をとる義務」が含まれる。この「適切な手段」には処罰が含まれることは疑いがない。すなわち，処罰義務違反の場合は，人権確保義務違反として，責任を負う国家には「被害回復義務」「被害者に救済を提供する義務」があるとされている。この原則は，処罰義務が国際法上の義務である場合には，その義務違反は，国際義務違反として（処罰義務違反行為の国家への帰属性があれば），すべての国家が国家責任を負うという当然の法理をいうに過ぎない。

だから，日本軍「慰安婦」への加害犯罪行為を放置して，犯罪の処罰をせず，違反行為者に対し適切な手段（処罰）をとる義務を怠り続けている日本政府には，「被害回復義務」すなわち賠償義務が日々新たに生じ続けているのである。

この一般原則は，ファン・ボーベン教授によって93年に報告されたので，新たに考案された原則であるかのような誤解を生む可能性がある。しかし，同教授は，国際義務違反についての国家責任に関する伝統的国際法を重大人権侵害被害者に応用して，定式化したに過ぎない。そこで，伝統的国際法では，国際義務違反についてどのような効果を与えてきたかを見てみよう。

ファン・ボーベン教授は，前記最終報告書にいたる前に，初期報告書を国連人権小委員会に提出している。この初期報告書（UN Doc. E/CN.4/Sub.2/1990/20,26 July 1990, para.24）は，ホルジョウ工場事件に関する1928年常設国際司法裁判所判決（P.C.I.J., Collection of Judgements, Series A, No.17, p.29）を引用している。この著名な国際判例を見れば，条約上損害賠償の明文規定がなくても，国際義務違反がありさえすれば，当然に損害賠償をなすべき国家責任が生じることを容易に理解できる。

その判決要旨は以下のとおりである。「約定の違反が適当な形で賠償をなす義務をともなうことは，国際法上の原則である。したがって，賠償は条約不履行に欠くことができない代償であって，それを条約そのものの中に規定しておく必要はない」（田畑茂二郎『国際法Ⅰ（新版）』〔有斐閣

397頁)。

　つまり、国際義務（処罰義務は国際義務の一種である）に違反した場合には、条約などに明文の賠償義務規定がなくとも、国際義務違反の当然の効果として賠償の国家責任を負うのである。しかも、この法理は、20年代にすでに確立した伝統的国際法だった。このような伝統的国際法の国家責任の法理が、ファン・ボーベン最終報告書の諸原則に整理されたに過ぎないのである。

7　四面楚歌の日本政府がとるべき道

　第1章5,6で、日本政府の「慰安婦」被害者に対する「犯罪の不処罰を理由とする賠償責任」について説明したが、具体的事例に即して説明すればより理解しやすいであろう。もし国際仲裁裁判例などの戦前の事例があるなら、このような法理が実際実務的に実施されていた証拠になる。このような考え方が、伝統的な国際法の実務に表れていたことを実証できれば、それは、国際法上の一般的理論の正当性をより強く論証することにもなる。さらに、「慰安婦」問題についても、「国際仲裁裁判によるなら、同様の解決がなされるであろう」との予測をたてることもできよう。それでは、実際に戦前から「不処罰を理由とする賠償義務」の国際仲裁裁判例が存在していたかという問題を検討したい。実際、多くの先例があるのだ。

●ジェーンズ事件

　著名な事例として、ジェーンズ事件に関するアメリカ＝メキシコ一般請求委員会による26年11月16日の仲裁判決がある。この仲裁判決は、すでに日本語に翻訳されて、一般に入手可能な学術書に掲載されている（波多野・東共編著『国際判例研究国家責任』〔三省堂〕394～403頁）。この仲裁判決は、欧米できわめて権威ある国際法の代表的教科書にも掲載されているほど著名な先例である（Brownlie. I., Principles of Public International Law (Fourth Edition), Oxford University Press. pp.464-465)。

　具体的事案に即して説明してみよう。アメリカ人がメキシコ人により殺害されたが、メキシコ司法当局が機敏に適切な措置をとらなかったために犯人の逮捕ができず、処罰に失敗した事件である。仲裁判決は、犯人の不

逮捕・不処罰に対する独自の国家責任を認めて，メキシコ政府に対して被害者の遺族（アメリカ政府が遺族に代わって請求）のために損害賠償の支払いを命じた。

犯罪の被害に対する損害賠償として，アメリカ政府が被害者の遺族に代わって請求した金額は，2万5千ドルであった。仲裁判決は，（犯罪行為そのものによる損害ではなく）犯罪が処罰されなかったことによる遺族の損害があるとして，メキシコの賠償責任を認めた。仲裁判決は，不逮捕と不処罰による損害として，被害者の遺族のために1万2千ドルの賠償を支払うようメキシコ政府に命じた。この金額は，20年代というドルが現在よりはるかに大きな価値を有した時代の金額だから，決して少額とはいえない。

同様の事例は，前記『国際判例研究国家責任』に掲載されたアメリカ＝メキシコ一般請求委員会の国家責任に関する仲裁裁判の国際判例を一見するだけでも，相当数ある。以下のとおり，「不処罰を理由とする賠償」請求を認めた判決例が見られる。

①クリング事件（1930年10月8日判決，同書369頁）［メキシコ兵士の無謀な銃撃によって息子を失ったアメリカ人被害者の母親からの請求。加害兵士が何の処罰をも受けなかった事件］

②ステファンズ事件（1927年7月15日判決，同書410頁）［メキシコ兵士に殺害されたアメリカ人の兄弟からの請求。メキシコ当局が加害者を処罰しなかった事件］

③チュース事件（1928年9月26日判決，同書423頁）［メキシコ人によって重傷を負わされたアメリカ人の請求。加害者の刑事責任の追及がなかった事件］

④プットナム事件（1927年4月15日判決，同書483頁）［被害者は，メキシコの警察官によって射殺された。加害者は，殺人犯として処罰を受けたが逃亡した事件］

⑤マッセイ事件（1927年4月15日判決，同書509頁）［アメリカ人がメキシコ人により殺害された。犯人はメキシコ当局によって逮捕，収監されたが，脱走した事件］

⑥ミード事件（1930年10月29日判決，同書514頁）［アメリカ人がメキシコで強盗団によって殺害された。犯人を追跡するためにメキシコの巡視隊

が派遣されたが，2〜3日で帰還し，犯人の逮捕・処罰の措置が不十分のままに終わった事件］

　⑦メカム事件（1929年4月2日判決，同書521頁）［メキシコ在住のアメリカ人が強盗に襲われた。犯人は逮捕されなかった事件］

　⑧モートン事件（1929年4月2日判決，同書527頁）［アメリカ人がメキシコ軍人に射殺された。事件の目撃者を召喚しないなど不十分な裁判で，メキシコの刑事裁判判決による刑罰が軽すぎた事件］

　⑨ローパ事件（1927年4月4日判決，同書546頁）［アメリカ人船員がメキシコ人の暴行およびメキシコ警官の発砲で死亡。メキシコ当局が容疑者を訴追しなかった事件］

　⑩マレン事件（1927年4月27日判決，同書578頁）［メキシコ外交官がアメリカ人から暴行を受け傷害を被った。加害者は罰金刑を受けたが，罰金納付の記録がなく刑の執行が証明されなかった事件］

●疑いがない日本の賠償義務

　以上の先例を検討すれば容易にわかることだが，これらは，20〜30年代の事件であって，決して最近の事件ではない。これらは，いずれも通常の刑事事件に過ぎず，人道に対する罪に当たるというほど重大犯罪の場合でもない。にもかかわらず，その個々の刑事事件の具体的加害者の一人一人について，さまざまな類型の不処罰について，戦前すでに損害賠償請求が認容されているのである。その類型を見ると，逮捕がなされなかったなど捜査が不十分な場合，訴追がなされなかった場合，裁判が不十分で刑が軽すぎた場合，刑の執行がなされなかった場合，これらの経過中に犯人が脱走して処罰が完了しなかった場合など多様である。

　日本軍「慰安婦」生存被害者に対する犯罪は，いずれもこれらの判決の時よりも後に犯されたものだ。しかも，被害者は，人道に対する罪に当たるほどの筆舌に尽くしがたい被害を受けており，犯罪は重大なものだ。全体の被害者数は約20万名ともされるほど膨大で，その大部分が犯罪の被害を受けた当時に死亡している。

　これに対して，処罰義務の不履行の態様を見ると，日本政府は，処罰の努力をしなかったし，現在もしていない。いまなお公文書を秘匿するなど真相究明に消極的である。告訴・告発状も受け取らず，処罰立法の努力も

怠っている。そればかりか，政府自らが証拠の隠匿・隠滅，虚偽の供述により真相究明・処罰を妨げてきたほどである。前記のとおり，日本司法当局による処罰は現実に1件たりともされていない。日本政府の処罰義務違反の責任の重大さは，前記事例とは「雲泥の差」ではないだろうか。

　処罰義務違反による日本の賠償義務の存在に疑いがないことが理解できよう。

● 女性と開発に関するアジア閣僚会議での出来事

　ところで，日本政府は，被害者個人に対する賠償などに関するNGO側の批判を無視し続け，法的責任をまったくとろうとしていない。マスコミ（朝日新聞94年7月17日付1面トップ記事）によれば，「従軍慰安婦問題女性自立センターなど創設。5年で，1000億円の事業。青年交流を拡大。個人補償はしない方向」などと報道されている。このような，いわゆる「補償に代わる措置」は，被害者側から拒否されて何の解決にもつながらないであろう。さらに紛争を紛糾させ，恒久化するだけだ。

　日本政府に対するこの問題に関する最近の国際批判は，従来よりはるかに厳しくなっている。筆者は，94年6月7～14日の間ジャカルタで開催された「女性と開発に関するアジア太平洋閣僚会議」に，日本弁護士連合会と国連NGO・国際友和会（IFOR）の代表として参加した。この会議では，日本軍「慰安婦」問題が最大の焦点になった。

　「武力紛争下の女性に対する『組織的強姦』を非難し，その加害者を処罰すべきだ」とするアジア太平洋諸国の主張に対し，日本政府代表・国方外務省人権難民課長が一人，「そのような文言は削除すべきだ」とか「過去の問題を問わないことを明示すべきだ」と頑強に主張した。そのため，会議は長時間紛糾し，空転した。日本は，四面楚歌の状況に陥って，この論争は，この会議中で「最も劇的な対決」となった。結局，同会議は，「諸政府は，武力紛争下および戦時の女性の組織的強姦を厳しく非難し，これらの犯罪の侵犯者を処罰する要求を支持するよう要請される」とする文面を含む「アジア太平洋地域における女性の地位向上のためのジャカルタ宣言・行動計画」を採択した。

　現地の英字新聞（ジャカルタ・ポスト6月13日付）の1面トップ記事などで大きく報道されたこのニュースは，日本では小さな報道（朝日新聞お

よび読売新聞6月12日付）しかされなかったので，社会的・政治的にまったく注目されなかった。同じ日本政府代表でも，仮に外務大臣が前記の発言をしたら，おそらく辞任せざるをえない状況に追い込まれたであろう。ところが，国際会議では「日本政府の発言」として対外的影響には変わりがないにもかかわらず，外務官僚の発言であれば不問に付されるという奇妙な結果になるのである。ある日本通のNGO代表は，「いくら国際的に評判が悪かろうと，日本の外務省では，国方課長が英雄になって出世するだろう」と嘆いた。

そのうえ，前記国方課長は，日弁連代表団に対し，「慰安婦」が「かわいそうと言うなら，日弁連会員が，1人1万円ずつ寄付して，支払えばよいではないか」と言って，同代表団を驚愕させた。日弁連もNGOも，同様の事件の再発防止のためにも，真相究明および責任の所在に関し早急なる検討が必要だとしているのであって，同課長の発言は筋違いである。

ところが，6月22日の参議院外務委員会において，柿沢外務大臣までもが，清水澄子議員の質問に対し，被害者への補償義務を否定し，「民間の善意」による被害者への支払いを示唆した。同課長の日弁連への発言は，外務省の公式路線に沿ったものだったのだ。首相の「慰安婦」問題に関する「謝罪」など「どこ吹く風」という外務省の姿勢からいえるのは，「法的責任の承認と被害者への賠償を伴わない口先だけのリップサービスは，問題解決とは程遠い」ということだろう。

● 早期の解決を

明らかに法的責任があるのだから，日本政府が法的責任を承認し，被害者に賠償を支払う以外に問題解決の方途はない。ところが，外務省は頑強に法的責任の承認を拒絶し，被害者への賠償支払いを拒否し続けている。このジレンマを解決するためには，法的責任の有無の問題に早期決着をつける必要がある。

日本の民事裁判における「慰安婦」裁判は，提訴以来2年半にわたり，被害者が声をあげる場を提供し，世論の喚起等運動としての成果を上げた。しかし，判決による解決を考えると，問題解決は遠い。被害者は高齢で，韓国だけでも，問題提起後すでに5名の被害者が亡くなっている。三審制の日本の民事訴訟は，重大事件になると10年も20年もかかる。そのうえ，

日本人裁判官の判断には，被害国民からの信頼が得られにくいという問題がある。これが，ＩＦＯＲや「日本の戦争責任資料センター」が，迅速・公平で拘束力ある判決ができる国際仲裁手続による解決の道を開く必要があるとする理由である（季刊『日本の戦争責任』4号・94年夏季号2～10頁。同5号・94年秋季号52～66頁）。

　これまでの日本政府の「慰安婦」問題に関する政策は，国方課長など外務官僚によってつくられてきたと思われる。内閣や国会議員など政治家は，ジャカルタでの「女性と開発に関するアジア太平洋会議」や他の国連人権会議において何が起こっているかについて，官僚から満足な情報を与えられず，誤った政策判断を重ねてきた疑いが濃い。「満州事変」「日中戦争」など一五年戦争の過ちも，日本帝国軍の官僚の独走を政治家が押さえ切れなかったことにも原因があったことがわかってきている（読売新聞94年7月6日付記事，「三笠宮，参謀時に軍批判文書」）。「官僚支配」の弊害は，今も戦前とまったく変わりない。それは，ジャカルタ会議の経験からもわかる。官僚の情報操作・抵抗によって，日本は，またも誤った進路をとろうとしているのではないかと恐れるのは筆者一人だけだろうか。

　日本政府に対する国際批判は，高まる一方だ。6月13日には，日本の国会議員に対する書簡で，オランダ衆議院Ｗ・Ｊ・ディートマン議長が，「慰安婦」被害者に対して賠償を支払うよう求めた。

　すでに指摘したように，94年5月国連現代奴隷制作業部会は，この問題を重く見て，被害者救済のために，日本政府と被害者側双方に対し注意を喚起して，このような問題を常設仲裁裁判所（ハーグ所在）の仲裁手続で解決するために必要な合意をするよう勧める勧告を採択した。日本政府はこの勧告を尊重し，政策の根本的転換をはかる必要がある。

8　被害者への賠償問題から加害者処罰問題へ
　　　——第46会期国連人権小委員会報告

　第46会期国連差別防止少数者保護小委員会（人権小委員会）が，94年8月1日から26日までジュネーブの国連欧州本部で開催された。筆者は，国際友和会（ＩＦＯＲ）の代表として参加した。

　94年の人権小委員会では，これまでにないほど多くの発言があり，「慰

安婦」問題が最大の問題の一つになった。94年は，日本政府の「慰安婦」問題政策批判に参加したＮＧＯの数が，合計15と従来の３倍にもなった。これらのＮＧＯが，現代奴隷制作業部会が提案した常設仲裁裁判所による解決をそろって支持したことが注目される。人権小委員会は，不処罰問題特別報告者に対して，この問題を研究するよう要請する決議を採択し，初めて加害者の「処罰問題」が国連で取り上げられることになった。また，この春の人権委員会で一時保留され，その帰趨が関係者から注目されていた戦時奴隷制の研究が復活し，チャベス委員に対して改めて性奴隷および奴隷類似慣行について作業文書を作成することを要請した。

●審議の概要

　８月９日から現代奴隷制作業部会報告書（UN Doc. E/CN.4/Sub.2/1994/33）に関する審議（議題16）が始まった。

　冒頭，同部会議長マキシム委員が，報告書の概要を報告した。その中で，国際友和会などのＮＧＯから提供された，日本軍「慰安婦」や強制連行に関する情報の要旨も報告された。

●各ＮＧＯの発言

　ＮＧＯ代表の発言を紹介しよう。リベレーションを代表して，朝鮮人強制連行真相調査団の洪祥進（ホン・サンジン）氏が発言した。92年の国連人権委員会以降，90以上の発言があったにもかかわらず，日本政府が「慰安婦」などについて責任を否定していることを批判。この問題に関する現代奴隷制作業部会の報告書の勧告を評価。さらに，人口移動に関する特別報告者アルカサウネ委員の研究を支持。その報告書が，奴隷や組織的差別を目的あるいは結果とする人口移動は違法であり，禁止されているとしていることを根拠に，朝鮮人強制連行が違法であったこと，人道に対する罪に当たることを指摘。その原因は，日本による違法な植民地政策にあったとした。朝鮮人に対する民族差別は，強制連行された朝鮮人の子孫のチマチョゴリに対する攻撃として現在も継続していると批判し，民族差別の撤廃を求めた。

　８月10日には，世界教会協議会（ＷＣＣ）を代表して，韓国挺身隊問題対策協議会のシン・ヘイスー教授が発言した。93年の人権小委員会では真

相究明で一定の進歩が見られたが，なお一層の真相究明の努力が必要である。それ以来何の進歩もなく，日本政府が提案していると伝えられる「アジア青少年交流センター」等の「補償に代わる措置」では解決にならない旨批判した。「慰安婦」への加害者に対する処罰問題に関連して，ジャカルタの「女性と開発に関するアジア太平洋閣僚会議」が組織的強姦の加害者の処罰を求めたことを指摘して，責任者処罰の必要性を強調。人権小委員会が不処罰問題の特別報告者に対して，この問題の研究を要請するよう求めた。現代奴隷制作業部会が行った常設仲裁裁判所による解決方式の勧告について，10名の韓国の「慰安婦」被害者がこれを受諾したことを報告し，日本政府も同部会の勧告を受理するよう要求した。また，リンダ・チャベス委員による戦時奴隷制に関する研究の継続をも求めた。

　これに続き，平和と自由のための国際女性同盟（WILPF）など10の国連NGOを代表して，コリーン・バーク氏が発言した。これらのNGOは，女性の権利の擁護に熱心なところから，国連人権会議やNGO主催の国連内集会で，筆者らの主張を熱心に聴いてくれた。しかし，行動をとることはあまりなかった。これまで積極的に「慰安婦」問題で明確に発言を継続してきたNGOは，約5団体である。ところが，日本政府の対応があまりにも不誠実なので，たまりかね，その他のNGOも「被害者のために何か貢献できないか」と考えるようになったのである。これらのNGOが発言に加わることで，「慰安婦」問題について，明確な支持表明をした国連NGOの数が一挙に3倍になった。被害者への国際的支持が爆発的に増えていることを象徴的に示す現象と見てよいだろう。

　これら10のNGOは，人権小委員会が20万名のアジアの（および少数の欧州の）女性のいわゆる日本軍「慰安婦」問題に関する審議を継続すること，ファン・ボーベン報告書に関する研究を行うために，94年同小委員会によって設置された「司法行政と補償問題作業部会」（Working Group on Administration of Justice and the Question of Compensation）がこの問題を検討すること，人権小委員会の不処罰問題特別報告者がこの問題を研究すること，人権委員会が94年に設置した女性に対する暴力の特別報告者がこの問題を調査すること，戦時奴隷制に関する研究を人権小委員会が放棄しないこと，現代奴隷制作業部会が先に勧告した常設仲裁裁判所による早期解決によって，過去50年にもわたって継続してきた不処罰状態を解消すべき

であることを主張した。

　国際民主法律家協会（ＩＡＤＬ）を代表して，レネ・ブリデール氏が発言した。ＩＡＤＬは一貫して朝鮮民主主義人民共和国の「慰安婦」および太平洋戦争犠牲者対策委員会を支持してきた。共和国では，故金日成前首席の葬儀が行われたばかりだったので，例年どおり同委員会の代表が人権小委員会に参加するかどうか筆者にもわからなかった。しかし，同対策委員会からは，パク・ソンオク代表ら2名の女性が参加し，活発なロビーイングを行った。今後も同対策委員会の参加が期待できそうだ。

　ＩＡＤＬは，「日本では海外派兵される国連平和維持軍のために『慰安婦』が必要だ等との報道がなされたが，このようなことが繰り返されるとしたら，今度は誰が『慰安婦』とされるのか」との疑問を提起し，「慰安婦」に対する犯罪が現在の問題であることを指摘した。さらに，白昼チマチョゴリを切りつける等の，多数の日本人による朝鮮人女性に対する暴力が継続していることを批判した。そのうえで，日本政府に対して，真相究明，加害者の処罰，および被害者に対する適切な賠償を要求した。さらに，性奴隷を調査する特別報告者を任命すること，女性に対する暴力の特別報告者が「慰安婦」犯罪の調査を行うこと，被害者の早期救済を求めることなどを主張した。

　国際友和会（ＩＦＯＲ）を代表して，筆者が発言した。ＩＦＯＲは，発言に先だって現代奴隷制作業部会報告書を高く評価する「戦時日本による性的奴隷制と奴隷労働の利用」という書面を提出し，これが国連文書として後に配布された（UN Doc. E/CN.4/Sub.2/1994/NGO/30）。この文書は，国連がその成立前の事件をも取り上げる権限があることを示す法的根拠を詳述し，また，早期救済のために常設仲裁裁判所による解決が，公正，迅速，最終かつ拘束力あるものである理由を述べ，現代奴隷制作業部会の勧告を支持している。

　ＩＦＯＲ発言は，この書面の参照を求めた。さらに，日本の柿崎外務大臣が国会で「慰安婦」個人に対する賠償の支払いを拒絶する答弁をした事実を指摘した。また，常設仲裁裁判所による解決を，日本の24の市民団体，6名の日本の国会議員および大韓弁護士協会会長が支持したことを報告し，日本政府が現代奴隷制作業部会の勧告を受諾して同裁判所による解決に同意することを求め，人権小委員会がこの勧告を採用するよう要請した。

ＩＦＯＲは，日本の戦争責任資料センターが作成した「慰安婦」に関する報告書の英語版冊子（94年3月31日および5月16日付），同センター他23団体の7月28日付の共同声明（常設仲裁裁判所による解決を支持するもの），本岡昭次議員ほか5名の参議院議員の人権小委員会に対する同日付手紙（同趣旨），大韓弁護士協会李世中会長の8月9日付声明（同趣旨）を託されていたが，これらは発言で引用され，後に人権小委員会の委員に個別に渡された。
　国際教育開発（ＩＥＤ）のカレン・パーカー弁護士は，「慰安婦」問題についての論文（Compensation for Japan's World War II War - Rape Victims. Hastings International and Comparative Law Review. University of California, vol.17, Number 3, Spring 1994, pp.498-549）を発表したことを報告した。

● 各国政府の発言

　ＮＧＯに続き政府の発言もあった。
　韓国政府は，日本政府に対し，さらに真相究明を継続することによって歴史から学び，再発の防止に努めることを求めた。また，93年8月の日本政府の発言を評価するとともに，「今後その趣旨に沿って日本政府が謝罪を反映した具体的措置をとるかどうかを注意深く見守り続ける」と述べた。また，韓国内の諸団体，ＮＧＯおよび国連の真相究明と国際世論への訴えかけの努力に対して，重大な関心を払うとした。
　朝鮮民主主義人民共和国政府も発言した。「慰安婦」犯罪など過去の人権侵害を清算することは，再発防止のために役立つ。ところが，現在日本では，極度の民族排他意識が支配し，そのため犯罪が公然と行われている。朝鮮総聯に対する不法な捜査は，関東大震災時を連想させる。日本に住む在日朝鮮人は，日本の朝鮮植民地支配による被害者とその子孫であるにもかかわらず，自らの民族衣裳を着る権利すら侵害されている。チマチョゴリを着れば公然と脅迫され，民族抹殺の恐怖が作られている。人権小委員会では過去の犯罪行為に関心を示し，犯罪者の処罰，賠償等を現在と未来に直結する問題として十分論議すべきだとした。
　その他に注目すべきなのに，パリー委員（英国出身）の発言がある。同委員は現代奴隷制作業部会の委員でもあるから，とりわけ関心が深かったのであろう。相当の時間を取ってこの問題に触れた。結論を述べれば，い

ま加害者の処罰を求めることはしないが，戦後50周年を迎えるにあたって，日本政府は，被害者個人に対して金銭賠償を支払うことによって早期救済すべきだと明確な発言をして関係者の関心を集めた。

　日本政府は，奴隷問題の審議に際しては発言せず，「慰安婦」問題についての発言は，ないものかと思われていた。ところが，8月18日議題4（人権小委員会が関心を持って研究を進めているいくつかの問題に関する審議）の審議になって，突然伊藤公使が発言した。書面1枚の短いもので，内容も93年の発言と同趣旨だった。「謝罪と反省の気持ちをどのように表すことができるか」について，「出来る限り早期に結論に達するよう，現在最大限の努力をしている」というものだ。

「このような答弁を何年も繰り返すようでは，日本の外交はないも同然だ」と慨嘆するばかりだ。同日付の朝日新聞が，政府が運営資金を拠出する民間基金によって「見舞金」を支払うという，「補償に代わる措置」政府案を大きく報道したことがジュネーブにも知らされていたところだったので，筆者を含め，「この案が政府内部で検討されているのだろうか」と思ったNGOも多かった。当地のNGOは，かねてよりこのような案が取り沙汰されていることを承知していたので，「責任を認めず，被害者に賠償を支払わないという日本政府のこの問題に対する姿勢はまったく変化していない。これではこの問題は解決しない。今後国際批判は強まるばかりだろう」という見通しを共有した。

● NGOフォーラムの開催など

　少し日にちは前に戻るが，8月12日国連欧州本部内の会議場で，WCC，IFOR，IADLの主催で「慰安婦」問題を中心にNGOフォーラム（議長シン・ヘイスー教授）が開催された。約40カ国から延べ120名（政府代表4カ国を含む）が参加した。92年8月以降5回目だが，最大参加者数の集会の一つだった。その概要は以下のとおりである。①朝鮮人強制連行真相調査団編集のビデオ『繰り返される過去』が上映された。「慰安婦」，強制連行，チマチョゴリ，92年12月の国際公聴会などを題材にしたものだったが，参加者に強い感動を与えたようだ。その後，関係団体からの報告があったが，発言者を報告するにとどめ，詳細は省略する。②朝鮮人学校全国オモニ会長（金日順氏），③朝鮮人強制連行真相調査団（洪祥進氏），

第1章　賠償問題から加害者処罰問題へ　49

④「従軍慰安婦」及び太平洋戦争犠牲者対策委員会（パク・スンオク氏），⑤韓国挺身隊問題対策協議会（シン・ヘイスー教授），⑥ＩＦＯＲ（筆者）。

　この集会は，国際的なマスメディアにも注目された。スペイン語圏の国際テレビの取材があり，筆者もインタビューを求められた。このような国際的関心も日常的なことになってしまった。ＮＧＯの運動にとっては一種の「成功」だが，日本人としては，このような日本外交の失態と孤立は悲しいことである。

●人権小委員会の決定

　8月19日，奴隷問題（議題16）に関する決議案の審議がなされた。まず，「戦時奴隷制」問題が審議され，決定原案（UN Doc. E/CN.4/Sub.2/1994/L.8　共同提案者：チャベス委員，ダエス委員，アイデ委員，フェロウクロス委員，グワンメシア委員，ハタノ委員，パリー委員，イメール委員）は，わずかの修正（「特に」とあるところを2カ所削除しただけで，内容的にはまったく変化はない）で，投票なしのコンセンサスによって採択された。

　この決定で，人権小委員会は，以上述べたような「慰安婦」など性奴隷および奴隷類似慣行に関する今会期人権小委員会および現代奴隷制作業部会に寄せられた情報に留意して，これを優先的課題として検討しなければならないことを認めた。93年の人権小委員会では，リンダ・チャベス委員を特別報告者に任命して，この問題の研究を進めるよう人権委員会に対して勧告する決議（93年8月25日の小委員会決議第1993／24）を採択した。ところが，人権小委員会の研究数が内部指針（最大13とされる）より多すぎたので，94年の人権委員会は，この研究を含め5研究の提案を凍結する決定（人権委員会94年3月4日決定1994／103）をした。94年の人権小委員会は，これを踏まえ，次回人権委員会で再度同様の事態を招かないように，チャベス委員に「専門家」として予備的研究をするよう求めた。「特別報告者」として予算措置を求めることを避けたのである。95年の人権小委員会までに既存の研究が終了してその数が減るのを待つため，とりあえずの処置をしたのである。

　そのような経過を確認して，人権小委員会は，「リンダ・チャベス委員に対して，如何なる財政的措置を求めることなく，特に内戦を含む戦時の

組織的強姦，性奴隷および奴隷類似慣行に関する作業文書を，第47会期人権小委員会に提出するよう要請すること，関係各国及び国家間，そして非政府間国際機構に対し，同専門家が作業文書を準備するにあたって協力することを要請すること，第47会期人権小委員会において，優先事項として，この課題を検討することを決定する」との決定をしたのである。

　この決定がいう「専門家」とはチャベス委員のことである。同委員は，人権小委員会の「専門家」として，「慰安婦」問題を含め，「内戦を含む戦時の組織的強姦，性奴隷及び奴隷類似慣行」に関する必要な調査・研究を行い，95年の人権小委員会に対して作業文書を提出する権限と義務を負うことになった。これは，特別報告者として予算を使って研究する場合と違うので，人権委員会の決議を必要としない。したがって，この段階ですでに作業文書の準備に必要な活動を開始することができる。予算がないので不利であることは間違いないが，政府やＮＧＯの協力次第では，内容のある作業文書が提出される可能性は十分ある。費用の問題さえ解消するなら，関係各国の訪問も夢ではないだろう。だから，人権小委員会は，政府やＮＧＯの協力を求める旨明文で要請したのである。作業文書が提出される95年の人権小委員会では，優先事項として検討されることが決議で約束されたので，95年は「特別報告者」として予算つきで研究を継続する決定がなされることが予想される。

　これに引続き，現代奴隷制作業部会の報告に関する決議案（UN Doc. E/CN.4/Sub.2/1994/L.13　共同提案者：アルフォンソ・マルチネス委員，アイデ委員，エルハジ委員，ギセー委員，マキシム委員，パリー委員，ラマダン委員，ワルザジ委員，イメール委員）が審議された。決議原案は，広範な現代的奴隷制分野すべてを含むので，長文である。原案提出後に委員から修正の提案がなされたので，何カ所か文言が訂正された。挿入されたところもある。しかし，「慰安婦」問題が関連している部分には修正提案がなく，修正された全文が無投票のコンセンサスで採択された。

　関係部分のみをあげると，以下のとおりである。

「差別防止少数者保護小委員会は，第19会期現代奴隷制作業部会報告書（E/CN.4/Sub.2/1994/33 and Add.1）ことにそのⅥ章の諸勧告に留意し，
　……中略……

Ⅸ　その他

29　戦時の女性の性的搾取及びその他の強制労働形態に関して受け取った情報を人権侵害侵犯者の不処罰に関する特別報告者に送付し、第19会期作業部会がこの問題に関して受け取った情報を同特別報告者が考慮に入れるよう勧告する」。

これだけを見ると、経過を知らない読者は「これが『慰安婦』問題の決議なのだろうか」と疑問を持つかもしれない。

「戦時の女性の性的搾取及びその他の強制労働形態」という文言は、93年の現代奴隷制作業部会が使い出したものだ。93年の報告書を見るとよくわかるが、この文言は、日本帝国軍・政府による、主として朝鮮人・韓国人など（フィリピン人、オランダ人を含む）の「慰安婦」強制労働問題を指すのである。決議が問題にしているのは、「第19会期作業部会がこの問題に関して受け取った情報」だ。94年の報告書（UN Doc. E/CN.4/Sub.2/1994/33 and Add.1）を見ても、現代奴隷制作業部会が受け取ったこの種の情報には、日本以外の国の問題は含まれていない。日本の「慰安婦」・強制労働問題が問題になってなされた決議なのである。

国連における「慰安婦」・強制労働問題の審議は、92年2月から始まった。当初はNGOの主張は、被害者に対する賠償の要求に力点が置かれた。そのため、現代奴隷制作業部会の勧告は、92年も93年も賠償問題に関する研究を行っていた特別報告者ファン・ボーベン教授に情報を送付する決定にとどまっていた。

ところが、日本政府があまりにもかたくなに個人に対する賠償支払いを拒否したため、94年2月に韓国の被害者が東京地検に対して告訴状を提出した。東京地検がこの告訴状の受領を拒否したことで、日本政府が「慰安婦」問題について1人の加害者も処罰してこなかったこと、現在でもその意思がまったくないことが内外に明確になった。この事実は、48年のオランダ軍事法廷によるオランダ女性「慰安婦」に対する加害者の処罰と対比されて、94年2月の国連人権委員会、同5月現代奴隷制作業部会に報告され、加害者処罰問題が急浮上した（ＩＦＯＲ国連提出書面UN Doc. E/CN.4/1994/NGO/19参照）。それが、現代奴隷制作業部会がこの情報を不処罰問題に関する特別報告者に送付すべきだとした勧告に連なった。この勧告を今回の人権小委員会が審議したわけだ。審議に際しては、先に述べたとお

り，ＮＧＯはそろって現代奴隷制作業部会の勧告を支持した。処罰問題の主張はＷＣＣの発言のところで紹介したが，ＩＦＯＲもＷＣＣとともに，この6月の開発と女性アジア太平洋閣僚会議のジャカルタ宣言・行動計画がこの問題に関連して加害者の処罰を求めたことを報告した。

　このような流れの中で，今回の人権小委員会は，「慰安婦」問題を不処罰の問題として取り上げることとしたのである。

　人権侵害侵犯者の不処罰問題に関する人権小委員会の研究は，91年にギセー委員とジョワネ委員の2人の特別報告者に研究を要請することから開始され，すでに3つの報告書（UN Doc. E/CN.4/Sub.2/1992/18; E/CN.4/Sub.2/1993/6; E/CN.4/Sub.2/1994/11）が提出されている。これまでの報告書には，第二次大戦中の日本帝国軍の犯罪にはまったく言及がなかった。今回の人権小委員会決議によって，不処罰問題の特別報告者が「慰安婦」問題などについて研究を要請されたことの意義は大きい。これまでの国連の「慰安婦」問題に関する関心が，被害者への賠償問題から加害者の処罰問題に転換してきたことを象徴するからだ。まさに「戦後50周年」を迎える時である95年8月に，日本帝国軍により犯された性奴隷犯罪に関する国連の研究報告書が提出されることが確実になったのである。今回の人権小委員会の「慰安婦」問題審議では最大の出来事だろう。

●日本政府の姿勢

　日本における不処罰問題に関する人権小委員会決議に関する報道は，各紙によってなされたものの，扱いは地味だった（各紙8月20日付夕刊）。しかし，ロイター等国際的報道関係者の関心は高かった。そのため，これを引用した韓国のマスコミは大きな報道をした（各紙同日付参照）。今後，加害者処罰問題が，国際的関心を呼ぶことは間違いなさそうだ。
　「慰安婦」問題を中心とする戦時奴隷制に関する人権小委員会の決定も，予備的研究が進行することが確実になったので，この作業報告書も95年8月に提出されるだろう。ＮＧＯや日本を含む関係政府の国連への協力が求められていることを忘れてはならない。
　注目された常設仲裁裁判所による解決については，発言した15のＮＧＯのほとんど大部分が，積極的に現代奴隷制作業部会の勧告を支持したことが大きな成果だったと評価できるだろう。人権小委員会では，この点に関

する審議は始まったばかりだ。今後，研究を要請された特別報告者や専門家がどのような対応をするかで，人権小委員会の態度が決まるだろう。すでに現代奴隷制作業部会がこれによる解決を提案しており，これだけ多数のＮＧＯがそろって支持しているだけに，「慰安婦」問題の解決のための最有力方法として取り上げられることは間違いないであろう。

　それにしても，このような国際世論と国連での「慰安婦」問題の審議の方向を見ると，日本政府の姿勢との間に，きわめて大きな開きがあることがわかる。社会党の村山首相政権下であってさえ，「補償に代わる措置」としての「民間の善意」に責任を転嫁して，「民間基金」による解決などという小手先の提案しかなされていない。「戦争責任を全くとらない」という外務省・日本政府の姿勢にはまったく変化がない。「戦争中，民間に対して戦闘機製造のための寄付を強要した日本帝国政府の姿勢と同じことだ」と感じるのは筆者一人だろうか。「残虐行為など戦争犯罪の責任の所在がどこにあるのか」の論議を抜きにして，女性団体や日本弁護士連合会など責任のない私人に対して「慰安婦」被害者への「補償」の支払いを求めるという発想では，問題解決をするどころか，事態はなお一層悪化するだろう。

　ここまで事態を悪化させたのは，外務省とそれを支持してきた日本政府にある。直ちに政策を根本的に転換して，被害者への賠償支払いのみならず，加害者の不処罰問題をも含めて検討することが必要だ。日本政府・国会は，45年12月に旧帝国衆議院が，開戦責任とともに，戦時の国際法規に違反した刑事犯罪をも究明しなくてはならない旨決議したことを想起すべきであろう。

第2章
国際法律家委員会（ＩＣＪ）の対日勧告

1　ＩＣＪの実情調査と勧告

●ＩＣＪ対日勧告へ

　国際法律家委員会（ＩＣＪ）は，93年4月にフィリピン，韓国，朝鮮民主主義人民共和国および日本に調査団を送るなどして，日本軍「慰安婦」問題について調査・研究してきたが，94年9月2日「日本は，完全な被害回復及び更生への措置を直ちにとることが絶対に必要である。日本が被害者に対する道義的及び法的責務を負うことは明白である」と断言した。そのうえで，被害者の請求を迅速に審理する行政機関または国際的仲裁裁判所などを設置すること，暫定的に4万米ドルを被害者にただちに支払うことなどを含む対日勧告の骨子を公表した。勧告の全文とその理由は，最終報告書の形で，日本を含む関係政府に同日送付された。最終報告書は，政府のコメントを付して，11月にも一般に公表される。

　ＩＣＪ対日勧告の骨子は，同日付のプレスレリースによって，ジュネーブで公表された。このニュースは，朝日新聞（9月5日付朝刊），毎日新聞（9月6日付朝刊），ジャパン・タイムス（同日）などにより大きく報道されたので，読者は，すでにその概要を知っているかも知れない。筆者など関係者からみると，このＩＣＪ対日勧告は，国際的に権威ある司法的機関による「第一審判決」にも比すべききわめて重要なものなので，発表に沿って，詳細を報告したい。

●ＩＣＪとは

　国際法律家委員会（International Commission of Jurists, ICJ）は，ジュネーブに本部をおく。国連経済社会理事会，ユネスコ，欧州評議会およびアフリカ統一機構との協議資格を有する非政府間国際機構（ＮＧＯ）である。最大45名までの世界の法曹からなり，75団体の各国支部および加盟団体を擁する。

　事務総長は，アダマ・ディエン氏（セネガル出身）が務めている。委員長は，ドン・ジョアキン・ルイス＝ギメネス氏（元スペイン・オンブズマン）である。委員の多くは，元各国最高裁判所長官，指導的裁判官・検事，国際法などの権威ある学者，指導的弁護士などの法律家である。たとえば，ファン・ボーベン教授（国連の元人権センター所長），クリスチャン・トムシャト教授（国連国際法委員会委員）などもＩＣＪの委員だ。世界人権宣言原案の実質的起草者だったジョン・ハンフリー教授（元国連人権部長）は，名誉委員である。ベトロス・ベトロス・ガリ（前）国連事務総長も元ＩＣＪメンバーであることは意外に知られていない。日本からは，故横田元最高裁判所長官が委員として入っていたこともある。

　アムネスティ・インターナショナルと並び，国連ＮＧＯの中ではとびぬけた存在だ。その意見は，世界のＮＧＯだけでなく，国連機関，政府，学界，マスコミなどから高い信用を得ており，世界的に大きな影響力を持っている。

　前事務総長ニール・マクダモット氏は，現在も委員だが，英国の元閣僚をも務めたバリスターだった。同氏が事務総長を務めていた時代（85年），精神病者の人権問題に関して日本に初めて調査団を派遣した。その調査団報告書が出版され，国連に報告されたことを重く見た当時の日本政府（自民・党中曽根首相〔当時〕）は，精神衛生法改正を決断し，精神保健法（87年）が成立した経過がある。

　日本では，社団法人・自由人権協会が加盟団体となっている。

●ＩＣＪ勧告にいたる経過

　ＩＣＪ調査団が調査した事項は，以下の3点である。①第二次大戦中日本軍によって，朝鮮（韓国）人およびフィリピン人女性が強いられた「性的奉仕」に関する状況，②10〜20万名に及ぶこれら被害女性に対して，現

在の日本政府がいかなる責任を負うか，③被害女性らに対し日本政府が補償するためには，いかなる措置がとられなければならないか，がそれだ。この調査の結果，中間報告書が93年5月に公表された。その際は，事実関係の中間的認定に力点が置かれた。法的判断および最終的な結論および勧告については，その後さらに慎重な検討をＩＣＪとして重ねた。そのため，筆者をはじめ関係者等は，この最終報告書の公表を心待ちにしていた。このたびのＩＣＪプレスレリースは，この最終報告書が完成したことを公表したのである。また，ＩＣＪはコメントを求めるため，最終報告書が9月2日関係政府に送付されたことをも公表している。

　調査団メンバーは，南オーストラリアのフリンダース大学法学部講師＝ウスティニア・ドルゴポール女史およびインドの高等裁判所弁護士＝スネハル・パランジャペ女史である。彼女らは，40名を超える被害者，3名の元兵士，政府代表，非政府機関（ＮＧＯ），法律家，学者，記者と面接した。調査団が入手した文書とこれらの面接に基づき，調査団は，日本帝国軍は，第二次大戦前およびそのさなかに，日本帝国軍の「享楽」のために広範な「慰安所」網を設置したとの結論を得た。ＩＣＪは，中国人，オランダ人，フィリピン人，朝鮮（韓国）人，マレーシア人，および台湾人女性・女児が，「慰安所」に連行され，強制によって「性的奉仕」をさせられたこと，日本軍に「慰安所」の設置，利用，運営および規制について完全な責任があったこと，これらに関して，詳細な規則が日本軍によって制定されたことを認めている。

　ＩＣＪ調査団の認定によれば，「慰安所」内の被害女性等の生活は，地獄さながらであった。被害女性等は，将兵等による継続的強姦の他にも，殴打され，拷問を受けた。軍医による定期的検診はあったが，多くの被害女性等は性病に感染させられた。さらに，ＩＣＪ報告書は；戦後もこれら被害女性の苦悩は終わることがなかったことも認定している。彼女等は，その後も今日にいたるまで苦痛にさいなまれ続けているとしている。

　93年8月，日本政府は，初めて「旧日本軍は，慰安所の設置及び運営ならびに慰安婦らの移送に関して直接間接に関与した」と認めた。日本政府は，また被害女性等の募集および移送は，彼女等の意思に反して詐欺および圧力によってなされたこと，および募集には，軍関係者が直接関与したことをも認めた。さらに，日本政府は「これらは，多くの女性の名誉と尊

厳を著しく傷つける行為であった」と承認し，彼女等に謝罪した。

　通常，ＩＣＪの最終報告書の内容は，政府に秘密裏に事前送付され，一定の考慮期間を与えた後に公表される。事実，今回の場合も最終報告書の全文は，11月の一般公表まで秘密にされている。しかし，今回の場合，勧告の骨子は，最終報告書が政府に送付された直後に公表された。その意味では異例の取扱いである。異例の扱いがなされた理由は，8月31日になされた「民間募金」による「見舞金」支払いなどの「補償に代わる措置」に関する村山首相（当時）談話にあると思われる。ＩＣＪとしては，これに対するはっきりした反対の意思表示を直ちに示しておく緊急性を感じたのであろう。この点について，ＩＣＪは次のように述べている。

　「水曜日（94年8月31日）に，日本は，これらの被害女性に象徴的な補償を与えるような10年間にわたる10億米ドルの構想を発表した。日本政府は，被害女性に支払われるのは『見舞金』であるとしている。しかしながら，調査団に寄せられた証拠を考慮するなら，日本は，完全な被害回復及び更生への措置を直ちにとることが絶対に必要である。日本が被害者に対する道義的及び法的責務を負うことは明白である」としている。

　ここでは，詳細な理由は伏せられているが，ＩＣＪが，日本政府は被害女性に対して「法的責任」を負うと断定したことに注目すべきだろう。その詳細な理由の公表が待たれるところだ。

●ＩＣＪ対日勧告の骨子

　国際法律家委員会は，以下のとおり勧告する。

　1．十全かつ完全なすべての情報の開示をなし，かつ被害女性の請求を聴聞して，約6カ月以内に処理ができる行政的機関を設置すること。

　2．仮にこのような措置がとられないとしても，日本は，被害者の十全な更生がなされるような措置を講じるべきである。これは，十全な被害回復をなすこと，また，医療費負担，見苦しくない住居，その他同様な措置のような更生措置をなすことを含む。

　3．日本が被害女性の更生への措置を拒否する場合は，この問題と直接関係のない国の国際法専門家からなる法廷または仲裁裁判所が可及的速やかに設置されるべきである。ここでは，非政府機関（ＮＧＯ）および個人が自ら当事者となる権利が認められるべきである。全当事者は，事前に，

この法廷または仲裁裁判所の意見に従い，これを受け入れるという合意をすべきである。

4．上記2および3の過程が進行中の間，日本政府は，純粋に中間的仮の措置として，その権利および主張を損なうことなく，申し出た被害女性の更生のために4万米ドルを一括支払うべきである。このために，被害女性を代表する非政府機関（NGO）は，日本政府に対して，被害者の名簿を提出すべきである。

5．この問題に関し，日本政府がさらに現在の政策に固執する場合は，被害女性を代表する非政府機関（NGO）は，適当な機関および国連専門機関に働きかけ，法的問題に関して最高権威による決着をはかるべく，国際司法裁判所の勧告的意見を求めることを目指すべきである。

6．韓国およびフィリピン政府は，関係条約の解釈に関して，国際司法裁判所に対して直ちに訴え出なければならない。

7．連合国に所属した諸国は，この問題に関係した自ら保持するすべての情報を公開し，かつ日本が被害者の十全な更生および被害回復のために十分な措置を必ずとることを確実にしなければならない。

● 今後の見通し

日本を含む関係国は，ICJに対して何らかのコメントを送付するであろう。その内容は，1994年10月に最終報告書全文とともに公表されるはずだ。通常，ICJは，その報告書を世界中の人権機関，政府，図書館などに送付する。ICJの刊行物は，万単位で世界中に送付されているから，この情報は，世界中の人権関係者によって受け取られるであろう。また，ICJの人権実情調査の結果は，直後の国連人権会議に提出されるのが普通だ。この最終報告書の場合は，95年2月の国連人権委員会に提出されるだろう。

先に述べたとおり，ICJの勧告は高い信用性と国際的影響力を持つから，世界のNGO，政府は，これを前提に被害者を支持するであろう。そればかりか，ICJ報告書は，国連関係機関にも多大の影響を与えるだろう。だから，この最終報告書と異なる国連機関の判断がなされる公算はきわめて少ないといえよう。将来，国際仲裁裁判所や国際司法裁判所の判断がなされる場合についても同様のことがいえるだろう。95年9月に予定さ

れている北京世界女性会議に与える影響も少なくない（99年1月までにこれらの予想が間違っていなかったことが確認されてきている。勧告の内容は，国連・ＩＬＯ機関の報告書に大きな影響を与えた）。

　今後予想される国連機関の動きとしては，次の3点に注目する必要がある。94年8月の国連人権小委員会で採択された「人権侵害侵犯者の不処罰問題に関する研究」と「戦時奴隷制に関する予備的研究」についての決議・決定を見ると，95年8月に公表される予定の2つの国連文書で，日本軍「慰安婦」問題が取り上げられることが十分予想できる。さらに，第3点としては，国連人権委員会に新設された「女性に対する暴力の特別報告者」（具体的事件について調査する権限を持っている）が，この問題にどのような取組みを見せるかが注目されよう。これらの国連機関の判断に対して，ＩＣＪ最終報告書は，決定的な影響力を及ぼすであろう。

　日本政府が冷静に判断するなら，この際ＩＣＪ報告書を尊重して，政策の根本的見直しをするしかないだろう。しかし，これまで，日本の外務省・政府の判断は誤りの連続だった。さらに事態を悪くしたのは，国際情勢の誤認である。この問題に関する国連人権機関の審議状況について，外務省が正確な情報を政府首脳に伝えてこなかった疑いが濃厚だ。今度も同様の事態が起これば，村山首相にも正しい情報が伝わらず，さらに政治判断を誤る可能性もなしとしない。日本は，さらに重大な誤りを繰り返し，取り返しのつかない外交的失敗をすることもありうる。そうなると，日本は，戦後最大の外交的孤立状態に陥り，国連安全保障理事会の常任理事国入りも危うくなるだろう。筆者が恐れるのは，「世界の女性が自然発生的に日本製品の不買運動を始めるのではないか」という国連関係者の予測だ。

　このような状況を総合するなら，日本政府・国会・政党関係者等は，ＩＣＪ最終報告書公表を機に根本的政策転換を迫られているといえよう。

2　ＩＣＪ最終報告書の意義

　ＩＣＪは，94年11月22日，日本時間午後7時（10:00GMT）日本軍「慰安婦」に関する最終報告書を公表した（自由人権協会・日本の戦争責任資料センター共訳『国際法からみた「従軍慰安婦」問題』〔明石書店〕その全訳である）。

● 国家責任論議の不在

　これほどまでに内外で論議が沸騰した事例は、日本関係の人権事件では、歴史上前例がない。国際法上の日本の国家責任の有無は、その論議の中核であった。ところが、日本では、これまで日本政府の法的責任については、ほとんどまともに専門的・学問的議論がされてこなかった。「すべては条約で終わっている。日本政府は、被害者個人に対してもまったく法的責任がない」という日本外務省の政治的宣伝が浸透し、それに対抗する法的議論がまったくといってよいほどなかった。

　政治家も同じで、外務省の主張を丸呑みして、「完全に終わった話」と思い込まされていた観がある。被害者に同情的な場合でも、日本の大方の政治家の主張は、「国内法上も国際法上も法的責任はないが、被害者が気の毒だから補償すべきだ」というものが主流だった。本岡昭次参議院議員のように、この問題の真相究明に早くから全力をあげ、国連情報にも通じており、「国際法上の責任が日本にある」と主張し続けてきたわずかな例を除いて、与野党を問わず政治家の論議の動向は、同じだった。

　マスコミも例外ではない。92年2月、筆者が国連人権委員会で「これは人道に対する罪に当たるので、日本には被害者個人に対して賠償をする国際法上の法的責任がある」と主張したとき、ジュネーブ駐在のA新聞M記者から、「こんな終わった話を国連に持ち出すなんて、それでもあなたは法律家ですか」となじられた記憶が今でも消えない。Y新聞O記者からは、「あなたは、新聞に名前を載せて有名になりたいから、この問題を国連に持ち出したのだろう。そんな人について行くことはできない」と「取材拒否」された。それほどまでに感情的な拒否反応もあった。筆者は、84年以降、継続的に国連において人権擁護活動に従事してきた。しかし、記者からこのような拒絶反応を受けたことは絶無だったから、強い衝撃を受けた。このような傾向のために、法的責任を論ずる国連NGOの主張の報道にも、マスコミは概して冷淡だった。

　マスコミ報道の力点が、法的責任論議や国連審議の動向よりも、「被害者が気の毒だ」という同情論の喚起に置かれたため、政治家や一般市民の意見もこのような考え方にまとまっていったのだと思われる。

　そのためか、94年8月31日、村山首相が、「日本には法的責任はない」との前提にたって被害者個人への補償を否定し、アジア太平洋地域との人

材交流など「一千億円規模」の「補償に代わる措置」および「民間募金」による「民間基金からの見舞金支払方式」を解決案として打ち出したときも，被害者側や大多数の市民団体の強い反対にもかかわらず，日本の大新聞は，村山首相案の推進役に回ったかのような大報道をした。日本の国会議員の間からも，わずかの例外を除いて強い反対はなかった。

　法律家の間ではどうだろうか。この問題を含め，長い間戦争被害者の補償問題を検討してきた日弁連など弁護士会でも，あまり事情は違わなかった。日弁連が，92年12月に国際的権威者を招いて国際シンポジウムを開催し，この問題を中心に国際法上の見解を聴いたのは，例外的な国際法論議への取組みの事例だ。しかし，ここでは日弁連の国家責任に関する法的見解は示されなかった。

　原・被告間の民事訴訟上は，少しずつではあっても国家責任に関する国際法論争が展開されてきたが，その進行は遅い。訴訟は公開されているものの，通常，その主張が出版されて一般に入手できるようにはならない。訴訟上は当事者の主張が対立することが普通だから，判決が出てからでないとその影響は小さい。

　学者の間の論議不在は，もっとひどい。「まったく研究がなされていない」といってよいであろう。筆者は，前記国連での主張以降，2年半にわたって，国連関係の法的論議を中心に，週刊法律新聞や法学セミナーなどに，国際法上の国家責任に関する意見・情報を継続的に公表し続けてきた。ところが，これに対する学者の反応は，ほとんどない。わずかに，若手国際法学者である阿部浩己神奈川大学助教授の論文（「『慰安婦』問題と国際法」専修大学社会科学研究所月報371号〔94年〕；「『慰安婦』問題からの問いかけ─照射された課題」国際人権8号〔97年〕；「市民のための国際法へ」法学セミナー512号〔97年〕）があるに過ぎない。

● ＩＣＪ最終報告書の意義と日本政府のとるべき道

　このような事情で，この問題に関する日本の法的責任論は，国連の場を中心に国連諮問機関であるＮＧＯによって論議されてきたに過ぎなかった。書面になった主なものを列挙すれば，国際教育開発（ＩＥＤ）代表カレン・パーカー弁護士（米国）の「日韓協定など二国間条約の強行規範（ユス・コーゲンス）違反の問題」に力点を置いた主張は，前記日弁連主催の

国際シンポジウムで公表された。国際友和会（ＩＦＯＲ）は，犯罪と処罰の問題が日韓協定など二国間条約外である点に注目し，「不処罰を理由とする賠償責任」に力点を置いた主張を94年2月の国連人権委員会に文書提出した他，より詳細な同趣旨の勧告を細川首相（当時）にも提出した。また，ＩＦＯＲは，94年8月には，常設仲裁裁判所による解決方式を提案する文書を国連人権小委員会に対して提出し，これが国連文書となっている。ところが，残念ながら，これらのＮＧＯは，国連諮問機関ではあっても，その国際的影響力の点で，必ずしも決定的影響を与える力を欠くうらみがあった。

しかし，国際法律家委員会（ＩＣＪ）は，国連も一目置くＮＧＯの重鎮であって，権威の面からもその見解には超弩級の重みがある。その内容は，精緻かつ重厚，高度な水準のもので，国際的法的権威者の批判に耐えるものであると思われる。筆者が，ＩＣＪ最終報告書を評して，「国際的裁判の第一審判決にも比すべきものだ」と言っているのは，このような事情からである。

今後の国連における日本の国家責任に関する論議は，このＩＣＪ最終報告書の判断を基盤に進行するだろう。結局のところ，日本政府には，これを尊重するしか選択肢はないと思われる。日本政府は，これまでの態度を全面的に転換し，国際法に違反する重大人権侵害の犯罪を日本帝国が犯したことを率直に承認し，迅速な解決をはかるため，直ちにＩＣＪ勧告受入れの措置をとり，被害者個人に対する賠償責任を果たすべきだ。

仮に，日本政府が，それでもなお法的責任の存在を争うなら，国際司法裁判所または常設仲裁裁判所のような国際仲裁機関の判断を受けるしかないだろう。これは，国際的な上訴のようなものだ。すでに，被害者側は，国連現代奴隷制作業部会勧告を受諾し，常設仲裁裁判所の判断を受け入れる用意がある旨表明しているし，94年11月22日には首相官邸に対して仲裁合意書案も提示した。ＩＣＪは，このような解決方式も選択肢の一つとして勧告している。日本政府は，被害者との間で国際仲裁を受けるための仲裁合意の締結をすべきだ。

● 精神病者の人権問題に関するＩＣＪ勧告の前例

　ＩＣＪが日本の人権問題に関して，調査団を派遣し，報告書を公表した

のは，今回が初めてではない。精神病者の人権問題に関する「結論と勧告」の前例がある。その前後の経過は，筆者が報告しているので，これを参照されたい（「国際社会における人権活動」宮崎繁樹編『現代国際人権の課題』三省堂，112～158頁）。

ＩＣＪ調査団は，85年4月に日本を訪問し，その場で「結論と勧告」をまとめたが，直ちに公表しなかった。ＩＣＪ調査団の「結論と勧告」の公表は，翌年7月になった（なお報告書そのものは，86年9月に公表された）。ＩＣＪは，通常の国連ＮＧＯと違って重厚な手法をとる。調査の結果を直ちに公表して政府の体面を傷つけることを避け，政府首脳に冷静な対応をする時間を与えるため，公表前に（85年5月）日本政府にこれを送付し，コメントを求めた。政府の対応などについての記載もあるので，正当なコメントが返ってくれば，それは「結論と勧告」に反映されることが前提だ。

外務省は，直ちにこれを担当の厚生省に渡した。さまざまなニュースソースから筆者が了解しているところによれば，これは当時の中曽根首相を含む政府首脳に示された。その結果，日本政府首脳は，ＩＣＪ勧告を尊重して精神衛生法の改正を行う旨政治決断した。極秘裏に，政府発表準備作業が進められた。日本政府は，同年7月のＩＣＪ調査団「結論と勧告」の公表に際してはコメントを留保したが，同年8月初頭には日本国内で法改正の方針を公表し，その直後国連人権小委員会の場で，この政策転換を国際的に報告した。

政府は，その後直ちに立法準備作業に入り，関係団体の意見も聴取のうえ，87年9月には，超党派の賛成で，国会で精神保健法が成立した。これは，国連人権擁護制度が有効に機能した実例として，国際的にモデルの一つに数えられている。

このように，大人権問題が比較的迅速に解決できたのは，外務省が公表前であっても，政府部内でＩＣＪ勧告を適正に扱ったため，これが首相を含めた政府首脳の政治決断に連なったからだ。

●秘匿されたＩＣＪ最終報告書（草稿）

今回はどうだったろうか。精神病者の人権問題のときとはうって変わって，まったく適正な扱いがされなかったのだ。

本章1で述べたように，ＩＣＪは，日本軍「慰安婦」に関する最終報

告書(草稿)を94年9月2日,ジュネーブ日本政府代表部に届けた。これは直ちに,東京の外務省に送付された。ところが,これは,外務省関係者内部に秘匿されてしまって,政府首脳に提供されなかったらしいということがわかってきた(筆者は,日本語訳の準備の都合もあって,公表まで「極秘」という条件で,ＩＣＪから外務省とほぼ同時に最終報告書送付を受けていたので,内容を承知していた)。

　村山首相が「民間募金」による「民間基金からの見舞金支払方式」を打ち出したのは8月末だ。その後,その具体化が政府・与党3党によって検討された。与党3党の国会議員からなる「戦後50年問題プロジェクト」の「慰安婦」問題小委員会がこの審議に当たった。

　ＩＣＪは,「日本政府」に対して最終報告書(草稿)を送ったのである。日本政府とは,官僚が「天皇の官吏」であった天皇主権時代とは異なり,国民主権の新憲法下では,常識的にいえば,「国権の最高機関である国会によって指名された内閣総理大臣以下の内閣・閣僚及びそれを支える与党」と考えるべきだろう。外務省は,事務当局として,政府の一部門ではあっても,政府そのものではない。事務当局官僚は,「政治家である政府」の手足だ。筆者は,「これほどの重要文書なのだから,外務省は,政府首脳や与党3党には必ず提出するはずだ」と思い込んでいた。そうすれば,「法的責任がある」という重大な結論が記載されているＩＣＪ最終報告書(草稿)は,「『法的責任がない』という大前提から出発して首相談話の具体化を検討中の与党3党の審議に,決定的影響を与えるだろう」と思われた。

　そのような予想のもとに,与党3党の審議状況に注目し,情報収集に努めた。にもかかわらず,奇妙なことに,ＩＣＪ最終報告書が渡されてから2カ月も経つ10月末ころになっても,この審議には何の変化も見られなかった。むしろ,「11月末には,首相談話を具体化する成案ができ上がるのではないか」という情報しかない。「何かおかしい」と直観した。外務省官僚は,これまでも国連審議の真相を政治家政府から隠してきた。

　不安になって,「政府首脳や与党3党の政治家にＩＣＪ最終報告書(草案)が渡っているか」を中心に情報収集に専念した。その結果わかってきたのが驚くべき事実だ。首相周辺や与党3党の政治家が「ＩＣＪ最終報告書が欲しい」と問い合わせても,外務省官僚は,「中間報告はある」とか,

「草案しかない。現在返事を検討中」などと言を左右にして、これを渡さないのだ。なお驚いたことに、「村山首相さえ知らされていないらしい」という情報があったばかりか、前記与党3党の政治家代表からなる「慰安婦」問題小委員会にもこれが渡されていなかったことがわかったのである。

同小委員会は、民間識者の公聴会を開いた。11月8日には、上杉聰氏（日本の戦争責任資料センター事務局長）等数名の意見が聴取されたが、その時点で、この問題に最も責任のあるこれら政治家がこれを見せられていないことが確認された。与党3党の「慰安婦」問題小委員会は、最重要情報を与えられずに審議していたのだ。これでは、与党3党も首相談話の具体化をはかる単なる「道具」でしかない。外務省官僚などが敷いた路線にお墨付き的権威を与えるために、単に形式的審議をさせられていただけなのだ。これほど与党政治家を馬鹿にした話はない。

市民に情報を与えずに政府がこれを操るのは、「愚民政策」という。これは、それとは違う。今の日本の政治方式は、何と呼んだらよいのか。国民を代表する政府首脳や与党の政治家が何も真相を知らされずに、官僚に操られているのだ。「愚政治家政治」とでもいおうか。端的にいえば、「官僚独裁」である。腹立たしい限りだ。

これでは、戦前とどこが違うのか。戦前は、天皇の官吏のほうが、臣民の代表である政治家より重きを成した。だから、官僚は、政治家には決定的事実を隠した。軍部官僚は、天皇に直結し、真相をも隠したまま、政府の了解もなしに作戦行動を勝手に行って、満州事変を引き起こし、突っ走った。国民は、外交・軍事について常に真相を知らされなかった。それが第二次大戦の一つの原因でもあった。それが今も起こっているのである。

あるマスコミ関係者は、「同様のことは毎日起こっていることで、官僚が真相を隠すのは当たり前。騙される政治家が悪い」という。しかし、「当たり前」と言っていては、なお悪くなる。現在のままでは、まるで日本政府が2つあるかのようである。「官僚政府」と「政治家政府」がそれだ。官僚は、政治家政府に対しては、その手足として、真相を報告すべきである。官僚が重要な政治判断をしてはならない。政府に対しては、可能な選択肢を提供すべきだ。そのうち何を選ぶかは、国民に選ばれた政治家の仕事だ。少なくとも、国民主権を原則とする現憲法下では、これが官僚の役割だということをはっきりさせるべきだ。ましてや、官僚が重要情報

を政治家政府から隠して自らの意図を実現するなどということは決してあってはならない。だから，重要情報を政治家から隠した官僚の責任は，国会で問題にされるべきだ。そうでなければ，同じことがいつまでも起こるだろう。これは忌むべき日本政治の「病根」である。

「しかし，こんな論争をしている暇はない。今『慰安婦』問題については，緊急対策が必要だ」と考え，ＩＣＪと協議した。ＩＣＪは，これを知って驚愕した。「マスコミ関係者が，解禁時間を破らないようであれば，政府首脳や『慰安婦』問題に取り組んでいる政治家には提供して差し支えない」とのＩＣＪの了解を得て，ＩＣＪ最終報告書（草案）のうち筆者が取り急ぎ翻訳を済ませていた「法的問題」部分を，至急これらの政治家に提供する措置をとった。

その効果は，すぐ現れた。予想どおり，与党３党の「慰安婦」問題小委員会は，首相談話に基づく「民間基金による見舞金支払方式」案を「棚上げする」と決定したと報道された（ジャパン・タイムス11月19日付記事 ["Coalition panel shelved plan for 'comfort women' redress", Japan Times, 19 November 1994]）。当然の結果ではあろうが，日本では「当然のこと」が当然のようには起こらないという事例である（しかし，この決定は，外務官僚の虚偽戦術で，またもくつがえされた。70頁参照）。

以下に，ＩＣＪ最終報告書第９章「法的問題」および「勧告」部分の解説を簡略にまとめておきたい。

● 「法的問題」の解説

（全体の要約）「元慰安婦」への個人賠償問題は，日韓条約など条約で，解決していない。国際法違反があり，現日本政府に賠償義務がある。加害者の不処罰を理由とする賠償義務もある。

　Ａ　１及び２（要約）当時の日本政府は，日本軍が国際法に違反する無類の人権侵害を犯したことについて責任があり，現日本政府は賠償義務を継承している。

　［当時の日本政府は，次の条約および慣習国際法上の責務に違反したので，直接的・代位的国家責任を負う—現在の日本政府も賠償義務を引き続き負っている。］

　＊［条約違反—1921年婦人児童売買禁止条約違反（韓国女性の場合）］

＊［慣習国際法違反＝証拠として，1926年奴隷条約（韓国，フィリピン女性の場合），1907年陸戦法規慣例に関するハーグ第4条約（フィリピン女性の場合）］

　Ａ　3（要約）日韓協定，日比賠償協定などの条約では，賠償義務は解決していない。

［1965年日韓協定に至る経過，条文の用語，文脈などからいって，財産の処理・商業関係事項のみが決められた。人権侵害に関する不法侵害と財産問題は異なる。上記「慰安婦」の個人の権利侵害に関する請求は，日韓条約の「請求権」には含まれていない。］

［1956年日比賠償協定に至る経過，賠償対象の不特定，人間としての個人が受けた本来的傷害の補償が放棄された証拠の不存在，強行規定―ユスコーゲンスにかかわる。「慰安婦」問題が解決されたと解釈されてはならない。］

［サンフランシスコ平和条約14条第ｂ項の「請求権」にも特定がない。］

　Ｂ　（要約）日本政府には，戦争犯罪・人道に対する罪の侵犯者の不処罰の責任もあり，その点でも賠償義務がある。

［占領地のフィリピン女性に対する行為は，戦争犯罪・人道に対する罪に当たる。植民地下にあった朝鮮半島の韓国女性に対する行為は，人道に対する罪に当たり，日本の将兵等はこれらの罪で有罪。戦争犯罪裁判で処罰されるべき場合だった。］

［条約による刑事免責はなかった。］

［日本は，自身の不処罰（違法な不作為）を利用して，訴追時効を理由に責任から逃れることはできない。不処罰の場合は，賠償義務あり―ジェーンズ事件判決引用。日本政府に不処罰の場合の賠償義務あり。］

　Ｃ　（要約）日本の補償への個人請求権に関する国内裁判上も，国際法違反がある。

［手続法上の問題（戦後の問題）と実体法上の問題（犯行当時の問題）がある。］

［実体法上遡及の問題はない（当時の国際法上，上記の日本の違反がある）。］

［手続法上は，（当時の法ではなく）裁判時法による。現在の国際法上（国連憲章の受諾と世界人権宣言，市民的及び政治的権利に関する国際規

約）日本法（または国際法上の個人の主体性否定および時効に関する日本政府の立場）は，国際法上の権利を保障していないから，人権侵害の実効的救済を保障している国際法に違反する。日本に立法などによる是正義務がある。時効の主張は，戦争犯罪・人道に対する罪に当たる場合は，許されない。］

● 「勧告」の解説
　（1）　日本政府による賠償措置
　日本は，「慰安婦」被害者個人に，国家として直接完全な賠償を支払う措置をとる責任がある（村山首相談話のような民間募金による民間基金案については，これに適合したものではなく，ＩＣＪは94年9月2日付プレスリリースで否定した）。
　賠償方法としての勧告案は，以下のとおり。
　①真相究明はさらに行わなければならない。
　②賠償（原状回復，リハビリテーションなど被害者に直接支払いの義務）のための日本の選択肢として，次の3方法が順次優先的に考慮すべきものとして提案されている。
　第1案—賠償問題を解決するための迅速かつ実効的国内的手続的権利の保障
　［6カ月以内に被害聴聞処理・賠償決定する行政機関設置］（要立法）または，
　［民事裁判簡略化（時効不適用／個人の訴権を承認）特別立法措置］（要立法）
　第2案—日本政府自らの措置
　［4万ドル仮の支払い（内金）］（要立法ないし予算化）プラス
　［完全なリハビリテーション措置］（要立法ないし予算化）
　第3案—賠償問題を解決するための迅速かつ実効的国際的手続的権利の保障
　［4万ドル仮の支払い（内金）］（要立法ないし予算化）プラス
　［国際法廷の設置］（関係国間条約締結または国連による法廷新設を要す）または，
　［国際仲裁裁判所の設置］（日本と被害者間の仲裁合意で既存の機関，た

とえば常設仲裁裁判所などの利用可能。立法不要）
　（2）　関係国政府による措置
　被害国＝国際司法裁判所に訴える
　連合国＝不処罰の説明，関係情報の公開，および日本への圧力

　11月25日のことだが，前記与党3党慰安婦問題等小委員会は，「民間募金による見舞金」支払いの案を認めたとのことだ。
　政府は，「ＩＣＪ最終報告書を事前に受けとっていなかった」と真実に反する主張をしているとの憂うべき情報もある。

3　ＩＣＪ最終報告書への外務省の虚偽戦術
　——与党3党，法的責任を否定，村山民間募金構想を承認

●経過の概要
　ＩＣＪ最終報告書（草稿）は，日本政府による事前検討のために，94年9月2日，ＩＣＪからジュネーブ日本政府代表部に手渡された。しかし，外務省によって秘匿されたため，緊急対策として，その翻訳（第9章「法律問題」と「結論と勧告」部分）は，一般公表前である同年11月10日ころ以降，与党3党従軍慰安婦問題等小委員会メンバーに対して，ＮＧＯルートで届けられた。それもあって，同小委員会は，同月18日ころまでに，「慰安婦」問題に関する村山首相の構想（「民間募金」による「民間基金からの見舞金支払」方式による解決）を棚上げすると決めた。ＩＣＪ最終報告書（草稿）の内容，ことに国際法上の日本の国家責任の存在の指摘（日韓協定などの条約によって解決していないとする）に触発されて，同小委員会のメンバーから外務省に対して具体的関連質問さえ出された。外務省が真面目に対応していれば，ＩＣＪ最終報告書の正式かつ詳細な検討によって，真の解決に向かった可能性もあった。
　ところが，外務省は，ＩＣＪが最終報告書を一般に公表した11月22日の後である同月25日，同小委員会で，ＩＣＪ最終報告書の日本語訳を提出することもなく，前記質問に答えもしなかった。逆に，虚偽発言でＩＣＪの信用を失墜させ，討議方向の逆転をはかり，成功した。その結果，同小委員会の方針は元に戻って，同年12月7日には，村山構想に沿った「第1次

報告書」を作成してしまった。これは，同日中に与党3党戦後50年問題プロジェクトチームによって承認され，方針が確定した。逆転の背景に，与党3党首脳が，連立継続を至上命令として，法論理ぬきに妥協したと指摘する向きもある。

ICJは，外務省の虚偽発言の事実を知り，急遽2名の代表を日本に送り，外務省に抗議するとともに，ICJ最終報告書の正式検討を求めた。しかし，「今後も与党3党によるICJ最終報告書の正式検討の機会はない」とされている。

●外務省虚偽発言と前後の状況

日本の戦争責任資料センターの調査によれば，94年11月25日の与党3党慰安婦問題等小委員会前後の状況は，大略以下のとおりである（荒井信一同センター代表・上杉聰同センター事務局長から五十嵐広三官房長官・河野洋平外務大臣・武部勤与党従軍慰安婦問題等小委員会座長に対して出された「日本政府のICJ最終報告書の取扱いおよび外務省による虚偽発言への抗議と要請」と題する同年11月30日付書面参照）。

まず，日本政府首脳の反応が問題になる。五十嵐官房長官は，11月22日記者会見において，記者からのICJの報告書をどう考えるかとの質問に答え，「ICJの報告書が出ることは報道を通じて知っているが，詳細は政府として承知していない」と発言したという。日本政府にICJ最終報告書（草稿）が渡されたのは9月2日だから，政府は，80日もの間検討を怠ったことになる。これは，「極めて怠慢かつ不誠実だ」と批判されても弁解の余地はない。筆者は，同長官がこの時点で虚偽を述べたとは思わない。2で述べたとおり，ICJ最終報告書（草稿）は，9月2日直後から11月22日公表まで，外務省がずっと，同長官他の「政治家政府」から秘匿してきた結果，同長官らがその詳細を知らなかったのだと思われる。

だからといって，日本政府首脳の外務省官僚に対する監督責任その他の政治責任が免責されることはない。ICJ最終報告書は，今後国連人権委員会にも提出され，国連審議の基盤にもなりうるだけに，この点は重大だ。外務省による重要文書秘匿・虚偽発言行為，および外務省による政府首脳・与党3党に対する情報操作について官僚の責任追及を放置している不作為，これらの情報操作によって操られるままになっている政治そのもの

の無策，日本の国家責任に関して権威ある国連NGOから提出された重大文書を長期間検討しなかった不作為（現在も検討していない）に関する重大な政治的責任は否定しようがない。

次に，問題になるのは，政府を支える与党3党と外務省の問題だ。11月22日に公表されたＩＣＪ最終報告書は，同日付でＣＮＮ，ＢＢＣなどの世界的メディアによって大きく報道されたのみならず，日本国内でも新聞（同日付毎日，朝日，読売など各紙参照）でも報道されたから，与党3党の同小委員会委員も重大な関心を持っていたはずだ。前述したとおり，内々にＩＣＪ最終報告書（草稿）の重要性を直観した委員から，国家責任に関する法的問題に関連して，外務省に質問状さえ出されていた。村山構想を棚上げにして，法的論点を審議しようとする同小委員会の意欲には，並々ならぬものがあったようだ。

ところが，前記日本の戦争責任資料センターの調査によると，11月25日の与党3党従軍慰安婦問題等小委員会の席で，外務省は「ＩＣＪの報告書は日本政府に渡されていない」「ＩＣＪは日本政府に面会もせずに報告書を作成した」旨発言したという。この発言は，明らかに事実に反する。しかも，この虚偽発言は，ＩＣＪ最終報告書の信用性を失墜させ，政府・与党3党がこれを詳細に検討することを阻止する結果をもたらした。同小委員会の雰囲気は，この虚偽発言で一変したという。委員は，この外務省発言を信じて，「ＩＣＪは，いい加減な団体だ」という印象を受けたようだ。委員が真相を知らなかったからであろうが，ＩＣＪ最終報告書を重視しようという流れが阻止されたことは否定できない。だから，政治的にもきわめて重大な虚偽発言だ。この席には多くの政府官僚が出席していたにもかかわらず，誰一人この虚偽を訂正した者はない。官僚の間で共謀があった可能性さえ否定できない。これを機に逆転をはかろうという暗黙の合意はなかっただろうか。

●外務省虚偽発言をめぐる事実関係

この虚偽発言を知ったアダマ・ディエンＩＣＪ事務総長は，同年11月25日中に，事実関係を問い合わせた上杉聰氏に対して書簡（関係資料も添付された）を送り，これらの発言がまったく事実に反することを具体的に説明した。

第1に，最終報告書を日本政府が受け取ったかどうかである。ＩＣＪ事務局のアジア担当ディルバー・パラーク法律顧問は，同年9月2日に最終報告書（草稿）を持参のうえ，ジュネーブ日本政府代表部に手渡した。その際，ＩＣＪ事務総長アダマ・ディエン氏から遠藤大使宛ての書簡も届けられたが，同氏は，日本政府がこれを検討し，ＩＣＪとの間で真の討論と情報交換がなされることを希望している。ＩＣＪは，10月2日までにコメントが送られれば，公表される最終報告書にそれを反映させることも約束している。ＩＣＪは，その事実を9月2日付プレスリリースで公表している。この最終報告書（草稿）は，その直後には，東京の外務省に届けられていた。日本政府は，何らのコメントもしなかった。さらに，11月22日（前日にも一部日本政府に交付されたようである）には印刷されて，ジュネーブ日本政府代表部に渡されたほか，報道関係者など一般に公表された。
　ところが，11月25日時点（政府出先機関が最終報告書（草稿）を入手してから80日余も後）で，外務省は，「ＩＣＪの報告書は日本政府に渡されていない」と述べ，「9月2日に日本政府に報告書を渡した」とのＩＣＪ公表事実を全面否定したのだ。
　第2に，ＩＣＪは，1で述べたとおり（57頁），ウスティニア・ドルゴポール氏，スネハル・パランジャペ氏の2名からなる調査団を93年4月，日本など4カ国に派遣し，日本軍「慰安婦」問題を調査した。両氏は，同月23日に外務省アジア局次長高野氏および同局北東アジア課課長補佐藤井氏（その他内閣外政審議室関係者，ＩＣＪ調査団の案内役の藍谷邦雄弁護士等も同席）に1時間半面会した。その詳細な内容は，94年9月2日に日本政府に渡されたＩＣＪ最終報告書（草稿）第7章に記載されている。
　ところが，同年11月25日時点で，外務省は，「ＩＣＪは日本政府に面会もせずに報告書を作成した」と発言して，面会事実を否定したのだ。報告の真実性を全面否定され，ＩＣＪも報告書を執筆した調査団員も，信用を失墜させられてしまったのである。
　外務省は「報告書の到達を知らなかった」とか「面会の事実を知らなかった」と弁解している。これは，とうてい信じがたい。ＩＣＪ最終報告書（草稿）は，80日も前に届けられている。しかも，面会の事実は，その第7章に具体的に記載されているのである。知らないはずがない。これが事実でないと発言する以上，慎重な事実調査が必要だ。ところが，記録を調

査するとか，部内の者に確認するとかの最小限の事実確認さえしないで，真実に反する重大発言をしたというのである。慎重居士の代名詞のような官僚が，このような重大発言を軽率にするはずがない。もし，そんなに軽率なら，外務省の存在は，不要どころか有害ではないか。尋ねたいのは，なぜそのような基本的事実を知らない者に重大発言を許したのかだ。監督者も発言関係者も即刻辞職すべきではないだろうか。

●与党3党慰安婦問題等小委員会の決定

　11月30日付で，日本の戦争責任資料センターによる「抗議と要請」が出されたため，12月2日同小委員会は，虚偽発言に関する事実関係を外務省に質した。席上，外務省は94年11月25日時点での事実関係に関し説明を変更し，ＩＣＪ最終報告書が外務省に到達していた事実および93年4月にＩＣＪ調査団が外務省を訪問した事実を認めた。そのため，同小委員会武部勤座長（自民党）は，外務省を叱責したとのことだ。しかしＩＣＪ最終報告書の翻訳が外務省から提出されることもなく，その検討もされないまま，村山首相構想を具体化する武部座長案が示された。これは，与党3党に持ち帰られ，12月9日までに同小委員会の成案となることが予定された。

　ＩＣＪは，急遽2名の代表（前記パラーク氏およびパランジャペ氏）を日本に送ることを決定。両氏は，12月8・9日の両日，実情調査と抗議を行い，外務省・日本政府・与党3党関係者（社会党，さきがけ両党の関係国会議員は面会したが，自民党関係者は面会を拒否）に対して，ＩＣＪ最終報告書の詳細な検討を求めた。ところが，時すでに遅く，これらの代表によって真相が詳細に説明されるより前，同月7日には与党3党小委員会と同戦後50年プロジェクトチームは，村山構想具体化の基本方針を決定してしまった。ＩＣＪ代表が面会した関係議員等の話を総合すると，村山構想を具体化するための与党3党小委員会の同日付決定は「第1次報告」とされているが，実際は最終的決定だという。今後早急に出される予定の第2次報告は，第1次報告を詳細に具体化するのみで，内容に変更はないというのが一致した理解である。

　「第1次報告」は，「いわゆる従軍慰安婦問題への取り組み」について，これまでの日本政府の発言を繰り返し，「先の大戦にかかわる賠償，財産・請求権の問題については，政府としては，サン・フランシスコ平和条

約……等に従って，国際法上も外交上も誠実に対応してきている」との前提で，「我が国としては，道義的立場から，その責任を果たさなければならない」ことを「幅広い国民参加の道を求め」る理由としている。わかりやすくいえば，被害者の権利は条約で処理済みで，国としては，国家責任をとる必要はなく，被害者に対する補償はしない，だから，幅広く国民が慰安婦問題に対する道義的責任をとって，国による補償に代わる被害者への支払いをすべきだ，ということを言っていると解釈できる。

具体的には，「国民参加のもとでの『基金』についての検討」をし，「公益性の高い既存の組織に協力を求めるなど早急にその具体化を図る」としている。この「基金」を通じて，元「慰安婦」に対する「措置」と「支援など諸事業」をするという。これは，「民間からの募金」によって元「慰安婦」に対する支払い・諸事業をすることを示唆している。

国の資金を使うことがあるかについては，きわめてあいまいに，「政府の役割」の項で，「政府としては……『基金』に対し，拠出を含め可能な限り協力を行うべきものとする。……国としてお詫びと反省の気持ちをいかに表すべきかについて，検討する」とされている。しかし，国会，政党関係者の話では，「基金運営費負担」，「一定割合の分担」などの議論がなされているものの，「法的国家責任を認めて個人補償をしたと受け取られる恐れがある」などの反対から，「現在考えられる限りにおいては不可能」という理解が一般的だ。

●村山構想および与党３党第１次報告の意味

これは，何を意味するのだろうか。要するに，元日本軍「慰安婦」に対する日本の責任は，「道義的」責任でしかないということ，言い換えれば，「犯罪による人権侵害もその不処罰も認めない」，また「国際法違反を理由とする国家責任はない」と決めたことになる。そのうえで，被害者に対する道義的責任まで，（国は一切の責任を負わず）幅広く国民に負わせるということを結論している。

被害者への犯行当時も，圧倒的多数の民間人（企業も団体も）には，被害者に対する法的責任はもともと一切ない。筆者から見れば，旧日本軍・政府の犯罪を阻止できなかったことを除いて，民間人には，被害者個人に対する犯罪について，道義的にも責任はない。さらに，現在の民間人にも

法的にも道義的にも責任はまったくない。政府に法的国家責任を認めさせることができていないという意味での責任，および将来国家補償を行う場合，それを税金の支払いを通じて負担する責任は，現在の民間人にもあろう。しかし，法的責任を負う側の与党や外務省・政府が，無責の民間人に責任転嫁するとは異常だ。

いずれにしても，これまでの外務省・政府・与党3党の姿勢は一貫しており，変わっていない。それは，以下の4点に要約できるであろう。第1に，被害者個人に対する一切の法的責任を認めないこと。第2に，旧日本軍・政府関係者が犯罪を犯したことも，その不処罰も，日本国が国際法違反・国際不法行為を犯したことも，何もかも認めないこと。第3に，被害者個人に対して，直接国が賠償の支払いをすることも認めないこと。第4に，旧日本軍が犯した犯罪について，（当の責任を継承している政府の国家責任を免れさせるばかりか）その道義的責任までも，無責の民間人に負わせようとしているということ。

村山首相は，「気持ち」を国民にも「分かち合って」ほしいと述べ，そのために「民間募金による見舞金」を示唆・提案した（94年8月31日村山談話）。しかし，虚偽に虚偽を重ね，法的責任を肯定する重要見解は無視し，民間に責任転嫁するような日本政府の「気持ち」は共有できないと思うのは，筆者一人だろうか。

● ＩＣＪ代表の抗議

ＩＣＪ代表は，五十嵐官房長官に面会を申し入れたが，12月9日内閣外政審議室の美根慶樹内閣審議官が対応した。美根審議官は，「昨(93)年4月のＩＣＪと外務省の面会には，外政審議室も立ち会い，記録がある。外務省からＩＣＪ最終報告書を受け取った。与党3党と政府は別。多くの意見の一つとしてこれも検討する」と答えた。誠実な検討がなされることが期待される（結局，誠実な対応はなされず，この回答もその場合逃れの方便でしかなかった）。

さらに，ＩＣＪ代表は，外務大臣に面会を申し入れた。残念ながら，外務大臣は会わず，同日アジア局藤崎一郎外務審議官が対応した。藤崎審議官は，冒頭，前記外務省発言について，「11月22日公表の最終報告書を受け取っていたのに，それを知らずに，これを否定したこと」および「前任

者がＩＣＪ調査団に面会していたのに，それを知らずに，会っていないと言ったこと」について，謝罪した。しかし，ＩＣＪ代表はこれに満足しなかった。ＩＣＪディエン事務総長およびパランジャペ氏から，それぞれ外務大臣宛てに書面による釈明を求める書簡が提出され，藤崎審議官は，大臣秘書官に取り次ぐと約束した。

　パラークＩＣＪ代表は，藤崎審議官が，9月2日に受け取った書面を「中間報告書」と述べて，最終報告書（草稿）と認めなかったことから，「9月2日に渡したのは，最終報告書である」「これだけ充実した報告書は他にない。外務省の発言で，その検討の機会が失われてしまった。きわめて重大な損失である」と指摘した。パランジャペ弁護士は，「外務省発言は事実に反する。記録さえチェックせずに発言したのか。面会しなかったという発言は我々の執筆した報告書が虚偽であると言ったのと同じだ。我々の弁護士，学者としての名誉・信用がこれほど傷つけられたことはない。口先の謝罪のみで何もしないのが日本の慣行か。名誉は回復していない。調査団は私的利益のために活動してきたのではない。多大な努力をしたのに検討さえしないのか」と厳しく外務省を批判した。

　外務大臣の誠実な回答が待たれる（後日，ＩＣＪに書面回答がなされたと聞いている）。外務省・日本政府・与党3党は，改めてＩＣＪ最終報告書を誠実に検討のうえ，これまでの政策を転換，村山構想を放棄して，被害者に対する賠償の支払いをなすべきである（残念ながら，99年1月にいたっても，日本政府による誠実な対応はなされず，国民基金対策は放棄されていない）。

第3章
クマラスワミ予備報告書と対日調査

1 国連人権委対女性暴力特別報告者「慰安婦問題は犯罪」と指摘

●国連報告書公表の報道

　95年1月4日のことだが、「国連人権委員会の『対女性暴力特別報告官』のまとめた報告書が、旧日本軍の従軍慰安婦問題を取り上げ、『過去の問題ではなく現在の問題』と指摘するとともに、『補償問題に決着をつけ、(旧日本軍の)行為は国際人道法に従って犯罪と認定されるべきだ』と求めていることが3日明らかになった。この報告書は今月末からジュネーブで開かれる人権委員会に提出されるが、個人補償はせず、民間募金による見舞金の支給で収拾を図ろうとしている日本政府の方針に異議を唱える内容になっており、慰安婦問題は国連の場でも波紋を広げる可能性が出てきた」と報道された(大塚隆一ジュネーブ特派員「『"慰安婦"は現在の問題』国連人権委報告書、犯罪の認定求める」読売新聞95年1月4日付夕刊)。

　つづいて、「国連人権委当局者は9日、毎日新聞に対し、旧日本軍による従軍慰安婦問題調査のため、『女性に対する暴力問題』のラディカ・クマラスワミ特別報告官(スリランカ)を団長とする国連調査団が、早ければ4月にも訪日することを明らかにした。戦争責任に関する国連調査団の訪日は初めて。民間基金の設立で慰安婦問題の決着を図ろうとする日本政府は、国際的に厳しい立場に追い込まれそうだ」と報道された(伊藤芳明ジュネーブ特派員「国連の従軍慰安婦問題調査団4月にも日本に派遣」毎

日新聞同年1月10日付朝刊1面)。

　さらに,「4月にも訪日することになった『女性に対する暴力問題』のクマラスワミ国連人権委特別報告官は,女性の人権侵害全般についての予備報告書のなかで,従軍慰安婦問題を『犯罪』と認定する立場を表明している。日本政府はこれまで適用する国内法がないことなどを理由に,処罰問題を避けてきたが,国連が調査に乗り出すことにより,補償以上に困難な問題に直面することになる」とも報道された(同特派員「国連人権委特別報告官『慰安婦問題は犯罪』政府補償以上の難題に直面」毎日新聞同日付朝刊3面)。

　これらの報道は,過去3年間の「慰安婦」問題をめぐる国連の動きの中でも,最も重大なものであろう。注目すべき点をいくつかあげてみよう。

● 取り上げられた「慰安婦」問題

　第1に,国連人権委員会・対女性暴力特別報告者が,その予備報告書で「慰安婦」問題に大きな関心を示し,それが公表されたことがきわめて重要だ。AP通信がいち早く報道したとのことだが,日本の報道機関としては,読売新聞が特ダネとして報道した。だが,同新聞の前記記事の扱いは見出し3段でしかない。内容の重大性から考えると,考えられないほどの地味さだ。この問題に関する国連の動向の報道は小さな扱いしかされない。日本の新聞の編集者の意識は,まだ変わっていないようだ。

　94年3月同人権委員会によって設置された新機関である対女性暴力特別報告者に,その後国際的にも著名な女性問題専門家であるスリランカの女性弁護士ラディカ・クマラスワミ氏が任命された事実は広く知られていた。また,同特別報告者は,1月末から始まる人権委員会に提出する予備報告書で女性に対する暴力全体の分析を報告して,将来の活動の方向を提起するであろうことが予想された。多くの国連NGOは,各種国連人権機関に情報を提供して「慰安婦」問題への取組みを要請してきたが,同特別報告者もその中に入っていた。しかし,その予備報告書がいつ公表されるのか,またその中で「慰安婦」問題が取り上げられるかどうかは,未知数だった。仮に取り上げられるとしても,その内容がどのようなものになるかについては,知られていなかった。だから,筆者も多くの国連NGO同様,同予備報告書の公表に重大な関心を寄せていた。それが,95年1月3日になっ

て公表されたのである。この点が筆者にはもっとも重要な事実と思われる。報道によると、「慰安婦」問題が取り上げられているという。ということは、同特別報告者は、その調査の対象にこの問題を含め、今後調査する意向を持っているということになる。

● 国連報告書の内容と犯罪と処罰の視点

　第2に、同予備報告書の内容が重要だ。クマラスワミ特別報告者のこの問題のとらえ方と今後の活動方向の概要がつかめるからだ。前記報道からも、その内容の骨格は十分わかる。しかし、該当部分の詳細が知りたいのは人情だ。前記報道を知って、取り急ぎ予備報告書を入手し、「慰安婦」問題の該当部分を翻訳、資料として提供したので、読者はそれに直接当たってほしい（85頁）。

　90頁余のなかで2頁にわたって「慰安婦」問題の記載がある。報道のとおりの記載があることも確認できた。問題の概要と被害者側の要求、首相の謝罪などの事実に言及した後、補償問題が決着されねばならないことを指摘している。それ以上に重要なのは、犯罪と処罰の問題としての視点が強調されていることだ。

　同特別報告者予備報告書の構成から見ても、この問題の重要性がわかる。「慰安婦」問題の導入部を見てみると、まさに「不処罰問題」が問題の中心とされている。その直前部分では、武力紛争下の女性の強姦につき、「軍事であろうと政治であろうと、およそ権力を行使する立場にある者による、強姦を阻止しようとするいかなる試みも見られなかった」とする旧ユーゴスラビアの人権状況に関する国連特別報告者の指摘が引用されている。「慰安婦」問題は、女性に対する暴力全体、ことに武力紛争下の組織的強姦の犯罪性と処罰の必要性の流れの中に位置づけられているのである。

　国連での審議を振り返ってみると、処罰問題がほとんど論議されない日本との大きなズレがわかる。深刻な問題だ。「慰安婦」に関して犯罪と処罰問題が本格的に論議されたのは、93年6月のウィーン世界人権会議以降のことだ。それを受けて、94年2月の国連人権委員会では、法的問題に踏み込んで犯罪と処罰の問題が論議され、日本政府は沈黙した。同年6月ジャカルタ・アジア太平洋女性と開発閣僚会議では、日本政府が正面から処罰に関する公式決定に反対したため、会議最大の論争となり、日本政府は

四面楚歌の状態に追い込まれた。この論議の流れに注目するなら，当然といえば当然の結果ではある。

「慰安婦」問題の該当部分について見てみよう。報道されたように，「その行為が，国際人道法の下で犯罪であったことが認定されなければならない」とされているばかりか，この問題が「過去」の問題ではなく，「今日の問題」として把握されている。さらに，「慰安婦」問題の重要性は，「武力紛争時の組織的強姦及び性奴隷を犯した者の訴追のために，国際的レベルで法的先例を確立するであろう決定的な問題である」とされていることを見逃してはならない。この問題は，補償問題のみならず，犯罪と処罰に関する世界的問題として，国際的先例を確立するリーディング・ケースと位置づけられている。もはや，「慰安婦」問題は，日本とアジアだけの問題ではなくなったのだ。

●国連人権委員会レベルで始まる調査

第3に，国連人権委員会がついに公式調査に動き出す可能性が出てきたことが報道されたことが注目される。これまで，国連人権委員会が日本の人権問題，とりわけ戦争責任に関連して，公開調査に踏み切った前例は知られていない。もし，報道されるような調査が実行されるとするなら，その影響はきわめて大きい。

80年代初めころ，国連人権委員会が秘密手続（1503手続）で在日朝鮮人・韓国人の人権問題について，対日調査を開始すべきか否かを論議したことがあるとされている。秘密手続なので確認しようがないが，このときには調査しないことが決まったようだ。92年12月に重大人権侵害被害者の賠償等への権利に関する人権小委員会特別報告者テオ・ファン・ボーベン教授が訪日したことがある。同教授は，「慰安婦」問題などに関する国際セミナーに参加するために，民間である日弁連と国際公聴会実行委員会の招待に応え，専門家として来日したのであって，国連機関として調査のために訪日したのではない。94年8月，国連人権小委員会が現代的奴隷制（性奴隷や強制労働）問題との関連で，「戦時奴隷制」および「人権侵害侵犯者の不処罰問題」について，研究あるいは予備研究の方向を定める2つの決定を採択した。だが，これらは，いずれも人権委員会の下部専門家機関の活動についてのものだ。強いていうなら，毎日新聞があげるように，

満州事変などに関する国際連盟リットン調査団の派遣は，世界的国際機関による調査として前例となるかもしれない。しかし，これは国連としてのものではない。やはり，「前例がない」といったほうが正しいだろう。

● 今後何が起こるのだろうか

　第4に，今後の見通しについて考察しておこう。95年1月末から6週間にわたって，ジュネーブにおいて，人権委員会が開催され，この予備報告書が審議され，採択の可否が問題になった。採択の実現に，国連ＮＧＯは全力をあげるべきだろう。もし，これが採択されれば，調査団派遣の正式決定がなされるだろう。国連の特別報告者が調査のために訪問する場合は，専門家の私的訪問と異なり，関係政府の同意が必要である。仮に，特別報告者が報道のような訪問調査の計画を持っていても，日本政府が拒否すれば，訪日はなされない。

　これらが「どうなるか」と見通しについて問合せを受けたが，筆者は，「決して予断を許さない」と答えるしかない。安全保障理事会常任理事国入りをねらう日本外務省が，日常表面で言っているように，真の「国連中心主義」の政策をとっており，実際「国連への協力を惜しまない」なら，何の問題もないであろう。ところが，現実には，必ずしもそうともいいきれない要素がある。

　筆者は，ナイーブにも日本の外務官僚の誠実さを信じていた。かつては，たまたま誠実な外交官にしか会ったことがなかったのであろう。現実には，ことに最近の外務省の行動は，建前と違って，筆者には想像もつかない異常なものだった。外務省は，政治家や市民団体の手の届かないところで，国連調査を妨害するために，勝手に秘密妨害工作さえしかねない。情報操作などの不当な工作について，責任者が一人も懲戒されていない点，かつての関東軍や陸軍省官僚の場合と同じだ。この事実も記憶にとどめておくべきだろう。だから，「今後さまざまな手段を講じて国連の活動が妨害される可能性がある」と考えたほうが安全だ。「これまでの外務省による情報操作等の工作のやり方と監督不在の状況から見るなら，今度も何をするかわからない」という不安に駆られるのだ。よほどの注意が必要だ。

　これは，決して荒唐無稽な不安とはいえないと思う。過去の事例から見て，このような疑惑を否定しきれないのだ。重要な例をあげるだけでも，

相当の紙数を要する。結論のみ述べてみよう。外務省は，ＩＣＪ最終報告書について，情報操作で政府による検討を妨害したことはすでに述べた（64頁，70頁）。ウィーン世界人権会議（93年6月）やジャカルタのアジア太平洋女性と開発閣僚会議（94年6月）でも，「慰安婦」問題が大きな論議になり，日本は四面楚歌の状況になった（42頁）。しかし，これも政府首脳に伝えられていないはずだ。外務省は，人権小委員会などの研究に関する決議（94年8月。50頁）についても，「日本には関係がない」などと誤った説明をしてきた。

　この問題に関しては，外務省は，政府首脳に対して，真相と正確な見通しを伝えていないはずだ。外務省は，市民や国会議員はもとより，政府首脳に対してさえ，国連の動向について，「知らしむべからず」との態度をとってきた。むしろ，「政府首脳であるからこそ，真相を知らせない必要があった」と考えていたのかもしれない。だから，これまでの国連審議から当然予測できるようなことが起こっても，「予想もしなかった」などと言い逃れをしてきたのだ。

●**監視が必要な外務省の行動**
　第5に，この新事態に際して，今後どのように対応すべきだろうか。結論からいうと，外務官僚が見えないところで不当な行動をとらないよう，主権者に選挙された国会議員と市民がしっかり監視することが重要だろう。その際，注意すべきことがいくつかある。
「国連人権委員会の勧告は，法的拘束力がないから従わない」と言い出すかもしれない。もちろん，経済社会理事会に属する国連人権委員会は，安全保障理事会と違って，決議を武力によって強制することはない。しかし，勧告的意見でも，国連の調査・研究・報告などは，着実に積み重なっていくうちに大きな国際的な説得力を持ってくる。その力は侮れない。
　国際連盟リットン調査団報告書に際して，日本は国際連盟から脱退し，国際的孤児になってしまった。今回も，「国連から脱退すべきだ」と言い出す者さえ出かねない。村山政権もこの後に続くだろう他の政権も，そのような方向をとるつもりだろうか。その場合は，日本人のほとんど大部分は，政権にソッポ向くに違いない。
　日本政府は，国連が調査の公式申入れをしないよう圧力をかけたり，申

入れがあっても拒否するかもしれない。このような行為を許してはならない。予備報告書で「慰安婦」問題について指摘を受けたのだから，国連から求められなくとも日本のほうから進んでクマラスワミ特別報告者を招待して，調査に協力すべきだろう。国連人権委員会でも，この報告書を歓迎する旨の発言をすべきだ。これらの点については，外務官僚に任せきりにしないで，政治家や市民が，きちんとした日本政府の対応を実現するよう努力すべきだろう。

●求められる村山構想の撤回と政策転換

　第6に，日本政府は，今回の対女性暴力特別報告者の予備報告書公表を機会に，どのような政策をとるべきだろうか。

　94年9月以来，日本政府は，「慰安婦」問題について，「民間募金による見舞金」によって決着しようと，広範な反対を無視して村山構想を推進してきた。村山構想は，「慰安婦」に対する旧軍の加害行為が犯罪であることも，国際法違反の不法行為であることも承認せず，個人賠償への法的国家責任を否定するばかりか，道義的責任さえも民間人に転嫁しようとするもので，被害者側はとうてい容認できないものだ。村山構想は，前記報道が指摘するように，同特別報告者報告書と完全に矛盾する。

　「改憲」を政策の根本に掲げ，憲法を無視しがちだった自民党単独政権と違って，「護憲」の社会党が連立政権の中枢に入り，村山社会党委員長が首相となったからには，「他のことはともかく，憲法の尊重，つまり国際法遵守だけは貫き通す政権になる」との期待を多くの市民が持ったはずだ。筆者もその一人で，村山政権の成立を歓迎した。別に「革命」的な政権を期待したのではない。村山首相はもとより，天皇，国務大臣を初め，すべての公務員には憲法擁護義務（憲99条）がある。そして，憲法（98条2項）は，日本に「国際法規遵守」の責務を義務づけている。国際法規の不遵守は，憲法違反に直結する。

　ところが，村山政権は，ＩＣＪから国際法違反の指摘を受けても，これを無視してしまった。現政権には，憲法・国際法を遵守しようという熱意が見られないのだ。政府首脳は，日本政府の頂点として最終的責任を負っている以上，「外務省に騙された」というような弁解は通用しないはずだ。ＩＣＪ最終報告書無視の裏には，「国連の動向や法的論議よりも連立政権

の維持を最優先する」という村山政権首脳の意向もあったと指摘されている。「憲法擁護」が社会党の旗印ではなかったのか。その実現のためにこそ政権に参加したのではなかったのか。政権維持のために根本政策を投げ捨てるのでは、「何のための村山政権か」と問われることになろう。

　国連の動向が、日本政府の立場と180度違って、ＩＣＪ最終報告書の指摘するのと同一方向に向かっていることがわかった以上、村山構想を即時撤回すべきだ。今からでも遅くない。もし、そうできないなら、被害者の要求を受け、最低限国際仲裁裁判による法的問題の決着に同意すべきだろう。

●国連人権委員会対女性暴力特別報告者ラディカ・クマラスワミ氏の予備報告書
（UN Doc. E/CN.4/1995/42）抄訳（68～69）
　(c)「慰安婦」
　286.　第二次大戦中の元「慰安婦」被害者が最近証言し、抗議しているのは、まさにこの不処罰問題である。

　287.　1932年から1945年の間、日本帝国軍は、軍の性奴隷として利用するため、口実を設けあるいは誘拐して、植民地や占領地の女性を組織的に強制動員する政策を実施したと報告されている。これら大部分の女性は、11歳から20歳の若年の女児だった。

　288.　日本語で「従軍慰安婦」といわれた「慰安婦」("comfort women")は、軍によって厳格に規制され、東北中国である満州他の中国各地、フィリピン、朝鮮、蘭領東インド、マレーシア、インドネシアなどに設置されたところの「慰安所」において連日多数回の強姦を受けた。兵士の士気を高めその心理的安定をはかり、かつ性病の感染から彼らを守るとともに村落への軍事的攻撃の際に広範に行われた略奪および強姦を防止する目的のために、兵士は、指揮官から民間売春所よりも「慰安」施設を利用するよう奨励されたとされる。[210]。

　289.　少数の生存者がついに発言をしたのは、彼女らの罪悪感と羞恥および強姦の被害者に伴う社会的スティグマを克服した後で、かつ「慰安婦」政策に関する日本の国家公文書館で公式の文書証拠が発見された後であった。生存者は、(a)この問題に関して日本政府が所持しているすべて

の記録および情報の開示，(b)罪責を承認したうえでの日本の公式な謝罪，(c)生存被害者とその家族に対する適切な賠償，(d)加害者の処罰を要求している。また，フィリピンおよび韓国の被害者は，日本政府に対して訴訟も起こした。これらの要求は，武力紛争時の女性に対する暴力についての国家の責任に関する将来の行動のための枠組みを提起していると思われる。

290. 1992年7月，日本の首相は，日本軍が広範な政府運営の売春所網において，何万もの女性に性的奴隷としての労働を強いたことを認めて謝罪した。しかし，今後，補償問題は決着されなければならず，かつその行為が国際人道法のもとで犯罪であったことが認定されなければならない。

291. 第二次大戦後約50年が経過した。しかし，この問題は，過去の問題ではなく，今日の問題とみなされるべきである。それは，武力紛争時の組織的強姦および性奴隷を犯した者の訴追のために，国際的レベルで法的先例を確立するであろう決定的な問題である。象徴的行為としての補償は，武力紛争時に犯された暴力の被害女性のために「補償」による救済への道を開くであろう。

292. 国際法のもとで適正な補償への権利は，十分承認されている。ホルジョウ工場事件において，たとえ確定的損害額が明白にされえない場合でも，いかなる約定の違反も責務を招来することが確立された［211］。人権および基本的自由の重大な侵害を受けた被害者の原状回復，補償およびリハビリテーションへの権利に関する特別報告者であるテオ・ファン・ボーベン氏は，「不法行為または不法な状態を解除するための手段としての補償をなすべき責務は，国際法上十分に確立された原則であることに疑いはない」と述べている［212］。

2 村山構想を強行する政府・外務省

95年は，一五年戦争・第二次世界大戦に敗戦してから50周年を迎える。戦争責任の問題に積極的に取り組み，日本が犯した犯罪に関する国家責任の問題を解決しなければならない。にもかかわらず，「慰安婦」問題についてさえ，まったく解決の見通しが立っていない。政府・外務省は，94年11月公表されたＩＣＪ最終報告書の検討さえ拒否し，国際社会と全面対決していることはすでに述べた。表面的「謝罪」の言葉とは裏腹に，日本政

府・外務省には、被害者に対する国家責任をとろうとする気持ちは露ほどもないように見える。

95年度政府提出予算案には、いわゆる「村山構想」を実現し、「慰安婦」に対する見舞金を民間募金から支払わせるために募金をする民間基金設立のための予算が計上されている。これに対して、被害者・内外の市民団体は、全面的に反対している。にもかかわらず、政府・外務省側は、どんな反対を押し切っても、ごり押しする構えだ。軍事官僚支配の政治状況の下で、国際批判を黙殺して国際法違反の国策を推進した戦前の日本と似た状況ではないかと不安になる。違うのは、日本の政治を支配する官僚が、外務官僚に代わっただけだ。

● 日本政府・外務省の法的立場を崩壊させる世界の法律家の見解

ところが、95年1月になって、国連人権委員会対女性暴力特別報告者が、その予備報告書で、日本軍「慰安婦」問題を公式に取り上げ、「村山構想」を否定する内容の見解を公表した。さらに、同月、大韓弁護士協会と日本弁護士連合会が相次いでこの問題について、日本の国家責任を肯定する公式意見を公表するという明るいニュースが続いている。

現段階での根本問題は、法的問題である。それだけに、ＩＣＪのみならず、被害国韓国と加害国日本両国の法律専門家団体の意見がそろったことの意義は大きい。前記村山構想は、被害者に対する法的賠償義務を含む日本の国家責任を全面的に否定する立場を前提にしている。ところが、これら法律家団体の法的見解は、いずれも国際法上の日本の国家責任を積極的に肯定している。日本政府の法的立場は、全面的に崩壊したと見てよいだろう。

● 大韓弁護士協会の建議・見解

95年1月10日、大韓弁護士協会が、李世中会長名で金泳三大統領に提出した建議・見解（日本軍「慰安婦」問題解決のための建議および日本軍「慰安婦」に関する見解）は、日本政府・外務省の立場を真っ向から否定するものだ。

同協会見解の法的判断を中心に主な点をあげると、以下のとおりである。

行為の犯罪性については、「日本軍『慰安婦』に対する野蛮な行為は、

国際法上，人道に対する犯罪であり，戦争犯罪に該当する。この犯罪には時効がなく，条約で免責されることもないので，日本政府は今でも関係者を処罰する義務がある」とする。

国際法違反の根拠については，「醜業を行はしむるための婦女売買禁止条約」「強制労働に関する条約」「陸戦の法規慣例に関する国際条約」「奴隷制を禁止する国際慣習法」をあげ，日本帝国軍の行為をこれらに違反するとする。

被害者個人に対する賠償問題に関して，日本政府・外務省が「条約で解決済み」と抗弁していることに対しては，「1965年韓日協定によっては解決されなかった。同協定には，人権侵害に対する賠償責任と刑事処罰の条項はまったく含まれていない」と指摘のうえ，「国家間条約によって個人の請求権を放棄することはできない。したがって，たとえ韓国政府が日本に対する請求権を放棄したといっても，これは日本軍『慰安婦』の個人賠償請求権には影響を与えないと解釈すべきである」とする。

不処罰問題については，「日本政府は日本軍『慰安婦』に対する人権侵害責任とは別に，戦争犯罪と人道に対する罪を犯した加害者を処罰せず，現在まで放置したことに対して，いわゆる『不処罰の責任』をも負わねばならない」とする。

解決方式に関しては，「韓国政府が日本軍『慰安婦』の個人賠償請求権を日本政府に求めず，日本政府もその責任を回避している現状況下で，国際常設仲裁裁判所（PCA）を通じての解決方法は，日本軍『慰安婦』被害者が直接日本政府を相手に賠償責任を問うための適切な方法であることを確認する」とする。

このような見解に基づいて，同協会は，韓国政府に対して，以下を建議している。第1に，日本政府に対して徹底した真相究明を要求すること。第2に，日韓協定には，個人の人権侵害に対する賠償問題および戦争犯罪のような犯罪問題は含まれていなかったことを公式に明らかにすること。第3に，常設仲裁裁判所による解決が適切であることを確認して，日本政府にその受諾を勧告すること。第4に，日本政府が推進する民間募金方式に反対すること。第5に，日本政府が日本軍「慰安婦」など日本の戦後処理問題を解決するまでは，日本の国連安全保障理事会常任理事国入りに反対すること。以上5項目である。

韓国での大韓弁護士協会の地位はきわめて高い。その信用には，法律専門家の全国団体としてのそれ以上のものがある。それだけに，内外への影響には少なからざるものがあろう。

● 日本弁護士連合会提言

これに続いて，1月20日，日弁連理事会が「従軍慰安婦問題」に関する提言を圧倒的多数の賛成（賛成41，反対4，保留5）で採択した。提言は，1月24日正式に首相宛提出された。

提言採択にいたる経過を若干説明しよう。日弁連は，95年9月に開催される予定の国連世界女性会議（北京）に参加する準備をかなり長期間にわたって行ってきた。93年6月アジア太平洋開発と女性に関する閣僚会議（ジャカルタ），94年1月女性差別撤廃委員会（ニューヨーク）に代表団を送ったのもその一環だ。

これらの国際会議では，「慰安婦」問題に関する厳しい批判がなされ，日本政府は四面楚歌の状況に置かれた。日本に対する批判は，一部ＮＧＯのみならず，世界の女性団体および圧倒的多数の政府からのものであった。この情勢は，会議に出席した外務省担当者にはわかっていても，日本政府首脳に真相は伝えられなかったと思われる。日本国内の報道も不十分で，市民にも十分には理解されていない。北京世界女性会議では，この問題が最大の問題の一つになることは不可避な情勢だ。会議に出席した日弁連代表にはそれが肌でわかった。

日弁連は，人権擁護を使命とする関係上，北京世界女性会議では，人権問題で責任ある意見表明をしなければならない。国連，多くの有力ＮＧＯとも継続的交流があり，加害国の実務法律専門家団体として，ユニークな立場にもある。女性に対する暴力の典型であるこの問題でどのような姿勢を示すかが，世界から強く注目されている。極端にいえば，「慰安婦」問題で明確な立場を打ち出せないかぎり，「日弁連としての世界女性会議出席さえ再検討せざるをえない」との声さえあがりかねない。

そのような状況で，94年初め，日弁連内に北京世界女性会議準備ワーキンググループが設置され，提言の原案が起草され，関連委員会である人権擁護委員会，ことにその第6部会（国際人権法担当）と慎重な協議を重ねたうえ，理事会決定にいたった。内部事情に詳しい関係者は，日弁連理事

第3章　クマラスワミ予備報告書と対日調査　89

会が予定より早期に，また圧倒的賛成でこの原案を採択したので，驚きの念を隠さなかった。日弁連の良心を示したものといえよう。日弁連には，日本の実務法律家弁護士がすべて参加している。その意味であらゆる思想信条の持ち主がいるから，超党派の法律専門家団体だ。それもほかならぬ日本の団体だ。それだけに，その法的見解は，国際法律家委員会の最終報告書とは違った重みを持つ。提言は，内外に大きな影響を与えるだろう。

提言は，被害者への日本政府の賠償義務を明確に肯定し，立法による解決などを提案している。国際仲裁裁判を求める被害者については，国際仲裁による解決をも支持している。その他，真相究明，被害者に対する被害回復措置，賠償，歴史教育など詳細な提案がなされている。

提言には，かなり詳細な法的見解が付されている。その内容は，国際友和会，国際法律家委員会，大韓弁護士協会のそれと一致する点が多い。法律家の意見だから当然ではあるが，これらの意見の内容が同様であることは，これらの法律論の説得力を強くするであろう。これに対して，日本政府・外務省の法的見解は結論のみでまったく具体的な内容がないから，人を説得する力がない。日本政府・外務省の法的立場は崩壊したといっても過言ではないだろう。分量的にいって，理由部分を資料として掲載するのは困難なので，関心のある向きは直接提言に当たってほしい（日本弁護士連合会編『問われる女性の人権』〔こうち書房〕97～134頁）。

今後，提言は，国連へも提出される予定だ（95年9月，北京世界女性会議他の国連会議に英文で提出された）。

● 国際仲裁の拒否

日弁連の提言が政府に提出された1月24日，日本政府は，被害者を代理して「慰安婦」問題を国際仲裁裁判によって解決することを要求していた弁護団に対し，正式にこの要求を拒否すると回答した。その理由は，「条約で解決済み」というだけで，なんの合理的具体的な内容もない。条約で解決済みかどうかも仲裁裁判で解決すべき法律問題だから，拒否の理由にはならない。

これによって，日本政府・外務省は，最も合理的，公正，迅速にこの問題を解決するチャンスを失ったことになる。国際的関係者からは，「仲裁裁判を拒否するのは，日本政府・外務省の法的立場が崩壊し，勝訴の自信

がないからだ」と受け止められるだろう。

　国連が動き出している現段階でこれまでの政策を一歩も出られない日本政府・外務省は，日本の国際的地位・名誉を大きく傷つけることなしにこの問題の解決をすることができないという袋小路に入り込んでしまったようだ。一五年戦争・第二次世界大戦のとき同様，外交による解決能力を失った日本は，世界の孤児になるしかなさそうだ。

3　国連初の対日調査実現へ

●対女性暴力特別報告者の予備報告書採択
　国連人権委員会は，95年3月8日夕刻，「女性に対する暴力に関する特別報告者」の予備報告書を採択した。同予備報告書は，旧日本軍による「慰安婦」への加害行為について，国連特別報告者として初めて公式に言及し，これを批判した。同特別報告者は，個別人権侵害状況について調査する権限があり，近く日本を訪問して公式調査を実施することが確定的になった。

　日本政府は，同報告者の来日を「歓迎する」旨報道関係者に伝えたほか，朝鮮民主主義人民共和国（以下「共和国」という），韓国への訪問も検討されている。この訪日調査が実現すれば，国連による日本問題の公式調査としては国連創立以来初めてのものとなるだけに，関係者の間では大きな注目を集めている。

　今後は，公式調査の日程の確定などについて国連と日本など関係政府との間の公式な手続が終わり次第，実現する見通しだ。関係政府やNGOがこの調査にどのように協力し，実りある調査が実現できるかどうかに焦点が移った。

　村山内閣が計画する「民間募金方式による民間基金構想」による解決を否定する形になっている同予備報告書の内容から見て，日本政府は，「慰安婦」問題に対する政策の根本的見直しを迫られることになったと見てよいだろう。

●国連人権委員会の「慰安婦」問題審議
　第51会期国連人権委員会は，95年1月30日から6週間にわたり，ジュネ

ーブ国連欧州本部で開催された。「慰安婦」問題は，その間4議題のもとで論議され，これまでで最も充実したものとなった。

　NGOおよび関係政府から口頭発言がなされたのは，①人権小委員会の報告書，②女性に対する暴力問題を含む人権の促進と奨励，③重大人権侵害，④子どもの人権の4議題で，多岐にわたる。

　この間，「慰安婦」問題に関するNGOの集会，女性に対する暴力に関する特別報告者を中心とする集会，国際刑事裁判所をめぐるセミナーなど，同問題に関連する非公式の集会が併行して開催された。

　3月8日夕刻には，前記のとおり，女性に対する暴力に関する決議が採択され，この問題に関する審議は完了した。

●人権小委員会報告書に関する審議──議題19

「慰安婦」問題に関する口頭発言は，2月16日，国際民主法律家協会（IADL）によって口火が切られた。IADLは，村山首相構想を承認した日本政府の政策を強く批判し，「民間募金方式による民間基金」による「慰安婦」に対する支払いを賠償とは認めないことを明らかにした。共和国の国民はこのような解決には反対していること，共和国の被害者が1月5日に集会を開催し，日本政府に対して抗議の書簡を送ったことを公表した。

　IADLは，旧日本軍による「慰安婦」に対する行為が「人道に対する罪」を構成することを指摘し，「民間募金」や「民間基金」構想は，この犯罪を「隠蔽」するものであるとした。そのうえで，IADLは，完全な真相究明，加害者の処罰，被害者に対する国家責任としての賠償を要求した。

　IADLは，国連人権委員会に対し，人権小委員会の「慰安婦」問題に関連する決議・決定が完全に実施されることを求めた。

　NGOがこの議題のもとで発言したのには理由がある。人権委員会には，94年8月人権小委員会が決めた決議・決定が提出された。この中には，人権侵害侵犯者の不処罰問題に関する研究（特別報告者＝ジョワネ氏およびギセー氏），戦時奴隷制に関する予備的研究（委員＝チャベス氏）に関する決議・決定がある。前者も後者も，現代奴隷制作業部会の勧告に基づいているが，同部会に提出された，「慰安婦」問題，朝鮮人強制労働などの問題に関する情報などを研究の対象とするよう要請されている。

この議題のもとで韓国政府が発言し、ことに人権侵害侵犯者の不処罰問題に関する研究を高く評価するとともに、ＮＧＯの活動についてもこれを重視することを明らかにした。この発言は、「慰安婦」問題に直接触れているわけではない。しかし、ＩＣＪやＩＦＯＲなどのＮＧＯが、「65年日韓協定は、処罰問題を扱っていず、加害者の処罰問題、被害者の日本に対する『不処罰を理由とする賠償請求権』は同協定によっても消滅していない」と強く主張し続けていることと関連して、韓国政府の発言を見ると、同政府の日本政府に対する批判的立場、国連への期待をうかがい知ることができる。

●女性に対する暴力問題を含む人権の促進と奨励に関する審議──議題11

「人権委員会の計画・活動方法の問題を含む人権および基本的自由の促進と奨励」という議題のもとで、「女性に対する暴力に関する特別報告者」を設置する決議がなされた（94年３月）。そのため、同特別報告者に任命されたラディカ・クマラスワミ氏の予備報告書の審議もこの議題の下になされた。２月21日午後、クマラスワミ氏は、第１回目の報告書である同報告書を口頭で人権委員会に対して紹介した。短いながらもシャープな演説は、参加者に強い感銘を与えた。クマラスワミ氏は発言のまとめにあたり、95年が国連創立50周年であるばかりか、第二次大戦終結後50年目にあたることを指摘し、女性に対する暴力の被害者が賠償を受ける権利があることを強調した。

これに先立ち、クマラスワミ氏は、昼休みを利用して、ＮＧＯや政府代表らを対象に、国連内の集会に出席し、質問に答える機会を２回設けた。その際、日本人記者（共同）の「慰安婦」問題に関する質問に答え、「この問題は、女性に対する暴力の問題に関する法的先例となる」と述べたことが強く印象に残った。「慰安婦」問題は、世界的視野の中で、「法的先例」となるべきものとして把握されていることに留意しなければならない。

まず共和国政府が「慰安婦」問題について発言した。２月21日深夜に及んだ審議にもかかわらず、イ・チョル大使自らが発言にあたった。発言は、日本の植民地支配全般から、現在の在日朝鮮人差別問題（チマチョゴリ事件、朝鮮人学校の差別などを含む）にまで及ぶ広範なものである。

「慰安婦」問題は、600万名に及ぶ朝鮮人強制連行、100万名の虐殺ととも

に、「人道に対する罪」を構成するものと指摘した。

さらに、真摯に被害者に対する賠償をするのではなく、「アジア平和友好基金」などを設立して「慰安婦」問題を解決しようとする日本政府の姿勢を、「朝鮮民族を愚弄するもの」と批判した。過去の犯罪の法的責任を回避している以上、国際社会で指導的立場を占めようとする日本政府の姿勢は、従前の軍国主義の復活をもくろむものと判断されざるをえないと指弾した。

「慰安婦」問題に関するNGOの口頭発言は、まず国際法律家委員会（ICJ）からなされた。ICJは、2月23日午前、発言し、「女性に対する暴力」に関連して、クマラスワミ氏の予備報告書を高く評価し、同特別報告者が「不処罰および責任の欠除の問題」に触れたことを重視した。

次いで、戦場で発生した問題として「慰安婦」問題に焦点をあて、ICJが「慰安婦―未解決の試練」を調査団報告書として公表したことを報告。これを人権委員会に提出した。

ICJは、日本政府を含め関係政府に対し、一般公表前である94年9月2日に、この報告書の草稿を渡し、日本政府がこの報告書を十分検討することを期待した。「しかし、1994年12月に派遣されたICJ代表は、このような検討がなされなかったことを確認した。これを遺憾に思う」と日本政府の態度を厳しく批判した。

さらに、ICJは、「いわゆる『村山構想』のもとで、日本政府は、日本帝国陸軍によって犯された犯罪に関する国際法上の国家責任をとることもなく、『慰安婦』被害者に対する賠償を支払うことも受け容れていない。『村山構想』は、単に被害者のための募金呼びかけに過ぎない」と述べ、「村山構想」を否定した。

結論として、ICJは、「日本は、道義的にも、法的にも被害者に対する責務を負っている。その根拠は、ICJ報告書に見出されうる。日本は、政策を転換し、完全な賠償をなすべく、直ちに行動を起こすことを強く迫られている」とした。

NGOの重鎮であるICJが、「慰安婦」問題について、人権委員会で公式に発言したことは初めてである。その影響には、はかりしれないものがあろう。

次いで、同日午後リベレーション、国際友和会（IFOR）、世界キリ

スト教協議会（WCC）が相次いで発言した。

　朝鮮人強制連行真相調査団朝鮮人側事務局長洪祥進氏（通訳は，キョン・ヒョンスク氏）がリベレーションを代表して発言した。リベレーションは，クマラワスミ氏を任命するもととなった94年の人権委員会決議（1994／45），および「慰安婦」などの女性搾取およびその他の戦時強制労働などに関する不処罰問題を取り上げた現代奴隷制作業部会報告書に関する人権小委員会決議（1994／5）を高く評価した。そのうえで，これら国連の決議やＩＣＪ最終報告書を無視して責任を回避する日本政府の態度を厳しく批判した。

　リベレーションは，このような無責任な日本政府の態度は，朝鮮に対する過去の侵略についての罪悪感の欠除に由来すると指摘。その根本原因について，朝鮮の植民地化の原点となった1905年朝鮮「保護条約」の無効性を日本が認めないところにあると指摘した。

　リベレーションは，「保護条約」が国家の代表への強制によって締結されたものであって，このような場合，条約には国際法上の拘束力がないこと，当時韓国皇帝が主要9カ国に親書を送るなどしてこの不法性を訴えていた事実を強調した。

　リベレーションは，人権委員会と女性に対する暴力特別報告者が，このような根本原因にまで調査を進め，「慰安婦」問題を調査することを求めた。さらに，「多国間・二国間の条約によって『慰安婦』問題が解決された」とする日本政府の主張は，条約が存在しない共和国と日本の間には通用しないことを指摘した。

　日本では，市民団体，国会議員，マスコミなどの関係者の間では，日韓の関係のみに関心が向き，日朝関係が死角に入っているだけに，この指摘はきわめて重要なものといえよう。

　つづいて，国際友和会（ＩＦＯＲ・筆者が担当）が発言した。ＩＦＯＲは，今会期人権委員会に2つの書面，すなわち，不処罰を理由とする賠償問題に関する書面（UN Doc. E/CN.4/1995/NGO/37），および「慰安婦」犯罪の先例に関する書面（UN Doc. E/CN.4/1995/NGO/40）を提出したことを紹介した。後者によれば，オランダのバタビア軍事法廷が「慰安婦」に対する旧日本軍の行為を戦争犯罪として処断している。前者によれば，この

ような犯罪を犯した場合に，不処罰が被害者に対する賠償義務の根拠となるとする国際法が犯罪当時確立していたことが明らかである。

　ＩＦＯＲは，「村山構想」に基づく日本政府の政策を厳しく批判した。第1に，この構想がねらっている「民間募金」による「慰安婦」被害者に対する支払いは，日本の国際法上の国家責任を否定するために立案されたものであること，第2に，日本政府は「慰安婦」犯罪が国際法上の犯罪に該当することを否定していること，第3に，法的責任を負う日本政府が，犯罪について無責の一般市民に支払いの責任を転嫁しようとしていることなどを指摘した。

　ＩＦＯＲはまた，95年1月24日，日本政府が被害者からの国際仲裁の要求を拒否したことを批判し，「これは，日本政府が自らの法的主張に自信を持っていない事実を示すもの」と指摘した。

　ＩＦＯＲは，大韓弁護士協会および日本弁護士連合会が，95年1月，国連ＮＧＯ同様，日本政府の法的責任を肯定する立場を明らかにしたことをあげ，人権委員会の注意を喚起した。

　ＩＦＯＲは，まとめとして，クマラスワミ特別報告者が日本を訪問し，この問題を調査のうえ，報告書を作成し，日本政府に政策転換を求めること，同特別報告者が，人権小委のジョワネ＝ギセー両特別報告者（不処罰の研究），同チャベス委員（戦時奴隷制の予備研究）と有効な協力関係を築くことを求めた。

　つづいて，世界教会協議会（ＷＣＣ）が発言した。発言には，韓国挺身隊問題対策協議会のシン・ヘイス－国際協力委員長があたった。

　ＷＣＣは，世界人権会議（93年6月）が，武力紛争時の女性に対する人権侵害が国際人権法・国際人道法の違反となること，性奴隷などこの種の人権侵害に対して，ことに有効な対応をなすことを求めたことを指摘した（UN Doc. A/Conf.157/23, para.38）。また，重大人権侵害被害者の賠償への権利に関するテオ・ファン・ボーベン特別報告者の報告書（UN Doc. E/CN.4/Sub.2/1993/8）が，このような場合，被害者に賠償請求権のあることを指摘していることに触れた。

　ＷＣＣは，94年10月に日本で開催された東アジア女性フォーラムが，「慰安婦」問題について，完全な真相の究明，処罰，賠償を求める行動計画を採択したことを報告した。

女性に対する暴力の特別報告者が、「慰安婦」問題は「過去の問題ではなく、現在の問題である」と予備報告書において述べたことに言及した。
　これと同様の問題が、旧ユーゴスラビア、カシミール、ペルー、ミャンマー、ルワンダ、その他世界各地で発生していることを指摘した。
　ＷＣＣは、95年が第二次世界大戦終結後50周年にあたることから、95年中に日本が「慰安婦」問題を解決することには象徴的意味があると述べたうえ、「村山構想」は法的国家責任を否定するものだから、被害者とその支援者から強い反対を受けていることを強調した。
　ＷＣＣは、この直後（２月27日〜３月１日）に開催予定のソウル・第３回軍性奴隷アジア連帯会議、ＩＣＪ最終報告書に言及。日本政府の国際仲裁裁判拒否を批判した。
　そのうえで、ＷＣＣは、日本が北京世界女性会議までに、被害者とその支援団体が受諾可能な解決をなすよう要求した。
　その他の発言については、概況を述べるにとどめたい。
　国際教育開発（ＩＥＤ）が議題11で発言、日本政府を批判し、直ちに被害者に補償を支払うことを求めた。
　日本に本部を置く国連ＮＧＯである反差別国際運動（ＩＭＡＤＲ・シュライバー会長）が議題11と議題21（子どもの人権）で２回にわたって、「慰安婦」問題に関連して日本政府を批判した。
　第三世界反女性搾取運動（ＴＷＭＡＥＷ）が議題12（重大人権侵害）の発言のなかで「慰安婦」問題を取り上げた。
　この中では、ＩＭＡＤＲＡが初めて「慰安婦」問題に言及したことが注目される。ＩＭＡＤＲ日本支部は、部落解放同盟など日本の多くの被差別者によって支えられている。日本の人権運動の重要な担い手を背景にするだけに、関係者の強い関心を集めた。
　関係政府、ＮＧＯは、以上のように角度は異なるものの、そろって日本政府の「村山構想」による「慰安婦」問題の解決を明確に拒否した。国際世論の厳しさには、日本の政界、言論界の想像をはるかに超えるものがある。

●関係者を失望させた日本政府の発言
　人権委員会でＮＧＯなどの批判を受けた政府は、答弁権を行使すること

が認められている。日本政府は，この答弁権を行使するかわりに，議題11のもとで関連発言をすることによって答弁に代えた。

　日本政府は，大使自らが発言にあたった点は評価できるが，内容的には政策転換を示すものはなく，関係者を失望させた。

　従来の発言を繰り返した他,「アジア平和友好計画」と（民間募金による）「アジア女性平和友好基金」を設置する計画に言及したのみで，新味はなかった。その発言のコピーを取りに行くＮＧＯ・政府代表は極端に少なく,「日本政府の発言には，国際社会を説得できるものはまったくなかった」との印象が深い。

　「慰安婦」問題にふれたＮＧＯや関係政府の発言の際には，数十名のＮＧＯや政府代表が発言のコピーを求めてきたのとは対照的であった。

● 国際社会と日本のズレ

　国連人権委員会審議の中で,「慰安婦」問題をめぐって，ＮＧＯの立場は参加者の強い関心と支持を集め，日本政府は完全に孤立した。

　しかし，この状況は，日本の政府首脳や市民には伝わらない。国際社会と日本のズレは，ますます大きくなるように見える。その原因は，大別して２つあると考える。

　第１に，日本の外交ルートによる情報伝達が閉塞していることだ。外務省による「ＩＣＪ最終報告書隠し」に象徴されるように，日本の外務官僚は，国連審議のもようを政府首脳に正確に伝えていない。だから，日本政府首脳は，前記したような国際情勢を知らないままに，外務省の進言する政策を採用し続けてきた。ここに最大の問題がある。

　かつての外務官僚は，南京事件の際には，旧日本軍による虐殺行為に対する諸外国からの抗議を本国に送り続け，これが外務大臣を通じて軍部に伝達された。この事例（外務大臣は，これを閣議にかけなかった問題はある）を想起すると，日本外務省の情報操作は，かつてより悪化しているのかもしれない。

　第２の問題は，マスコミの国連審議への関心の低さだ。大部分の日本のマスコミ関係者は,「慰安婦」問題の国連審議に関する報道にきわめて不熱心だ。

　わかりやすいエピソードがある。人権委員会の「慰安婦」問題審議の真

っ最中に，ＮＨＫテレビのカメラが会議場に入った。担当の平野氏らに会ったＮＧＯ関係者の話によると，「国連と日本」の特集報道の取材だったという。ＮＧＯ関係者は，その当時「慰安婦」問題に関するＮＧＯなどの発言が進行中だっただけに，「ＮＨＫは，『慰安婦』問題に関する取材に来たのかと思った」という。

　ところが，想像はまったくの誤りであることがわかった。「慰安婦」問題関連発言予定などの情報を提供したにもかかわらず，ＮＨＫ取材班は何の関心も示さなかったという。取材班は，日本人としてミャンマーの国連特別報告者を務める横田洋三教授の活動を取材しただけだったというのだ。

　この当時は，クマラスワミ特別報告者の来日問題が，関係政府と国連の間で非公式に協議されていたとも伝えられていたときでもあった。なりゆき次第では，満州事変に関する国際連盟「リットン調査団」以来，初めての国連調査が実現するかもしれないという情勢であった。「国連と日本」をめぐる「戦後最大の問題」といってもおかしくない事件が起ころうとしていたのである。日本から人権委員会に参加していたＮＧＯ関係者も数名はいた。

　にもかかわらず，ＮＨＫ取材班は「慰安婦」問題には見向きもしなかったのである。

　ＮＨＫテレビは，２月22日「日本政府がクマラスワミ特別報告者の『慰安婦』問題調査のための来日を受け容れる方針を固めた」との特ダネ報道をしたが，その成果を帳消しにしてしまうエピソードである。

　大新聞も似たような状況にある。94年８月「村山構想」の発表以来，「民間募金方式」による解決案については，政府首脳周辺からリークされる情報には大新聞の１面トップ報道が続いた。

　ところが，これに反対する動きや国連関係の情報は，どのように重要なものでも，地味な扱いしかされなかった。「クマラスワミ氏の受容れを決定した」旨のジュネーブ日本政府代表部の発表も，２月25日付夕刊に報道されたものの，読売新聞は４段，朝日新聞は３段と信じられない地味さである。

　これでは，国際情勢が政府首脳や市民に正確に伝わらないのも無理はない。外交ルートの情報の閉塞は，マスコミ報道によって補完されうる可能性をもっているだけにきわめて残念なことである。

日本政府・外務省だけでなく，マスコミ関係者にも猛省を求めたい。それなくして，「慰安婦」問題の解決は困難であろう。

第4章 北京世界女性会議

1 「性奴隷」(「慰安婦」)問題で厳しい国連行動計画案準備

●「鎖国」に逆もどりする日本政府

　桜が咲く4月(95年)とはいえ、ニューヨークは寒かった。「4月7日、日本政府が、慰安婦への見舞金を民間から募金するため、任意団体を来月にも発足させる」というニュースが入った。東京からのファクシミリで知った(4月8日付各紙)。政府は、日本赤十字社(日赤)が「慰安婦」への見舞金民間募金の事務局を固辞したため、計画を変更せざるをえなかったらしい。

　与党3党戦後50年問題プロジェクトは、94年12月7日村山案による民間募金案を承認したが、募金主体については、「国民参加のもとで『基金』は、公益性の高い既存の組織に協力を求め」て、具体化をはかることになっていた(同プロジェクトは従軍慰安婦問題等小委員会「いわゆる従軍慰安婦問題についての第1次報告書」を承認した)。「公益性の高い既存の組織」が日赤を指すことは、与党3党の間の了解事項だった。日赤を募金事務局として利用するため、政府首脳から日赤に強い圧力が加えられた。

　赤十字は、中立を原則とし、政治的に利用されることを嫌う。日赤代表に対して、3月24日、団体の枠を超えた超党派的な韓国の日本軍「慰安婦」被害者(49名)から要請書が寄せられた。要請書は、「民間募金による見舞金案」に対する強い抗議を表明し、このような「見舞金を受け取ること

はできない」ことを明らかにしている。国連NGOや被害国・日本の支援団体も村山構想反対で一致している（一部の例外的見解については後にふれる）。その中で，日赤は，政府の強引かつ不当な圧力をはねのけた。村山構想は暗礁に乗り上げた。

　重大事態があった場合は，政策を協議し直すという取決めが94年12月に与党3党間で成立していた。にもかかわらず，五十嵐官房長官は，その手順を無視した。与党3党従軍慰安婦問題等小委員会は開催されないまま，政府は計画変更を公表してしまったのである。これは，「村山構想崩壊の始まり」（日本のNGO関係者の話）を象徴している。そればかりか，与党3党連立体制も崩壊し始めていた。

　しかし，なおも，政府は，民間募金のための新団体を作ることで，村山構想を強行しようとしている。今度も日赤を募金窓口として利用する計画という。政府は，被害者への個人賠償についても，加害者処罰の義務についても，国際法上の国家責任を全面否定するという立場を変えていない。

　日本政府首脳は，世界の流れを知らされず，取り残されてしまった。鎖国時代に逆もどりしたかのようだ。それを象徴するかのように，村山構想と真っ向から対立する国連決定が，政府発表と同じ日に採択された。

　折からニューヨーク国連本部で開催中だった北京（第4回）国連世界女性会議最終準備会合を兼ねた国連女性の地位委員会は，最終日を迎えていた。同委員会は，4月7日夜，「性奴隷」（sexual slavery，日本軍「慰安婦」問題を意味する）について，厳しい行動計画案を決めて閉会した。加害者の捜査・訴追と被害者への賠償の原則などを含む行動計画案を採択したのだ。従来の国連決定の中でも最も厳しい表現である。

　この国連決定は，4月8日，NHKテレビ，朝日新聞などによって報道された（ニューヨーク7日＝佐藤吉雄特派員「慰安婦問題で『訴追や補償』，行動計画案北京女性会議で採択へ」朝日新聞4月8日付夕刊）。

● はずされていた「性奴隷」

　北京（第4回）国連世界女性会議で検討されることになる行動計画案の原案は，事務総長報告書（UN Doc. E/CN.6/1995/2, 27 February 1995）の形で，同委員会に提出された。この原案は，全6章からなる。11の問題分野を分析し，行動目標を提案している。5地域の国連地域準備会合の報告書

をもとに，85年にナイロビで開催された第3回世界女性会議以来の進歩と障害を振り返って，今後の女性に関係のある持続的発展とその人権の擁護のために残る障害を探し出し，迅速に除去しようとしている。

ところが，会議直前に公表されたこの文書は，ＮＧＯにとっても，政府にとっても不満の多いものだった。たとえば，「慰安婦」問題には，何の言及もない。国連世界人権会議（93年6月）が採択したウィーン国連宣言・行動計画が，「慰安婦」問題対策として初めて採用した「性奴隷」（sexual slavery）という国連用語がどこにも見当たらないのである。

1年遡るが，94年に女性の地位委員会が決めた原案の中では，武力紛争下の女性の人権問題対策の項に，「性奴隷」が入っていた（CSW, Resolution 38/10. "Preparation for the Forth World Conference on Women. Action for Equality, Development and Peace", para.85）。だから当然，95年の原案にもこの用語が入れられているものと予想していた関係ＮＧＯは，驚いた。なぜ外されたのかは，不明である。過去の経験から考えると，「日本政府の圧力があったのではないか」という疑いが消えない。

世界人権会議まで，日本政府は，「国連は，その創設前に起きた慰安婦問題を審議する権限がない」と争っていた。だから，同会議では，「過去の」「性奴隷」である「慰安婦」問題の国連での審議を封じるために，日本政府は，対応が必要な武力紛争下の女性に対する人権侵害は，「現在の」問題に限るべきだとの国連決定をとろうと暗躍した。しかし，関係政府・国連ＮＧＯの強い反対にあって，このもくろみは失敗した。日本政府の動きを批判する日本弁護士連合会会長声明（阿部三郎会長）が，現地ウィーンでいち早く出されたのも，日本政府の動きを阻止するのに大きな力になった。世界人権会議で，国連は，過去の問題も含めて対応が必要なことを明らかにするため，「現在の」の代わりに「すべての」という形容詞を入れることで決着をつけた（「特集―国連世界人権会議」自由と正義93年11月号25頁）。このとき国連は，「慰安婦」問題の論議に応え，初めて「性奴隷」という用語を採用し，以下のとおりの原則を決定した。

<u>「武力紛争の事態における女性に対する人権侵害は，国際的人権法及び人道法の基本原則の違反である。ことに殺人，組織的強姦，性奴隷，及び強制的妊娠を含むこの種の全ての侵害は，特に効果的な対応を要する</u>（The Vienna Declaration and Programme of Action, June 1993, Ⅱ.B.3. para.38）」。

第4章　北京世界女性会議　103

これを境に，国連の権限を争う日本政府の抗弁が認められないことがはっきりした。国連人権委員会の女性に対する暴力に関する特別報告者が，「慰安婦」問題の調査のために日本を公式訪問する件に関する国連と日本の間の予備交渉に際しても，日本政府はこれを「歓迎」すると公表するしか他に選択肢がなくなったのである。

その後の国連内の「慰安婦」問題の審議も，当然のことながら，世界人権会議の決定を原則として進んできた。95年にジュネーブで開催された第51回国連人権委員会は，3月8日女性に対する暴力に関する決議案（UN Doc. E/CN.4/1995/L.69）を採択したが，その中でも，このウィーン宣言・行動計画の決定そっくりの内容が繰り返されている。

日本政府としては，この原則を国連文書から消し去ってしまいたかっただろう。逆に，国連でこの原則を勝ち取ってきたNGOは，「最低限この原則だけでも，北京世界女性会議で採択されるべきだ」と考えた。多くのNGOが，急遽対応しなければならなかった。

● NGOの要求とロビーイング

女性の地位委員会開催の直前，NGO会議が開かれた。前記事務総長報告書の行動計画案原案に対して，NGOフォーラム全体としての修正意見をまとめるためだ。この会議の期間は，3月13〜14日の2日間だけだ。しかも，女性の人権などを討議する分科会のみでも，数百名の参加があったほどの大型会議になった。そのため，発言は，1人1分間という制限を受け，十分な討議ができたとはいえないが，国連会議の初日であった3月15日には，修正意見をまとめて国連に提出した。

「慰安婦」問題関連では，国際友和会（IFOR）本部がまとめた文書が配布された。IFOR文書は，性奴隷とされた「慰安婦」，その他の武力紛争下の女性の人権侵害について世界女性会議がしっかりした対応をすることを求めている。

「性奴隷」に関する具体的修正提案としては，韓国系アメリカ人ジョン・キム弁護士から，「訴追」や「賠償」を入れるべきだとの発言があった。フィリピン慰安婦問題調査団のインダイ・サホール氏と筆者は，「性奴隷」という言葉を女性に対する暴力の部分などに入れることを提案した。筆者は，さらに武力紛争時の女性の人権擁護のためにウィーン会議の前記結論

を入れる修正案を提案した。

　ウィーン会議の結論は，歴史的に大きな意義を果たした。しかし問題もある。「性奴隷」などに特に効果的な対応をすべきであるとはいっても，その具体的な内容を明らかにしていないことだ。ＮＧＯフォーラム会場内からは，もっと具体的な行動要求をあげるべきだと，筆者の「守り」の姿勢に対する批判の声さえあがった。世界は，これまでの筆者の活動の水準を越えてしまったように思われる。

　ＮＧＯフォーラム全体としては，「性奴隷」を入れることを提案した。武力紛争時の女性に対する人権侵害について，ウィーン宣言・行動計画を越えて，加害者の「訴追」や被害者への「賠償」などを求める修正提案もできあがった（NGO Amendments to E/CN.6/1995/2. Submitted to the Commission on the Status of Women, 39th Session, New York, 15 March-4 April 1995, 15 March 1995. paras.102, 104. bis., 107. e. & 109)。

　ＮＧＯフォーラムの支持は，心強い。しかし，その提案は全体で78頁にもなり，多岐にわたる。だから，これだけでは，政府しか発言権がない国連会議に影響を与えることは難しい。「慰安婦」問題にしぼって，各国政府代表に直接ロビーイングをして，積極的支持を取りつけない限り，ほとんど何も実現しないだろう。

　そこで，ロビーイングのための簡単な資料をつくった。サホール氏と筆者の具体的修正提案を簡略に記載したうえで，人権委員会の決議，クマラスワミ予備報告書，ＩＦＯＲの国連提出文書，ＩＣＪ最終報告書，日弁連の「慰安婦問題に関する提言」，大韓弁護士協会の意見などを関連資料としてあげたＡ４サイズ１枚の簡単な文書である。この文書でロビーイングをしようという有志数名で，応急の「慰安婦」チームができた。

　同チームは，これを持って，ＮＧＯフォーラムに参加していたＮＧＯなどに働きかけ，わずか２日間で，約50のＮＧＯから賛同の署名を得ることができた。フィリピン慰安婦問題調査団，韓国挺身隊問題対策協議会，ソン・シンド事件を支援する会，朝鮮人強制連行真相調査団，ＩＦＯＲなど，これまで「慰安婦」被害者の支援活動を継続してきたＮＧＯの署名は当然といえるが，日弁連が土屋会長の決断で署名に参加したことは特筆してよいだろう。日弁連も努力してウィーン世界人権会議で獲得した成果を北京でも維持するためであり，「提言」を理事会が採択している。当然でもあ

り，正しい決断だったと思う。
　会議 3 日目である 3 月17日以降，250枚用意していたロビーイング文書（前記文書と署名）は，チームの手で50以上の政府の代表に渡された。会議場の外の立ち話で，短時間に説明するには簡単な資料がよい。ほとんどの政府の対応は，非常に好意的だった。
「慰安婦」チームは，多国籍ボランティアの集まりだ。初めから日本のＮＧＯとして参加していた女性代表，日弁連代表として参加していた安藤ヨイ子弁護士，東澤靖弁護士と筆者，フィリピンのインダイ・サホール氏，韓国から着いたシン・ヘイスー氏とクォン・ヒースー氏などだ。ロビーイングは初めてだった日本のＮＧＯは，短時間で急速に力をつけた。多くの日本のＮＧＯは，国際会議ではとかく消極性が目立ったので，驚異だった。後述のとおり，このロビーイングが相当の成果をあげたように思われる。諸氏の熱心なロビーイング活動に，心から感謝したい。
　あとは，積極的に修正提案の発言をしてくれる政府代表を探す気長な活動が残った。

●国連女性の地位委員会の審議
　国連女性の地位委員会は，経済社会理事会のもとにあって，毎年 3 月に女性問題の審議を行ってきた。95年の第39会期は，第 4 回世界女性会議（北京で 9 月開催）の最終準備会合としての役割を兼ねている。北京会議にかける行動計画案（平等，発展および平和のための行動）を審議することが最大の課題だ。3 月15日から 4 月 4 日までの予定会期では審議が終わらなかったため，4 月 7 日まで会期が延長された。南北，宗教，文化，伝統など女性の地位に影響する要因は複雑だ。冷戦が終わって，単純な政治対決構造が崩れ，かえって審議が錯綜する面もあったであろう（ニューヨーク＝竹信美恵子特派員「女性連帯探り対立も，世界女性会議へ最終準備会合，『男女の公正』巡り衝突，一部ＮＧＯ阻む宗教・政治，南北隔てる経済格差の影」朝日新聞 4 月 2 日付）。
　全体会議（パトリシア・リクアナン［フィリピン］議長）と今回設置された行動計画案起草など北京会議準備のための作業部会（フロイデンシュスライヒル［オーストリア］議長）とが断続的に開かれた。ことに作業部会は多忙だった。夜間審議はもとより休日も返上して，公式・非公式の作

業部会（他に項目別に交渉を中心とする「非公式―非公式」作業部会も開かれた）が続いた。これらと並行して，77カ国の途上国中心の「G77」，EUなどのブロック会議の協議も開催された。

非公式会合の場合には，NGOの傍聴は認められなかったので，審議の進行状況の確認は容易ではなかった。全体会議にも作業部会にも委員国政府（45カ国）のみならず，全政府が出席し，発言した。厳しい対立のある場合にのみ委員国による投票がなされたが，原則として全会一致の審議が続いた。全体会議では，NGOの発言も認められた。

NGOは，会議場外のロビー活動だけでなく，政府会議内のロビー活動にも取り組んだ。

韓国挺身隊問題対策協議会のシン・ヘイスー国際協力委員長は，3月21日，全体会議で，国連NGO・平和と自由のための女性国際連盟（WILPF）を代表して発言した。「慰安婦」チームのロビーイング文書掲載の資料をフルに使い，韓国などアジア人の「慰安婦」についての処罰がなされなかったことを指摘した。国家が犯したうえ宥恕した，戦時の女性に対する人権侵害犯罪について，加害者の処罰と被害者に対する賠償の支払いを要求し，国連が戦後50周年にあたり，この問題を解決することを求めた。

日弁連は，すでに北京世界女性会議出席について国連の招きを受けているところから，この準備会合にも出席した（前記3名のほか三木恵美子弁護士が遅れて参加した）。この準備会合に提出する可能性も考慮し，日弁連内北京会議準備ワーキンググループ（安藤ヨイ子委員長）がこの1年近くも作業を続け，苦労の末作成した文書が2冊ある。1月の理事会で承認された「慰安婦問題」に関する提言と，2月の理事会で承認された女性の人権諸問題に関する政府報告書に対するカウンターレポートがそれである。双方とも，急遽翻訳のうえ印刷され，300部ニューヨークに送付された。時間が不足し，公式文書として書面提出するために，表書きと2冊の文書を現地で製本しなければならなかった。

せっかくこれだけの準備をしたのに，会議冒頭，事務局から「NGO文書の会議への公式提出は認めないことになった。会議場の外で非公式に配布するしかない」と言われて，ひどく失望した。事前情報では，「300部用意すれば，内容次第で正式配布の許可がありうる」と聞いていたからだ。それでも，事務局では「一応内容を検討する」という。事前送付を入れて，

3度目の提出で方針転換があり，事務局責任者の許可が出た。会議開始前に全政府の席に配布するよう指示され，3月20日3人がかりで配布を終えた。公式提出に成功して，日弁連をあげての準備活動が報われた気がした。

●修正案の実現

　ロビーイングの成果は現認できなかった。すべて非公式会議で起こったからだ。情報を総合すると，大略以下のとおりである。EUの起草会議で，オランダ政府の提案により，「性奴隷」という言葉を挿入する修正提案がされた。これは，EU代表のフランスから作業部会に提案された。

　G77の起草会議では，朝鮮民主主義人民共和国代表（ヒョン・ハクボン一等書記官）が，紛争時の女性に対する人権侵害の項で，「性奴隷」を強調し，犯罪者の捜査・訴追と被害者への賠償を義務づける修正提案をした。提案者は，「慰安婦」問題が未解決だから修正が必要と主張したという。G77諸国は，異議なくこの提案を受け入れた。別の機会だが，「性奴隷」を含む女性の人権問題に関して，処罰を求める修正をフィリピン政府が提案し，受け入れられたという。これらは，G77の代表フィリピン政府を通じて作業部会に提出された。

　これらは非公式な政府間交渉にかけられたうえで，作業部会で交渉過程に起きた字句の誤りを検討し，最終日の全体会議による承認にいたった。

　この過程で最も困難な作業は，〔　〕問題だったと思われる。全会一致に達した部分には問題がない。ところが，1カ国でも異議をとなえた場合は，原則として，その言葉や文章に〔　〕が付された。この段階で論議を尽くす時間的余裕がないので，〔　〕部分についてのみ北京会議で検討し直すことになっている。

　結局，最終日に採択され北京会議に出されることになった行動計画案には，前記共和国提案の1節が，各国政府や国際機関が負うべき行動義務として次のとおり入れられた。

「武力及びその他の形態の紛争の事態における女性に対する全ての暴力行為を防止するため，国際人道法及び国際人権法文書に定められた諸基準を支持かつ強化し，又戦時に犯された女性に対する全ての暴力行為，ことに〔組織的強姦〕及び性奴隷について全面的捜査を行い，女性に対する戦争犯罪に責任のある全ての犯罪者を訴追し，かつ女性被害者に対して完全な

賠償をする」(UN Doc. E/CN.6/1995/L.17/Add.8, Draft Platform for Action, LV. E. para.107. new (d) bis. (formerly (g) ter.)，この文書が口頭で訂正されている。行動計画案全体が，口頭でなされた修正を終えて，文書で公表されるのは，5月以降になるとのことである)。

　ここでは，〔組織的強姦〕を除き，その他の部分には〔　〕が付されていない。〔　〕を付することを要求した政府はなく，全会一致になった。〔組織的強姦〕に〔　〕が付されているのは，この節では「性奴隷」のみを強調すべきかどうかについて決着がついていないからのようだ。つまり，北京会議では，〔組織的強姦〕を入れるかどうかについて論議し，その他は論議抜きで採択される見通しがついたわけだ。

　この表現をウィーン世界人権会議の結論 (103頁) と比較してすぐわかるのは，ウィーン会議の原則が「対応が必要」としかしていなかったのに対して，今回は，「捜査」「訴追」「賠償」など必要な対応の内容を，政府等の行動として具体的に述べている点である。

　処罰問題が強調されている点が重要であろう。処罰については，日本の国会・政府は，まったく論議していない。しかも，日本政府が「すでに解決済み」とする根拠「多国間・二国間条約」は，いずれも日本の処罰義務解除にふれていない。つまり，未解決なのだ。

　他にも「性奴隷」という言葉が入れられた箇所があるが，省略する。

●沈黙を守り続ける日本政府

　日本政府代表は，有馬真喜子代表を筆頭に，外務省，総理府，労働省など関係省庁から派遣された女性代表だった。94年6月にジャカルタで，北京会議の地域準備会として開催されたアジア太平洋女性と開発閣僚会議では，日本政府の男性代表が，原案の「組織的強姦」の処罰に関する部分の削除を要求したため，「会議で最も劇的な対決」と現地の新聞から報道されたほどの大問題になった。日本は四面楚歌に陥り，結局原案が採択された。

　「今回は，どのような態度をとるのか」と関係NGOから注目されていた。結局日本政府は，「性奴隷」に関する提案に対しても沈黙を守り，「慰安婦」問題が焦点化することはなかった。外交的な成功といえるのではないだろうか。

しかし，「提案者から『性的奴隷制』が従軍慰安婦を意味するとの説明は受けていない」（前記朝日新聞4月8日付夕刊）と，日本政府筋が問題と直面することを避けたのは誤りだ。事情を知っている日本政府筋（官僚であると推測できる）は，この弁解が誤っていることを知っていながら，いわゆる「国会答弁」的逃げを打っているのであろう。しかし，事情を知らない政府首脳は，このような強弁を正しいものと誤解する恐れが多分にある。そのことによって，判断を誤り，政策転換の好機をまたも失い，もっと事態を悪化させることになる。このように自明の道理が，なぜわからないのだろうか。官僚は，真の国益を考慮しているのだろうか。それとも，何人かの識者が評するように「自分の保身のみを考慮している」のだろうか。いつもわかりきった誤りを繰り返しているところを見ると，後者が正しいのだろうか。事実を事実と，問題を問題と認めることなしには何の解決もない。

　第1に，「性奴隷」という国連用語には，ウィーン世界人権会議以来の前記経過がある。第2に，前記共和国提案は，「慰安婦」問題の解決のためとの理由でなされたものだ。提案者に確かめればすぐわかる。第3に，今回の会議に出された女性に対する暴力に関する国連事務総長の報告書を見れば，国連用語としての「性奴隷」が「いわゆる『慰安婦』として第二次大戦中に日本陸軍によって組織的に誘拐され，結局売春を強要された」問題をさすことが容易に理解できよう（UN Doc. E/CN.6/1995/3/Add.4, 18 January 1995. para.8 & note 9）。

　国連関係機関は，今後「慰安婦」問題について，これを新たな指針として活動を継続するであろう。日本政府は，今回の国連決定を尊重して，直ちに政策を転換し，「慰安婦」問題の解決をはかることを迫られている。

2　北京（第4回）国連世界女性会議報告［ＮＧＯフォーラム・シンポで「民間基金」拒否］
　――「日本製品の国際的ボイコット」も決議

●処罰と賠償の原則を盛り込む――性奴隷で政府間会議行動綱領採択
　北京（第4回）国連世界女性会議は，雨にたたられた。世界女性会議は，ＮＧＯフォーラムで幕を開け，政府間会議の北京宣言・行動綱領採択で終

了した。NGOフォーラム（95年8月29日～9月8日）の会場は，北京郊外の会場とされ，政府間会議（9月4～15日）の行われた北京国際会議センターからはひどく遠かった。NGOフォーラム（参加者3万名以上）も，政府間会議（1万7000名）も空前の規模だった。NGOの政府間会議へのアクセスには多くの困難があった。しかし，世界中から集まった女性の草の根運動は，困難を乗り切って，創造的な活動を繰り広げ，さまざまな成果をあげた。

　筆者は，NGOフォーラムには，日本弁護士連合会（日弁連）代表団の一員として，政府間会議には国連NGO・国際友和会（IFOR）代表として参加した。ここでは日本軍「慰安婦」問題をめぐって報告したい。

　北京会議で，関係者が注目したのは，日本政府の「村山構想」に基づく「民間基金」の設置が，「慰安婦」問題の「解決」として国際社会に受け入れられるか否か，また，沸き上がった国際的対日批判が，これで終息するかどうかだった。NGOフォーラムと政府間会議の二側面から北京会議の結果を見れば，日本政府のもくろみとは逆に，国際世論は，被害者側に軍配を上げたといえよう。

　NGOフォーラムでは，被害者本人と，韓国・フィリピン・アメリカ・日本などから参加した被害者を支援するNGOの訴えに，世界の女性団体やNGOは強い関心を寄せた。韓国挺身隊問題対策協議会（挺対協）による連日のデモンステレーションは，NGOフォーラムでも最大級の関心を集めた。「慰安婦」問題は最大のイシューの一つになった。毎日のように，「慰安婦」問題に関する何らかの催しがどこかで開催され，出席しきれないほどだった。そのうち最大のものは，戦争と武力紛争下の女性に対する暴力に関する国際セミナーだった（朝日新聞9月4日付朝刊〔北京4日＝大久保真紀，野口拓朗〕「慰安婦問題で非難集中」など）。このセミナー参加者は，日本政府の「民間基金」による解決を拒否する決議を採択した。参加者は，日本政府に対し「国家責任としての被害者への補償」を要求した。日本政府がこの要求に応じないなら，日本の国連安保理常任理事国入りに反対するばかりでなく，「日本製品の国際的ボイコット」運動を開始するであろうという同シンポジウム決議は，多くの日本人に衝撃を与えた。

　この問題をめぐるNGOの国際的大型討議の場で，「日本製品の国際的ボイコット」が決議されたのは，史上初めてのことである。30年代の再来

を思わせるこの決議は，戦争責任問題が原因で，日本が世界の孤児になりつつあることを象徴的に示す事件であろう。国家責任を否定し，「民間基金」設置でごまかし切ろうとする日本政府のいい加減な対応は，国際批判の沈静化をはかるどころか，火に油を注いだ観がある。

　政府間会議も，後記のように日本政府の説明によっても動きをとめなかった。

● 日弁連などのNGOフォーラムでの活動

　参加NGOは，事前にさまざまな準備をした。肝心の活動以外の雑務がひどく大変だった。このために参加できなかったNGOが多々あっただろう。航空券やホテルの手配だけではなかったのだ。準備の最大の問題は，参加手続だった。申込先，締切日，政府間会議への招待を受ける手続，招待状とホテルの宿泊証明書の入手，ビザの取得など問題が山積していた。日弁連では，94年1月の女子差別撤廃委員会への参加以来，本格的な準備活動を行ってきたが，実際に参加が可能かどうかは最後まで不確定だった。それが確定したのは，ホテルの宿泊証明書が入手できた95年8月中旬のことである。

　日弁連代表団（土屋公献会長以下37名）は，主としてNGOフォーラムに参加した。NGOフォーラムには参加人数の制限がなかったが，政府間会議については，国際NGOは5名，国内NGOは2名と制限があった。そのため，日弁連代表団も政府間会議には参加したくとも，会長など2名しか参加する資格がなかった。だから，筆者は，従来どおり国連NGO・国際友和会の代表として政府間会議に参加した。他の日弁連代表団参加者は，政府間会議参加はあきらめて，NGOフォーラムに集中するしかなかったのである。

　日弁連では，事前準備の段階で，北京会議参加準備ワーキング・グループを設置し，各種関連国際会議に参加し，情報収集に努めた。筆者は，その準備の初めから関与したので，関係者の熱意・労苦を十分に知ることができた。内容的に最も重要だったのは，北京会議に提出する意見書の作成だった。地味だが，労力のかかる困難な作業だった。起草から理事会による決定にいたるまで，長期間かかった。これまで両性の平等委員会が蓄積した実績があるので，これをベースに全般的な女性の権利の諸問題につい

て，政府報告書に対するカウンターレポート（「第四回世界女性会議のための国別報告」に関する日本弁護士連合会の報告，95年2月理事会採択）を作成することができた。

北京世界女性会議には，韓国など被害国の女性団体の参加がある。ましてや，中国も被害国である。そこでは日本軍「慰安婦」問題が最大の問題の一つとなることが当然予想された。加害国の実務法律家からなる団体として，日弁連会内では，「日本国家による重大犯罪であるこの問題について，しっかりした立場を表明せずには，日弁連の北京世界女性会議参加自体が困難である」との意見があった。そのような事情もあって，急速に作業が進められ，95年初めには「従軍慰安婦問題」に関する提言（95年1月理事会採択）が作成された（同年6月には，同補足説明書作成）。

これら3文書は，日本語と英語で北京会議に提出された（日本弁護士連合会編『問われる女性の人権』〔こうち書房〕に3文書全部が収載されている）。これが日弁連の同会議に対する最大の貢献といえよう。「従軍慰安婦問題」は，この会議で予想を上回る大きな問題となった。しかし，加害国の法律家として，日本の国家責任を率直に認めた法的見解をまとめた日弁連は，北京会議に参加した世界の女性団体から暖かく受け入れられた。特筆に値しよう。「加害国日本も率直に責任を認めれば，被害国民と真の和解ができるはずだ」と痛感した。

ところで，一言に「提出」といっても，具体的に説明しないとイメージが湧かないだろう。その配布は，ＮＧＯフォーラムでは，ブース（韓国挺対協の好意で，そのブースの一隅を借り受けることができた），関連ワークショップや前記シンポジウムなどの場で，政府間会議では，会議場周辺の資料配布場所やプレス・センターで行われた。英語文書は，1000部用意されたが，大変関心が高く，不足ぎみだった。意外だったのは，200部用意された日本語資料の需要が大きかったことだ。日本からの多くの参加者が強い関心を示し，「コピーして勉強する」などと，日本に持ち帰ってくれた。世界の報道関係者からも強い関心を引き，多くの問合せを受けたことを付言しよう。

● ＮＧＯフォーラム最大級の関心事となった「慰安婦」問題

「慰安婦」問題に関する世界のＮＧＯの活動は，目を見張るほどの活発さ

だった。中でも韓国挺対協による，鐘・太鼓など鳴り物入りの民族舞踏を中心とする連日のデモンストレーションは，ＮＧＯフォーラムでも最大級の関心を集めた。大きな横断幕やシュプレヒコールは，加害者の処罰,「民間基金」反対，国家責任としての被害者への賠償などの要求を明確に訴えていた。この活動については，ＮＧＯフォーラムの独立紙「ＦＯＲＵＭ '95」（9月3日付）が1面トップ写真入りで大きく報道した他，世界中のテレビ等のマスコミによる報道がなされた。

　アメリカと韓国の挺対協は，2つのブースを隣接して獲得することに成功し，これが資料配布・説明などの拠点になった。「慰安婦」問題に関する芸術の展示や何らかのワークショップなどの催しが，連日どこかで開催された。主催者は，韓国，フィリピン，アメリカ，日本などからのＮＧＯだが，あまりに数が多く出席しきれないほどだった。50～100名が定員のテントや集会室でのワークショップは，きわめて大きな関心を集め，定員の倍以上の参加者がつめかけ，活発な討議がなされた。そのどの一つでも，日本政府の「民間基金」を支持する声は聞かなかったという。

　特筆すべきできごとを3点あげておこう。

　第1は，9月1日午後に開催された女性に対する暴力に関する世界法廷だ。ＮＧＯフォーラム全体会の講堂がいっぱいだった。参加者は，文字どおり世界中の女性団体の代表で，筆者らも知らぬ女性たちが大多数である。「慰安婦」問題の国連公式調査のためこの7月に来日した，国連人権委員会の女性に対する暴力に関する特別報告者ラディカ・クマラスワミ氏が冒頭で講演した。クマラスワミ氏は，女性に対する暴力の根絶のために，処罰と賠償が重要であることを強調した。日本の名前こそ上げなかったが，重要な事例として「慰安婦」と性奴隷をあげた。この問題が世界的問題であることが浮き彫りになった。被害者らの証言に混じって，韓国挺対協のシン・ヘイスー国際協力委員長が特別発言を行った。「日本政府が設置した民間基金に反対する」「日本政府が国家責任としての被害者への賠償をしないかぎり，日本を国連安全保障理事会常任理事国としてはならない」という発言に対して，参加者はそのつど，われるような拍手で応えた。筆者らは，「この問題で世界の女性ＮＧＯがここまで理解を深めてくれていたのか」と参加者の強い反応に感動した。

　第2は，9月4日に開催された戦争と武力紛争下の女性に対する暴力に

関する国際シンポウジウムだ。1000名規模の会場は，9割方埋まり，主催者（韓国挺対協，フィリピン従軍慰安婦調査団，アメリカ挺対協，アジア女性人権審議会，日本軍性奴隷制連帯会議など）は，「成功」と満足した。韓国・共和国・フィリピンなどの「慰安婦」などの被害者らの証言は，参加者の大きな関心を集め，多くのマスコミによる報道がなされた。主催者らの各国での運動も多く紹介された。女子差別撤廃委員会のショップシリング委員（ドイツ），ＩＣＪ「慰安婦」調査団のドルゴポール氏，共和国政府代表（代理）などとともに，日弁連土屋会長と筆者（ＩＦＯＲ代表）も講演した。残念ながら，詳細を報告する余裕がない。角度は違っても，発言者の全員が，「民間基金」が「慰安婦」問題の解決にならないと厳しく日本政府を批判したことに注目すべきだ。そのうえで，前述したように，日本政府の「民間基金」による解決を拒否し，日本政府が国家責任の履行としての被害者に対する賠償をしないかぎり，日本製品の国際的ボイコットを開始するであろうとする参加者決議を採択した（連載㉒法学セミナー95年11月号33頁収録資料）。

　第3に，9月7日に開催された小和田国連大使のＮＧＯに対するブリーフィングがある。日本政府代表高官がＮＧＯとの「対話」をしようとした試みと意欲は，高く評価されなければならないだろう。問題は，内容である。2つの問題点をあげよう。1つは，「民間基金」設立の理由だ。「慰安婦」問題について「加害行為をしていないが日本の国民に募金すべき責任がある」とする論理はまったく理解できなかった。日本の軍が行った国際法に違反する犯罪行為について，それを犯罪であるとも認めないのでは，論理的な説得は不可能であろう。だから，この説明に対して，ＮＧＯから「国家の責任だ」「犯罪と認めないのか」など強い抗議の声が一斉に湧き，満席の会場は騒然とした。その声は，意外なことに，筆者の知らない白人女性たちからもあがっていた。北京会議をきっかけに，「慰安婦」問題がこれまでの運動の枠を越えて，世界の女性団体に一気に浸透したことが実感できた。日本政府はこの点を軽視してはならない。2つめは，特定の質問者を故意に避けたことだ。筆者は，質問しようと終始手をあげていた。しかし，司会をした堀内公使は，最後まで筆者の質問を許そうとしなかった。これでは「対話」は成立しない。「日本政府の法的主張が崩壊して，質問に回答することができないことを態度で認めた」と受け取られてもや

第4章　北京世界女性会議　115

むをえないであろう。

　こうして,「民間基金」設置は,「慰安婦」問題の解決にはならないことがきわめて明白になったといえよう。

●政府間会議, 加害者処罰・被害者への賠償の原則を採択
　政府間会議では, 全般的な政策についての全体会での討議と並行して, 2つの作業部会による北京宣言と行動綱領案の討議がなされた。日本政府を代表して野坂官房長官が全体会で演説した（連載㉒法学セミナー95年11月号33頁収録資料）。この演説で, 日本政府は, 民間募金を集めて, 民間の有志が被害者に金銭を支払うという構想で設立された「女性のためのアジア平和国民基金」によって「慰安婦」問題の収拾をはかろうとする政策を国連に示した。しかし, 関係政府やNGOは, これを厳しく批判した。

　ユン・ギジョン大蔵大臣が朝鮮民主主義人民共和国（共和国）女性首席代表として演説し,「慰安婦」問題に関して「人類史上前例を見ない日本軍による反倫理的, 反人権的犯罪」と糾弾,「民間基金」については,「『慰安婦』問題は, 通常の日本市民の責任に帰すべき性質のものではない。戦時日本政府によって犯された人権侵害行為に関して責任のある政府によって国家レベルの補償がなされるべき問題である」と批判した。これに対し, 日本政府は答弁権行使を放棄した。

　NGOの発言時間が極端に少なかったため, ほとんどのNGOは, 発言に代えて, 公式書面を提出した。国際法律家委員会（ICJ）, 国際友和会（IFOR）, リベレーション, 日弁連などは, 公式書面を提出し, 韓国労働総連盟は, 事実上書面を配布した。このように, 異なった方法, 角度から日本政府批判がなされた。

　結局, 日本政府の演説によっては, 国連の活動は阻止されなかった。

　95年4月に国連女性の地位委員会が提案した行動綱領原案（UN Doc. A/CONF.177/L.1）は, 直前の8月ニューヨークで開かれた非公式政府間会議で事実上の修正がされた（UN Doc. A/CONF.177/L.3）。これをもとに, 2つの作業部会が連日文言について討議を重ねた。合意ができた部分から全体委員会にかけられたが,「慰安婦」問題に関連して提案されたⅣ・E・147節(f)は, 強姦と戦争犯罪に関する 同(e)とともに9月12日夕刻, 全体委員会によって採択された（UN Doc. A/CONF.177/L.5/Add.9）。これを

もとに，9月15日最終日に政府間会議の全体会は，予想されたとおり，武力紛争下の性奴隷などに関する4月の原案を強化する形の行動綱領を採択した。その結果，採択された行動綱領（連載㉒に資料）には，「慰安婦」を表す性奴隷に関し，その侵犯者の捜査および訴追と被害者に対する賠償の原則（147(f)）も含まれた他，戦時強姦が戦争犯罪であり，人道に対する罪およびジェノサイド罪を構成しうることも再確認された（147(e)）（なお，後に番号が整理され，147は145と変更された）。

これまで，日本政府は，147(f)に関し，「性奴隷は日本軍『慰安婦』を含むとの文言はない」としてきた。ＮＧＯは，「性奴隷」を日本軍「慰安婦」と同義語として使用してきた（この用語は，筆者が国連で92年2月から使用し出したものである）。ウィーン世界人権会議が（総会と同レベルで）初めて国連用語として使ったが，それはこのＮＧＯの活動を認めたものである。国連事務総長の報告書もこの2つの用語を同義語としている（110頁参照）。今回は，「……過去は含まれないと解釈している」などと弁解しているという（朝日新聞9月13日付夕刊）。いつも，国連の意図を正面から受け止めないのは，日本外務官僚の悪い癖だ。この問題は，ウィーン世界人権会議で決着済みだ。仮に将来のみの原則であるにしても，国家責任をとるのは将来のことになるのだから，この原則の適用はあるはずだ。

第5章
「民間基金」では解決できない

1 国連現代奴隷制作業部会報告
――崩壊寸前の「民間基金」方式

　日本では桜が終わった4月下旬だったが,ジュネーブは寒かった。コートを持参しなかったのは失敗だった。国連差別防止少数者保護小委員会(人権小委員会)の下部機関である現代奴隷制作業部会は,95年4月19日から28日まで開催された。国連NGO・国際友和会(IFOR)とリベレーションの代表を兼ねて参加した。

●NGOの参加低調な国連現代奴隷制作業部会
　残念ながら,95年の現代奴隷制作業部会には,韓国からも朝鮮民主主義人民共和国からもNGOの参加はなかった。常連だった日本のNGO・朝鮮人強制連行真相調査団の参加も筆者以外にはなかった。「慰安婦」・強制連行問題に限っていえば,「低調」だったといわざるをえない。これら3カ国のNGOは,国連調査の受入れ準備で多忙をきわめていた。クマラスワミ国連人権委員会特別報告者(女性に対する暴力問題担当)の訪日調査計画の現実化,人権小委員会戦時奴隷制予備研究・同不処罰問題の研究の開始など,国連で次々にこれらの問題が取り上げられることになった。国連論議の主舞台が現代奴隷制作業部会から人権委員会などに移ってしまった。それに伴い,現代奴隷制作業部会に対する関係国内NGOの関心も

急速に薄れてしまった。ここにも不参加の原因がある。
　このような事情を考慮すると、今回の現代奴隷制作業部会への関係国内ＮＧＯの参加がなかったことは、無理もなかったといえよう。しかし、筆者は、国連ＮＧＯの活動の継続性を重視してきた。また、国連人権手続を幅広く活用すべきだという立場でもある。「当面の目的を達成したら、参加しない」というのでなく、いったん参加を始めた以上、現代奴隷制作業部会とも気長につきあうことも必要ではないかと考えた。このようなところに、一定の限定された範囲の人権問題に専念する国内ＮＧＯと、多くの人権問題に幅広く対応することを使命とする国連ＮＧＯの違いが表れるのであろう。
　オランダから対日道義的債務請求財団（戦争捕虜・民間人被収容者問題）のユンスラガー氏他１名が、ＩＦＯＲを代表して参加した。

●現代奴隷制作業部会の審議
　同部会の委員は、人権小委員会の委員の中から５名が選ばれる。部会委員は、ワルザジ（モロッコ出身）、パリー（英国出身）、マキシム（ルーマニア出身）、ハキム（バングラデシュ出身）およびエチェバリア（キューバ出身の代理委員）各委員だった。
　この問題に関連する審議の概略とポイントを報告しよう。
　４月24日午後、強制労働に関する審議が始まり、発言の機会を与えられたので、リベレーションとＩＦＯＲがそれぞれ約10分間発言した。
　筆者は、リベレーションと朝鮮人強制連行真相調査団を代表して「日本の強制労働」について発言した。リベレーションは、現在の問題であるアジア諸国から日本への売春目的の人身売買と、日本からアジアへのセックス観光問題を取り上げた。これらが強制労働条約の禁止する強制労働に当たるとしたＩＬＯ専門家委員会の決定（94年同委員会報告書26頁）に言及し、日本では、強制労働条約禁止事項の侵犯者の処罰が十分になされていないことを批判した。
　さらに、リベレーションは、日本が時間外労働を規制するＩＬＯ条約を一切批准せず、「サービス残業」などの横行を放置して、年間１万名もの過労死を生み出している事実を報告した。日本では、労働者は、不利益処分や利益の剝奪を恐れて、これらの時間外労働を拒否できないことから、

これは強制労働に当たる可能性があると指摘した。

　リベレーションは，これらの日本における強制労働条約違反の根本原因として，朝鮮人強制労働を生み出した日本における国際条約無視の姿勢をあげた。

　リベレーションは，朝鮮人強制連行問題については，「慰安婦」と強制労働があるとし，これらについて，日本政府が真相究明を怠っていることを批判した。日本帝国軍・政府は，45年8月から9月にかけて，強制労働に関する戦争犯罪の処罰に必要な証拠を隠滅したし，その後日本政府は，残存証拠も隠し続けていると指摘した。日本政府は，「慰安婦」についての部分的調査をしたが，それも，93年8月以降は継続していない。

　リベレーションは，「慰安婦」もその他の朝鮮人強制労働も，国際法に違反する犯罪（人道に対する罪）であると主張する。その根拠として，国際的処罰事例の存在を立証することは，きわめて重要である。これまでのところ，「慰安婦」については，マスコミ（朝日新聞）とＮＧＯ（ＩＦＯＲと対日道義的債務請求財団など）の努力で，バタビア臨時軍事法廷による9名の日本帝国軍関係者の処罰事例（オランダ人「慰安婦」を被害者とする）について詳細が知られているが，その他は，詳細が明らかになっていない。

　リベレーションによると，これ以上に多くのＢＣ級戦犯裁判事例がある。茶園義男編著『ＢＣ級戦犯和蘭裁判資料・全巻通覧』（不二出版，240頁）に載せられている出典不明の秘密統計（連合国による日本軍関係者などの戦争犯罪裁判事件）とその根拠となる関係資料を，法務省が所持しながら隠しているのではないかとの疑惑を指摘した。そのうえで，日本政府にこの統計が公式のものであるかについて答えるよう要求した。この統計によれば，性奴隷（「慰安婦」）関連で，合計179件（内訳：強姦143件，強制売春34件，誘拐2件），強制労働関係では，103件（内訳：強制徴兵1件，労工強制徴用18件，労務強制25件，作戦に直接関係を有する作業強制59件）の戦犯裁判起訴事例がそれぞれあったことになる。

　もちろん，これにすべての起訴事例が含まれているわけではないであろう。リベレーションに引き続き発言したＩＦＯＲ（オランダから参加したユンスラガー弁護士が発言）によれば，同弁護士は，オランダによる日本人戦犯の裁判関係資料の中から，8件の強制労働関係の裁判例を発見した

とのことであった。この概要は，後に現代奴隷制作業部会に提出された（上記秘密統計によれば，オランダ関係の強制労働事件は2件のみである）。なお，ＩＦＯＲは，94年9月以降の国連のこの問題に関する動向を報告し，「村山構想」を厳しく批判したが，詳細は割愛する。

　4月25日午前には，英国人で子供時代に日本軍によって収容され，奴隷的拘束を受けた被害者が，その体験を証言した。証言者Ｊ・Ｐ・ジェームソン氏（女性）とＫ・Ｊ・マーティン氏（男性）は「子供のための行動運動」（ＡＦＣＣ）というＮＧＯ（本部英国）の代表グラハム牧師の招待で同部会に参加した。ＡＦＣＣは，日本政府に対し，被害者に対する謝罪・賠償および再発防止の約束をするよう要求した。

　同日午後には，共和国と韓国の政府代表が発言した。いずれも，これまでより日本政府批判のトーンが強かったが，内容は省略する。

● 現代奴隷制作業部会での日本政府の姿勢

　日本政府は4月26日午後に発言した。事前に日本政府の接待を受けた委員から「ＮＧＯにとってすばらしい新しい発言がある」との囁きがあったので，「『村山構想』放棄など政策転換の発言があるのかもしれない」と期待していた。しかし，従来どおり「条約によってすべて解決済み。被害者個人は国際法上なんらの法的権利もない」などとする主張を繰り返し，「村山構想」を説明したに過ぎなかった。この日本政府発言には大きな失望を禁じえなかった。

　筆者は，反論のために4月28日最終日の朝，ＩＦＯＲ代表として発言した。「村山構想」には，被害者も支援団体も国連ＮＧＯも反対していること，日赤も協力を拒んだことを簡略に述べ退席した。前述したとおり，今回の同作業部会ではＮＧＯの活動が低調だった。それに反比例して日本政府の反「慰安婦」ロビーイングはきわめて活発だったようだ。日本出身人権小委員会波多野里望委員と一体になった日本政府の反「慰安婦」キャンペーンは，94年8月にも人権小委の多数委員に対して，激しく繰り広げられた。人権小委委員から選任されている同作業部会委員は，このときにも日本政府側のロビーイングの洗礼を受けている。接待のみならず，ＮＧＯに対する誹謗・中傷まで含む問題あるロビーイングだったという。残念ながら，これに動かされた人権小委委員も多数あったようだ。

折から，ＷＨＯ中島事務局長選挙にまつわる日本政府のスキャンダラスな選挙運動問題は，継続的にジュネーブのマスコミを賑わし，国連関係者の間でホットな話題となっていた。人権小委委員は，本来，政府から「独立の専門家」でなければならない。従前の日本出身人権小委委員（たとえば竹本正幸委員）については，政府からの独立性を強く疑われるような批判は聞いたことがなかった。時に日本政府批判めいた発言さえしていた。ところが，今度は，日本出身委員が日本政府と一体になって，反「慰安婦・ＮＧＯ」で激しいロビーイングをしたというのである。そのため，心ある委員や国連ＮＧＯから「あまりにも日本政府べったりだ」と批判の声があがった。なお，付言すると，出身国政府からの独立性が問題にされたのは，日本人委員だけではない。ＩＣＪは，最新のニュースレター１面で少なからざる委員が政府から独立でないと批判した。

● 現代奴隷制作業部会の勧告

　このような背景事実があるので，「今年の現代奴隷制作業部会には大きな期待ができない」と予測していた。予測どおり，同部会内では，「慰安婦」・強制労働など戦時奴隷制問題に関する勧告については，最終日午前中にいたるまで，何らの合意もできなかった。

　報告書採択のための審議が始まったところで，筆者はジュネーブを離れた。その後，予想に反した事態が起こったという。出席していたＮＧＯ代表など複数のニュースソースからの情報を総合すると，おおよそ以下のとおりの展開があったのである。

　パリー委員が熱心に主張したため，最終段階で同部会の新たな合意ができたという。「慰安婦」・強制労働問題に関連して，日本政府からの情報（「平和友好計画」や「女性のためのアジア平和友好活動への国民参加の支援」など）を歓迎するが，被害者への賠償のために「行政審査会」（administrative tribunal）を設置することを考慮すること，および94年の勧告，ことに常設仲裁裁判所による解決への可能性を想起すること，という勧告をすることが決まった。この決定は，日本政府の反対を押し切って採択されたというのである。最終的勧告文は，６月公表予定の同部会報告書を待たなければならない。興味深いことは，同部会は，日本政府に対する外交辞令を交えながらも，解決の方法について，94年に引き続き国際仲裁

裁判による解決を勧めるばかりでなく，さらに踏みこんで「行政審査会」の設置を求めた点が新しい。国際法律家委員会（ＩＣＪ）の勧告が同部会によって採用されたものと思われる。

　国連の動きは，このようにゆるやかではあっても着実な前進を止めなかった。日本政府は，この事実を厳しく受け止めなければならないであろう。ところが，外務官僚は，情報操作によって，この事実を日本政府首脳にストレートには伝えないであろう。仮に伝わったとしても，後半の勧告などは無視され，前半のみが強調されて，「日本政府の主張とりわけ『村山構想』が歓迎されたので，政策転換の必要はない」などと報告されるであろう。かくして，またもや，村山首相など政府首脳は「裸の王様」とされ，日本政府は過ちを是正する機会を失うのである。

●崩壊寸前の「村山構想」——なぜ日本赤十字社は，協力を拒絶したのか
　前記国連現代奴隷制作業部会での日本政府の民間基金の説明をよく読んでみると，「日本赤十字社」の名前がどこにも出てこないことに気づいた。94年9月以来の「村山構想」によると，「慰安婦」への支払いのための「民間募金」を募る予定の「民間基金」の母体は，「日本赤十字社とする」という政府・与党3党の決定があった。政界では，日赤の協力が，この民間基金成否の鍵とされていた。

　第1に，赤十字は，中立性を原則とし，政治的に利用されることを嫌う。日本赤十字代表に対して，3月24日，韓国の「慰安婦」被害者（団体の枠を超えた超党派的な49名）から要請書が寄せられた。要請書は，「民間基金による見舞金案」に対する強い抗議を表明し，このような「見舞金を受け取ることはできない」ことを明らかにしている。国連ＮＧＯや被害国・日本の支援団体も村山構想に反対で一致している。その中で，日赤は，政府の強引かつ不当な圧力をはねのけ，「村山構想」への協力を断ったと報道された。村山構想は暗礁に乗り上げた。だから，日本政府は国連で日赤に言及できなかったのだ。

　少数だが，「村山構想」を支持する人もあるので，言及しておこう。3月28日ＮＧＯ主催の集会（ニューヨーク）で，高木健一弁護士は，「日本は，慰安婦に対する犯罪の償いの責任がある。犯罪を犯していない今の日本人もその償いの責任を相続している」ことなどを理由に，民間人からの

第5章「民間基金」では解決できない　123

募金方式による解決を支持した(日本政府も民間基金に寄付すべきとする)。この主張が、日本人のいわゆる「集団的責任」を指摘するものだとすると、傾聴すべき点もあろう。しかし、ここで言われている「償い」、「責任」、「相続」は、いずれも法的概念ではなく、道義的・倫理的・政治的な概念である。

　日本政府は、法的国家責任を否定するが、国連ＮＧＯは、日本の国際法上の国家責任(法的責任)をこぞって肯定する。「村山構想」は、日本国家が、法的責任を回避するために考案されたものだ。国際法上国家責任がある政府が、自分の責任を法的責任がない民間・市民に転嫁しようとするものだ。筆者は、あくまで「法的責任がある国家としての日本が、被害者に対して賠償すべきだ」と考えるので、髙木弁護士の見解に反対する見解を表明した。聴衆の間に多少の混乱はあったが、結局理解を得られたと思う。日本では、これまで日本人の「戦争責任」の中身についての論議が不足していた。今後十分な議論をすべきだろう。

　現在の日本の市民には、「慰安婦」への犯罪に対する法的責任（刑事責任も、民事責任も）はない（日本帝国軍人でこの犯罪に責任ある者とこれに加担した民間人および犯罪の証拠を隠滅した共犯者を除く）。しかし、(当時はもちろん)現在の日本国家にも、国家機関・軍の犯罪を原因とする国際法上の法的国家責任があることは否定できない以上、犯罪について法的責任がない筆者も、まったく「責任」がないとはいえない。日本人であるからには、少なくとも、真相を究明し、この問題を正しく解決し、再発防止のため子孫に語り継ぐ「責任」はあるであろう。この「責任」は、重大だが、法的責任ではない。日本人である市民・法律家としての倫理的・道義的・政治的な「責任」だと思う。日本の市民には、法的責任がある日本国家が国際法上の国家責任をとるよう、あらゆる努力をする「責任」がある。「民間募金に応じない責任」もあるだろう。日本人として、国家責任をごまかすことに加担してはならないからだ。しかし、被害者への国家による賠償を税金の支払いによって負担する責任があることはいうまでもない。

　第2に、赤十字は、国際的だ。政府首脳より、国際情勢に通じている。各国赤十字は独立だが、国際的活動の中心である国際赤十字委員会から情報を入手することが可能だからだ。最有力国連ＮＧＯである同委員会は、

ジュネーブにあり，国連人権委員会などの決定ばかりでなく，国連ＮＧＯ・各国政府の発言も直接把握できる。

関係国連ＮＧＯ・政府は，95年の国連人権委員会で，一致して「村山構想」に反対した。同委員会は，3月8日「女性に対する暴力特別報告者」ラディカ・クマラスワミ氏の予備報告書を承認した。クマラスワミ報告書は，「慰安婦」問題について，日本がこれを犯罪と認め，賠償問題を解決すべきことを示唆している。

現代奴隷制作業部会マキシム議長は，4月26日，「クマラスワミ特別報告者が，『慰安婦』問題調査のため日本などを訪問することになった」と公表した。国連調査団（事務局2名とともに3名）は，95年7月頃，ソウル・平壌・東京を訪問する。

国連が日本に調査団を派遣した前例はない。国際連盟時代（1931〜32年）に，満州事変問題でリットン調査団が派遣された例はある。国際連盟から国際法違反を指摘された日本は，連盟を脱退し，第二次世界大戦に突き進んだ。今度も「国連脱退」や「戦争」による解決をしようとするのだろうか。そのような主張をする人はいないだろう。しかし，日本では，「それだけ重要な事態が起きつつある」という意識が薄い。政府も国会も，ことの重要性に気づいていない可能性がある。外務省など官僚の情報操作で，国連で何が起こっているのか正確には知らされていないからだろう。政治家が官僚の操作で，「裸の王様」にされ，世界の孤児になっている点では，今も，満州事変当時と変わりがないようだ。ここに日本の危機がある。

第3に，赤十字は，国際人道法を中心とする国際法の確立に努力してきた。それが活動の根幹をなしている。だから，国際法の原則遵守に厳しい。法的責任がはっきりしているのに，それをごまかして解決しようとする日本政府に利用されることはないはずだ。

日本の国家責任を肯定する国際的見解が出そろってきた。世界的権威者である法律専門家で構成された国際法律家委員会（ＩＣＪ）が，94年11月慰安婦問題に関する詳細な最終報告書を公表した。ＩＣＪは，「現日本政府に，道義的・法的責任がある」としたうえで，日本が国家として，被害者個人に賠償を支払うなどの国家責任を果たすよう勧告した。大韓弁護士協会と日弁連が95年1月，同様の法的見解を採択した。日弁連は，被害者への賠償など国家責任を果たす方法（立法あるいは国際仲裁）による解決

を提言した。加害国日本の実務法律家全体の法的見解がまとまったことは，日本の政界のみならず，国際的にも影響が少なくないであろう。

これら法的見解は，国連NGO国際友和会（IFOR）が，国連に提出した意見書の内容と一致している。ICJなどは，「これらの条約で解決されたのは，経済問題。慰安婦問題のような人身傷害の賠償問題は解決していない。日本は加害者の処罰義務違反の国家責任をとらなければならない。どの条約も刑罰免責をしていない」などと詳細な理由をあげ，日本の法的責任の存在を指摘している。

日本政府は，「条約で解決済み」と言うだけでその理由を示さないうえ，95年1月，常設仲裁裁判所の国際仲裁による早期解決方式（国連現代奴隷制作業部会が94年に勧告した）をも拒否した。「公正な第三者である国際仲裁裁判所では，日本政府は勝訴の自信がないのだろう」と受け取られた。「日本の法的主張は説得力を失い，崩れた」と国連NGOは言う。

ニューヨーク国連本部で開催された国連女性の地位委員会（北京世界女性会議最終準備会合を兼ねた）は，最終日の4月7日夜，「性奴隷」（sexual slavery，「慰安婦」問題を意味する）について，厳しい行動計画案を決めて閉会した。加害者の捜査・訴追と被害者への賠償の原則などを含む行動計画案を採択したのだ。従来の国連決定の中でも最も厳しい表現だ。クマラスワミ調査団は，この決定を受けて行動する。

このような状況下では，政府がどんな政治的圧力を加えても，赤十字であろうとそれに代わる他の民間団体であろうと，「村山構想」に「協力」することはできないだろう。

●国連・NGO勧告を受け入れるべき日本政府

以上見たように，「村山構想」は崩壊寸前である。個人的専門家の資格での訪問とはいえ，リンダ・チャベス氏（国連人権小委・「戦時奴隷制」作業文書担当委員）の来日（5月27日から31日。他に，フィリピンと韓国をも歴訪し，「慰安婦」・強制労働の被害者などにも面接調査した）は，日本に大きな衝撃を与えた。今回報告した国連現代奴隷制作業部会の勧告も近く公表されよう。国連人権委員会特別報告者（女性に対する暴力担当）による訪日調査も近い。日本政府は，直ちに政策を大転換し，国連やNGOの勧告を受け入れ，「慰安婦」問題の真の解決をはかるべきである。

日本政府に解決の能力がないのであれば，立法府国会による解決がはかられなければならないであろう。一説によると，「外務省にも他のどの省庁にも，この問題の管轄権限がなく，政府としては法案の提案ができない」，「国家としての賠償などの支払いにも，国家としての支出をすることになる可能性がある国際仲裁を政府が受諾するにしても，法律上の根拠が必要だという技術的問題がある。適切な法律があれば，この問題の解決ができるし，外務省など行政庁は，国会のこのような努力に反対しない」ともいう。そうであるなら，なおさら，国会の一層の努力・奮起が必要である。
　被害者も国連も，真相究明，処罰，賠償を求めている。政府・国会による戦時の重大人権侵害被害などに関する真相究明に関する法案，戦争犯罪・人道に対する罪の処罰に関する法案，「慰安婦」個人賠償法案，「慰安婦」との間の国際仲裁法案などを早急に立案することが求められている。

2　「慰安婦」個人賠償法の制定

●日本政府の責任回避と民間募金の強行

　日本政府（五十嵐官房長官〔当時〕）は，95年6月14日，「慰安婦」に対する国家としての賠償はせず，それに代えて民間基金の発足をはかり，民間から募金させて一時金を贈るという解決案（村山構想）を強行することを発表した。政府は，この民間基金の事業に「新たに福祉や医療面での支援事業を盛り込み，基金を通じてこれらの事業に資金拠出をすることで，政府としても一部責任を担う形を取った」（朝日新聞6月15日付朝刊）と報道された。しかし，この福祉・医療支援は，以前から示唆されていたＯＤＡ的措置の変形で，「慰安婦」被害者に贈られる「補償に代わる」金銭は，あくまでも「民間募金」によるのであって，国家からの支払いではない。「村山構想」の本質は，そのまま残っている。
　したがって，この「解決案」は，日本が国家としての日本軍「慰安婦」に対する「人道に対する罪」などの戦争責任・国家責任をとる措置ではない。かえって，戦争責任・国家責任を法的・道義的に担わなければならないはずの日本国家が，責任をとることを回避して，責任のない民間に，これを押しつける政治的試みであるといわなければならない。
　「解決」のために提案されたはずのこの民間基金構想は，解決どころか，

内外の厳しい批判を招き，問題をより解決困難なものとするであろう。この「解決案」は，自社さ連立政権の維持だけを目的に政治的に作られたものであって（村山首相は，従前個人賠償を主張していたことに留意），被害者の気持ち・要求を汲んだものではない。国連NGOなどが指摘する法的・道義的な日本国家の戦争責任をとろうとしたものでもない。

この問題が未解決のまま泥沼化することは，被害者・被害国にとっても，日本・日本人にとってもきわめて不幸なことである。しかし，被害者の求めるもの，および国連など国際社会の助言を真摯に受け止めるなら，真の解決への道を探すことは，決して不可能ではない。

それでは，どのような解決方法があるのだろうか。主として，国連での論議の流れを振り返ることによって，その方向を探ってみたい。

● 国連における「慰安婦」問題の審議

「慰安婦」問題は，92年2月の国連人権委員会で初めて論議された。以降，国連の人権関係諸会議では，この問題で日本政府批判がなされなかったことはなかった。NGOと政府の国連発言の回数は，優に100回を超える。

NGOと関係政府は，日本帝国軍の「慰安婦」に対する加害行為は，人類史上かつてない性奴隷であり，当時の国際法に違反する重大人権侵害であって，人道に対する罪に該当する犯罪であると糾弾してきた。被害者を代弁する国連NGOは，日本が国際法上国家責任および道義的責任を履行することを要求する。具体的には，①徹底した真相究明の継続，②行為が犯罪であることの承認を含む謝罪，③犯罪の加害者に対する処罰義務の履行，④「慰安婦」に対する個人賠償の実施などが主な要求である。

● 日本政府の国連における抗弁

これに対して，日本政府は，宮沢首相以来あいまいな謝罪の言葉を繰り返し，93年8月，事実関係（「慰安婦」に対する強制など）で一定の承認をしたものの，一貫して法的責任を否定し続けてきた。日本政府が国連で主張してきた主要抗弁は，2点に要約できる。第1は，「国連は，その創設前に発生した問題に関しては権限がない」とする手続論であった。第2は，「補償問題については，サンフランシスコ平和条約および65年日韓協定など二国間条約で処理済みである」という「条約の抗弁」である。

●国連の権限に関する手続的抗弁

　国連の権限の問題は，ウィーン国連世界人権会議（93年6月）でも議論され，大問題になった。その経過は報告済みである（自由と正義93年11月号25〜29頁）。

　結局，議長裁定の結果，過去の「性奴隷」被害を含め「すべての」対女性戦時暴力の場合に有効な対応を必要とするとの異例の修正を容れた最終宣言が採択された。これは，国連の権限に関する日本政府の手続的抗弁に事実上決着をつけ，この後国連人権機関が，「慰安婦問題」（性奴隷，戦時奴隷制など）に関して次々と研究・調査を進める決定をするにいたったきっかけとなった。この意味で，ウィーン世界人権会議の決定は，きわめて重要かつ画期的だった。

　国際連合は，もともと奴隷制・奴隷取引を禁止する国際法上の活動を行っていた国際連盟の権限を継承している。だから，奴隷問題に関しては，戦時中の問題に関しても権限がある。その他多くの法的理由から，「慰安婦」問題に関する国連の権限が肯定されるべきことは明らかである（UN Doc. E/CN.4/Sub.2/1994/NGO/30）。だから，日本政府も，国連人権委員会・女性に対する暴力に関する特別報告者（ラディカ・クマラスワミ氏）の訪日を「歓迎」して受け入れると決定するしかなかったのである。

●条約による決着の抗弁

　日本政府は，条約によって「慰安婦」被害者らの補償問題も決着したと抗弁する。現実に何の補償も受けていない被害者からすると，ずいぶん乱暴な議論に聞こえる。国連NGOは，相当の労力を割いて，この抗弁を批判してきた。

　大韓弁護士協会の意見書（95年1月）は，次のとおり国連NGOの意見を総括的にまとめている。また，日弁連の提言（同月）も，これとほとんど同旨の理由から，日本政府が「慰安婦」に対して国際法上の国家責任を負っているとしている。

　第1に，65年の日韓協定には，人権侵害に対する賠償責任に関する条項は含まれていないので，「慰安婦」に対する賠償問題はこれによって解決したとはいえない（94年11月に公表された「慰安婦」問題に関する国際法律家委員会最終報告書参照）。

第2に，65年の日韓協定には，刑事処罰問題に関する条項は含まれていないので，「慰安婦」に対する加害者の処罰義務問題は解決していない。この戦争犯罪と人道に対する罪を犯した加害者を処罰せず，現在まで放置したことに対して，日本国家は，いわゆる「不処罰の責任」を理由とする賠償責任を加害者に対して負っている（前記国際法律家委員会最終報告書および国際友和会の国連提出文書［UN Doc. E/CN.4/1994/NGO/19］など参照）。

　第3に，国家間条約によって個人の権利を放棄することはできず，たとえ韓国政府が日本に対する請求権を放棄したといっても，これは「慰安婦」の個人賠償請求権には影響を与えないと解釈すべきである（日弁連提言参照。なお，これは，日本政府の公式見解に基づくものであるので，ややこしい）。

　なお，若干付言するなら，朝鮮民主主義人民共和国および台湾の「慰安婦」については，日本政府が主張するような二国間条約などない。だから，「条約の抗弁」自体が不可能である。ところが，これは意外に忘れられている。日本政府は，これらの場合について，直ちに国家責任を認めて，被害者個人に賠償しなければならない。にもかかわらず，日本政府は，これを拒んでおり，その主張は，法的主張ではなく，単なる政治的主張に過ぎないと思われる。

　このように，きわめて説得力ある国連ＮＧＯなど国際的な法的意見が公表されており，日本政府の抗弁は，崩壊したと考えざるをえない。日本政府がこの状況を覆すには，日本の裁判所のような加害者側の判断ではなく，国際的にも公平（迅速でもある）な常設仲裁裁判所のような国際的機関の法的見解を得るしかないであろう。国連現代奴隷制作業部会は，常設仲裁裁判所の仲裁による解決を双方当事者に勧告し，韓国の被害者はこれを受諾したが，日本政府はこれを拒絶した。この拒絶で，日本政府は，その法的主張にまったく自信がないことを露呈したといってよいであろう。この段階で，日本政府の抗弁は，「すべて崩れ去った」といってもよかろう。

●国連の行動

　国連は，92年5月，現代奴隷制作業部会以来，戦時奴隷制という枠組みの中で，諸決定を積み重ねてきた。現在その成果が形になって現れ始めて

いる。詳細はこれまでの報告に譲るとして，解決の具体的方向を指し示す大枠のみを振り返ってみよう。

92年12月に，重大人権侵害被害者の賠償等への権利に関する人権小委員会特別報告者テオ・ファン・ボーベン教授が個人資格で来日した。同教授は，93年8月の国連人権小委員会に，奴隷など重大人権侵害の被害者個人は，加害国家に対して賠償（真相究明，謝罪，処罰，補償など）を要求する権利がある旨の最終報告書（UN Doc. E/CN.4/Sub.2/1993/8）を提出した。その際，同教授は，「慰安婦」問題の国連による取組みを強く訴えた。この最終報告書は，高く評価され，その後の国連関係機関の審議・研究・調査に大きな影響を与えている。被害者の主張を支持する国連基本文書といえよう。

94年8月，国連人権小委員会が現代的奴隷（性奴隷や強制労働）問題との関連で，「戦時奴隷制」予備研究（担当リンダ・チャベス委員）および「人権侵害侵犯者の不処罰問題」研究（ルイ・ジョワネ共同特別報告者担当。ギセー委員も共同特別報告者だが，担当は社会権である）について，その作業文書・報告書の中で，「慰安婦」問題（性奴隷など）を考慮するよう求める決定をした。チャベス委員は，95年5月にマニラ，ソウル，東京を個人資格で歴訪し，元「慰安婦」被害者，専門家，ＮＧＯや各国政府関係者等に面会した。これらの結果は，95年8月までに国連人権小委員会に報告される予定である。その内容は，その後の国連審議に影響を与えずにはおかないであろう。

95年1月，国連人権委員会の特別報告者（女性に対する暴力担当）ラディカ・クマラスワミ氏は，予備報告書（UN Doc. E/CN.4/1994/42）を公表した。その中で同特別報告者は，「日本の首相は，日本軍が広範な政府運営の売春所網において，何万もの女性に性的奴隷としての労働を強いたことを認めて謝罪した。しかし，今後，補償問題は決着されなければならず，且つその行為が国際人道法の下で犯罪であったことが承認されなければならない」と述べている。この予備報告書は，同年3月国連人権委員会によって承認され，同特別報告者は，7月（5月の訪日予定は，病気のため延期され，遅れた）にも，ソウル，平壌，東京を訪問し，「慰安婦」問題に関する国連の公式調査をする。国連による公式調査の前例はない。この国連調査は，満州事変のリットン調査団以来の衝撃を日本に与えずにはおか

ないであろう。

　同年4月，国連女性の地位委員会は，9月に予定されている北京世界女性会議のために行動計画案を採択した。その中で同委員会は，武力紛争下の女性に対する暴力を防止するため，「……ことに『組織的強姦』及び性奴隷について全面捜査を行い，女性に対する戦争犯罪に責任のある全ての犯罪者を訴追し，かつ女性被害者に対して完全な賠償をする」ことを各国政府や国際機関の行動義務であるとした。

　後に日本政府は，「性奴隷」は「慰安婦」を指すものとは理解していない旨発言し，再三この原則の適用を拒否している。しかし，「性奴隷」という国連用語は，ウィーン世界人権会議で採用された経過からも，これが当然，「慰安婦」を指す（当面他に実例がない）ものと理解されている。多くのNGO・政府の国連発言および国連事務総長の報告書も，「慰安婦」について，これを「性奴隷」と評価している。日本が争っても，近い将来，国連によって確定されるであろう。国連は，「慰安婦」を性的な「奴隷」（国際法上，もっとも古くから禁止された犯罪行為である点に留意）と把握してきていることが重要である。なお，これまで，「慰安婦」問題を除き，日本が，奴隷・奴隷取引の犯罪を犯したとされた前例はない。

　同年5月，国連現代奴隷制作業部会は，この賠償問題の具体化について，「行政的審査会」の設置に言及し，94年同様，国際仲裁による解決をも改めて想起・勧告した。

● 立法による解決への道

　被害者・NGOらの求めるものおよび国連審議の流れを概観したが，これらに照らせば，最近の日本政府の提案（6月14日，五十嵐官房長官〔当時〕によって発表された「女性のためのアジア平和友好基金」（仮称）の民間募金による補償に代わる措置など）は，真の解決とはとうていいえないことがわかるだろう。その欠陥は，以下のとおりである。

　第1に，公的な真相究明機関の設置がない。第2に，国際法に違反する犯罪であったことを承認する措置がない。第3に，再発防止を含め，処罰問題に何らの対策もない。第4に，国家による個人賠償の措置がない。

　行政府のリーダーシップによる解決を失敗したとするしかないであろう。これらの問題点，とりわけ第4の個人に対する賠償は，立法なしに解決す

ることが困難である(国際仲裁を受諾するにも、これを可能にする立法が必要との説もある)。しかし、問題点は相当に煮詰まってきている。国会がリーダーシップを発揮し、行政府がこれに協力するなら、解決の道が開けてくるであろう。問題は、これまで、具体的な解決案が総合的に国会内で検討されたことがなかったことだ。国会論議のために、立法による解決の原則をあげてみよう。

　第1に、真相究明だ。これは、戦後50年目にあたる95年1年間で終わるような簡単なものではない。諸国を見ても、同種事例の調査には長期間を要している。国会(衆議院か参議院が、独自の決定をして、調査特別委員会を設置するのは、立法なしで可能)、政府機関による公的な調査を行うための立法が必要だろう。現在、戦後50年問題の取組みの一環として、広範な真相究明のための公的機関設置のための立法運動が、市民団体と国会議員によって取り組まれている。その中で、「慰安婦」問題もいっそうの真相究明がなされることを期待したい。

　第2に、「慰安婦」に対する日本帝国軍の行為が、国際法に違反する犯罪であったことを承認する措置だが、これは、政府によってなされることが最低限必要だ。それだけでなく、国会決議ないし後述の立法に際して、その趣旨が法文(前文ないし目的)に含まれることが望ましいであろう。

　第3に、戦争犯罪・人道に対する罪などの再発防止措置ともなりうる処罰に関する立法が必要である。先進諸国には、戦争犯罪の処罰に関する立法例もあるし、常設の国際刑事裁判所の設置への国連の討議も急速に進んでいる(藤田久一『戦争犯罪とは何か』〔岩波新書〕)。日本帝国軍によって「慰安婦」などに対して想像を絶する犯罪が行われたのに、日本には、戦争犯罪を処罰する立法に関する国会論議もない。過去も現在も未来も、何らの対策もないのだ。これはどう考えても異常な事態だ。戦後のことだが、日本は、戦争犯罪を防止するためのジュネーブ条約の加盟国になっていることを忘れてはならない(戦争犯罪の処罰義務履行のための立法はなく、日本は条約違反を犯している疑いがある)。このままだと、日本は、戦争犯罪・人道に対する罪の再発防止ができるか心もとない。

　国際友和会は、93年2月「戦争犯罪等の処罰に関する法律要綱案」(加害者処罰のみならず、将来の予防にも役立つよう提案されている)を細川首相〔当時〕に提出した。すでに公表されているので参照されたい(週刊

法律新聞94年4月1日号)。国会論議のきっかけになることを期待したい。

　第4に，国家による個人賠償の措置については立法が必要だ。賠償措置を行うには，裁判所（国際仲裁裁判所の判決を含む）の判決がないかぎり，立法によるのが原則である。

　これまで，広く戦争犯罪・人道に対する罪などの被害者すべてに対して賠償を行うための立法の提案が，有志弁護士によって試みられてきた。これは，注目すべき提案ではあっても，大きな問題がある。第1に，法的に問題が相当異なる場合を広く扱っているために，立法案の原則が立てにくいきらいがある。第2に，多くの性質の異なる問題を扱うほど（一挙にすべてが解決する利点はあるが），コンセンサスに近い合意が得がたくなるおそれがある。

● なぜ，「慰安婦」を優先するべきなのか──新たな加害行為

　筆者は，現時点では，国会議員は，「慰安婦」に対する個人賠償に限定した立法案を優先的に提案すべきと思う。上記のその他の立法には時間がかかるであろう。「慰安婦」問題の解決は，待ったなしの状況だ。国連現代奴隷制作業部会，国際法律家委員会は，通常の救済に代わる迅速かつ補足的な救済措置のための行政機関の設置を提案している。日弁連の提言も，立法によって個人補償問題を解決すべきであると提案している。この問題にしぼった，立法による解決を優先的に行うべきだ。関係者協力のうえ，早急に，具体的な提案を立案すべきであろう。関係者，国会，政府は，次の事情を考慮すべきだろう。

　第1に，世界のＮＧＯと国連機関（たとえば，女性に対する暴力に関する特別報告者）が，日本軍「慰安婦」問題に焦点をしぼって，調査・研究を進め，論議してきている。日本政府としても，「慰安婦」問題以外についての戦後50年問題については，十分な対応をしてこなかった。他の問題については，十分な対応の準備体制がないのではなかろうか。

　第2に，筆者は，「慰安婦」問題には，次の特殊な事情があり，他の戦後50年問題とは切り離して優先解決しなければならない合理的理由があると考えるにいたったのである。

　国際仲裁裁判を求める韓国の元「慰安婦」被害者としばしば面会する機会があり，日本政府の対応についての意見を聴くことができた。そのたび

に痛感したのだが，被害者は，戦時に受けた奴隷的取扱いおよび加害者の不処罰状態に強い怒りを抱いているのに違いはないが，決してそれだけが被害でもなく，また被害者の怒りの原因でもない。被害者は，この数年来の日本政府の行為・措置にも激しい怒りを示していることに留意しなければならない。

　その理由は，きわめて明快である。「私たち被害者の名誉を今の日本政府が傷つけ続けている」ということだ。

　日本政府の人々は，自分の立場を守るのに必死で，このような被害者の気持ちには気づかないであろう。しかし，考えてもみるべきではないか。職業的売春婦ではない女性に向かって，「売春婦だ」と言ったなら，その女性の名誉は極度に傷つくであろう。その発言者は，名誉毀損を理由に刑事・民事上の法的責任を追及されるのは当然だろう。ところが，この事件ではそれが本当に起こったのである。

　筆者が会った韓国の「慰安婦」被害者たちは，職業的売春婦ではなかった。ごく普通の少女だったのである。それが，日本帝国軍によって，強制的に性の奴隷にされた挙句，現在でも「売春婦呼ばわり」されていることに留意すべきだ。被害者からしてみると，「お金が欲しいので任意に売春婦になったのではないか」と示唆されるほど辛いことはない。だから，被害者らは，「犯罪によって，強制的に性的奴隷にさせられたのだ」と必死に訴えているのである。

　しかるに，日本政府は，「民間業者が連れて歩いたので，政府は関係がなかった」「強制の証拠はない」「日本帝国軍が行ったことは，犯罪とは認められないし，国際法違反の違法行為ではない」などと言い続けてきたのだ。被害者にとっては，それは，「売春婦だ」と言い続けられるのとまったく同じなのである。このように被害者の名誉を傷つけ続けている現在の日本政府関係者の行為は，国際法を持ち出さずとも，日本だけでなくどこの法律のもとでも違法だ（在日韓国人であるソン・シンドさんの提起した訴訟では，同趣旨の主張がなされているという）。

　日本政府は，この数年間このような違法行為を続けてきた。しかも，それを，首相，官房長官，外務大臣，内閣外政審議室，外務省，労働省など要職にあるものが，多数共同して，国会の内外で，口頭あるいは政府公文書によって，日本ばかりか全世界のマスコミに対して言明し続けた。国連

でさえも広言し続けたのであるから，その責任は重い。
　これに対して，被害者は，無力な一女性に過ぎない。恥ずかしさに耐えつつ，真実を訴えて名誉を回復しようとするしか他に途はないのである。
　日本政府は「謝罪した」と言うかもしれない。この首相の謝罪の中身は，ここでは問わないでおこう。しかし，いずれの謝罪も，戦時の日本帝国軍の行為に対するものであって，現在の日本政府が被害者を売春婦扱いした名誉毀損に対するものは一言としてなかった。日本政府が発言するたびに被害者は深く傷ついたのである。この違法行為は現在のものであって，条約で解決済みでないことはもちろんである。そして，これは，他のいずれの戦後50年問題にもない元「慰安婦」被害者に対してだけ起こった特殊の加害行為なのである。日本は，事実関係についても，法的責任についても，この現在進行中の違法行為については，争うことはできないはずだ。この加害行為に対する謝罪を直ちにすべきである。
　もし，この点に思いを馳せるなら，「慰安婦」被害者に対する謝罪と個人賠償立法を最優先すべきことについては，コンセンサスに達することができると考える。関係者の真剣な検討を求めたい。

3　ＩＣＪ国際セミナーを終えて
　　——民間募金方式を拒絶する最終文書採択

　95年7月2～4日，東京の国連大学で「戦時奴隷制—日本軍『慰安婦』・強制労働をめぐるＩＣＪ国際セミナー」（主催・国際法律家委員会（ＩＣＪ），共催・ＩＣＪ国際セミナー東京委員会，後援・国連大学）が開催された。ＩＣＪ関係の国際的に権威ある法律家と5カ国の学者・研究者・専門家および関係ＮＧＯと被害者の参加を得て，実り多い3日間の討議を終えた。350席の国連大学国際会議場は，3日間を通じて満席で，多くの人々が傍聴できないほどの盛況だった。マスコミの関心も高く，連日セミナー関連報道があった。最終日には，日本政府が解決案として提案する民間基金を拒絶する最終文書を採択した。同文書は，「日本軍『慰安婦』問題に関する今後の国際的動向を定めた」といってよいだろう。
　筆者は，この国際セミナーの企画立案段階からＩＣＪに協力したので，開催の経過などを報告しておきたい（ＩＣＪ国際セミナー東京委員会編

『裁かれる日本―戦時奴隷制―日本軍「慰安婦」・強制労働をめぐって』〔日本評論社〕として全会議録が出版されている)。

● ＩＣＪ国際セミナー開催の経過

　国際セミナー開催の計画は，94年8月，国連人権小委員会に出席中のアダマ・ディエンＩＣＪ事務総長との協議から生まれた。筆者は，ＩＣＪがいつ「慰安婦」の最終報告書を公表する予定かを尋ねた。「準備状況からみて，9月初めになるだろう」とのことだった。ＩＣＪ最終報告書とその勧告が公表された場合の日本政府の対応が話題になった。筆者は，「精神病者の人権問題については，当時の自民党政権でさえＩＣＪ勧告を尊重したのだから，社会党委員長が首相の村山連立政権はＩＣＪ勧告を尊重する可能性が高いのではないか」と予測した。村山社会党委員長は，首相になる前，慰安婦被害者に対して，「国家として補償すべきだ」と主張し，これは社会党の公約になっていた。「政権党としてよもや公約を破ることはあるまい」と考えたのが甘かったが，それは後でわかった。しかし，折から，村山連立政府が民間募金構想を打ち出そうとしているとの情報もあったから，「万一村山政権がＩＣＪ勧告を無視した場合は，何らかの対策が必要だ」とも付け加えた。ディエン事務総長は，「その場合は，最終報告書のフォローアップのためのＩＣＪセミナーを東京で開催しよう」と提案した。

　その後の事情は，すでに述べた。ＩＣＪは，9月初め最終報告書草稿を日本政府に送付したうえで（ところが，このＩＣＪ最終報告書草稿は，外務官僚によって80日間も秘匿された），11月にこれを公表するという慎重な手順を踏んだ。最悪の事態が起きた。外務官僚の虚偽戦術に政治家がきりきり舞いさせられるという不名誉なエピソードもあった。筆者の予測ははずれ，村山連立政権は，自民党政権以下の対応しかしなかった。ＩＣＪ勧告を完全に無視したのである。

　このような経過もあって，筆者は，ＩＣＪセミナー構想について，ＩＣＪと日本を含む関係国の主なＮＧＯとをつなぐ役割を果たすことになった。関係ＮＧＯの期待を反映して，構想は，次第に大きなものになった。

● 国際セミナーの目的

　国際セミナーの目的の第1は，ＩＣＪの前記最終報告書のフォローアッ

プのための討議である。

　第2の目的は，国連が性奴隷のみならず，強制労働を含むその他の奴隷類似慣行について重要な調査・研究を進めてきていることに関わる。これら現在進行中の国連の活動について，情報を共有・討議することだ。

　第3に，被害などについての真相究明は，法的問題を研究するためにも欠かせない。被害調査，歴史研究，法的見解，運動上の諸問題などについて，被害国および日本における研究成果を国連などに提供するために集約することである（現に同国際セミナーの情報は，国連調査団に提出された）。

　このように過去の人権侵害に関する真相を明らかにし，その解決方法を研究することは，将来の同種事件の再発防止のためにも不可欠であることは，いくら強調してもし過ぎることはあるまい。

　開催時期については，当初95年5月が予定されていたが，出席者の都合，準備期間の不足などの理由で，ＩＣＪは最終的に7月2〜4日と決定した。

●国際セミナーの準備

　これだけ大がかりな専門的内容の国際セミナーは，この分野でもこれまでにないものだった。前例としては，92年12月に東京で，「慰安婦」被害者などから証言を聴く国際公聴会（国際公聴会実行委員会主催）。戦争と人権，戦後処理の法的検討をする国際人権セミナー（日弁連主催）が開催されたことがある（『世界に問われる日本の戦後処理』①②〔東方出版〕）。日本のＮＧＯ関係者には，この企画・立案の経験があった。しかし，このときは，世界の被害者から証言を聴くことと，国連など国際的権威者の見解を学ぶことに力点があった。ところが，今回はその時よりはるかに事態が進んできていて，同じ企画を繰り返すのは適当でなかった。現時点にマッチして，日本のみならず関係国からの報告が必要だし，進歩した研究を反映するものでなければならない。国連にとっても有意義な情報を提供しなければならない。そうでなければ，国際セミナーへの関心も高まらず，せっかくの企画も努力も実らないことになる。また，発表予定者も多く，規模が大きい。多額の費用もかかる。

　このような国際セミナーを準備するのは，国内ＮＧＯ一団体の力を超える。1月には，日本の戦争責任資料センター，（社団法人）自由人権協会，朝鮮人強制連行真相調査団，日本キリスト教協議会（ＮＣＣ），国際仲裁

裁判を実現する協議会，グループ性と天皇制を考えるなどの日本のＮＧＯによって，ＩＣＪ国際セミナー東京委員会が結成された。

一つだけ付言すべきことがある。リンダ・チャベス氏（国連人権小委員会・戦時奴隷制予備研究担当委員）は，明治大学での講演の他このセミナーに参加する予定で来日を計画していたが，セミナー開始時期が変更され，参加できなかった。残念ではあったが，同氏は予定どおり5月に来日した（事前に，マニラとソウルを訪問）。これは，個人資格でなされたものの，同氏の予備研究に重要な資料を加えたであろう。

●国際セミナーの概要

概要を知るには，プログラムを参照するのが便利だろう。

第1日目には，国際的専門家から国連審議に関連し，興味深い報告があった。

冒頭，ＩＣＪ事務総長アダマ・ディエン氏が基調報告の中で，国連に提出されたＩＣＪ「慰安婦」報告書の概要に触れ，日本は，重大人権侵害の被害者である「慰安婦」に対して補償措置をとるべきだとしたうえで，日本政府が提案する解決案に言及，政府資金によらず「女性のためのアジア平和友好基金」が民間募金により「慰安婦」被害者に支払う方式について討議することを求めた。

重大人権侵害被害者の賠償などへの権利に関する国連人権小委員会元特別報告者テオ・ファン・ボーベン教授は，国連におけるこの問題の審議の進行状況を報告した。日本は，「慰安婦」問題などを意識して，「一般的に個人は国際法上の主体として認められていない」「個人の被害者は国際法の下でいかなる被害回復を受ける権利も持たない」などと国連において主張し，ファン・ボーベン最終報告書に強く反対している。これに対し，ファン・ボーベン教授は，詳細に日本政府の主張を批判した。同教授は，ＩＣＪの委員でもある国際法の世界的権威者だから，この報告は，今後日本の法律家の研究の基礎ともなろう。

ＩＣＪ「慰安婦」最終報告書の筆者であるウスティニア・ドルゴポール氏は，軍事的性奴隷被害者に対する賠償を拒否する日本を厳しく批判した。「条約によって解決された」という日本政府の主張は，セクシズム（性差別），レイシズム（人種差別）に根ざすもので，道徳に反する立場である

とした。国際法的・道義的に見て，日本政府には「慰安婦」被害者に対して直接補償をする責任があるから，日本政府の提案する民間募金案は，この責任を否定することになると日本政府を厳しく批判した（この報告と韓国挺身隊問題対策協議会国際協力委員長シン・ヘイスー氏およびフィリピン「慰安婦」問題調査団のインダイ・サホール氏の日本政府の民間募金基金案批判の概要は，世界95年9月号に掲載されているので，それを参照されたい）。

筆者は，戦時の性奴隷（「慰安婦」）の国連審議と不処罰問題に関連して，国際友和会（ＩＦＯＲ）の立場を説明した。そのうえで，筆者は，日本政府が「日本には人道に対する罪の適用がなかった」との理由で，「慰安婦」に対する行為が人道に対する罪に該当することを認めない点を批判し，新研究の結果を報告した。花岡事件に関するＢＣ級戦犯裁判の米国公文書館保存記録中から発見された同裁判の再審査決定資料によれば，中国人住民の強制労働など奴隷的処遇が「人道に対する罪」として裁かれていた事実が明らかになったのである（毎日新聞95年7月3日付朝刊）。

第2日目は，「慰安婦」問題について，第3日目は，朝鮮植民地支配と強制連行・強制労働問題についての報告がなされた。海外からの報告者は多数に上る。韓国から著名な歴史家カン・マンギル教授他4名の学者，弁護士，朝鮮民主主義人民共和国からは，「従軍慰安婦」太平洋戦争被害者補償対策委員会代表パク・ポンギュ氏ら3名の専門家，学者，フィリピンからは，前記インダイ・サホール氏，オランダからは，対日道義的債務請求財団のジェラルド・ユンスラガー弁護士が報告した。日本からの発表者は，学者，研究者，文化人ら12名。韓国，フィリピン，在日の「慰安婦」被害者（「汚れた金はいらない」「私は乞食ではない」と民間募金基金を拒否した），強制労働の在日被害者，加害者元軍人らの証言もあり，大きな注目をあびた。

● 国際セミナー成功への感謝

ＩＣＪ国際セミナーの成功は，きわめて多くのＮＧＯ，個人の協力の賜物である。主催者ＩＣＪとその専門家をはじめ，セミナーに報告するため，遠路海外からあるいは日本各地から参加された方々の熱意に敬意を表したい。また，3日間会場をうめつくして，熱心に傍聴された方々にもお礼申

し上げたい。満席のため，列を作っても会場に入れなかった方々には深くお詫びする。国際セミナーの会場を提供し，かつ共催してくださった国連大学および国際セミナー開催の意義を認めて貴重な助成をいただいた財団法人東京女性財団，財団法人庭野平和財団に感謝したい。

　国際セミナーの受入れは，ＩＣＪ国際セミナー東京委員会の活躍なくしては不可能だった。同委員会には，結局42団体もが賛同団体（300名の個人賛同者）として参加し，準備・実行のほか財政的にも大きな貢献をした。同委員会をはじめこれらの諸団体，個人，事務局の皆さまに心からお礼申し上げたい。同委員会事務局のカーター愛子氏，上杉聰氏，洪祥進氏はじめ多くの女性ボランティアの方々，とりわけ無報酬フルタイムで長期間の献身的努力をした高城たか氏らにはただ感謝するしかない。

4　国連人権小委「行政的審査会設置」等を日本政府に提示
──外務省の情報操作に操られる日本のマスコミ

●国連人権小委，慰安婦問題で日本に解決方式を初勧告

　毎日新聞〔ジュネーブ18日＝福原直樹，95年8月19日付朝・夕刊〕は，「元慰安婦救済『政府機関を』，民間基金では不十分と判断，国連人権小委が対日決議」と，1面で次のように大きく報道した。「日本の元従軍慰安婦問題などを討議していた国連人権委員会の『差別防止少数者保護小委員会』の委員12人が，日本政府に被害者救済の『行政審査機関』設立を求める内容の決議案を提出，18日，全会一致で採択された。……元慰安婦問題では先月，村山富市首相の謝罪とともに民間基金が設立されたが，今回の決議案はこれら日本の解決策を間接的ながら『不十分』と判断したものと受け止められ，今後の政府の対応が注目される。……これまで日本は元慰安婦問題について，『女性のためのアジア平和国民基金』を設立し，年内にも元慰安婦への一時金を支払うことを決定。……今回の決議案では，これらの日本の対応を問題解決のための『有益なステップ』と評価しつつも，さらに突っ込んだ解決策を日本政府に要求した形になる。……」

　国連人権小委が「慰安婦」問題（その他の奴隷類似行為を含む）で初めて日本を名指しし，日本政府がスタートさせた民間募金のための民間基金中心の対策を「不十分」と批判して，この問題の解決のために「行政審査

機関」設置を求め、さらに94年現代奴隷制作業部会によって勧告された国際仲裁裁判の利用を示唆して解決方式を初提案したのだ。

●今会期人権小委員会では何が決議されたのか
　第47会期差別防止少数者保護小委員会の日本軍「慰安婦」関連 2 決議（議題15現代奴隷制）が採択されたのは、95年 8 月18日夕刻のことだ。
　第 1 は、今会期、日本軍「慰安婦」・性奴隷など戦時奴隷制作業文書（UN Doc. E/CN.4/Sub.2/1995/38）を提出したリンダ・チャベス委員を特別報告者に任命し、この問題に関する高度の研究を 2 年間で完成するよう要請することを人権委員会に勧告する決議案（UN Doc. E/CN.4/Sub.2/1995/L.20）が、コンセンサスを得て無投票で採択された。
　第 2 は、報道された問題の決議案（UN Doc. E/CN.4/Sub.2/1995/L.26）（連載㉑法学セミナー95年10月号36頁収録資料）である。
　決議案はわずかの修正がなされたのみで、これもコンセンサスを得て無投票で採択された。日本政府に対する外交辞令（民間基金設立などの情報を「解決の方向への有益な段階」として「歓迎」したものの、「解決」としてはいない）を述べているが（パラグラフ39）、人権小委員会は、これらを十分な解決とは認めず、以下の具体的行動をとった。
　①戦争犯罪人の処罰問題に関しては、「人権侵犯者の不処罰問題に関する特別報告者」に研究を要請すること（パラグラフ38）。②日本国家による補償問題に関しては、日本に対して、迅速に行政的審査会を設置することが解決になると判断する旨勧告し、さらに94年の現代奴隷制作業部会勧告、ことに常設仲裁裁判所による解決について当事者双方の注意を喚起した。
　今回の決議内容は、ＩＣＪ（国際法律家委員会）勧告に酷似しているが、国連人権会議が正式に初決定したので、大きな意味がある。

●混乱する報道・朝日新聞の誤報
　ところが、前記報道直後に、日本の関係者から国際電話で問合せがあった。「朝日新聞が、『国連は、政府の民間基金設立を評価している』と言っていて、毎日新聞とは逆だ。こんなに違った報道では、何が何だかわからない。どちらが正しいのか。資料つきで説明してほしい」というのである。

送られてきた朝日新聞〔ジュネーブ19日＝二村克彦，8月19日付夕刊〕をみると，「慰安婦『行政審査委』を，国連人権小委，日本の基金構想で決議」との見出しで，確かに毎日とは記事の趣旨が極端に違う。「国連が民間基金設立を歓迎したことこそがニュースだ」といわんばかりだ。「ジュネーブで開催中の国連人権委員会・差別防止及び少数者保護小委員会で18日，旧日本軍の従軍慰安婦問題に関して日本の民間基金構想などの対応を歓迎する一方，被害にあった人たちのために日本政府に行政的な審査委員会を設けるよう勧める決議が採択された。……」というのだ。

国連審議・決議採択の現場にいた筆者からみると，「朝日新聞は誤報した」としかいいようがない。問合せにはそう答えたが，「朝日新聞が言っているのだから，そう簡単ではない。市民も政治家も判断に困り混乱している」との答えである。

●いずれが正しい報道か

7月，NGOの圧倒的な反対にもかかわらず，「慰安婦」被害者への見舞金支払いのための民間募金をする民間基金「アジア女性基金」が強引に設立された。これが，日本政府から国連に報告され，人権小委によって是とされるのかどうかが関係者の関心の的となっていた。だから，「民間基金構想が解決策として受け容れられ」たのか，それとも「不十分」とされたのかが問題の焦点だ。朝日の報道は，前者の立場にも読める。毎日のそれは，明らかに後者だ。

第1に，他の報道機関は，この点をどう把握しているだろうか。読売新聞〔ジュネーブ18日＝大塚隆一，8月19日付夕刊〕は，「元慰安婦，訴え窓口設置を，国連人権小委，日本に求める決議」と，毎日と同様の報道である。「国連人権委員会の差別防止・少数者保護小委員会（人権小委員会）は18日，旧日本軍の従軍慰安婦問題の解決策として，日本政府が元慰安婦の訴えを受け付ける行政審査機関を設置したり，オランダのハーグにある常設仲裁裁判所を利用したりすることを検討するよう求める決議を採択した。日本政府は先月，元慰安婦の救済措置として『女性のためのアジア平和国民基金』を発足させるとともに，村山首相が『深くおわびしたい』と謝罪した。決議はこうした対応を『有益な歩み』と評価しつつ，最終的な解決策としてはなお不十分とみなし，追加的な措置の検討を促す形にな

っている。……」としている。ジャパンタイムス〔8月19日付1面〕は，「国連会議性奴隷で日本をたたく」と，人権小委員会の委員の発言やNGOのコメントを引用して，「国連の人権会議は金曜日，戦時性奴隷に対して国家補償を支払うための政府機関を設置するよう求めた。……」と毎日・読売同様，日本政府に厳しい報道だ。

　第2に，論理の問題がある。仮に，人権小委が日本政府が設置させた民間基金を歓迎したのが主要なニュースなら，それを解決策として受け入れるのだから，国連審議は終わりになる。それ以上，何の解決方式の提案も必要ないはずだ。行政審査機構の設置や国際仲裁裁判の対日勧告が，なぜ必要なのだろうか。そう考えれば，論理的にいって，毎日・読売が報道するように，国連が日本政府の民間基金設置措置を「不十分」と判断したことは明らかである。そうなると，これが「不十分」とされ，具体的解決方式が提案されたことこそがニュースということになる。日本政府の情報を「歓迎」すると述べたのは，国際機関が常に用いる「外交辞令」とみるのが正しいだろう。

　実際，国連人権小委が「慰安婦」問題関連の決議で「日本」を名指ししたり，具体的な解決方式を勧告したりしたのは，今回初めてだ。ニュース価値としても，1面トップ記事として遜色ない。せっかくの的確な読売の記事も，扱いが見出し3段と小さいのが残念だ。

　第3に，「なぜこのような誤報が生まれたのか」の問題がある。取材の深さ・質の問題だ。

　本社側が，前記他紙の報道との違いを指摘し，補充取材を指示していれば，誤報は避けられたかもしれない。筆者の知るかぎり，朝日新聞だけが多数の報道に対立して，政府寄り報道をしたのだ。さらに，これら他紙の報道は，8月18日に送稿されたものだ。だから，8月19日送稿の記事を受けた朝日新聞のデスクは，他の報道機関の報道ぶりも参考にできたはずだ。他紙が逆の報道をしている場合は，朝日新聞本社としては特派員が送ってきた記事に疑問を提起し，詳細な取材を求めてみることはできなかったのだろうか。もっとも，94年秋の村山構想（民間基金案）に関する朝日新聞のあとおし的大報道で同新聞社の方針が決まっていたのであろうか。

　現地特派員の側の問題もあろう。取材の常道として，当事者の双方に当たることが考えられる。朝鮮人強制連行真相調査団朝鮮人側事務局長洪祥

進氏も，ＩＦＯＲを代表していた筆者も，ともに常時国連の会議場周辺にいた。あるいは，すべての日本報道関係者を訪問し，書面・口頭による情報提供にも努めた。ホテルへの深夜電話取材も拒まなかった。残念ながら，朝日新聞からのＮＧＯ側への取材はなかった。筆者らは，多かれ少なかれ他の日本報道関係者らとは会うことができた。だから，筆者らは，「朝日新聞は，意図的に筆者ら関係ＮＧＯと会うのを避けているのだろうか」とさえ感じたほどだった。

そうでないとしても，朝日新聞特派員が，この問題をめぐる国連審議を自らずっと取材して，関係委員の発言などを聞いていれば，問題はなかったであろう。後述のようにパリー委員，チャベス委員など関係委員は，現代奴隷制作業部会報告書および戦時奴隷制の審議の際，公開の場で日本政府の民間基金政策をはっきりと批判し，国家補償を要求する発言をしていたのだから，多数報道機関と同様の報道ができたはずだ。国連発行のプレスリリースも相当詳しい情報を提供している。

「慰安婦問題だけが重大事件ではない。ジュネーブ特派員は１人で忙しい。そんなに取材はできない」という言い分もあるだろう。それも理解できるが，ＮＧＯへの電話取材１本できないほど忙しかったのだろうか。そのうえ，この決議は，「国際連盟の満州事変問題に関するリットン調査団以来初めて」というほど異例の国連の公式調査団の来日が７月にあったという背景の中で起こったことだ。首相自らが提案した日本政府の政策が国連で受け入れられるのか，それともこれを「不十分」として人権小委員会が日本を名指しで具体的解決方式に関する初勧告をするかどうかがきわめて注目されていたのである。日本の報道関係者としては，重大関心事だったのではないだろうか。

記者の個人的意見で真実がゆがんで受け止められたものではないと信じたい。仮に，特派員個人が国家補償に反対であったとしても，それは思想の自由の問題だ。しかし，新聞社としては，客観的立場から報道すべきではなかろうか。800万人以上の読者の知る権利にかかわるのだ。朝日新聞は，戦後民主主義の旗手だった。少なくとも，読者からは，「権力をチェックし，真実を客観的に報道し，人権を擁護する立場から報道してきた」と評価されてきた。健全な報道の自由の存在は，民主主義の最低条件だ。ところが，最近は，報道機関が第４の権力になってしまって，これをチェ

ックするものが少ないところに危うさがある。

　最後の可能性として，日本政府からの取材もできた。「日本政府の言い分は十分聞いただろう」と推測するしかない。少なくとも，日本政府が「在ジュネーブ邦人特派員」に配布した8月10日付資料は，朝日新聞も見ているだろう。

　ところが，この資料は，後述のとおり誤った事実を伝えており，重大な誤解を与える問題の多い文書である。この文書に象徴されるように，日本外務省官僚は，誤った情報を報道関係者に与え，国民を情報操作している。朝日新聞は，政府の情報操作に乗せられたのではなかろうかという可能性も否定できない。外務省の情報操作は，厳しく批判されなければならない。日本の進路を誤らせる重大な危険がある。

　かつて，満州事変勃発にあたっては，「中国軍が攻撃してきた」かのような虚偽情報が流され，情報操作がなされた。戦前・戦中の大本営発表もそうだった。政府・軍の虚偽情報による世論操作によって，戦争に関する真相は，まったく市民には知らされなかった。それが，日本を侵略戦争への道へ突入させた一つの原因だ。このような権力の暴走をチェックする役割からも，報道が政府情報に批判的でなければならないことは最低のルールだ。

●政府の情報操作の発覚と波紋
　実は，この第47会期人権小委員会でも日本外務官僚によって虚偽情報が流され，報道操作がなされた。そのなかで，政府が取材不足の朝日の操作に成功したのかどうかが問題だ。

　8月10日午後の議題15現代奴隷制に関する審議は，現代奴隷制作業部会議長マキシム委員（ルーマニア出身。第47会期人権小委議長）の同作業部会報告書（UN Doc. E/CN.4/Sub.2/1995/28）に関する報告で始まった。引き続き，チャベス委員から戦時奴隷制作業文書の報告があった。この中で「慰安婦」問題が取り上げられ，この問題に会議出席者の関心が高まった。日本政府は，劇的なこの瞬間をとらえようと事前に発言順序を特に変更するよう議長に交渉していた。この直後に発言を許されたのだ。発言の詳細は省略するが，もちろん，その中心は，民間募金方式の民間基金が「慰安婦」被害者に見舞金を支払うという説明である（連載㉑法学セミナー95年

10月号36頁収録資料）。多くのNGOなどが日本政府の発言草稿を求め、説明は成功したかに見えた。

　ところが，その後すぐにパリー委員（英国出身）が発言した。日本政府の民間基金設置措置について聞いたことを「非常に喜ばしく思う」と外交辞令を述べてはいるが，「しかし残念ながら，日本の過去に関する限り，補償問題はまだ効果的に対応されていない。……私は，日本政府が，平たく言うなら，四の五の言わずに，すぐに国庫から補償金を支払うことを期待する」と日本を厳しく批判した（連載㉑法学セミナー95年10月号36頁収録資料）。パリー委員は，95年の現代奴隷制作業部会でも日本政府にきわめて厳しく，前記決議案（L.26）の基礎になった同部会報告書中の関連勧告は，同委員の提案が採用されてできたのだ。作業部会のパリー提案に対して，日本政府は，その場で激しく反対発言をしており，同委員の意見は熟知している。

　後にわかったのだが，日本政府がその日夜，在ジュネーブ邦人特派員に資料を送り，この日の審議状況を説明したのである。問題はその内容だ。政府代表部の説明を見ると，何と，日本政府の発言に対して，「英国のパリー委員からも日本政府による情報を歓迎する旨の発言がなされた」と書かれている（連載㉑法学セミナー95年10月号36頁収録資料）。素直に読めば，日本政府の民間基金設置措置をパリー委員が解決として受け入れたかのように読める。

　NGO筋からこの日本政府の報道操作を知ったパリー委員は，「私の言ったことと全く違う。誤りだ。これは，危険だ」と，日本政府代表に対して会場で直接長時間抗議した（毎日新聞8月19日付朝刊「地球を生きる──アジアの人権」参照）。

　さらに，同委員は，8月18日前記決議案（L.26）の審議にあたって，そのパラグラフ39が，日本政府の情報を「歓迎」するとしている点の解釈について特に公式発言し，日本政府が報道関係者に対して，パリー発言を誤って伝えたことを暴露した。決議案の「歓迎」を同様に誤って，「解決」と受け入れたかのように解釈しないように注意を喚起した。仮に，朝日新聞がこれらの経過を取材していれば，前記の誤報はありえなかったであろう。

　8月10～11日の議題15では，WCC，ICJなど7NGOが一致して日

本政府の民間基金設置を批判し，拒絶した他，2政府の発言があった。3委員（英国のパリー委員，米国のチャベス委員，中国のファン委員）が明確に日本政府を批判した。チャベス委員は，米国議会が日系人の戦時拘禁について国家補償議決した先例をあげ，日本にモデルとするよう示唆した。ファン委員は，この問題について初発言だったが，民間基金に対するNGOによる厳しい批判に言及し，日本政府に再考を求めた。日本政府の措置を「解決」と受け取った者は，一人もいなかった。このような審議経過からみると，日本の民間基金設置評価をニュースとする朝日の報道には，客観性がないことを理解できよう。

このような外務官僚による国連と「慰安婦」問題に関する虚偽情報による世論操作は，初めてではない。外務省の虚偽報告によるICJ報告書つぶしの先例もある。これによって，市民・政治家が操作され，日本の進路に関し過ちを犯し続けるところに日本の危機があるのだ。

5　従軍「慰安婦」被害者個人賠償法案等の提案

本書で，元「慰安婦」被害者個人に対する国家による賠償を可能にする立法が必要である旨主張してきた（2，127頁）。北京（第4回）国連世界女性会議は95年9月，日本軍「慰安婦」を表す「性奴隷」などの被害者に対する賠償の原則を含む行動綱領を採択した。なお，加害者の処罰の原則も定められた（第4章2，116頁）。同会議NGOフォーラム・シンポジウムでは，日本が被害者個人に対する国家による賠償を拒否するなら，「日本製品の国際的不買運動を開始するであろう」との決議も採択されるという厳しい状況に至っている（115頁）。

日本は，「いかなる立法があれば，この問題を解決することが可能か」，具体案を検討すべき緊急の必要性に迫られている。そこで，国会関係者およびNGOの論議の参考に供するため，国連の勧告などを満たすと思われる解決のための立法案の骨子を提案したい（提案は，連載㉓法学セミナー95年12月号47頁収録の資料1，2を参照）。

●日本軍「慰安婦」問題を取り巻く状況

日本政府のこれまでの対応は，一貫して「国家」による補償は拒否し，

「補償に代わる措置」をなすこととされ，「民間基金」による「村山構想」が打ち出された（第2章1，58頁）。政府の美辞麗句による説明は，ことがらの本質をわかりにくくしているが，要するに，「国家」補償に代えて，「国民」による「償い」で肩代わりするという政策がそれだ。具体的には，「女性のためのアジア平和国民基金」への市民からのランダムな募金による被害者への支払いの企画が進行中である。さまざまな憶測があるが，この政策は，「条約などで解決済みだ」という理由から，「国家による補償はできない」という考え方を前提としている。この考え方に固執するかぎり，「国家」による被害者への補償立法はありえないこととなる。

ところが，内外の情勢は大きく変わってきている。全面的な内外の反対にあって，前記した「民間基金」によっては，日本政府の思惑どおり解決しないことがはっきりしてきたのだ。国際的には，95年7月，国連大学で開催されたICJ国際セミナーにおいて拒否決議がなされ，北京世界女性会議にいたった。日本政府の政策は，世界の女性団体など国際的NGOによって全面的に拒否されたのだ。国連も，「民間基金」を「解決」とは見ず，日本政府に対する急速な批判的動きを止めていない。被害国のNGOおよび政府からも，非協力的姿勢が伝えられている。

国内的にも，「民間基金」への支持がきわめて低調な状況が報道されている（「募金目標10億円……ただいま5000万円，元従軍慰安婦への一時金年内支給は困難，支給額決まらず調査も進まず」（読売新聞95年10月9日付）。

そのうえ，被害国である朝鮮民主主義人民共和国・韓国などからは，「慰安婦」被害の原因である朝鮮の植民地化のための条約の無効確認要求も，かつてないほど厳しくなってきている（「歴史認識の溝また火種，首相の日韓併合条約発言」朝日新聞95年10月13日付，「『併合条約は合法』首相発言，韓国，日本政府に抗議」同日付読売新聞）。

この間，内閣外政審議室など政府官僚の発言の微妙な変化が注目される。北京世界女性会議出席中，NGOとの非公式な話合いなどで，「女性のためのアジア平和国民基金」による支払いが「最後とは，一度も言ったことはない」などの発言がそれだ。

「この民間基金が解決にならないとすれば，どうしたらよいのか」との質問をしばしば受けた。筆者やIFORは，折にふれ，日本が自主的に解決

できなければ，常設仲裁裁判所による日本と被害者間の国際仲裁で解決をはかってはどうかと提案した。ＩＣＪは，行政機関設置または国際仲裁裁判所による解決のほか，国際司法裁判所による解決への途も提案した（第2章2，63頁）。大韓弁護士協会は，ＩＣＪ・ＩＦＯＲの提案を支持する他，加害者の処罰の必要性を強調し，日弁連は，国連ＮＧＯの主張を踏まえ，「慰安婦」問題を立法によって解決するよう提言した（第3章2，89頁）。これらを踏まえて，国連差別防止少数者保護小委員会（人権小委）は，95年8月，具体的な解決案を初めて日本に対し提示した（第3章4，141頁）。同小委は，「民間募金基金」設置を解決とは見ず，日本に対して，「行政的審査会設置」または「国際仲裁裁判」による解決を勧告した。日本は，このような流れの中で，国連の勧告に従った解決を急ぐことを迫られている。

● 立法による解決の方向と可能性

「それでは，具体的にはどうしたら，国連の勧告に従ったことになるのか」との質問を受けた。ことの性質上，国会による立法が必要だ。そのための具体案がないと論議が一歩も進まない段階にいたっている。これまで，「戦後補償問題」に関して解決方式の提案がいくつかあった。筆者も，「すべての事例を国際仲裁裁判によって解決してはどうか」と提案した（「戦後賠償・補償問題解決のための第四の道」法学セミナー93年2月号20〜24頁）。傾聴に値する立法案も，関係弁護士らにより提示されている（『戦後補償法案を考える――個人補償の実現に向けて』戦後補償キャンペーン’96）。しかし，これらは，救済の対象として，連合国の爆撃による日本人被害者などすべての戦争被害者を含むものから，日本の国際法違反行為の外国人被害者をあげるものまであり，幅が広い。国会による立法にいたるには，必ずしも議論が熟していない。その中で，真相究明，法的検討が他より進み，国連においてなど国際的にも一致して「国家による補償」が求められているのは，当面「慰安婦」問題に限られている。また，この問題には，法的にも他とは異なる点もある。

仮に，日本政府が主張するとおり，条約などにより国家間で解決済みであっても（ＩＣＪ，ＩＦＯＲ，大韓弁護士協会，日弁連などは，未解決であると指摘する），国権の最高機関である国会の立法があれば，「国家によ

る被害者個人への補償」という解決が可能なことは当然である。国連人権小委でも指摘されているように、日系人の戦時拘禁が米国最高裁判所で法的に合憲とされても、米国議会による国家補償がなされたモデルもある。日本でも、高等裁判所が法的権利を否定した後（最高裁判決前）、補償立法がされた台湾人元日本兵の先例がある。

　ところで、「いかなる立法の提案も、外務省の頑迷な抵抗にあって、実現できないだろう」という悲観的な見方がある。実は、筆者も「解決を妨げているのは、外務省官僚だ」と感じていた。虚偽発言を繰り返す外務官僚を見ると、今でも、そのように感じはするが、一律に「すべての外務官僚が悪い」と言うのも短絡的だと思う。彼らが真実を述べることもあるし、誠実な場合もあるだろう。筆者が、偏見のために政府との対話を拒んでいるのではないかと誤解されることもある。だが、政府（政治家とも官僚とも）との話合いを拒んだことはない。「慰安婦」問題に取り組むようになってからは、外務省から敬遠されて、とかく疎遠だった。ところが、最近、心ある外務省の担当者から求めがあり、この問題を含めて、国際人権法上の諸問題で、非公式に意見交換する機会があった。

　驚いたのは、「外務省としては、国際仲裁裁判を拒否したことはない。法律がないから仲裁裁判を受けることができないと技術論を述べてきただけだ」ということだ。「国会が国家補償立法をするのであれば、反対することはない」「だが権限がないから、外務省として立法の提案はできない」と言うのである。「傾聴すべき見解」と受け取った。

　経過を知る政治家にこの話をすると、「外務官僚はその正反対を言い続けてきた。信じられない」と言う。過去には別の担当者が別の対応をしたが、新たな担当者が最近の情勢を踏まえて、微妙な対応の変化を見せたのかもしれない。だが、実際にこの発言のとおりなら一歩前進だ。最近の情勢を踏まえると、立法による解決の可能性が十分あると思われる。

　すでに、国連の勧告は出ている。国連でのこの問題の審議期間を数えてみた。92年2月に初めて国連人権委員会で論議されてから北京世界女性会議まで、3年7カ月になる。ポツダム宣言までの太平洋戦争の期間と同じだ。国連人権小委決議や北京世界女性会議行動綱領をポツダム宣言同様と見てもよい。日本政府はこれを「黙殺」すべきではない。長いといえば長かったが、国連の手続は、国内訴訟（国連審議前に始まって、まだ判決が

出ていない）より早かった。国内訴訟でいうなら，口頭弁論が終結して，判決が出るのを待っている段階と考えてもよい。12月までに出るのではないかと期待されているが，国連人権委員会のクマラスワミ特別報告者の報告書公表が近い。これが，国際的には実質的に「判決」と同じ機能を果たすだろう。

クマラスワミ報告書は，これまでの国連の路線と異なることはないと予想できる。日本政府もこれまでの政策にこだわって解決の時機を失するのは愚かだ。一部識者も，「国連の介入は外圧だ」などという偏見を捨てるべきだ。国連には日本も加盟している。国連の関与は，外国による介入ではなく，日本も承認した国際機関による正当な人権擁護システムの作用である。ＮＧＯも，国内活動重視派と国際活動重視派（筆者は後者と見られていた）との間の国内運動路線の違いを強調することもやめるべきだろう。国会・政府，識者，ＮＧＯは，国連の勧告に従うべきだ。合理的思考の持ち主は，「不買運動まで始まっては困る。世界の孤児になることは避けるべきだ」という点も考慮すべきだろう。

問題は，国連の勧告などこの問題をめぐる国際情勢は，日本に十分伝わっていない。それは，外務省ルートの政府首脳や国会議員への情報のパイプが機能していないことによる。マスコミが報道に熱心でないことも原因だろう。外務省もマスコミも，これを反省して，国際的情勢を正確に知らせることに努力すべきだ。それが，自らの職務に忠実なありかただ。結局は，立法による解決を急速に実現することになろう。

立法は，立法府である国会が行う。実際には，管轄官庁が立案して，政府提案として法案が国会提出されることが多い。だから，政府が法案を提出してもよい。しかし，立法府が自ら法案を立案し，国会提出する途もある。現に弁護士法など重要な議員立法がなされた。英国でも，精神保健法など重要な議員立法の例がある。

国会議員・政党など国会関係者の奮起を期待したい。この問題は，経済政策などのように政党によって政策が異なる政治問題ではなく，人権問題だ。立案にあたっても，採決の際も政党による議員の拘束を外すべきだろう。これは，戦争責任問題であって，国際的にも注目されている。日本の政治がとかく陥りがちな「あいまい」な処理は，許されない。姑息な解決をなし崩しにするというのでは禍根を残す。堂々と国会において，論争す

べきだ。反対も賛成も，これをタブー視せずに論議を公明正大に交わすことが必要だ。選挙の争点にして，おおいに国民的に議論することを期待したい。

●協力の賜物

　法学セミナー誌上（連載㉓95年12月号47頁以下）で公表した立法の提案は，国会論議などの一助として筆者が作成した。簡略な法案だから，意図は理解してもらえるだろう。国連人権小委は，日本に行政的審査会設置による解決を求めた。それには，法律が必要だ。従軍「慰安婦」被害者個人賠償法案骨子（同前）に提案されたような法律が成立するなら，それで賠償問題は解決するだろう。もし，国会がこのような方向でまとまらないのであれば，国連は，国際仲裁裁判による解決をも勧告している。その場合は，従軍「慰安婦」被害者との国際仲裁法案骨子（同48頁）のような法律が成立すれば，外務大臣が被害者との仲裁契約を締結できる。

　なお，賠償のみならず，真相究明，国際法に違反する犯罪であることの承認，処罰などの諸問題と立法の関係もあるが，当面緊急な補償立法の提案に絞り，その他は省略した（なお，連載⑩法学セミナー95年8月号29頁以下参照）。この提案にいたるまで，多くの被害者，関係ＮＧＯ，国連関係者，研究者，国会関係者，弁護士などの方々の意見を直接間接に参考にさせていただいた。もしこのような法律が成立し，この問題の解決をみるとすれば，それは，これらの人々のご協力の賜物である。いちいち名前をあげないが，心からの感謝を申し上げたい。

6　解決にならない「民間基金」

●国連勧告に従った解決を迫られる日本政府

　95年9月の北京国連世界女性会議が採択した行動綱領（145(f)）（第4章2，117頁）や同年8月の国連差別防止少数者保護小委員会の決議（4，142頁）に従って，日本政府と国会が協力して，立法により，「慰安婦」問題の解決をはかるべきことを主張した。

　ところが，日本政府の政策転換は，未だになされていない。その重大な原因の一つに，日本政府官僚による国連決議等の歪曲がある。これまで，

何度も日本政府官僚は，国連人権機関等で国際的に起こっている事実関係につき，情報の隠匿，虚偽発言，事実の歪曲，その他の方法による情報操作を繰り返してきた。その結果，政府首脳は「裸の王様」にされて判断の誤りを重ね，日本の市民は愚弄され続けてきた。今回も，同様のことが起きている。

日本のNGO情報によると，北京会議の後も，それ以前の原案検討段階（第4章1，101頁）と同様，内閣外政審議室や外務省など日本政府官僚は，北京会議行動綱領（145(f)）の「性奴隷」（sexual slavery）が，「慰安婦」問題を示す国連用語である事実を公開の席で否定しているという。筆者自身，北京会議にいたる準備過程でも，北京会議の場でも内閣外政審議室や外務省官僚から再三この種の発言を聞いた（「漫筆―日本と奴隷制」労働判例95年11月15日号2頁）。「政府情報」だからということで，マスコミも一般市民も政治家も誤った判断をさせられる（第4章2，110頁）。

日本弁護士連合会では，これを重く見て，95年11月16日，急ぎ会長声明を公表して，この政府発言の誤りを質した。日弁連会長声明は，「両性の平等に関する委員会」（小林和恵委員長）の提案に基づいて出されたものだ。同声明は，具体的事実をあげて「これまでの国連における審議経過をふまえると，性的奴隷という用語が，『従軍慰安婦』制度を示す用語であることは明らかである」としたうえで，日本政府に対し，このような「国連の意図を歪曲することをやめ」ること，および「上記行動綱領及び国連差別防止少数者保護小委員会決議（1995年8月，日本に行政的審査会を設置するか，国際仲裁裁判を受諾するかによって国家補償問題を解決するよう勧告したもの）に従い，被害者に対する国家補償をなすことを決意し，日弁連提言及び国連決議等に鑑み，『従軍慰安婦』被害者に対する国家による補償を可能とする立法の提案を早急に検討すべきである」としている。

日本政府は，これまであらゆる手段を講じて国連の活動を阻止しようとしたが，できなかった。今度は，国連の活動を無視し続けようとするかもしれない。国連の活動は，重層的だ。着実に進展して，国際批判は高まりこそすれ，収束することはない。

国連人権委員会・女性に対する暴力に関する特別報告者は，国連初の対日公式調査のために95年7月に来日した。その報告書は，同年12月にも公表されよう。経過からみて，「慰安婦」に関する報告がこれに含まれるこ

とは間違いない。96年3～4月に予定される国連人権委員会では、この報告書が審議の重大焦点になるであろう。同年8月の国連人権小委員会でも、不処罰の研究および戦時奴隷制の研究（後者については、人権委員会の支持が条件だが）が、「慰安婦」問題に取り組むことになっている。このように、高まる一方の国際的圧力に、国連中心主義を国是とする日本政府がいつまでも抗し続けることはきわめて困難だろう。安全保障理事会の常任理事国入りに象徴されるような、政治大国になることもあきらめなければならなくなるだろう。アジア地域を重視せざるをえないこともある。国際貿易立国の日本が、世界の女性団体と全面対決を開始する愚を冒すであろうか。

● 破綻が見えてきた「国民基金」

日本政府は、95年7月「女性のためのアジア平和国民基金」（以下、「国民基金」）を強引に発足させ、国連でも同基金が民間から集めた募金を「慰安婦」被害者に渡すことをもって解決とする説明を繰り返してきた。しかし、これは、多くの被害者とその支援団体および国際法律家委員会（ＩＣＪ）など国連ＮＧＯの拒否するところとなり（9、136頁）、国連人権小委も北京世界女性会議も、これを解決として受け入れなかった（第4章2、114頁、4、142頁）。

読売新聞（95年10月9日）によれば、「募金目標10億円」に対して、現実の募金は、8月15日基金発足後2カ月近いというのに、「ただ今5000万円」という。「支給額決まらず調査進まず」という状況で、当初目標だった「元従軍慰安婦への一時金」の「年内支給は困難」という。「募金の金額は、すでに使われた広告費1億2千万円より少なく、税金の無駄使いだ」との批判もあり、「破産みえた『慰安婦』国民基金」（戦後補償ニュース19号95年10月25日）という評価まで出てきた。

その過程で、「国民基金」に対する寄付を要求する日本政府などの強引な圧力は、運動の分断その他さまざまな無理をも生み出している。「国による民間への寄付要求は、戦時中の軍のための献金要求のようだ」とも思える。侵略戦争の遂行という国策破綻の責任を、国家がとるどころか、国民にしわ寄せし、肩代わりを強要していた時代の発想とどこか似ている気がしてならない。

第5章 「民間基金」では解決できない 155

●日本政府の政策破綻の原因

　本来，日本軍「慰安婦」問題は，全面解決に向かうべき「戦後50年」だった。にもかかわらず，日本政府は，解決への糸口さえつかめず，火に油を注いだ状況に陥ってしまった。その原因は，どこにあるのだろうか。2つの大きな問題点があると思われる。

　第1に，被害者の思い・気持ちを理解しようとせず，一方的な思い込みに陥っている点が根本問題だと考える。第2に，日本政府官僚は，国際批判の事実を隠し，国連の真意を歪曲してまで，国際社会の動向を完全に無視してきたことがある。この点は，これまで十分明らかにされたと思う。そこで，以下第1の問題点に絞って振り返ってみよう。

　日本政府は，「法的にも，政治状況からも，国家による補償はできないから『国民基金』になった。これしかない」と言う。だがそれは日本側の事情で，被害者には通用しない。この点，日本政府と被害者との間には越えがたい壁がある。

　被害者の気持ちは，何度も，日本政府に伝えられている。それを理解するチャンスは，十分あった。たとえば，「国民基金」設置の前の準備段階である95年2月末，ソウルで「第3回日本軍『慰安婦』問題アジア連帯会議」が開催された。その際，フィリピン，台湾，韓国，日本の市民団体と被害者は，民間基金による見舞金拒否および日本国家からの法的責任の履行としての個人賠償の要求を決議した（連載㉔法学セミナー96年1月号24頁収録資料）。被害者とその支援団体の思いは，この決議文に端的に表れている。さらに，95年4月7日，韓国の日本軍「慰安婦」被害者が連名で村山富市首相に要請書を送っている（同前25頁収録資料）。党派を超えた被害者49名は，「私どもは，民間募金によって与えられる見舞金を受け取ることは，絶対にできません。私どもは，日本政府は日本軍『慰安婦』制度の非人間的犯罪性を認め，賠償すべきであると考えます」としている。

　継続的に出されたこれらの被害者側のメッセージを素直に受け止めるなら，「国民基金」が解決につながらないこと，これを強行すれば，かえって問題を泥沼化してしまうおそれさえあることがわかっただろう。「国民基金」をあきらめて，国家による個人賠償立法の実現に向けて政策転換ができたはずだ（2，127頁）。だが，これを無視して，日本政府は同年7月18日，支持者をして「国民基金」発足を強行させた。ここに解決への道を

踏みはずした誤りの根源がある。

韓国挺身隊問題対策協議会（挺対協）など被害者側は，その後も日本政府に対して，国民基金の「施行を即時中止し，被害者に公式謝罪と法的な賠償を行うべきである」と直言している（連載㉔法学セミナー96年1月号25頁収録資料）。

「国民基金」の支持の論理は，「今の政治状況からすると，『国民基金』しか他に『慰安婦』に支払う方法がない」旨の判断から「国民基金」を支持すべきだと言う。あまりにも「金」の支払い問題だけに関心が集中して，支払いの責任「主体」（犯罪を犯した日本国家こそが責任の主体であることは，関係者の間でほぼ争いがない）と，なぜ支払いがなされねばならないのかの「意味」（国家として法的・道義的責任をとることを行為によって明確にし，被害者に対する国家としての公式の謝罪をなし，あわせて被害者の名誉回復をはかること）が，民間への責任の押しつけ・肩代わり措置によってあいまいにされたことが問題だ。また，「他に方法がない」という判断は，絶対に正しいのか。ことに国連審議の動向（前記したように，国連による勧告・決議・報告がつぎつぎに出される状況に留意）を見るなら，根本的な疑問がある。

● フィリピンの被害者との交流

「フィリッピンは事情が違う。『ほとんどの「慰安婦」被害者は，「国民基金」に賛成している』という話だ」などという噂があった。フィリピンの挺対協リラ・ピリピーナに再三招かれてはいたが，一度もフィリピンを訪問する機会がなかったので，このような噂の真偽の確かめようもなかった。国連での活動も北京世界女性会議で一区切りしたので，IFOR見解を報告するため10月末，5日間マニラを訪問した。首都圏の「慰安婦」被害者約30名に，国連での活動成果と「国民基金」に関する筆者の意見について講演し，立法による解決案を提案した。幸いなことに，出席した被害者の反響は大きかった。講演は歓迎され，筆者も多くを学んだ。だが，その詳細を報告する紙数がない。

「国民基金」についてのフィリピンでの講演の現状に絞って報告しよう。

被害者の間で「国民基金」について自由に討議が交わされているのが印象的だった。講演前に数名の被害者と面接できたが，被害者の意見は，

「国民基金賛成」「反対」「わからない」とに分かれていたことがわかった。筆者の講演後は、出席者の中には、「国民基金」賛成の人もわからないという人もいなくなっていた。十分な情報が重要なのだ。

　賛成派の人々が重視したのは、「国民基金」を推進する日本人からの情報だった。「韓国では、80％の被害者が国民基金からの支払いを受け取る」との話だったという。この情報について意見を求められ、ＩＦＯＲとしては、異なる情報を得ていることを説明した。韓国の党派を超えて被害者を代表する49名の連署で出された前記「要請書」（連載㉔法学セミナー96年1月号25頁収録資料）を見れば、この「情報」が事実に反することが容易に理解できる。「『これしか他に金銭の支払いはありえない』と言われた」ともいう。だが、国連の動向についての情報は、まったく提供されなかったようだ。被害者に対する国際的な支持は、未だかつて前例がないほど高まっている。日本国内の訴訟、政党関係者の情報のみでは、「他に絶対に解決への途がない」と即断するのはどうだろうか。「これしかない」と言われた「国民基金」にも、広範な反対がある以上、前記読売新聞の報道のような問題があって、決して「速やかな解決」とはならないであろう。

　「フィリピンの被害者はきわめて貧しいから、『国民基金』の支払いを受け取るはずだ」という観測もあるようだ。フィリピンの人々は、被害者であるかないかを問わず、貧しさに悩んでいるのは事実だ。失業も深刻だし、台風、火山噴火などの天災もある。被害者は、性奴隷の後遺症に悩み、病気がちだ。だが、被害女性らの強さには驚嘆する。「どんなに貧しい生活をしても、反対を続ける」と言う。日本の支援グループから、古着の送付、米や現金支援、家の修理作業支援など多彩な生活支援がなされている。この草の根レベルの支援は、元「慰安婦」ローラたちを想像以上に勇気づけているようすがよくわかった。

　「国民基金」からの支払いに賛成していた人も、「日本政府に対する闘いをやめない」と言う。というのは、「この支払いは、民間からのもので、国家からのものではない」「国家からの補償の代わりなら受け取らない」「決して訴訟は取り下げない。国家からの補償は一生かかっても要求し続ける」と言う。当初、「国民基金」と引換えに「訴訟の取下げ」の打診があったというが、ローラの決意は固い。

　「国民基金」からの支払金額については、「100万円の約束がされている」

というが，実際に十分な寄付が集まっていないし，被害者が何人いるかはっきりしていないのに，日本政府や「国民基金」は，そのような決定をしたのだろうか。この金額が妥当かどうかの問題はおいても（筆者は，仮にこれが国家による補償であっても，被害者側から解決に妥当な額とは受け止められないであろうと思う），大きな疑問が残る。政府の「国民基金」に対する広告費など補助金5億円を，なぜ直接補償の支払いに使わないのか。2年間で5億円を国費から出せば，10億円の目標に達する。なぜ，募金をして余計なロスをするのか。日本政府は，このような批判にさらされよう。

　日本政府は，このような被害者側の思い・気持ちを率直に受けとめ，「国民基金」を撤回し（あるいは，「慰安婦」問題から切り離し），国連人権機関の勧告に従い，立法（「慰安婦」被害者に対する国家賠償法ないし同被害者との間の国際仲裁法）による解決をはかるべく政策転換するべきである。

7　「国民基金」反対！　国際会議開催
　　──国連勧告に従った「慰安婦」問題の解決を決議

　96年初頭，法学セミナーの連載で次のように書いた（連載㉕96年2月号74頁）。

　今年は，型どおりの年頭のご挨拶を申し上げる気持ちになれません。95年「戦後50年」には，「慰安婦」問題解決の方向が定まるべきだったのに，それが実現できなかったからです。残念です。国家機関による前代未聞のこの巨大犯罪問題を起こしたのは，日本の男性です。そして，その犯行を隠蔽し，ただの一人として責任者を処罰しなかったのも日本の男性です。現在も，日本の政治も社会も圧倒的に男性によって支配されています。国家補償を拒否し，「国民基金」による解決を強行しようとするのも，男性支配の政治・社会とそれを支える男性思考だといわざるを得ません。だから，この問題の帰趨は，日本の男性支配の論理が，今後なおも女性を制圧しきるか否かを占うことになるでしょう。今年こそ，日本を含む国際的草の根女性運動が，旧態依然たる日本男性社会の全面的抵抗を打ち破って，「慰安婦」問題の真の解決を実現して欲しいものです。それを予感しつつ，

執筆を続けることにします。少なからざる男性も，被害者や女性運動と連帯し，努力しています。

● 国際会議の概要

　95年12月3～4日，東京の早稲田大学国際会議場で，「女性のためのアジア平和国民基金」反対！国際会議が開催された。主催者は，312名の呼びかけ人と41の後援団体に支えられた「つぶせ『国民基金』国際会議実行委員会」。海外参加者は，韓国（被害者3名，支援者等13名），フィリピン（被害者2名，支援者等1名），台湾（被害者2名，支援者等4名）から合計25名を数えた。国内では，日本全国から2日間で延べ600名の参加があり，関心がきわめて高かった。2日間の充実した会議の前後には，街頭デモと政府交渉がセットされた。この国際会議は，ＮＨＫテレビなどのマスコミの注目も集めた。それは，この問題に関する国際的対日批判の強さばかりか，国内的な「国民基金」政策の評判の悪さを内外に知らせる機会となった。また，日本の国際社会からの孤立ぶりをも象徴的に示した。世界の流れを肌で感じた参加者は，各地に帰って，この情報を草の根運動に提供した。今後，さらに「国民基金」反対運動の輪が広がるだろう。

　会議参加者は，「国民基金」に反対し，国連勧告に従って，特別立法による国家賠償でこの問題を解決することを決議した（連載㉕法学セミナー96年2月号76頁収録資料）。日本政府はもとより，「国民基金」への募金を強いられている人々も，決議を熟読するとよいだろう。決議は端的にいう。「『国民基金』で責任を逃れようとすることは決して許されない」と。それによる「決着」は「冒瀆」であり，「破廉恥」であり，「欺瞞」だという。「国民基金」の推進・協力の行為は，「主観的に『好意』であっても，結果として，国家の免責への加担であると言わざるを得ない」と考え，過去の諸決議を再確認したうえで，「国民基金」撤回の活動に全力をあげることを決めた。

　この会議の記録は，国際的にも，国内的にも運動の貴重な資料になるだろう。速やかな出版がなされることを期待したい。

　「善意」の押しつけは止めるべきだ。日本政府は，この決議を真摯に受け入れ，ただちに政策の大転換を決断すべきである。

　筆者は，この会議第1日目のシンポジウムで，「国民基金」政策破綻の

原因とその誤りに関する分析を公表し，第2日目の最後に，「慰安婦」被害者に対する国家賠償のための特別立法の提案をした。それを補足しつつ紹介しよう。

●**日本政府の「国民基金」政策破綻の原因**
「国民基金」が破綻してきたのは，以下2つの原因による。第1に，日本政府が被害者の思い・気持ちを理解しようとせず，一方的な思い込みに陥っている点が根本的問題だ。第2に，日本政府官僚が，国際批判の事実を隠し，国連の真意を歪曲してまで，国際社会の動向を完全に無視してきたことがある。第2の点については，日弁連会長声明を参照されたい（6，154頁）。北京国連世界女性会議行動綱領の関係部分がいかに歪曲されているか。日本政府官僚の不当な行為が，いかにこの問題の解決の障害になっているかがよくわかるだろう。

　ここでは，第1の問題について詳述する。これまでにあげた被害者側の意思表示でも明らかだが，被害者本人の思いは，今回の国際会議でさらに明確に述べられた。素朴な表現だが，気持ちは，筆舌に尽くしがたい被害から出た心の底からのものだ。これを無視しては，真の解決はありえない。

　ところが，日本政府は，「国民基金」に反対する被害者の気持ちを徹底的に無視してきた。この「善意」の押しつけは，今に始まったことではない。日本は，1905年に韓国政府代表を強制して，「保護条約」に署名させ，違法軍事占領下にこれを植民地とした。その間築いた支配権を利用して1910年「併合条約」をも押しつけた。日本側は，その双方とも，「韓国のためにしたこと」だったという（「保護条約」の前文には，日韓両政府は，「両帝国を統合する利害共通の主義を鞏固ならしめんことを欲し」とあり，「併合条約」の前文には，日韓両皇帝は，「両国間の特殊にして親密なる関係を顧い，相互の幸福を増進し東洋の平和を永久に確保せんことを欲し」とある）。当時この点で，日本側の理解は一致していた（海野福寿『韓国併合』〔岩波新書〕225-230頁）。今でも相当数の政治家がそのような発言を繰り返している。つい最近も，江藤隆美総務庁長官が「植民地時代に日本が韓国によいこともした」と発言して辞任した（1995年11月14日。日本人の発想は，「国民基金」推進派の「善意」の人々の間でも，従前とまったく変わっていない。「あなたたちのためだ」という。ところが，被害者

側は，そう思っていないのだ。それを理解するには，被害者の言葉を聞き，それを素直に受け入れるしかないだろう。

　被害者側の思いの一端を紹介しよう。

「日本政府は罪も認めないし，謝罪も補償もしないと言っています。民間募金で慰労金を支給するというのを反対したら，償い金を支給すると言っています。私たちは乞食ではありません。それから，お金をもらいたいから，これほどの痛みをもつ過去を話しているのではないのです。考えるだけで身震いするし，夜ごと悪夢が現れます。50年の沈黙を破るのは，そんなに簡単なことではありませんでした。日本は正しく，歴史の真実を明らかにするべきです。そして犯罪に対しての謝罪と，正当な法的補償を実施するべきです。私は補償を受け取ったら，直ちに破り捨てるかもしれません。でも日本の罪に対しては，法的補償を受けたいのです。それ以外に私の名誉と同僚たちの名誉が回復されることはできません」（鄭書云さん。韓国の被害者）。

「民間の人々には補償の義務はありません。補償の義務を負っているのは，ひとり日本です。日本政府にだけ責任があるのです。……『基金』を通さずに送られてくるかぎり，正義の目的にかなう限り，日本の人々の善意を受け取ります。しかし，その送り方が，私たちの人間としての尊厳を侵すやり方でないことを願っています」（アモニタ・バラハディアさん。フィリピンの被害者。被害者と支援者の合同組織リラ・ピリピーナの会長）。

● 真の「解決」にならない「国民基金」

「国民基金」による「解決」が誤っていると考える理由を要約すると，以下のとおりである。繰り返しになるが，ここでまとめてみたい。

　①「国民基金」設置の目的・動機が誤っている。日本政府は，これによって「日本政府が『適切な』措置をとった」ような誤った印象を与える情報を国際的に流布し，国際的批判の沈静化をはかろうとした。

　②「国民基金」設置の理由が，法的・道義的に誤っている。法的・道義的に責任がある日本国家が，責任がない国民に対しランダムに（「全体」にではない）献金を要求し，国家責任の肩代わりを押しつけ，責任転嫁をはかろうとしている。これは，国家が責任をとるべき途ではなく，国民が「全体として」責任をとる途でもない。国民の責任は，真相を究明し，被

害者を支持し，責任のあるもの，すなわち日本国家に対して責任をとらせるために努力することである。「国民全体」としては，納税により国家補償を負担する法的責任がある。

「国民基金」の支持の論理は，「今の政治状況からすると，『国民基金』しか他に『慰安婦』に金を支払う方法がない」旨の判断から「国民基金」を支持すべきだという。あまりにも「金」の支払い問題だけに関心が集中して，支払いの責任「主体」（犯罪を犯した日本国家こそが責任の主体であることは，関係者の間でほぼ争いがない）と，なぜ支払いがなされねばならないのかの「意味」（国家として法的・道義的責任をとることを行為によって明確にし，被害者に対する国家としての公式の謝罪をなし，あわせて被害者の名誉回復をはかること）が，民間への責任の押しつけ・肩代わり措置によってあいまいにされたことが問題だ。

③「国民基金」設置の前提が誤っている。日本政府が，「国民基金」を設置し民間募金から「慰安婦」被害者への補償に代わる措置としての金銭を支払わせようとしているのは，その前提として，日本政府が国家として補償をなす法的・道義的責任の存在を否定しているからである。これが，国家補償を拒否するための論理的前提である。しかし，国際法律家委員会（ＩＣＪ），国際友和会（ＩＦＯＲ）などの国連ＮＧＯ，日本弁護士連合会などが指摘するように，日本国家には，「慰安婦」被害者への国家補償を支払う法的・道義的責任がある。

④現実的にも誤っている。「国民基金」による「解決」は，いわれるように「速やかな解決」になるとの見通しは小さい。被害実態調査も進まず，金額も決まらず，被害国・被害者の協力も得られず，「募金の金額は，すでに使われた広告費１億２千万円より少なく，税金の無駄使いだ」との批判もあり，「破産みえた『慰安婦』国民基金」（戦後補償ニュース19号，95年10月25日）という評価まで出てきた。

⑤内外の「民間」の広範な支持を得ないままに，政府主導で権力的に「国民基金」を発足した誤りがある。多くの被害者とその支援団体が，これを拒否したことは前述のとおりである。日本政府は，国際法律家委員会（ＩＣＪ）など主要国連ＮＧＯの勧告を徹底的に無視し，「国民基金」発足を強行し，国連ＮＧＯも「国民基金」を全面的に拒否するところとなった。北京世界女性会議ＮＧＯフォーラム・シンポジウム（95年９月４日決議．

連載㉒法学セミナー95年11月号33頁収録資料）でも，「国民基金」を強行し，日本が国家責任をとらないなら，日本製品の国際的ボイコットも辞さない旨の決議が採択される事態になった。

⑥「国民基金」による解決は，政治的にも誤りである。もし，「国民基金」の発足がなければ，国際批判の高まりの中で，被害者のために立法による解決の方向で，はるかに有利な政治状況が生まれたであろう。しかし，国連審議の進行が決定的段階を迎える前に「国民基金」設置が強行されたために，日本政府の意図したように，「これによって，すでに問題は『解決』したのではないか」というような印象も与えた。そのため，政治的にも，運動的にも混乱が生じ，被害者を支援する内外の世論・運動が分断された。「国民基金」は，国家補償立法への「ステップ」になるどころか，国内外で政治的障害になっている。

「国民基金」の打ち上げは，国連会議などで，日本政府がこの問題に誠実に対応しているかのようなポーズをとることを可能にしている。実際に，多くの国連関係者に対して「解決があったのではないか」との誤解を与えることに成功している。これが，国連審議の障害になって，迅速な真の解決が難しくなっている。「国民基金」が「国家補償つぶし」に悪用されている事実は，日本ではほとんど知られていない。

⑦「国民基金」の設置しか「解決」はないとの判断は，誤りである。「他に方法がない」という判断は，果たして妥当だろうか。ことに国連審議の動向(国連による勧告・決議・報告がつぎつぎに出される状況に留意)をみるなら，根本的な疑問がある。

国内のみを見ると，「この問題については国内人権擁護制度が機能していない」と絶望するだろう。たとえば，司法的判断には長期間の年月がかかる。救済を困難にする国内法の欠陥もある。日本人裁判官の判断が，この問題で外国人被害者に対して公正なものと信頼されがたいこともある。「国民基金」設置以外の政治判断ができない行政および連立政権の限界もある。そして，タブー視されたこの問題に関する国民の意識の欠如もある。

しかし，このような状況の変更を求める合法的かつ適切な人権救済手続があることに注目すべきだ。国際人権章典（世界人権宣言・国際人権諸規約）などが保障する国際人権機構による人権保障手続が発展してきたことを知る必要がある。憲法に基づく司法・行政・立法機関による国内人権擁

護制度が実効的に機能しない場合には，国際人権保障手続に訴えることが認められるようになってきたのである。たとえば，国内的には絶望視された精神障害者の人権の擁護のための精神衛生法改正が，国連人権小委員会審議やＩＣＪ調査団報告書の日本政府への提出などにより，87年に実現した例もある。国際的にも国際人権法が有効性を発揮した先例として知られている。

● 迫られる立法による解決

　日本政府は，被害者・支援団体ほかＮＧＯの意見を受け入れ，「国民基金」をもって「慰安婦」問題の「解決」とするとの政策を転換し（あるいは，これを同問題から切り離し），国会と協力して，95年9月の北京世界女性会議が採択した行動綱領145(f)と8月の国連差別防止少数者保護小委員会の決議に従って，立法により日本軍「慰安婦」問題の解決をはかるべきである（第4章2，116頁。2，127頁。4，142頁。5，148頁）。

8　挫折した村山構想・「国民基金」による解決
　　　——政府は国連勧告を受け入れよ

● 「国民基金」を投げ出し村山政権退陣

　96年早々，村山首相は退陣を表明し，橋本龍太郎自民党総裁を後継に指名，1月11日，橋本内閣が誕生した。村山退陣は，「慰安婦」問題の動向に重大な意味を持つだろう。94年8月末以降推進された「村山構想」は，計画の完了を見ないままの村山首相退陣で挫折せざるをえなかった。村山構想によれば，「民間基金」（今は「女性のためのアジア平和国民基金」＝通称「国民基金」）は，95年12月末までに村山首相の謝罪文を添えて見舞金交付を終えるはずだった。唯一の現実的迅速な解決と喧伝されていたのに，その実現を見ずに構想を打ち上げた村山首相本人が辞任した。

● 挫折した村山構想・「国民基金」による解決

　同構想は，被害者・ＮＧＯの圧倒的反対と国連勧告を無視して強行された。「国家機関による犯罪の責任をとる国家としての途ではない」という原理的誤りが挫折の本質的原因だが，現実的問題も無視できない。草の根

第5章　「民間基金」では解決できない　**165**

女性団体などの反対で，募金が集まらない。95年12月28日「国民基金」が公表したが，「募金額は1億3000万円」のみだ。基金が使った広告費とほぼ同額だ。95年末までに財団法人の認可を受け，寄付金控除が可能になったといっても，「国民基金」の本質的問題点は不変だ。「村山構想」が見舞金支給時期として予定した95年末時点の募金は，目標の10億円にはるかに及ばず，さらに見舞金支給もされず，挫折を象徴的に示した。「破綻」という評価にも反論できないだろう。

　支給できないのには別の原因もある。いわゆる「第2次報告」を最後に，日本政府が真相究明を怠ったからだ。この調査は，韓国挺身隊問題対策協議会などの反対を無視して強行され，報告も「不十分」と厳しい批判を受けた。フィリピンなどその他の被害国では，被害者の聞き取りもなされなかった。日本政府一部省庁は，資料公表も拒んだ。被害国政府に対する調査依頼もなかった。これでは，「いかなる被害があったか」「それが誰によってなされたか」「国際法に違反する女性に対する日本軍戦時性暴力がどの程度の規模・程度・性質のものだったか」「被害者は，何名いるか」など基本的事実がまったく未解明だ。

　日本政府・「国民基金」は，「被害者総数は，千名くらいだろう」とあいまいに推測したようだ。ところが，95年末のNGOの情報によると，インドネシアで「1万6～7000名の元『慰安婦』が名乗り出た」という。南北朝鮮と台湾を除けば，他の被害国では，関係政府の調査結果は入手不能だ。だから，「国民基金」は，「どのような被害者に，いくら支払いをするのか」皆目見当がつかない状況に陥った。資金も全体計画もないのに，一部被害者にのみ恣意的に見舞金ばらまきはできない。そうすれば，日本政府はもとより，「国民基金」を支持した人々でさえも，場当たり的対応を非難するしかなくなるだろう。

　「国民基金」による「解決」にかわって，日弁連などが提言する国会の立法による解決を求めるのが正しい途であることがはっきりしたといえよう。

●議員立法による「慰安婦」国家賠償をめぐる諸問題

　国連勧告に従った解決をはかるには，立法によることが必要だ（2，127頁。5，148頁）。

　(1)いうまでもなく，これを阻もうとする日本政府の頑迷な姿勢が問題だ。

本岡昭次参議院議員が，95年12月5日，参議院決算委員会で質問したことを，ＮＨＫ教育テレビなどで記憶している読者もあろう。同議員は，「旧日本軍の従軍慰安婦問題について，真の解決はいかにあるべきかという点について」外務大臣に質問した。同議員は，「国民基金」に反対し，行政機関を設置して真相を究明すべきこと，国連勧告に沿って国際法に従った解決をすべきことを要求した。これに対し河野外務大臣（当時）は，「個人的には意見がありますが」としながらも，従来の政府見解を維持した。「……賠償でございますとか財産請求権の問題は終わっているよという，国と国との関係ではそういうことになるものですから，国の，政府の立場としては限界がある」。だから，「国民基金」創設が構想されたという。国連勧告については，従うとも従わないとも回答しなかった。「国民基金」以外の解決については，真相究明の努力の継続さえも約束しなかった。ほとんどの重大政治問題で，官僚支配に振り回されたあげく，解決能力を失った3党連立政権の弊害を象徴する答弁だ。官僚に操作された結果ではあっても，「国連勧告に従う」という政治的コンセンサスさえ獲得できないようでは，国是である「国連中心主義」が泣こう。
　(2)日本政府は，国連勧告（人権小委員会95年8月勧告）を無視したり，北京会議行動綱領（145(f)）と「慰安婦」問題の関連性を否定したりしている。だが，それももうできなくなる。国連人権委員会・女性に対する暴力特別報告者の「クマラスワミ報告書」が公表される。予定より遅れたが，女性に対する暴力の全体報告書に先立って，「慰安婦」問題の独立した長文の調査報告書が96年2月中旬にも公表される見通しだ。加害国日本と被害国韓国の公式訪問調査に基づく，国連機関として初めての本格的報告書だ。国連のこれまでの動向を踏まえるなら，同報告書は，「国民基金」を解決とは見ず，女性に対する日本軍戦時性暴力犯罪を厳しく断罪し，被害者への国家賠償を求めると思われる。日本政府も国会も，同報告書に沿って立法による解決をはかるために協力すべきだろう。
　同報告書は，公表前の1月下旬までに，すでに関係政府外務省に事前交付されたようだ。これまで日本外務省は，虚偽・情報隠匿・歪曲など情報操作で，日本政府首脳を裸の王様にしてきた。自民党橋本政権首脳からも同報告書を隠匿するのだろうか。自民党のこの問題に関する従来の姿勢（国家による個人賠償に反対してきた）は，間違っていた。しかし，橋本

首相など自民党の政治家は、官僚に対する指導力において長い経験をもっている。簡単に官僚に引き回されるとは予想しにくい。橋本政権は、精神病者の人権問題に関するＩＣＪ（国際法律家委員会）勧告を尊重した中曽根自民党政権と同様に、優れた国際感覚をもっている可能性があると予測するのは間違いだろうか（残念ながら、筆者の予測は誤っていた。橋本政権も政策転換をしなかった）。

(3) 日本のマスコミが、この国連勧告にどう取り組むかの問題がある。「国連の勧告には従うべきだ」という命題は、日本では「良識」になりつつある。しかし、かつて「国際機関の勧告に従え」という良識が通らなかった歴史がある。満州事変（31年）に関する国際連盟調査委員会リットン報告書（32年10月1日提出）は、日本軍の軍事行動を合法的自衛措置と認めなかった。日本は、これを不満として翌年3月国際連盟を脱退した。これが、世界戦争への破局の道であったことは、歴史が教えている。

このとき以来の一連の戦争の際の犯罪と国際法違反の問題で、未解明だった日本軍戦時性暴力の実態が国連のクマラスワミ報告書により明らかにされることになるわけだ。「今回は、国際機関の勧告に従うのか」が問題だ。再び愚かな間違いを繰り返さないために、この際、なぜ日本がリットン調査団報告書を拒絶したのかを研究する必要があろう。

戦争開始に重大な関与をしたのは、天皇・軍部・政府・財閥・右翼だけではなかったようだ。従来、国家権力による弾圧の被害者としての側面を強調されてきたが、戦争を煽ったマスコミの役割も詳細に研究すべきだ。石田収氏は、32年12月19日、朝毎読を含む新聞連盟加盟132社が、「満洲国の存立を危うくする」として、「国際連盟に対する"挑戦状"」のような「共同宣言」を出したと指摘している（『新聞が日本をダメにした――太平洋戦争「扇動」の構図』〔現代書林〕31頁）。マスコミの自主的行動だったという。

今度も、「慰安婦」問題で、日本のマスコミは、村山構想の「民間基金」を煽った。今度は、国連報告に対し、どのような報道をするか注目される。それ次第で、日本が再度世界の孤児となるのか否かが決まるかもしれないのだ。

(4) 立法権限を持つ国会が、本来の力量を発揮できるかの問題がある。「慰安婦」問題の議員立法も、一般的問題と特殊問題の2つの障害に阻ま

れる。

　まず，議員立法制度上の一般的諸問題を理解する必要がある（95年末から96年初めにかけての毎日新聞の国会特集）。生かされない新設政策秘書制度。官僚の妨害でつぶされたり，審議もされない議員立法法案。政党も国会強化では協力できず，自滅の道を歩んでいるようだ。同新聞から「ひん死の国会」と批判されたが，実態はそれ以上だ。議員立法の立案をしようにも，スタッフも情報もほとんどなく，官僚に頼りきりにならざるをえない国会議員の政治活動の実態に，折にふれ接する機会があった。「国会の全面的権限強化がなければ，再生できない」と危機感を覚える。

　もちろん，弁護士他の法律家も反省すべきだ。議員立法に積極的に関与してこなかったからだ。しかし，弁護士をやめなければ，議員政策秘書（立法の立案などに活躍することが期待されている）になれないという法的制度的問題もある。両議院の法制局にも専門的法律家がいるが，構造的問題があるため十分力量を発揮できていないようだ。両議院法制局は，議員を助けて立法作業に活躍している。だが，「実際は，行政が反対する法案の立案には熱心でない」「予算も情報量も人的資源も貧弱で，政府と渡り合う力量がない」などと批判をあびている。議員立法については，国会議員もつめた議論をしてこなかった。議員立法の提案と国会制度の弊害に阻まれた上田哲・前衆議院議員の国家賠償訴訟は，例外的問題提起だ（「動かぬ立法府，議員立法つぶす政党」毎日新聞96年1月10日付朝刊）。毎日新聞は特集を継続すべきだ。議員立法の具体的事例に即して，粘り強く突っ込んだ議論を継続し，目に見える成果をあげるべく努力することが必要だろう。

　(5)「慰安婦」問題に関わる議員立法のための特殊問題も検討不足だ。立法の提案（2，127頁。5，148頁）を始めて痛感したことがある。議員立法の提案に対して，何が障害となっていたのかさえ，正確には明らかになっていないことに気づいたのだ。具体的障害がわかれば，解決のための手順がわかるはずだ。

　これまでにも，「慰安婦」問題を含め，いわゆる「戦後補償問題」に関連して，いくつかの議員立法の努力がされた形跡があるのに（未公表で詳細は不明），成功しなかったらしい。たとえば，94年8月「参議院の一議員が従軍慰安婦以外の戦争犠牲者も含めて半官半民の戦後補償民間基金財

団法をつくって補償すべきだという案を示し，参議院法制局の見解を求めたことがある」(『戦後補償を考える——個人補償の実現に向けて』戦後補償キャンペーンの今村弁護士の講演，) という。結局，参議院法制局の賛成は得られず，提案できなかったという。なぜ，参議院法制局が賛成しなかったのかについて，今村弁護士は「サンフランシスコ条約と二国間条約解決済み論」が原因と指摘する。なぜ，「解決済み論」が議員立法を阻止する力を発揮してきたのだろうか。国会と政府の狭間にある重要問題だ。筆者の推論を述べてみよう。

　第1に，政府の方が国会より強大な政治力を持つようになったから，両議院法制局としては，政府見解を基にするしかなかったのではないか。前記したように，両議院法制局は，国政の根幹にかかわりのない通常の問題でさえも行政の方針に細心の注意をはらって作業する傾向がある。結果的に，国会が政府方針に支配されてしまうことになる。

　第2に，「慰安婦」問題は，外交問題と条約の解釈に関わるため，それ以上に内閣見解の影響を受けやすいという特殊事情もある。憲法上，外交権は内閣にある（憲法73条2号）。だが，内閣が条約の締結や外交交渉に携わるのは当然としても，国会（立法権）や裁判所（司法権）がそれぞれの権限を行使するに際して，独自の立場で条約を解釈することは当然だと考える。ところが現実には，両議院法制局は，内閣の外交権限をあまりにも広くかつ強大に解釈し過ぎているようだ。そのため，外交や条約に関わる問題になると，両議院法制局は極端に用心深くなって，内閣見解をまるで専制君主のそれであるかのように絶対的なものと扱うようになる。政府見解が，国権の最高機関の国会を呪縛するのだ。

　国会を呪縛してきた政府見解の一端は，前述の河野外相（当時）答弁にも表れている。賠償と財産請求権問題は「終わっている」というのは，具体的にどういうことなのか。政府見解は，「いわゆる従軍慰安婦の問題を含め先の大戦に係る賠償並びに請求権の問題については，わが国としては，サンフランシスコ平和条約，二国間の平和条約及びその他の関連する条約等に従って誠実に対応してきたところであり，政府として元慰安婦に対して個人補償を行うことは考えていない」(吉川春子参議院議員他3名提出の質問趣意書に対する村山富市内閣総理大臣の答弁書［内閣参質134第4号・平成7年12月1日］）というものだ。この定型化した政府見解は，国

連でも繰り返された。この答弁に呪縛されて両議院法制局が賛成しないので，国会議員は，議員立法の提案ができなかったらしい。

　この政府見解を分析してみると意外なことがわかる。「いわゆる従軍慰安婦の問題を含め先の大戦に係る賠償並びに請求権の問題については，わが国としては，サンフランシスコ平和条約，二国間の平和条約及びその他の関連する条約等に従って誠実に対応してきたところであり」という第1文（理由）と「政府として元慰安婦に対して個人補償を行うことは考えていない」という第2文（結論）の間の論理的関係だ。一見，論理的に直結しているかに見えるが，熟考すると，巧妙な論理的飛躍が見えてくる（なお，第1文の内容自体には問題があると考える。ＩＣＪ，ＩＦＯＲ，大韓弁護士協会，日弁連などの法的意見によれば，「慰安婦」問題は，いかなる条約によっても解決していないとされている。しかし，ここでは，その議論を省略し，日本政府の論理に沿って論ずる）。

　実は，第1文の理由から，なぜ第2文の結論が導かれるのかの説明は，多岐にわたりうる。たとえば，次のような日本政府の立場の中間的理由づけがありうる。「これらの条約上，立法により被害者に賠償することを禁じる規定はなく，日本が立法により自主的に賠償することは，いかなる条約に違反することもない。いかなる外国も，このような日本の立法を非難することはない。しかし，日本は，サ条約および二国間条約のおかげで，『慰安婦』に対する賠償義務を負っていないと今は主張できるから，何も支払う必要がない。よって，国家補償は考えていない」。そんな中間的説明が必要なのに，それが省略されているのだ。

　そのために，「大いなる誤解」が発生した。巧妙な中間的説明の省略が，政府見解の拡大解釈の余地を生んだからだ。前記村山首相見解は，常識的には「条約によって解決済み」と読める。そのうえで，「慰安婦」個人賠償措置を可能にする議員立法の提案が持ち込まれると，「条約によって解決済み」の状態を覆すような立法は条約を覆すからと，うっかり条約上の規定に「違反する」と誤解してしまう。国会制定の法律は条約より劣位だから，結局，「条約違反の法律は，制定できない」という結論になってしまうわけだ。

　誤解を発生させたのは，日本政府だろう。政府側は，国会議員に対し「韓国政府は，実際は日本政府による個人賠償に反対しており，そのよう

な立法には韓国政府が反対するだろう。外交問題が起きる」などと非公式に警告したという（日本政府は，公式にはこのような発言をしていないが，複数の国会筋の情報がある）。韓国外務部担当者に会って何度も直接確かめたが，「事実に反する」とのことだ。日本の国会が自主的立法により「慰安婦」被害者に個人賠償措置をとれば，かえって韓国政府から歓迎されるだろう。

　このような法律がどの条約にも抵触しないことは当然だが，一応説明しよう。日本政府は，「慰安婦」被害者個人に賠償するための「立法が条約に違反する」とは一度も言っていない。国会関係者がそのような拡大解釈による「誤解」をしただけなのだ。

　さらに，いかなる条約にもこのような立法措置を禁止する規定はない。

　日韓協定上はどう理解すべきだろうか（筆者は反対だが，仮に日本政府が主張するように，「慰安婦」被害者個人の日本に対する請求権に関して，日韓協定上，韓国政府の外交保護権が放棄されたと仮定して論じる）。「慰安婦」被害者個人の日本に対する請求権は，これを消滅させるなどの日本国内法上の立法措置がなければ消滅しないが，仮にこのような国内的立法措置をとっても，相互に異議を言わないというのが協定上の合意内容だ。「慰安婦」被害者の請求権を消滅させる日本国内立法措置がこれまでとられたことがないことには争いはない。とするなら，この領域で，国内法的に時効消滅，その他の法的問題があっても，あえて賠償を支払う旨の自主的立法を日本の国会が行っても，韓国政府としては異議をとなえないことが明らかなのである。ましてや，協定上日本政府は，外交保護権を放棄された請求権について，韓国政府に対して「支払わない」と主張する権利があるという状態にあるが，この権利を放棄するのは日本側の自由である。それを禁止する規定はないし，韓国政府も，国民に利益を与える日本の立法に異議をとなえる意図はないのである。

　最後に，日本政府のサボタージュによって生じた問題がある。今すぐ国会議員が被害者個人に対する賠償立法を提案しようとしても，日本政府が真相究明を怠ったために具体的な障害につき当たる。いかなる被害があったのかの調査が不十分なため，いかなる被害者に対して賠償すべきかについての定義をすることが困難である。これまでの政府調査を基盤にすれば，被害者の中心部分は，日本政府の言う「いわゆる従軍慰安婦」となろう。

南北朝鮮や台湾の被害者は，被害国政府の調査もあり，被害者の範囲もはっきりしている。「いわゆる従軍慰安婦」の政府説明の範囲にぴったり入る。しかし，フィリピンの被害者については，被害国政府の調査もない。日本政府による聞き取り調査もない。最近発行された書物（フィリピン「従軍慰安婦」補償請求権裁判弁護団編『フィリピンの日本軍「慰安婦」』〔明石書店〕）を見ると，「いわゆる従軍慰安婦」では定義が狭すぎて，立法の仕方によっては切り捨てられる被害者が大量に出てくるおそれがあろう。筆者の立法提案（連載㉓法学セミナー95年12月号47頁以下収録資料）では，定義はあえて省略してあるが，それは，今後の国会の論議に残したものだ。被害者の定義などを論議するためにも，法律上の権限をもった国家機関による調査が緊急に必要だ。北京会議行動綱領（一定の範囲の被害者への賠償の原則を定めた145(f)がある）などを参考にして，「慰安婦」など「女性に対する日本軍性暴力被害者」（典型例である性奴隷のみならず，組織的強姦などの場合も含む）に幅広く賠償することができるようにすべきであると考える。

さらに，議員立法提案の際に，予算措置を示す必要があるが，被害者総数が不明なことが障害になると思われる（インドネシアの事例を参照）。

その他にも立法に際して検討すべきことがある。認定方法についてぜひ考慮しなければならないのは，被害者の気持ちだ。傷つききった被害者への賠償のためとはいえ，さらに二重の苦痛を加えるべきではない。だから，日本の国家機関が直接被害者を尋問するような方法は厳に避けなければならない。結局，被害国側（政府および被害国内の信頼すべきＮＧＯなど）に認定業務を委託するなど，必要な協力を要請できる手続規定を設けるべきだ。

困難な問題として賠償金額の決定がある。「１億円でも不足だ」と言う被害者やＮＧＯの声がある。被害の実態を知る者には十分理解できるところだ。賠償金額がいくら大きくとも，被害の回復はできないであろう。前例もないので，きわめて困難な決定だが，要は，日本が国家として賠償を支払うという明確な行為により，傷ついた被害者の名誉を少しでも回復するという象徴的行為を，迅速に実現するための政治的決断をすることが重要だろう。結局は，日本の国会が総合判断のうえ，自主的に決定するしかないだろう。

●真相究明のための緊急立法の必要性

　賠償法案の提案の前提として真相究明が必須であることは，前記したとおりである。国連ＮＧＯおよび韓国挺対協など被害国ＮＧＯも，南北朝鮮政府も声をそろえて真相究明を日本政府に要求した。だが，日本政府は，それを無視した。93年8月以降，村山政権はまったく調査をせず，「新しい資料が発見される可能性はあり，引き続き十分な関心を払っている」などと，まるで第三者のような姿勢をとり続けた。現段階では，日本政府に任せきりでは調査は一歩も進まないことは明白だ。議員立法で「慰安婦」など「女性に対する日本軍戦時性暴力被害者」に関する真相究明のため権限・予算・人的資源を持つ国家機関を設置すべきだ。

　その基盤になりうる法案の原案がある。本岡昭次参議院議員事務所が中心となり，国際人権研究会などで，3年も前から真相究明のための議員立法の検討をしていたとのことだが，同事務所が準備中の「朝鮮半島統治及び戦争被害等に関する調査会設置法（素案）」を入手できた。村山政権が反対の多い「国民基金」の設置などに労力を使うことなく，このような真相究明立法の成立に全力を尽くしていたなら，同政権退陣時（96年1月）には，すでに「慰安婦」被害者への個人補償立法を制定するために必要な真相究明が完了していたと思われる。残念でならない。しかし，今からでも遅くない。まず，「慰安婦」についての真相究明をすることができる国家機関を設置するために同素案を参考に議員立法を実現し，その調査結果をもとに国家による個人賠償の立法を推進する必要があろう。

第6章
クマラスワミ報告書と対日勧告

1 クマラスワミ報告書の衝撃

●報告書を入手

「戦時の軍事的性奴隷」報告書（UN Doc. E/CN.4/1996/53/Add.1）が，96年2月6日，ジュネーブの国連欧州本部で一般に公表された。この報告書を作成したのは，国連人権委員会によって任命された，女性に対する暴力問題の調査のための独立の専門家（特別報告者）ラディカ・クマラスワミ氏である。「戦時の軍事的性奴隷」とは，日本軍「慰安婦」のことである。同特別報告者がこう定義した結果，国連出版の報告書のタイトルにこの言葉が採用された。これは，女性に対する暴力の一般的報告書の追加文書として独立した報告書である（以下「クマラスワミ報告書」）。

この報告書が国連審議のまとめのような形で公表されるのは，「国際的判決とでもいうべき公的書面」を受けることになる。2月初めからジュネーブで待機し，幸い2月5日（公表の1日前），完成した報告書を入手できた。

なお，報告書の筆者訳（目次と勧告部分）を巻末資料として掲載した。報告書全訳も出版されている（日本弁護士連合会編『問われる女性の人権』〔こうち書房〕161-214頁）。

●クマラスワミ報告書公表までの経緯

同報告書が公表されるまで，国連は4年間の審議を尽くした。日本軍性

奴隷問題については，国連人権委員会以外の国連機関でも激しい論議がなされたが，ここでは，同委員会に限って経過を振り返ってみよう。92年2月に国連人権委員会の公開審議で，初めて「慰安婦」に関する情報がNGOから提供された。これが「性奴隷」であり，人道に対する罪を構成することから，日本政府に個人補償の要求がなされた。その後，旧ユーゴスラビアの組織的強姦に関する情報が同委員会にもたらされた。これら性奴隷問題と組織的強姦の問題は，ともに国連の強い関心の的となった。

　これらを背景に，93～4年の国連人権委員会では，女性に対する暴力特別報告者制度を設置することを目指す世界の女性団体を中心とするNGOのきわめて活発な運動が展開された。筆者は（国際友和会［IFOR］を代表），韓国挺身隊問題対策協議会・世界教会協議会（WCC），共和国元日本軍「慰安婦」太平洋戦争犠牲者補償対策委員会・国際民主法律家協会（IADL），朝鮮人強制連行真相調査団・リベレーション（Liberation），国際法律家委員会（ICJ）など多くのNGOとともに，この制度創設に賛同した。幸い，94年3月の人権委員会で同特別報告者制度が設置され，委員会終了後，ラディカ・クマラスワミ氏が同特別報告者に任命された。任命直後から，同氏には，国連人権センターを通じて，日本軍性奴隷問題を含む女性に対する暴力に関するあらゆる情報が提供された。

　95年1月，クマラスワミ予備報告書が公表され，「慰安婦」問題が取り上げられた。同年2～3月の国連人権委員会は，これを歓迎する決議を採択した。同氏は，日本軍性奴隷問題に高い優先順位をつけ，この委員会期中に南北朝鮮政府，日本政府と協議し，関係政府の招待を得た。同年7月，特別報告者クマラスワミ氏（国連人権センターの2名の人権専門官が同行）の南北朝鮮（平壌については，航空便の遅延のため，クマラスワミ特別報告者の訪問は延期された）および日本の公式訪問調査が実現した。

● クマラスワミ報告書の概要

　原文英文A4判報告書の全体は，37頁からなる。内容は目次から明らかだが，II章「歴史的背景」（小計7頁）とIV章「証言」（小計5頁）を事実関係の記述にさき，日本軍性奴隷制度の実態とその被害状況を認定している。AP通信（2月6日配信）など国際メディアは，報告書による事実関係の記述に注目した。ここでは，主として，勧告とそれを導く注目すべき

判断にふれることにしよう。

第1に、クマラスワミ報告書が、「慰安婦」を「軍事的性奴隷」と断定したことは重要だ（Ⅰ章「定義」参照）。国際法（慣習国際法およびその現れである1926年奴隷条約など）は、戦前から国際犯罪として奴隷を禁止してきた。日本政府は、北京（第4回）国連世界女性会議（95年9月）が採択した行動綱領（パラグラフ145(f)で、戦時性奴隷の加害者処罰と被害者への賠償の原則を確認した）に関し、「慰安婦」は性奴隷ではないとして、これを尊重しない理由としてきた（第4章1、110頁。同2、117頁）。だが、今後このような主張は国際的にできなくなるであろう。
「日本政府の立場——法的責任」に関するⅦ章で、多くの国際条約などをあげつつ、国際慣習法化した国際人道法に日本軍が違反したことを明確に指摘している。国連事務総長の見解などに依拠しつつ、日本政府の法的主張を厳しく批判したＩＣＪやＩＦＯＲなど（日弁連や大韓弁護士協会も同様の法的主張を提出した）ＮＧＯ側の法的見解を全面的に採用した。さらに、「慰安婦」に対する日本軍の行為を「人道に対する罪」に該当する犯罪だともしている（パラグラフ113）。

第2に、日本政府は、サンフランシスコ平和条約・二国間条約などで解決済みとの主張を繰り返してきた。しかし、同報告書は、日本軍性奴隷問題はこれらの条約に含まれていないから、未解決としている（パラグラフ108）。したがって、日本は、「慰安婦」個人被害女性に対して、国際人道法上、国家として法的および道義的責任があると明言した（パラグラフ92など）。

第3に、日本政府は、被害者個人を国際法上の権利義務の主体と認めず、個人補償を拒否している。この点につき、同報告書は、国際人権法文書を証拠にあげ、日本政府の主張を採用できない理由を詳述した（パラグラフ109〜122）。また、国連差別防止少数者保護小委員会の人権侵害被害者の補償等への権利に関する特別報告者の最終報告書を詳細に援用した。国連の活動が重層的に発展する実例として注目すべきだろう。

第4に、日本政府が設置させた「国民基金」については、「日本政府の立場——道義的責任」に関するⅧ章で、日本政府が法的責任を否定した結果つくられたと認定した。日本の道義的責任への対応としては歓迎するが、「国民基金」の設立が日本軍性奴隷問題の解決にならないことを明らかに

した（パラグラフ134）。

これらの法的判断と理由に基づき，同報告書は，Ⅸ章「勧告」で，日本政府ができるかぎり速やかに行動をとることを勧告している（本書巻末資料参照）。勧告の内容は，6項目にわたるが，国家として法的責任を承認すること，国家として被害者に補償をすること（具体的方法としては，国連差別防止少数者保護小委員会が勧告するように，行政的審査会を設置することを勧告），「慰安婦」の募集と制度化に関与した加害者を特定し，できるかぎり処罰すべきものとしていることなど，日本政府に対してきわめて厳しい。

●クマラスワミ報告書の意義

　国連が，公式訪問調査のうえ，日本政府を批判する報告書を公表した前例は知られていない。強いて前例をあげれば，満州事変に際する日本軍の軍事行動を国際法違反と批判して，32年10月に国際連盟に提出されたリットン報告書の先例があるのみである。今回の報告書は，さきの大戦（一五年戦争を含む）の間，日本軍が多数のアジア女性の「性奴隷」に対して犯した戦争犯罪による重大人権侵害を厳しく批判する，初めての国際的公的報告書である。オランダ人性奴隷被害に関する日本軍関係者の戦争犯罪裁判など一部の例外は発見された。しかし，他の日本軍性奴隷，とりわけ韓国・朝鮮人被害者に対する性奴隷犯罪の存在は，国際的に認知されていなかった。ところが，国連人権委員会の調査機関によって，この点に関し，初めての「国際的かつ公的な」調査がなされた。その結果，事実認定と法的判断を含む，詳細な理由つきの対日勧告が公式書面として公表された。

　その意義としては，第1に，この国際的報告書の公表自体が，回復しがたいまでに侵害された被害者の名誉を国際的に回復する一助にもなる可能性がある。もちろん，日本政府が同報告書勧告を尊重して行動しないかぎり，根本的・最終的な被害者の名誉回復はできない。だが，これまで日本政府は，その存在も（部分的に国家関与と連行の強制性を認めるのに戦後48年を要した），それが犯罪だったことも，その国家責任も，すべてを否認し続けてきた。この報告書により，元「慰安婦」が日本軍による性奴隷犯罪の被害者だったこと，およびこの犯罪に日本が国家として国際法違反の法的責任があることが認定されたわけだ。

第2に，この問題が，クマラスワミ特別報告者によって，最優先課題として取り上げられ，女性に対する暴力に関する一般的報告書に先立って公表されたことに注目すべきだ。これは，日本軍性奴隷問題が，女性に対する暴力問題の世界的象徴になったことを意味する。それが国連という国際的枠組みの中で，解決されるべき関心事になった。さらに，日本国家による女性虐待という重大人権侵害が，世界の女性運動が正面から取り組むべき課題として提起された。
　第3に，同報告書は，多くの問題点を解決するだろう。先にあげた「慰安婦」問題に関する定義は，その一例だ。日本政府は，これが性奴隷であることを否定するなど，被害者に対する国家補償を拒否してきた。だが，同報告書公表後は，「慰安婦」が性奴隷被害者であったことを否定することはできなくなるだろう。日本政府は，92年人権委員会では，国連創設前の事件であったことを理由に，この問題の国連権限さえ否定した。この抗弁も，ウィーン世界人権会議（93年6月）以来困難になった。今回の報告書の公表に際しては，この抗弁にはまったく言及がなかった。日本政府の国連権限不存在の抗弁は，NGOによる理論的批判と国連実務の積み重ねで，否定的に克服された。公式調査がなされ，調査報告書が国連によって公表された事実は，国連に権限があることを示す。

●今後の国連審議
　クマラスワミ報告書は，国連審議に今後どう影響を与えるのだろうか。96年の国連人権委員会は，3月18日から6週間開催される。同報告書は，暫定議題9のもとで提出された。この議題の審議は，人権委員会会期の中頃になるだろうと予想されている。しかし，委員会が始まって，公式議題と日程が決定されないと，確実なことはわからない。ここで，同報告書に対する各国政府とNGOの意見表明がなされる。日本政府は，同報告書に強く反対するのだろうか。これまでの国連会議の経験からみると，日本軍性奴隷問題に関するかぎり，日本政府は常に四面楚歌だった。結局は，クマラスワミ報告書は，同委員会によって歓迎されることになるだろう。
　96年も現代奴隷制作業部会（6月）と差別防止少数者保護小委員会（8月）で，この問題が審議されるはずだ。クマラスワミ報告書は，これまでの同部会と同小委員会の勧告を踏まえているから，支持されるだろう。そ

の他の国連関係会議審議にも、同報告書は相当影響するであろう。

● 日本政府の態度

　外務省は、「国家による補償の問題はサンフランシスコ平和条約などで解決済みであり、法的に受け入れることはできない」とし、今後クマラスワミ報告書に反論していく方針とのことだ（時事通信2月6日付など）。満州事変に際しての対応と同じで、日本の外務省・政府の体質は変わっていないようだ。国際的公的報告書には従わないのをよしとしているように見える。日本が国際的勧告を尊重しないのだから、小さな問題ではない。その背景には、天皇制の存続、戦争犯罪への反省の欠如、人権観念の後進性、いまだに根強い韓国・朝鮮人・アジア人差別などがあるのかもしれない。しかし、筆者は、外務省官僚による情報操作を根本原因にあげたい。第5章（8，167頁）で橋本龍太郎新首相に「国際派」となる可能性を期待したが、またもや政府首脳は、外務省官僚による情報操作にからめ取られてしまったのだろうか。問題点を2つあげる。

　第1に、外務省官僚しか真相を知らないというのでは、日本の政治は成立しがたいはずだ。いったい、政府首脳は、クマラスワミ報告書に関する正確な報告をいつ受けたのか。そのためにはまず、外務省がいつこの報告書を入手したのかを確認する必要がある。NGOや報道関係者への国連による公式公開は、2月6日（5日に国連事務局による事実上の公開）だった。信頼すべき消息筋によれば、「1月12日ころまでには、日本を含む関係各国の政府用に、印刷前の事前コピーの国連事務局による開示がなされていた」との情報がある。もし、外務省が国連からの情報を政府首脳（閣僚）にただちに伝えていれば、その直後にはクマラスワミ勧告を知ることができた。そうなれば、20数日の事前検討期間をもって、閣議で十分な検討ができた。検討の余裕もない公表直前に渡されたのなら、一種の情報操作だ。外務省官僚が、80日間もICJ報告書草稿を政府首脳から隠匿した前例もある。国会で真相を究明してほしい（今回、同報告書の公表前にこれが政府首脳に渡されたとの証拠は入手できなかった。状況からいって、政府首脳はまたもや情報を与えられなかったと見てよいだろう。第8章3、274頁）。

　政府ではないが、関係国会議員からのたび重なる要求にもかかわらず、

外務省官僚は公表直前まで情報を渡さなかった。国政調査権をもっているはずの国会議員も，官僚により徹底的に操作・無能化されている。この問題に重大な関心を持つべきだ。

第2は，国連情報の歪曲だ。同報告書の政府仮訳には，重要な誤訳がある。資料中の勧告パラグラフ137(b)に"administrative tribunal"という用語がある。日本政府仮訳は，これを「行政裁判所」と訳している。仮にこの訳が正しいとすれば，同報告書は「行政裁判所」の設置を勧告したことになる。そうなると，日本政府は「憲法上，特別裁判所は禁止されている。クマラスワミ特別報告者は，不可能・不合理な勧告をした」と主張できるだろう。だから，これは一般に考えられるより重要な問題点なのだ。

筆者は，これを「行政的審査会」と訳した。「行政的」というのは，「司法的」裁判所系列とは異なる機関であることを示す。この用語は，英国では日常的に使われている。英国法で，"tribunal"とは，専門家が独立公平な聴聞を行うが，司法裁判所とは異なり，迅速で柔軟かつ非公式な審査を可能にする機関で，さまざまな分野で活用されている。日本でよく知られているのは，英国精神保健法の"mental health review tribunal"「精神保健審査会」である。これは，強制入院などに関する審査をする法律家・医師・その他の三者構成の審査会で，87年に日本の精神保健法の立法を提案した際，日本政府が「精神医療審査会」のモデルにした。

日本の報道関係者は，英語の常識に従った。たとえば，読売新聞（［ジュネーブ6日＝大塚隆一］「慰安婦問題，国家補償日本に勧告，国連人権委報告書，責任者処罰も」大阪版2月6日付夕刊1面トップ）は，「行政審査機関」としている。毎日新聞（［ジュネーブ5日＝福原直樹］「慰安婦問題，日本の対応，不十分，国連人権委が報告書，『国際法違反』と定義」東京版2月6日付夕刊）も，「行政審査機関」と訳した。

「裁判所」という訳の原語は"court"でなければならない。『英米法辞典』（東京大学出版会）は，「行政審判所」と訳し，裁判所とは区別している。

政府仮訳のこの部分は，訂正されるべきだ。政府首脳がこの訳が正しいと誤解して「憲法に違反する勧告には従えない」などという反論をするようでは，日本軍性奴隷問題の真の解決はほど遠いものとなろう。

前記で満州事変の先例と比較したが，当時と違う点がある。いまは，表現の自由が当時よりずっと保障されている。今回の報告書公表に際しての

第6章　クマラスワミ報告書と対日勧告　181

報道（前記読売・毎日新聞に加え、朝日新聞2月6日付報道も参照）も、これまでより国連の真意をストレートに伝えるものになったように見える。日本の市民団体をはじめ、国会議員の間でも、「政府は国連勧告に従うべきだ」とする声が強くなりだしたとも聞く。日本政府首脳が、クマラスワミ報告書の真意を正面から正確に受け止めて、ただちに政策を転換するよう期待する。

2　圧倒的な支持を受けるクマラスワミ報告書［国連人権委員会中間報告］
——日本政府「拒絶要求」文書隠し

●日本政府は受け入れるか

　国連人権委員会は、96年3月18日から始まった。執筆時点の4月15日で2週間を残す。あくまでも国連諸機関の勧告に逆らって、日本軍性奴隷犯罪を否定し、いかなる法的国家責任も拒否しようとする日本の外交政策が問われている。この反国際的・反人権的姿勢が、この問題を今会期最大問題とした。今回の論議の焦点は、軍事的性奴隷に関するクマラスワミ報告書（第1付属文書）を「拒絶せよ」という日本政府の人権委員会に対する要求のごり押しを国連が許すのかどうかである。外務省メモ（連載㉙法学セミナー96年6月号34頁収録資料）は、「今次人権委における第1付属文書の取扱いによっては、連立与党の報告を踏まえ発足した『アジア女性基金』の活動に悪影響を与える可能性あり」という。この危機感が、日本外務省の総力をあげた大キャンペーンに連なった。

　もし、この無理が押し通ることを許せば、国際的人権擁護機関としての国連の権威は失墜する。国連のテストである。日本も「犯罪国家」から新生日本に生まれ変わるチャンスを失う。日本人にとっても、試練である。国連機関を麻痺・無能化してまで日本帝国の女性に対する重大犯罪の国家責任を免れようとする自国政府の暴走を、座視したまま許容することになるからだ。

　この問題の討議は、議題9（人権のさらなる促進・助長）のもとで4月10日以来継続している。問題の第1付属文書を含むクマラスワミ報告書（UN Doc. E/CN.4/1996/53/Add.1 and Add.2）は、諸政府とNGOから圧倒

的な支持を受け，日本政府の暴走は阻止されつつある。だが，まだ結論は出ていない。

● 日本政府の報告書拒絶要求

　クマラスワミ報告書第1付属文書の公表直後，日本政府は「法的反論をする」と述べたが，具体的に何をするのかわからなかった。96年2月5日に公表された報告書の翻訳をジュネーブで急いでいた頃だ。日本の複数のNGO筋から，「日本政府は，クマラスワミ報告書を国連に拒否させる方針らしい」「大使クラスを中心に動員体制をとって，全面的なロビーイングをするらしい」「すでに中心人物はジュネーブに着任している」という事前情報が寄せられた。「報告書が公表された以上，日本政府はその勧告をどのように実施していくかを考え，政策転換する可能性がある。それが常識的対応だ」と日本政府にある程度の信頼感を持っていた筆者には信じられなかった。

　その後も同様の情報が続いた。国連関係者などからも，「日本は何をするかわからない。常軌を逸した行動をとるようだ」という傾聴すべき情報があり，にわかに緊張した。数多くの情報の中で，「日本政府は，外務大臣が人権委員会メンバー国の政府外務大臣宛てに書簡を送り，同委員会でクマラスワミ報告書を拒絶するよう要請した。詳細な反論書も国連に出したらしい」という情報もあった。

　確かに重大事態だ。クマラスワミ報告書を人権委員会が明文で拒絶する異例の事態になれば，いったん公表された同報告書の存在は否定されてしまう。そうなれば，これまで4年間積み上げてきた国連での成果は水泡に帰する。

● 幻の文書「日本政府の見解」

　「日本政府が何を人権委員会メンバー国に言っているのか，その詳細を知りたい」と思った。というのは，これまでの日本外務省の常套手段が，情報操作・虚偽発言の連続だったからだ。もし，メンバー国が虚偽あるいは歪曲された情報の提供を受ければ，誤った判断をさせられることになるに違いない。何を告げたのかがわからなければ，虚偽・歪曲の正しようがない。国連NGOを通じて，あるいは直接にメンバー国諸政府や国連筋に情

第6章　クマラスワミ報告書と対日勧告　183

報の確認を求めた。日本からの情報（日本外務省筋の情報が元だろう）が正しいことがわかった。

　日本外務大臣は，人権委員会開催より以前に，多数の主要メンバー国の外務大臣に書簡を送り，クマラスワミ報告書（第1付属文書）を人権委員会で拒絶するよう要請していた。国連人権委員会で公式に配布するために，日本政府が「女性に対する暴力特別報告者によって提出された報告書の第1付属文書（E/CN.4/1996/53/Add.1）に関する日本政府の見解」と題する英文50頁の文書を国連に提出しており，クマラスワミ報告書の審議の前に人権委員会で公式配布されることになっていることも確認できた。幸いなことだったが，大国日本の拒絶要求に屈した政府は一つもなかったようだ。この「日本政府の見解」だが，「国連で公式配布までは，秘密にしてほしい」との日本政府の求めで，国連も諸政府もそのコピーをＮＧＯに渡さないことになっているという。この文書は，クマラスワミ特別報告者の個人的資質を問題にする中傷に満ちている。「事実認定も法的見解も勧告もでたらめだから，人権委員会は明文で拒絶すべきだ」という喧嘩腰のものだという。内容的には，クマラスワミ報告書の法的見解に対する反論を詳細にしているという。このように，3月27日までに入手しえた各種情報は大方一致した。

　早速，連絡がついた日本人記者と国会関係者にこの文書の入手を依頼した。ところが，外国政府にも示し，国連にも公式提出したのに，外務省は「まだ確定していない」などと虚偽の発言を繰り返して，日本では国会議員にさえこの文書を提出しなかった。

　3月28日（夕刊）朝日新聞（ジュネーブ28日＝田中英也）「人権委報告は法理解不十分，『慰安婦』日本反論へ」を見て不思議に思った。最も重要な拒絶要求の報道がないのだ。「特別報告者の法的な論点は十分に基礎をおいておらず，日本政府は論点の大部分について重大な留保をする」といっているという。報道によるなら，従来の日本政府の姿勢と大差がない。

　報道された文書は，日本政府代表部から国連人権センターに宛てられた96年3月26日付の書簡とその添付文書（女性に対する暴力と「慰安婦」問題に関する日本の政策）だ（UN Doc. E/CN.4/1996/137. 27 March1996）（連載㉙法学セミナー96年6月号34頁収録資料）。

　その内容を見て驚いた。事前情報の文書とは似ても似つかないものなの

である。法律上の反論などほとんどなく，大部分は，「アジア女性基金」など日本政府の政策の説明だ。法的問題では，朝日新聞が報道した留保の記載が20行足らずあるのみである。拒絶要求などどこにも書かれていない。全体でも資料付きで本文18頁しかない。日本政府が前の「日本政府の見解」を撤回して，まったく新たに「日本の政策」を出し直したのに違いない。50頁の「日本政府の見解」は，幻の文書になってしまった。日本政府代表に会うつど，「前の文書を公表すべきだ」と要求した。4月7日ジュネーブ入りした本岡昭次参議院議員に口添えしてもらったが，文書の存在さえ認めない。外務省メモ（連載㉙法学セミナー96年6月号34頁収録資料）は，国会議員説明用に利用されたが，国連提出文書については，公表されたもの以外に撤回された文書があることさえ認めなかった。

しかし，筆者が直接接触した人権委員会主要メンバー国政府で，「日本政府の見解」の存在を否定したり，内容について確認しなかった政府はなかった。

●幻の日本政府文書の存在

重要な問題が2つある。第1に，従前の「日本政府の見解」が公表されない以上，NGOも批判のしようがない。第2に，なぜこれが撤回されたのかである。

4月2日のことだが，朝鮮民主主義人民共和国政府が声明を公表し，この文書の存在を明らかにした。同政府は，この文書は，「特別報告者の報告書を無に帰そうとし，あまつさえ特別報告者に対して個人攻撃を加えるという前例のないものである」「このような日本政府の行為は，わが国のみならず，すべての政府代表団から不快感と反発を招いた。日本は，その友好国からさえ反対を受けることになった」と批判した。

ジュネーブ日本政府筋は，毎日新聞の取材に対して，各国に個別配布されたこの文書の存在を認めたが，これが後に撤回されたとはいえ，いったんは国連に提出された公式文書であることを否定し，「日本政府の立場を説明する非公式資料」と説明，未だに真相の全容を明らかにしていない（毎日新聞4月11日付朝刊〔ジュネーブ9日＝福原直樹〕「日本が批判文書配布，従軍慰安婦の国連報告書『一方的で不正確』その後，大幅削除し提出」）。毎日新聞へは，日本政府筋は，「報告者への個人攻撃と受け取られ

第6章　クマラスワミ報告書と対日勧告

る部分もあり，大幅に削除して国連に提出した」と述べている。しかし，撤回された文書には，報告書の拒絶要求があったのに，それが新文書にはなく，「留保」に変わっている点にふれていない。法的反論の中身もすべてなくなっており，削除ではなく，質的にまったく違う新文書の提出としか考えられない。

● なぜ前文書を撤回し，秘密にしたのか

　前文書「日本政府の見解」は，もともと秘密文書ではなかったはずだ。国連文書として公開されるはずの日本政府の公式文書だった。日本外務省は，「外交上の秘密だから，日本の国会にも明らかにできない」と言うかもしれない。しかし，関係政府には，「国連で公表されるまでの事前コピー」として渡されている。外交上の相手方である諸政府も国連も「秘密にしてくれ」と日本政府に頼んでいるわけではない。これは諸国政府の秘密ではない。諸国政府に守秘を要請しているのは日本政府だ。だから，この文書は外交の相手方には秘密ではなく，日本政府にとっての秘密なのである。そして，今でもこれを日本政府から入手できない人々は，ほかならぬ日本の国会議員であり，市民なのである。つまり，この文書の秘密は，日本国内で知られては日本政府が内政上困るために秘密にされているのである。だから，内政上の秘密で，外交上の秘密ではない。

　なぜ，この文書を秘密にしなければならないのか。それは，なぜこの文書が撤回されたかに関わる。筆者の判断では，撤回理由は，「特別報告者への個人攻撃」を避けるためではなかったと思われる（もっとも，「客観的，公正であるべき報告書の基準に見合わない」などと個人的中傷をした点については公式に謝罪すべきだ。撤回しても，すでに多数政府がこれを見せられている以上，回復しがたい名誉の毀損は起こされてしまっている。だが，これは別論だ）。撤回の真の理由は，撤回しなかった場合を考えればよくわかる。

　筆者の接触した諸国政府は，ほとんどがクマラスワミ報告書を高く評価していた。少数の例外はあっても，第1付属文書の主要部分を支持している。たとえば，日本軍「慰安婦」は，国際慣習法に違反する性奴隷であって，犯罪であるとする点など否定する政府はなかった。だが，一部（たとえば，「韓国政府が65年協定で処理済みとの姿勢であるから，条約の範囲

外というのはどうか」などの解釈の違い）で異論があったのみである。そのような政府であっても，日本が国家による補償立法をすべきだという点では，勧告を強く支持していた。何よりも重要なことは，「クマラスワミ報告書（第1付属文書）を拒絶すべきだという日本政府の要求に賛成した政府は1カ国もない」という事実だ。日本政府が前文書「日本政府の見解」を撤回せず，もともとの方針を貫いていれば，一般審議でも女性に対する暴力に関する決議の採択にあたっては，他の諸政府との間で大激論になったはずだ。結局，四面楚歌のなかで，52対1という差で明確に日本の主張が否定されることになるであろう。これは，まさに満州事変に関するリットン調査団報告書の採択の再現になる。国際世論の日本政府批判も，最大限になるだろう。政府首脳にもこのニュースは明確に伝わり，日本外務省は，政府首脳や国会を情報操作によって操ることは困難になろう。

　これを避けるためには，日本外務省としては，マスコミに注目されないように静かに人権委員会を乗り切ることが必要だ。そのためには，クマラスワミ報告書について「拒絶要求」をした事実を知られないように取り下げ，全会一致でこれを歓迎する決議が採択されることを見越して，そうなってもその決議にもクマラスワミ報告書にも「拘束されない」という意思表示（留保）のみを提出しておくことにしたのだろう。

「拒絶要求」を提出して，それが友好国を含めてすべての諸政府から批判され拒絶された事実が明らかになると，日本国内で，政府首脳，国会議員，マスコミ，市民から強い批判を受け，世論の動向が一変するだろう。それでは，これまでの政策が挫折するため，「拒絶要求」とそれに対する諸政府の強い批判の事実をひた隠しにせざるをえない。これを隠すには，前文書を日本国内に対して秘密にせざるをえなかったのであろう。

　すべての真相を国会で究明してほしい。

● **情報操作をやめない外務省**

　外務省は，虚偽，歪曲，隠匿などの手段によって，政府首脳，国会，マスコミ，市民を操作し続けてきたことを常時報告してきた。それが改まることを期待していたが，今回も同様だった。

　今回は，前記のほかにも外務省による情報操作の例があった。4月5日時点（「拒絶要求」文書を撤回し，国連に対して「留保」の新文書を提出

した後のことである）で、国会関係者に対して、誤った情報を流した事実がある。同日、本岡昭次参議院議員の国会内事務所に、かねてより要求していた文書（ただし、届いたのは新文書の仮訳のみだった）が届いた。同議員秘書に対して国連人権委員会の審議状況が説明された。そのとき提供されたのが外務省メモ（連載㉙法学セミナー96年6月号34頁収録資料）だ。このとき、外務省は、「クマラスワミ報告書（第1付属文書）を支持する政府はなく、不支持の政府は、英国とオーストラリアである」と同事務所秘書に告げたのである（この情報につき、オーストラリア政府は困惑していた）。もし、この報告が正しいなら、クマラスワミ報告書（第1付属文書）は間違いなく拒絶されるであろう。それなら、なぜ前文書を撤回したのか。この説明が誤っていることは、後に国連審議の中で事実が証明した。外務省がいかに誤った情報を告げて、国会関係者を操作してきたかがわかるであろう。外務官僚は、政府首脳にも同様の誤った情報の提供を繰り返してきたのではないか。それとも、政府首脳には別の情報を提供してきたのだろうか。このような情報操作が、いかにこの問題の真の解決を阻止してきたかをうかがい知ることができよう。

● 万雷の拍手で歓迎されたクマラスワミ報告書

クマラスワミ特別報告者は、4月10日午後、女性に対する暴力に関する報告書（第1、2付属文書を含むもの。UN Doc. E/CN.4/1996/53/Add.1 and Add.2）を口頭で報告した。これに対して、人権委員会メンバー国、その他のオブザーバー国政府、NGOなど満場の参加者が立ち上がり万雷の拍手を送った。拍手はしばらく鳴りやまず、強い支持を象徴する異例の事件となった。参加者は、しばし感激で興奮がさめやらなかった。

今回の国連人権委員会では、「慰安婦」被害者に対するNGOの支持が広がったことに注目すべきだ。4月8日に結成された「戦時軍事的性奴隷に関するラディカ・クマラスワミ報告書を支持する国際連帯」が結成され、翌日には50のNGOが参加した。女性中心のNGOの支持を受けたからだ。連帯は、9日に国連内国際記者クラブで記者会見し、これを公表した。10日にはNGO集会を開催した。11日には、日本政府代表部にデモンストレーションがかけられた。代表が面会のうえ要求を渡す手はずになっていたのに、面会も要求の手交も拒否された。

10日から始まった議題9の審議の中で，NGOはつぎつぎ発言し，クマラスワミ報告書の歓迎と支持を明らかにした。筆者も国際友和会（IFOR）を代表して発言した。この報告の執筆時点でまだ発言は継続中だが，4月10，11日の2日間で，6つのNGOより支持発言があった。注目されたのは，反差別国際運動（IMADR）が「応じよ！国連勧告」の署名運動の進展を報告し，クマラスワミ報告書を強く支持したことだ。

　10日，日本政府を代表する遠藤大使が発言した。「慰安婦」には，「アジア女性基金」で対応しているとし，前記新文書を引用して，クマラスワミ報告書（第1付属文書）の法的見解について留保した。しかし，前記のような日本政府の大キャンペーンにもかかわらず，同報告書を不支持とする政府発言はまったくなかった。逆に，多数の政府がクマラスワミ報告書を支持する発言をした。たとえば，EU，オランダ，ウクライナ，インド，ブラジル，オーストラリア，エチオピア，カナダ，ウガンダ，フィリピン，イラン，朝鮮民主主義人民共和国（UN Doc. E/CN.4/1996/148）は，クマラスワミ報告書を歓迎し，これを支持することを明らかにした（連帯ニュースレター・4月15日）。

　ことに中国と韓国は，異例の支持発言をして注目された。中国は，これまで日本軍性奴隷問題で発言をしたことがなかったが，第1付属文書にふれて日本政府を厳しく批判した。韓国は，92年2月以来，毎回日本軍性奴隷問題について発言してきたが，真相究明に関する要求しかしなかった。それが，今回は，これまでと打って変わって，初めて補償問題などにふれた。しかも，クマラスワミ報告書（第1付属文書）を支持し，同報告書が「性奴隷」「人道に対する罪」であるとした部分や，この問題が「65年日韓協定外である」とした部分も引用したうえで，日本が勧告を任意に実施するよう求めた。

● 今後の見通し

　この審議は，15日も継続するが，女性に対する暴力に関する決議（4月19日採択予定）の原案がまだ確定していない。提案者になる予定のカナダ政府を中心に政府間で交渉が継続中だが，日本政府は，孤立しながらも，なお水面下で実質的「拒絶要求」実現のためのロビーイングを継続中だ。NGOもこれに対抗するロビーイングを継続中である。国連が良識を保ち，

日本の横暴に屈しないことを願ってやまない。

3　挫折した日本政府のクマラスワミ報告書拒絶要求
　　——国連人権委女性の暴力に関する決議採択

●日本政府のクマラスワミ報告書拒絶要求
　すでに詳述したが，振り返ってみよう。女性に対する暴力のクマラスワミ報告書は，3文書（UN Doc. E/CN.4/1996/53. 家庭内暴力に関するもの，UN Doc. E/CN.4/1996/53/Add.1. 軍事的性奴隷に関するもの，UN Doc. E/CN.4/1996/53/Add.2. 家庭内暴力に関する立法案）に分かれる。全体として1つの報告書だが，文書番号の末尾が53，Add. 1，Add. 2と異なる。国連人権委員会審議の焦点は，そのうちの軍事的性奴隷に関する第1付属文書（UN Doc. E/CN.4/1996/53/Add.1）が明文で拒絶されるかどうかだった。

●クマラスワミ報告書の審議概要
　議題9［さらなる人権の促進］の議題のもとで96年4月10～15日の間，3文書からなるクマラスワミ報告書を中心として，女性に対する暴力に関する討議がされた。日本政府の発言についても，第1付属文書を含むクマラスワミ氏の口頭報告についてもすでに報告したが，同氏の報告は異例の支持を受けた。多数政府が第1付属文書を含め，全体の報告書を支持する旨発言した。これを支持した政府は20に上る（「戦後補償ニュース」5月13日号）。日本政府の「慰安婦」問題政策を厳しく批判した委員国は，韓国と中国だ（他にオブザーバー国の朝鮮民主主義人民共和国がある）。前例のないほど多数のNGOの第1付属文書に絞ったクマラスワミ報告書支持発言があり，NGO数で数えると24の国連NGOの明確な支持があった。このような多数の支持発言は異例のことだ。

●カナダ第1決議案の存在判明
　この発言が終わったころ，カナダ政府が用意した「女性に対する暴力の根絶についての決議案」（1次案とする）があることが判明した。その内容について，政府間で噂が流れ出した。これは，4月10日付で，「女性に対する暴力，その原因及び結果についての特別報告者の報告書」（報告書

特定のための文書番号の記載がない）を「歓迎する」とあるだけなのだ（第1次案主文パラグラフ1）。このまま採択されると、「家庭内暴力の報告書のみが公認されただけ。第1付属文書は、国連により実質的に拒絶された」旨の日本政府コメントが出されるだろう。「そうではない。全体を含む」とする関係国政府・ＮＧＯと日本の間で、論争が起き、大混乱するおそれがあった。

　もう1つの問題が見つかった。ウィーン世界人権会議（93年6月）で、日本政府の抵抗を押し切り、国連は成立前に起こった「慰安婦」問題（sexual slavery）についても審議すると決着がつけられた。そのおり確認された原則は、ウィーン宣言・行動綱領の1節に結実した。それに基づいた1節［Condemn all violations……］（対女性暴力に関する95年決議主文のパラグラフ5）が、今回（96年）の1次案からは抜けていたことも判明した。これには、性奴隷など「すべての」（「性奴隷」は日本軍「慰安婦」を象徴する国連用語。現在のみならず過去を含むとの意）武力紛争下の女性の人権侵害を国際人権・国際人道法違反として非難し、国連が特に効果的に対応すべきことが決められている。今回（96年）の決議からこれが抜ければ、「特別報告者の性奴隷に対する権限が否定された」と日本政府は主張するだろう。

● 日本政府に対するＮＧＯの怒りと反発

　これら2点を知った世界のＮＧＯ女性代表は激怒した。「これは日本政府がカナダに強い圧力をかけて作ったもの」と反発し、関係政府に対して激しいロビーイングを展開した。すべてといってよいほど多くの女性が「慰安婦」側のロビーイングに参加したのは、初めてだった。

● 政府間非公式交渉

　これを受けて、4月16日午前中に開かれたカナダ政府を中心とする政府間の非公式会議で、上記欠落していた問題の1節を入れることにカナダが同意した。「技術的ミスによって抜けていた」との説明があった。だが、第1付属文書（Add.1）を含む文書番号を入れることについては、議論がまとまらなかった。午後、カナダの第2次決議案が作成されたが、文書番号は入っていない。日本の「文書番号削除＝実質拒絶戦術」は強硬だった。

第6章　クマラスワミ報告書と対日勧告

もし，削除が実現すれば，異例の政治決着を意味する。日本政府は，現に，「文書番号がない報告書は，文書53のみを意味する」と発言していたという。

　主要国政府（アメリカなど）が，文書番号を入れる代わりに，「歓迎」に代えて日本がのみやすい語感をもった「留意」ということばを採用することで収拾をはかろうと調停に乗り出した。いくつかの政府による収拾案が乱れとんだが，日本政府を支持して，文書番号を抜くという政治的解決に同意した政府はなかった。ＮＧＯ女性代表を中心に，主要国政府との会議室外の激しいロビーイングが急速に展開された。息詰まる長い１日だった。会議が終了する間際，夜９時過ぎのことだ。明かりの消えたロビーで，多くのＮＧＯ女性代表に囲まれたカナダ政府女性代表は，強い文書番号挿入要求のため憔悴しきっていたという。カナダ政府は，ついに文書番号を挿入することを決断した。

　15日午後１時締切りだった決議案提出期限が，２度も延期され，４月17日午後１時になった。17日午前中，カナダ第３次決議案（４月16日付）が会議場で諸政府に配布・提示された。関係政府代表の間を走りまわり情報を収集した。韓国も共和国も政府代表の顔は，満面笑顔。この案には，「特別報告者の活動を歓迎し，且つその報告書［筆者注＝報告書を具体的に特定するためにAdd. 1を含む３つの文書番号が「報告書」という文言の直後の（　）内に初めて入った］に留意する」とあった。

　カナダ政府からの接触に，韓国政府（メンバー国）は，「日本が協力するなら，カナダ政府に協力する」と回答して，共同提案国になることを条件つきで了承した。日本はまだこだわって，共同提案国に加わらなかった。韓国と日本の課長級交渉がもたれた。韓国側は，「日本を辱める意図はないが，日本がカナダ案をのまないなら，ロールコール投票を要求するしか方法がない」と述べた。この場合は，秘密投票ではなく，１カ国ずつの投票結果がわかる。悪くすると日本は，52対１という恥辱的形で負けることがはっきりする。報道陣にはわかりやすい。国際連盟脱退直前の国際情勢の再現になる。日本は，文書番号の挿入を含むカナダ第３次案に同意することを前提に，最終確認のための日韓大使交渉を要請した。昼食抜きのこの大使間交渉でこの旨の確認がされたが，これが昼休み時間だったため，日本の同意を待っていたカナダ政府は締切り時間に提出できなかった。カ

ナダがこの日韓大使交渉の結果を受けて第3次案を正式に国連事務局に提出したのは，締切りの1時をとっくに過ぎていた。

●日本政府，紳士協定を破る

　じつは，日韓の間に紳士協定があった。カナダ第3次案の提出の後，4月17日午後のことだ。突然，韓国政府代表が，ロビーにいた筆者のところに来た。「どこか，この問題を報道しそうな日本の報道機関があったら，採択後まで報道しないよう要請してくれないか。日本政府が『事前報道を押さえてほしい』と要請してきて，同意した」という依頼だ。「今回は，異例だ。記者は熱心に独自取材している。多くの女性ＮＧＯ・政府が関与している。私たちが説明しないでも書かれてしまう」と答えた。このあと韓国政府代表は「貝のように口を閉ざしてしまった」と日本人記者は証言する。しかし，日本政府は，活発に情報を流したのであって，事前報道を避けようと実際に努力した形跡がない。これでは，韓国側の情報抜きで，日本側の言い分中心の誤報がなされるのは当然だ。

　果たして，その日の夜になって，共同通信が，報告書に「留意する」(takes note of) との文言についての日本政府の説明を鵜呑みに速報してしまった。まるで，クマラスワミ報告書が国連に受け入れられなかったかのような報道ぶりだ。明らかな誤報だと思う。

　拒絶されなかった以上，この段階で，日本政府はクマラスワミ勧告に従うべきなのだ。さいわい，毎日新聞は，総合的取材を継続していたので，上記の交渉経過を踏まえ，日本政府の拒絶要求が通らなかった旨正しい報道をした（4月18日「決議文の慰安婦問題部分日本が削除要求，国連人権委各国が批判」）。読売（4月27日「国連人権委『慰安婦』決議」），朝日（4月20日「『慰安婦』決議を採択」，4月24日社説「『慰安婦』を見つめる外の目」），時事など多数の通信社・新聞は，毎日に同意する報道ぶりだ。産経が「実質的拒否」であるかのような報道をしたという。だが，産経は現場にいなかった。現場取材をしないで，一方的に日本政府の言い分にのった断定的報道をするのはどうか。

　日本政府は，紳士協定によって韓国政府の口を閉ざしたうえで，自国側の情報のみをマスコミに流し，情報操作した。だが，これを知っても「満足しているのだから」と韓国政府は報復措置をとらなかった。

●決議の採択

　4月19日午前中に印刷された決議案（UN Doc. E/CN.4/1996/L.83）が公式に配布された。採択の直前，カナダから口頭による数カ所の修正が提案され，それを含めて無投票全会一致の採択が期待された。その場で，多くの政府（アメリカ，共和国を含め，最終的に56カ国）が共同提案国になった。午後5時50分ごろ，これが無事無投票で採択された。第1付属文書の番号が明確に入ったが，日本が異議を述べなかったので，採択は早かった。国連人権委員会は，全会一致をできるかぎりめざし，投票を避けることを原則にしている。そのため，日本のごり押しがあっても，最後の瞬間まで日本を辱めずに同意して参加させる努力がなされた。カナダが日本の言い分を丁寧に聞き，諸国が調停し，日韓直接交渉まで行われた。にもかかわらず，日本は95年とは違って，共同提案国にはならなかった。

　報道で「日本の言い分が通った」という誤報があるのは，遺憾である。「なぜ日本が共同提案国になれなかったのか」それだけを尋ねても，日本政府の言い分は崩れてしまう。韓国挺身隊問題対策協議会共同代表の李効再・尹貞玉両教授は，採択の瞬間，泣き出さんばかりの笑顔で日中の支援者と抱き合った。日本政府代表は憔悴しきっていた。後に，日本人記者団に遠藤大使が「満足している」と笑顔をつくって見せたところで，呆れられただけだ。

●国会に虚偽報告を続ける日本政府・外務省

　国連人権委員会の決議にもかかわらず，日本政府・外務省は，クマラスワミ報告書を尊重しないとしている（4月22日付人権委決議に関する説明＝内閣官房・内閣外政審議室など，前記「戦後補償ニュース」参照）。残念なことだ。日本は，アジア諸民族との真の和解達成のチャンスを逃すのではないか。被害者のみならず，日本もなお深く傷つくだろう。参議院法務委員会における5月16日の審議を参考に，日本政府・外務省の公式な立場を分析・検討してみよう。質問者は，本岡昭次参議院議員（新緑風会）。回答者は，朝海和夫外務省総合政策局国際社会協力部長。

　第1に，朝海氏は，国連人権委員会において，「採択されたのはクマラスワミ報告書ではなく，女性に対する暴力撤廃についての決議である」と発言した。決議の題名は，朝海氏の言うとおりだ。しかし，この発言は，

詭弁だと思う。決議にいたる経過（ことに前記「拒絶要求」や「文書番号削除要求」などの経過の説明抜きで、「クマラスワミ報告書は採択されていない」と発言することで、「クマラスワミ報告書（ことに第1付属文書）が実質的に拒絶された」というような誤解を国会議員に与えようとする不適当な説明だ。この決議に際して国際社会、とりわけNGOやマスコミが注目したのは、クマラスワミ氏の報告書（それも第1付属文書の戦時軍事的性奴隷に関する報告書）だったのだ。前記「慰安婦決議」との朝日、読売などの報道は、社会的事実の報道として正しいと思う。

関連して、朝海氏は「結果的に採択された決議もクマラスワミ氏の報告書はテイクノートする、クマラスワミ氏の家庭内暴力についての報告の内容は評価し歓迎する」となっているとしたうえで、テイクノートは「一般的には、記録にとどめる、記録する、留意するという意味。いずれにしても、評価を含まない中立的な表現である」と報告した。

外務省は、「テイクノート」について翻訳を拒否し、国連決議の意味をあいまいにした。これも国会に誤解をさせようという試みだ。もし日本政府・外務省の言うような決議だったとするなら、95年まで女性に対する暴力の廃絶に関する決議で共同提案者になっていた日本が、なぜ96年は共同提案者になることを拒否したのか。なぜ、韓国が決議の共同提案者になったのか。なぜ中国政府、朝鮮民主主義人民共和国政府が決議を歓迎したのか。なぜ、世界の女性団体やすべてのNGOがこの決議を歓迎する談話を公表したのか。

決議主文パラグラフ1は、クマラスワミ特別報告者の「活動［筆者注＝第1付属文書を作成した活動も当然含む］を歓迎し」その「報告書［筆者注＝第1付属文書を含む3文書の文書番号が明記された］に留意する」とした。その翻訳をどのようにしようとも、それが、「拒絶」や「実質的拒絶」でないことは、はっきりしている。この表現は、国連で多くの場合使われているが、報告書の存在を肯定する中立以上の意味を持つのであって、拒絶の意味はない。国連人権委員会が、付属文書1の軍事的性奴隷報告書の存在を認め、（それを他の2つの報告書〔家庭内暴力とそのモデル法案に関するもの〕とともに同列な表現をもって）これに「留意」し、今後の国連審議の基礎としたのである。拒絶されなかったからこそ、軍事的性奴隷報告書は、今後の国連審議の際配布され、「留意」され続けるのである。

女性に対する暴力根絶決議が，いっさい慰安婦問題にふれなかったかのような発言は，歪曲である。

決議主文パラグラフ5は，戦時女性に対する暴力の典型である「性奴隷」（「慰安婦」制度の国連用語）を非難したばかりか，これが国際人道法違反であることを指摘し，特に効果的対応を求めた。これを無視するのは，国会を誤らせる歪曲である。

第2に，日本政府は，国連人権委員会に公式配布を予定して公式文書（前記「日本政府の見解」。50頁もある分厚いもので，戦時軍事的性奴隷に関するクマラスワミ報告書を誤りだらけと激しく攻撃し，国連人権委員会による明文の拒絶を要求するもの）をいったんは公式に提出したのに後に撤回し，短い文書（前記「日本政府の政策」。大部分は民間基金の説明で，クマラスワミ報告書の法的判断につき重大な留保をするとしたもの）を提出した（2，182頁）。だが，朝海氏は，前文書の存在もその国連公式提出の事実も否定し，「もともとの文書を撤回したという事実はない」と発言した。

日本外務省官僚は，軍事的性奴隷に関するクマラスワミ報告書を「公式に拒絶すべきだ」と要求した事実（国連も世界中の政府も知っている）を隠蔽しようと，虚偽を述べ続けている。そのために日本の国会も内閣も騙され続けて，真相を知らないまま民間基金政策を継続している。外務省は，真実を日本の国会に対して開示すべきだ。国会議員に虚偽の説明がなされたことは，決して忘れるべきではない。国会による真相究明を期待したい（99年1月までにこの虚偽国会答弁の真相は解明されていない）。

第3に，朝海氏は，韓国政府の発言について説明した。だが，93年3月に韓国政府が「物質的補償を求めない」と言ったことにふれたとか，同年8月の日本の官房長官談話を「一つの積極的ステップとして評価している」と言ったとか関連発言ばかりを強調し，韓国政府発言（前記「戦後補償ニュース」参照）の最重要部分を国会に報告しなかった。

韓国政府は，特別報告者の報告書に含まれた徹底した事実調査の結果と見解を高く評価し，その結果に基づいた勧告事項を歓迎した。そればかりか，クマラスワミ氏がその報告書の中で，「慰安婦」を性奴隷だと指摘した部分，日本の行為を「人道に対する罪である」と指摘した部分，この問題が65年の韓日協定外であると指摘した部分を詳細に引用し，この報告書

を歓迎した事実を朝海氏は完全に無視し，国会に報告しなかった。これは，韓国政府と日本の国会をともに愚弄するものだろう。少なくとも日本の国会の判断を誤らせる歪曲と批判せざるをえない。

第4に，朝海氏は，「ＮＧＯからもいくつか発言があったが，50数団体が女性に対する暴力について発言した中で，慰安婦に言及したのは10程度であった」と発言した。

朝海氏は，ＮＧＯの「慰安婦」問題への関心が「高くなかった」とでも言いたげだ。人権委員会を知る者からすると，1議題で発言10というのは驚異的な多さなのだ。国連では多くの事件が討議されるから，同じ事件・問題については5つの発言も「多すぎる」と言われるのが常だ。「慰安婦」問題では，これまで，通常，1議題のもとで，約5ＮＧＯの発言があった。

クマラスワミ報告書を審議した議題9のもとでは，多数のＮＧＯによる同報告書第1付属文書に絞った支持発言があり，合計で声明は10に上った。9つの口頭発言（23ＮＧＯを代表）と1つの書面提出（リベレーションによる文書提出で，国連により出版された）があり，これらが「慰安婦」問題に具体的にふれ，特にクマラスワミ軍事的性奴隷報告書を支持し，日本政府と民間基金政策を批判した。その中には，北京世界女性会議の主催者側だった中華全国婦女連合会のＮＧＯとしての厳しい日本批判発言もあり，注目された。

そのうえ，朝海氏は共同声明を無視している。自らの発言の機会を捨てて，合同で代表が発言するいわゆるジョイント・ステートメントが2声明あった。それを含めＮＧＯ数で数えると，24の国連ＮＧＯの明確な支持があったことになる。このような多数の支持は異例のことだ。日本政府は，これらの事実を無視して，ＮＧＯの圧倒的な日本批判があった事実を過小評価するように歪曲した報告をし，国会議員に誤解を与えようとしている。

第5に，朝海氏は，「欧米の国々は，この問題はサンフランシスコ平和条約その他の二国間条約によって決着済みであるという日本の立場に同意している」，だからこそ「発言しなかった」と報告した。

日本，韓国，中国，フィリピン以外に委員国の発言は，この問題に直接関連してなされなかったのは事実だ。しかし，沈黙を「日本政府が支持された」からと解釈するのは，常軌を逸する。それでは，なぜ日本以外のこれらの政府が日本の同報告書の「拒絶要求」に同意しなかったのか。なぜ，

第6章 クマラスワミ報告書と対日勧告 197

オランダ，EUなど多くの政府（前記「戦後補償ニュース」は20カ国と報道する）が，軍事的性奴隷報告書を含む3本の報告書全体を支持する旨発言したのか。

● 滅びへの道

　日本政府は，日本の内閣・国会・マスコミ・市民を騙す情報操作をやめなければならない。真実のみが正義を実現する。これまでの日本外交は，虚偽の上に成り立っていた。少なくとも「慰安婦」問題については，常に虚偽，隠匿，歪曲があり，政治家は裸の王様にされてきた。日本の政治家は，外務省の情報操作にはとても打ち勝てないことがわかってきた。これは日本外交の病根だ。放置すれば，日本を滅ぼすだろう。満州事変開始の際の情報操作が好例だ。その後は，「大本営発表」だ。これを信じ，完全敗北にいたるまで，「聖戦」に「勝利する」と信じていた日本人は，決して少なくなかった。日本官僚機構は，同じ行動様式を持続した。そこに気づかないかぎり，いくら辞書を引いて「留保」と「留意」の違いを比べても，日本は道を誤るだろう。

4　クマラスワミ報告書と国会の動き

　女性に対する暴力のクマラスワミ報告書（3文書からなる）のうち，日本にとっても最も重要な軍事的性奴隷報告書（クマラスワミ報告書の第1付属文書，UN Doc. E/CN.4/1996/53/Add.1）（以下，クマラスワミ報告書）は，世界的に大きなインパクトを与えつつある。日本の外務省・政府は，まだ民間基金政策を放棄していない。しかし，日本の国会で重要な変化が起きつつある。26名の参議院議員が，クマラスワミ報告書の勧告に応えるべく，議員立法の提案をした。日本の市民の間でも「国民基金凍結」と「国連勧告に応じよ」と求める運動が浸透してきた。被害国では民間基金政策に反対し，同報告書に沿った解決を求める被害者・NGO・議会の運動が展開されている。

● 議員立法の提案

　報告書が与えた最大のインパクトは，日本の国会に与えた影響だろう。

これまでは，立法による解決への目に見える具体的な動きは見られなかった。だから，新しい動きは，日本の自主的解決能力に希望の灯をともしたといえる。

96年6月13日，「戦時性的強制被害者問題調査会設置法案」が参議院に提出された（連載㉛法学セミナー96年8月号16頁収録資料）。同日，参議院内で新緑風会が記者会見し，公表した。同法案要綱はすでに公表されていたが，法案は公表されなかった（連載㉘法学セミナー96年5月号30頁収録資料）。法案の発議者は，本岡昭次・笹野貞子両参議院議員（新緑風会）で，賛成者24名の参議院議員（新緑風会と新社会党および平成会女性議員有志）の署名を得て，発議者が同日参議院事務総長に提出し，受理された。同国会会期中参議院に提出された数少ない議員立法の法案の一つという。戦争犯罪問題に関し，このような議員立法の提案が公式にされたのは，戦後初めてのことだ。法案提出の意義は，大きい。問題点の概略を整理してみよう。

第1に，同時に公表された趣旨説明書によれば，同法案は，クマラスワミ報告書（日本軍「慰安婦」制度を「軍事的性奴隷」であると指摘し，「被害者への国家としての補償や資料の公開などを日本政府に勧告」した）に応える形になっている。6項目のクマラスワミ勧告を実施するのは，日本政府（国家）の責任だ。広義の日本政府には，司法・行政・立法の三権が含まれる。司法府・行政府が効果的救済を与えられない場合に，国会が自主的解決の努力をすることは，国権の最高機関として適切な措置である。「従軍慰安婦」という用語は被害者の実態を反映していないため，法案は，「戦時性的強制被害者問題」という用語を採用した。この問題について，迅速（2年以内）かつ総合的に調査するための調査会を総理府に置くことを提案している。調査会は，学識経験者の中から内閣総理大臣が任命する15人の委員からなる。その所管事務は，戦時における性的強制が行われた施設の設置の経緯，それぞれの施設が設置された時期および場所，それぞれの施設の経営および管理，ならびにこれらに対する旧陸海軍の関与の実態，戦時性的強制被害者の総数，出身地域別の数，被害の実情および施設における生活の状況，戦時における性的強制を行うことを目的として女性を集め，移送するために用いた方法およびこれに対する旧陸海軍の実態等を調査し，その結果を内閣総理大臣に報告することである。同大臣はこれ

第6章　クマラスワミ報告書と対日勧告　199

を国会に報告するとともに，一般に公表しなければならない。調査会は，関係行政機関の長などに資料の提供，その他の必要な協力を求めることができる。

　第2に，法案は，日本軍「慰安婦」問題の国会による自主的解決の可能性について，初めて具体的なビジョンを示したといえる。この問題が政治課題になったきっかけは，92年6月，真相究明要求を政府が参議院予算委員会で拒否したことだった。その参議院で議員立法の提案があったのは意義深い。

　日本弁護士連合会は，「『従軍慰安婦問題』に関する提言」（95年1月）を公表し，立法によって被害者個人への国家補償をするよう提言したが，具体的法案は提案しなかった。筆者は，「従軍『慰安婦』被害者個人賠償法案骨子」を公表して，国連人権小委員会などの勧告に応えるための立法の提案をした（連載㉓法学セミナー95年12月号47頁収録資料）。しかし，被害者の総数が不明なので，議員立法の提案にともない提示することが必要な予算の積算ができなかった。国連勧告に応えるための「行政的審査会」（特別裁判所ではない行政機関）を設置する議員立法の提案の前提としても，本調査会法案の立法は必須の過程である。

　第3に，真相究明自体が重大な意義を持つことを忘れてはならない。6月4日，自民党国会議員からなる「明るい日本」議員連盟会長となった奥野衆議院議員が，同議連結成の記者会見で「従軍慰安婦はいない。商行為に参加した人たちだ。戦地で交通の便を（国や軍が）はかっただろうが，強制連行はなかった」などと発言した。また，5月「慰安婦を未成年者として働かせたのは歴史的事実ではない」などと発言した板垣参議院議員は，同議連の事務局長に就任した。内外から厳しい抗議が寄せられ，外交問題にも発展した。日本の市民団体も両議員の辞職と同議連の解散を要求している（6月12日付フィリピン人元「従軍慰安婦」を支援する会など45団体・75個人の抗議声明）。93年8月，河野官房長官（当時）が軍の関与と強制の事実を認めたのに，現職の国会議員がこのような発言をする。深刻な問題だ。国際人権B規約20条が禁止する憎悪の唱道に当たる疑いがある。

　議員立法で前記調査会ができれば，法的権限をもって証言や資料を集める公的調査が可能になる。奥野・板垣両議員も体験的な証言があるなら，調査会の適正な手続に従ってそれを提供すべきではないか。このような被

害者の名誉を毀損する不規則発言をすべきではない。このような発言の根本原因は，政府が真相究明を中途半端でやめてしまったことにある。外政審議室は真面目に調査したのだろうが，法律も権限も専任スタッフもなく，調査が限界に達したのではないか。立法して着実に真相究明したなら，このような名誉棄損事件は防止できた可能性がある。日本軍「慰安婦」問題そのものさえ解決していただろう。行政が民間基金問題で手一杯で，真相究明がされなかったのが残念だ。

　第4に，法案の提案で，これまで立法による解決を阻んできた重要な障害が取り除かれた。一時は，国家補償をとなえた国会議員や支援者の一部は，「立法による解決は不可能」と見るようになってから，「民間基金しか解決方法がない」と言い始めた。これらの論者は，「立法で個人補償を実現したいが，百万遍，国家補償ととなえても立法は絶対不可能だ」などと説いてきた。あげられた典型的な理由は，いくつかある。たとえば，「議員立法の提案をする意欲ある国会議員が一人もいない。発議者がいても，参議院なら20名，衆議院なら50名の賛同者が集まるはずがない」とか，「国会議員が発議しようとしても，両議院の法制局が賛成するはずがない」などがあった。クマラスワミ報告書公表以前は，これもあながち「誤り」と言いきれなかった。後者（法制局が同意しない）の場合，参議院議員全員が署名しても発議できない慣行があるのは事実だ。この法案提出で，これら現実的障害がとれた。

　この法案が成立し，国家補償への道筋がはっきりしてくるまで，民間基金の強行を一時待ってもよいのではないか。被害国での混乱を避け，被害者側が一致してこれを歓迎する条件（国家補償の保証）を実現することも可能だ。民間基金賛成の人々の多くも，賛成できる法案だろう。与党3党の中でも党議拘束をはずせば，相当数の賛成議員があるだろう。場合によれば，超党派で成立も可能ではなかろうか。もちろん，「国民基金」政策にこだわる外務省・行政側のかたくなな態度はまだ変わっていないが，問題の真の解決を真剣に模索する意味で，超党派の賛成による解決に協力してほしい。

　第5に，「『従軍慰安婦』問題で国家補償をすれば，他の『戦後補償問題』に波及し，多額の国家予算が必要になる。『パンドラの箱』を開けるようなことはできない」という反論がある。これは，論理的におかしい。「国

家責任があるなら，国家補償をしなくてはならない」のであって，仮に多くの問題で国家責任があるなら，多額であろうと逃げまわることは誤りだ。

しかし，実際には，この心配は杞憂だ。「従軍慰安婦」問題で国家補償をしても，他の問題にただちに波及することはない。この問題がきわめて特殊で，他の問題と違うからだ。次の点を冷静に考えてほしい。①国連機関が公式調査に来日し，報告書を公表して，国家補償の勧告をしているのは，軍事的性奴隷問題のみである。奴隷であること，条約など国際法違反があること，人道に対する罪に当たることを国際機関から指摘されている問題は他にない。②だからこそ，今回の調査会設置法案の対象は，「戦時性的強制被害者」のみに絞られている。③「従軍慰安婦」制度は，92年1月まで「極秘」だった。だから，他の問題と違って，サンフランシスコ平和条約や日韓協定条約外だったと締約国の意思を解釈できる。これが条約外だったと認めても，極秘でなかった他の問題について，条約外だったと認めたことにはならない。④日本政府は，国の関与も否定し，強制も否定した。そればかりか，被害者の地位を否定する宣伝を民間基金にさせ，被害者の名誉と尊厳を毀損した。この国家責任を承認しても，その効果はこの問題だけにとどまる。

個人的見解だが，解決方式についても，ケースバイケースでよいのではないか。日本軍事性奴隷問題では，「国民基金」による解決に対し広範な反対がある。それは，この問題の特殊性による。この問題では，加害者が軍＝国家機関そのものだ。性的強制から「慰安」を受けたのも軍＝国家機関である。一般人や企業ではない。だから，道義的責任も国家が直接とらなくてはならない。それを民間にとらせるのは誤っている。

ところが，他の問題では事情が違う。よく比較されるのは強制労働問題だ。もちろん，国家も応分の責任をとるべきだが，強制労働を直接させた者は，企業だ。戦争犯罪として裁かれたのも企業人である（花岡事件を参照。拙稿「人権に関する不処罰問題」ＩＣＪ国際セミナー東京委員会編『裁かれるニッポン』〔日本評論社〕41-51頁）。民間＝企業が企業責任をとるべきは当然だ。国が責任をもって，民間基金を設置し，そこに責任ある企業が寄付して一時金を補償するのは一つの解決案である。問題の本質的違いに思いをいたすべきだ。

その他の問題についても，「国家責任あるものはとる」べきだ。国際仲

裁に合意すれば，責任のない場合もはっきりしてこよう。道義的にも法的にも国家に責任がない場合にまで「国家に責任をとるべきだ」と言うべきではないはずだ。

　第6に，国会の会期は，6月18日までだった。外務省・政府と与党3党がまだ「国民基金」政策を放棄していないところから，同国会会期中の成立の見通しはなかった。議論の時間もなく，廃案となった。再提案を受けて，今後国会の意思になるかどうかは，内外の支持の有無にかかっているだろう。真相究明は諸国の主要な要求だ。被害国，ことに台湾，韓国，フィリピンなどの政府，立法府議員，被害者支援のＮＧＯは，法案の行方に重大な関心を払っている。日本政府・外務省もこれを支持・協力して真の解決への道を開くべきだろう。

● 日本国内の世論の動向

　法案提出の背景には，クマラスワミ報告書と国連人権委員会決議の評価が日本国内でもようやく定まってきたことがある。クマラスワミ報告書は，日本政府の拒絶要求にもかかわらず，国連人権委員会によって承認された。しかし，日本外務省・政府は，国連人権委員会の決議で，クマラスワミ報告書は「採択されていない」とか「『留保する』との表現になり，評価されていない」などと国会答弁するなど事実を歪曲してきた（3，194頁）。問題は，国連人権委員会4月19日決議の「テイクノート」（留意する）ということばを否定的な評価と解釈するかどうかだ。

　その後公表された論文（河辺一郎「国連，『留意』とは何か」軍縮問題資料96年7月号62〜63頁）は，95年の人権委員会の多くの決議を分析し，「このように『留意』には否定的消極的意味はなく『評価されていない』という政府の答弁は事実をたばかるもの」と結論している。この分析が，論争に終止符を打つものになろう。

　マスコミも外務省の主張を聞いて，評価に迷っていた。しかし，「外務省の説明に疑問を持たざるを得ない。……『留意する』という表現は，人権委員会の採択ではよくあること。現地では，『特別報告書は決議に含まれている』と受け止められている。今後は，日本政府がそれをどのように実行していくか，に関心が移って行こうとしている」と報じられるようになった（朝日新聞96年5月27日付夕刊「やぶの中の決議」）。

人権委員会決議直後，マスコミは，国連決議の評価をめぐって対立する日本政府とＮＧＯの見解の間で，どちらが正しいのかただちに判断ができなかった。行政が情報を隠匿，歪曲したからだ。現地で直接取材し，客観的報道をした報道関係者には，政府側からの猛烈な反発があったようだ。これに対し，クマラスワミ報告書の公表後，日本の116団体がこれを支持し，国連人権委員会に同報告書の受入れを要望した。日本のＮＧＯ側は，多くの代表を送って，ジュネーブの人権委員会に直接要望を提出した。国連で何が起こったかの真相も把握していた。だから，情報操作にはのせられなかった。

　これらの団体が中心になって，国連人権委員会によるクマラスワミ報告書の承認をきっかけに，96年4月20日「応じよ！国連勧告」の署名を求める大規模な市民運動を興した。同日，坂本義和氏ら有識者グループも市民運動グループと共同記者会見を開き，次のような政府宛要望書を公表した。「国連人権委員会において，その特別報告官による勧告を諒とする決議が採択されるという，まことに恥ずべき事態に至りました。私たちは，政府がこの勧告を受入れ，国家としての法的責任を認め，被害者個人に対する謝罪と補償とを一日も早く実行に移すことを，改めて強く要望します」と言う。後者には，「国民基金」呼びかけ人の中心だった三木睦子氏（後に，橋本首相が国家責任を拒否したので，「国民基金」呼びかけ人を辞任したと報じられた）も参加した。クマラスワミ報告書が，日本国内の世論の動向に大きな影響を与えたことが理解できよう。

●国際的反響

　クマラスワミ報告書の国際的インパクトも大きかった。台湾当局は，報告書公表直後に公式態度表明をし，同報告書を支持し，「国民基金」に反対し，国家補償を要求した。韓国政府は，国連人権委員会で同報告書を全面支持し，個人被害者への国家補償を要求する立場を初めて明確にした。「フィリピン関係者は一時金を基本的に了承」と報道されたが（読売新聞4月8日付「『慰安婦』基金，一時金7月支給開始」），5月17日被害者と支援者で組織されたリラ・ピリピーナが「日本政府によって，『アジア女性基金』をちらつかせられてから約1年たち，最終的に169人の元『従軍慰安婦』生存者が一致した決定をするに至った。回答はＮＯである」と態

度表明した。5月28日，フィリピン議会（上院）にも，国民基金に反対し，同報告書に沿った解決を求める決議案が提出された。

ジュネーブで結成されたクマラスワミ軍事的性奴隷報告書を支持する国際連帯（58ＮＧＯが参加）は，「『国民基金』による一時金支払いには応じない」と宣言（4月17日）した。同連帯は，再度「『国民基金』拒否・東京宣言」を公表（5月14日）し，「日本政府が法的責任を否定し，政府主導で創設され，そのもとで行動している『国民基金』は，50年前の犯罪と等しく彼女たちの尊厳を傷つけ，名誉を著しく毀損するものである」と抗議した。さらに，国際連帯は，クマラスワミ報告書が国連人権委員会によって「採択されなかった」とした外務省（朝海氏）国会答弁に抗議声明を発した（5月28日）。韓国挺身隊問題対策協議会は，「国民基金」に協力しているトヨタ自動車（経団連会長社）に対する不買運動を開始した（6月13日）。

● 政治的決断を迫られる橋本首相

行政官僚は，政治家を「裸の王様」にしている（野村光司「日本国憲法と官僚制（総論）」労働運動研究96年6月号16〜19頁）。外務官僚が設置した「国民基金」による一時金の支払いを受け取る被害者がいても，全体的には拒否される可能性が強い。被害者いじめで被害国を大混乱させ，水俣事件のように解決が長期化する。首相が不名誉な立場に立つおそれもある。首相は，政治的決断をし，その強行を見合わせ，前記議員立法の提案を支持し，「クマラスワミ勧告を受諾する」と宣言すべきではないだろうか。日本軍性奴隷問題は全面解決し，日本は国際的に名誉ある地位を築けるであろう。

5　国連現代奴隷制作業部会，クマラスワミ報告書を審議

政府が設置した「女性のためのアジア平和国民基金」は，96年7月19日，内閣外政審議室，外務省，呼びかけ人，運営審議会委員，理事らの合同会議を開催し，民間募金による一時金（200万円）の支払いを8月にも強行すると決めた（各紙翌20日付朝刊）。

これに対し，国際社会は，日本政府の「国民基金」政策を拒否している。

第6章　クマラスワミ報告書と対日勧告　205

6月，国際労働会議（International Labour Conference）では，日本軍性奴隷問題が強制労働条約違反として，97年本格討議されることが決まった。日本政府は，日本軍性奴隷に関するクマラスワミ報告書が国連によって，実質的に拒絶されたかのような国会答弁を繰り返している。しかし，6月中に開催された国連差別防止少数者保護小委員会の現代奴隷制作業部会は，同報告書を公式に検討し，9項目の勧告を採択した。同部会は，日本政府の「国民基金」政策に対して95年に与えた支持文言を96年は削除することにした。

● 国際労働会議の審議とその成果

　筆者は，日本軍「慰安婦」制度は，ＩＬＯ（国際労働機構）29号強制労働条約に違反すると主張した（第7章1，230頁参照）。ＩＬＯ条約勧告適用に関する専門家委員会が，96年3月に公表した年次報告書の中で，この制度は「（ＩＬＯ29号）条約に違反する性奴隷制と特徴づけられるべきであると認める」とし，被害者に対する日本政府による補償を希望し（第7章2，240頁参照），同報告書は国際労働会議（International Labour Conference, 83rd Session，6月4～20日ジュネーブで開催）に提出された。国連ＮＧＯも，招待がなければＩＬＯ会議には出席できず，直接の把握が困難だ。以下の事実は，公式記録と日本を含む複数の国際的情報源によって確認できた。

　毎年度国際労働会議（政労使委員の三者構成）に提出される専門家委員会報告書には，数百の違反報告が載る。時間の関係で，国際労働会議が審議するのは，1割程度にすぎない。毎年国際労働会議の基準適用委員会がとくに重大なケースを選択する。96年の基準適用委員会の労働者側委員は，日本の29号条約違反（前記日本軍性奴隷）問題に関して97年度に審議すべきだと合意した。この結果は，基準適用委員会副委員長（W・ペイレン労働者側委員）から公式に表明され，同委員会報告書に記載され，これは，総会で採択された。労働者側の決定は，例年尊重されてきたので，同会議で日本軍性奴隷問題が97年に討議されることが確定的となったといってよい。

　日本関係者は，事前に日本の29号条約違反について発言されないよう各方面に働きかけていたようだ。そのためか，96年度審議リストには掲載さ

れなかった。韓国労働総連盟（キム・スンジン国際部長）は，労働者側会議で2度発言し，異議をとなえ，97年の審議を求めた。前記労働者側決定は，この韓国労働者側代表の発言に応えたものだ。これは，日本では理解困難なほど大きな影響を与えるだろう。

　国連は，強制労働条約違反問題について沈黙してきた。この条約について第一次的な監督権限をもつ専門機関ＩＬＯに遠慮したのだろう。同条約違反問題は，国連中心に進行してきた国際討議の死角だった。それが正面から議論されることになる。96年の国際労働会議の基準適用委員会報告書は，専門家委員会報告書によって違反を指摘された報告について，「委員会は，これらの政府は，専門家委員会の求めに十分注意を払い，約束した責務の充足を確実にすべく，求められた措置をとることを怠ることがないであろうと信頼する」と述べた。だから，審議の方向は，すでに専門家委員会報告によって定められているといえよう。97年の審議の焦点は，日本がいかに報告に応えるべきかになるだろう（連合が総会審議に反対し，残念ながら97年の国際労働会議公式討議は阻止されてしまった。連載㊸法学セミナー97年8月号24頁以下参照）。

　これとは別手続だが，韓国労働総連盟は，95年3月，日本軍性奴隷問題に関し，ＩＬＯ憲章24条に基づき調査委員会設置の申立を理事会に提出した。ところが，4度も理事会が開催されたにもかかわらず，この申立の受容性判断のための理事会審議がなされないという異例の事態になった。ＮＧＯ筋によると「日本側から異常ともいえる圧力が理事会議長団に加えられたため」という。これに対して，同総連盟パク・インサン委員長は総会において演説し，「ＩＬＯ理事会が第二次大戦前・中の組織的性奴隷制に関する我々の申立を1年以上も放置したのはきわめて遺憾である」と公式に批判した。申立は，抗議の意味で，この発言に先立って6月中旬取り下げられた。

● 進展するクマラスワミ報告書の国連審議

　日本政府は，日本軍性奴隷に関するクマラスワミ報告書は，「テイクノート」されただけだから，国連人権委員会で「採択されなかった」などと，同報告書が「国連によって，実質的に拒絶された」かのような国会答弁を繰り返している（3，195頁）。ＮＧＯ側は，「日本政府のクマラスワミ報

告書拒絶要求が国連人権委員会で拒否され，同報告書は公認された。今後国連審議の基礎になる」と主張する（3，194頁，3，203頁）。外務官僚が国連情報を歪曲して，国連・内閣・報道を操作している例はこれだけではない。「テイクノート」の翻訳・解釈だけでは論争は解決しない。今後，国連人権会議がこの報告書をどう扱うかが問題だろう。仮に，日本政府側が示唆するように報告書が「実質的に拒絶された」のなら，今後国連では，この文書は記録にも残されず，引用も配布もされないどころか，関連発言も許されないだろう。

軍事的性奴隷に関するクマラスワミ報告書は，国連会議によって審議された。96年6月17〜26日ジュネーブで開催された国連差別防止少数者保護小委員会の現代奴隷制作業部会の議題説明書（UN Doc. E/CN.4/Sub.2/AC.2/1996/L.2/Add.1, paras. 90-91）の議題5(i)に引用された。7名のNGO代表と3名の政府代表（日本政府を含む）が同議題で性奴隷問題に言及したが，発言を許された。拒絶どころか，報告書の存在が国連によって公認され，国連審議の基礎になったことが証明された。部会は，クマラスワミ報告書（軍事的性奴隷報告書を含む3文書番号の特定がある）を検討したと特記し，9項目の勧告を採択した。クマラスワミ軍事的性奴隷報告書は，96年8月の国連人権小委員会でも審議されるだろう。

● 国連現代奴隷制作業部会の審議概要

現代奴隷制作業部会は，差別防止少数者保護小委員会（通称「人権小委員会」と呼ばれ，独立の専門家委員26名で構成）の下部機関で，5名の委員（人権小委員会により同委員の中から選ばれる）で構成される。政府代表と国連NGOおよび適当な組織の代表は，オブザーバーとして参加・発言できる。

部会の日本軍性奴隷関連の発言概要を報告しよう。6月19日，英国の民間捕虜団体（ABCIFER。国連NGOではないが「適当な組織」として参加）代表と子どものための行動運動（AFCC。同前）が発言した。旧日本軍の子どもを含む民間英国人捕虜への奴隷的虐待（強姦・将校クラブへの女性の連行など）を指摘し，1863年のマオリの土地への侵略と不正および侵略による人命，財産，社会生活への甚大な被害に対する英国女王の謝罪（1995年11月3日）などをモデルに，日本の天皇が謝罪し，被害者

に対して国家補償を支払うことを求めた。

20日，朝鮮民主主義人民共和国代表（アン・ミョンフン）氏が発言し，軍事的性奴隷に関するクマラスワミ報告書を歓迎した。日本の姿勢が今も変わっていない証拠として，日本政府が国民基金によって国家の法的責任を免れようとしていること，板垣・奥野議員らの妄言があることなどをあげ，日本が国家の法的責任を受諾し，誠実な謝罪をすることを求めた。これに対し，ワルザジ議長（モロッコ出身）は，「長い間この問題を討議してきたが進展がない。日本政府が行動できないとしても，国会議員は違うはず。国会での議論はないのか。国際議員連盟（ＩＰＵ）で議論できないのか」などと発言した。エルハジ委員（レバノン出身）も発言し，「世界の女性団体の活動に期待する」とした。

21日午後，国際友和会（ＩＦＯＲ）を代表して筆者が発言を許された。95年までの発言は，強制労働，奴隷，売春などの議題でなされ，関連勧告は「その他」に分類された。96年は「女性に対する暴力に関する特別報告者の活動」（5(i)）という議題が設けられたので，その議題で発言した。日本外務省がクマラスワミ報告書に関連し，国会議員に虚偽報告をしていること，および同報告書を支持する国会議員が真相究明のために「戦時性的強制被害者問題調査会設置法案」を参議院に提出したが，今回は時間不足で廃案になったことを報告した。クマラスワミ報告書，ＩＬＯ専門家委員会の報告書，日本の国会議員の活動などを評価し，日本政府にこれらを尊重するよう勧告してほしいと要請した。参考資料として，過去4年間の国連活動，前記調査会法案の英文，民間基金に反対するＮＧＯの活動，人権委員会関係資料などをまとめた2冊の資料集を部会委員と関係ＮＧＯ・政府などに提供し，「印象的」と感謝された。これに対して，エルハジ委員から「軍事的性奴隷制度は，それ以前の日本における慣行に基づくのか」との質問があり，委員の関心の高さを示した。日本の戦争責任資料センター編の歴史資料（英文）を参考のために各委員に提供した。

24日には，同じ議題のもとで，5名の被害国ＮＧＯ代表が発言した。ＩＦＯＲは，全体を紹介するかたわら，台湾の立法院議員の90％が「国民基金」に反対し，クマラスワミ勧告とＩＬＯ報告に沿った解決を求めていることを紹介した。

フィリピンの被害者と支援者の団体リラ・ピリピーナ共同議長アモニ

タ・パラジャディア氏とネリア・サンチョ氏がアジア女性人権評議会（ＡＷＨＲＣ）を代表し、「国民基金」を拒否し、クマラスワミ勧告を支持する旨発言した。被害者パラジャディア氏は、「日本政府に組織的強姦と性奴隷について責任をとらせたくて発言してきた。国民基金は私たちにとって名誉と尊厳をもたらさない。日本が自ら犯した戦争犯罪を公式に承認しないからだ。私もお金は必要だが、名誉と尊厳を伴うものを要求する」と述べた。韓国挺身隊問題対策協議会からは、チョン・ジンソン氏が世界キリスト教協議会（ＷＣＣ）を代表して発言した。日本国会議員の立法の提案を支持し、日本国会での外務省朝海発言（軍事的性奴隷に関するクマラスワミ報告書は、国連人権委員会によって「採択されなかった」などとするもの）を批判したほか、財界を指導して「国民基金」に協力しているトヨタの製品をボイコットする運動を開始したことなどを報告し、クマラスワミ報告の支持、国会による真相究明立法、国際司法裁判所または常設仲裁裁判所による解決などを訴えた。朝鮮人強制連行真相調査団のチョ・スンホ氏は、リベレーションを代表して発言した。第二次大戦後の戦争犯罪法廷に強制売春の故に34名が起訴されたこと、中国人強制労働被害の花岡事件に関して民間人が起訴され、人道に対する罪で処罰されたことなどを報告した。ところが、日本政府は、これまで戦争犯罪に関し、一貫して証拠を隠滅・隠蔽するために虚偽報告するなどを重ねてきており、「国民基金」も戦争犯罪の国家責任を免れるためであることを指摘し、部会がクマラスワミ報告書を支持して国連が日本政府に対して国家責任をとるよう勧告することを求めた。オランダの対日道義的債務請求財団のユンスラガー氏は、ＩＦＯＲを代表して発言し、クマラスワミ報告書の重要性、とりわけ日本軍の行為が軍事的性奴隷制であり、人道に対する罪を構成するとした点を強調し、その勧告を実施するために、日本が立法措置をとるよう求めた。前記ＡＦＣＣのグラハム牧師が、「多くの民間人捕虜だった英国女性も組織的強姦の被害を報告している」と述べ、クマラスワミ報告書に関する筆者らの発言を支持した。

　議長より、「勧告の起草につき意見があれば、事務局に提出するように」との注意があった。早速ホテルに帰り、ＮＧＯ側の発言をまとめ、夕刻意見書を提出した。

　25日、部会は非公開で委員のみが審議し、勧告原案を作成した。

26日，部会審議が公開され，午前10時に勧告原案（英文）が配布された。その討議に先立ち，日本政府代表の肥塚公使が答弁権を行使した。同公使は，「日本は，従軍慰安婦を含め戦争に関する賠償と請求権の問題については，関係国際協定に従って誠実にその義務を果たしたのであって，問題は日本とこれらの締約国との間で法的に解決済みである」とし，橋本首相が数日前キム・ヨンサム大統領との共同記者会見で謝罪したこと，「女性のためのアジア平和国民基金」の民間募金が進行し，「償い」の資金が現在400万ドルに達したこと，8月から1人当たり「200万円をくだらない」一時金の支給を開始すること，基金は政府補助金による医療などの支援もすること，首相のおわびの手紙を添えることが計画されていることなどを詳細に述べ，「日本政府は，基金を通じて日本国民と共にこの問題を解決しようとしている」とした（ここまでは，タイプ草稿がある）。そのうえで，現場で同公使が付加したのは「人権委員会は，女性に対する暴力に関する特別報告者の報告書に単に留意するとの決議を採択したにすぎず，この問題に関するいかなる勧告も，また日本政府を名指しした勧告も採択していない」という発言だ。

　注目すべきは，この発言が外務省の国会答弁とは食い違うことだ。国連機関に極端な歪曲は通じないからだろうが，「報告書は採択されなかった」とは言っていない。日本政府を明文で名指しした勧告文がなかったことは事実だ。国会でもこのように説明すべきではないか。もっとも，戦時「性奴隷」（軍事的という形容詞はないが，国連では日本問題以外にこの用語は使われてこなかった）については，決議の第5項が明文で言及している。「この問題に関するいかなる決議もなかった」というのは言い過ぎだろう。

　つづいて，韓国政府を代表し，リー・ジョンヒ参事官が反論した。人権委員会は，クマラスワミ特別報告者の活動を歓迎し，かつその報告書，とくに北朝鮮，韓国および日本への戦時の軍事的性奴隷の調査に関する報告書に留意したこと，「慰安婦」問題に関しては，人権委員会で詳細に立場を表明したことなどを述べ，「日本政府に対し，被害者によって受け入れられうる解決案を採用するよう強く求める」とした。韓国の被害者側が強く「国民基金」による解決に反対している現在，日本政府は，これを無視できないはずだ。

●勧告原案の審議・採択

　勧告原案全文は11頁と大部だ。Ａ・一般的考慮，Ｂ・勧告，と２部に分かれる。日本軍性奴隷問題は，Ｂ・11「女性に対する暴力の根絶」の議題で扱われていた。原案にはＮＧＯ側の要請が相当反映されていた。例年は，委員が前日の協議結果に誤りがないか確認し，採択される。日本政府（肥塚公使）は，とくに介入し，「第１項（クマラスワミ勧告に留意していた部分）は人権委員会の決議を越えている。第６項（クマラスワミ勧告など国連と専門機関に協力するよう求めていた）全部を削除すべきだ」などと強硬に要求した。残り時間が短い。委員が，日本政府に反発した。エチェバリア委員（キューバ出身）は，「委員全員一致で決まった。もっと厳しい案さえ討議された。修正の必要はない」と発言した。ボスイット委員（ベルギー出身）は，「第２項の日本政府からの情報はテイクノートするが，評価している後半部分は削除しよう。第６項の後半（クマラスワミ勧告に言及していた）を削除しよう」と提案。ワルザジ議長は，「そのとおり決定する。第１項は人権委員会決議同様とする」と修正のうえ，Ｂ・11議題の勧告を採択した。修正採択された勧告の印刷は，７月末ころ公表される作業部会の報告書を待たなければならない。当面の情報として，当日配布資料と審議の経過をあわせて筆者が確認した勧告は，雑誌等に資料として掲載した（連載㉜法学セミナー96年９月号23頁収録資料，週刊法律新聞７月12日号１面も合わせて参照）。

　勧告は，前文でクマラスワミ報告書を審議したことを公式に述べている。95年の部会勧告（日本政府に行政的審査会の設置を求め，国際仲裁による解決を勧め，かつ不処罰の特別報告者への関係情報を送付する）をすべて繰り返した（ただし，後述のとおり「国民基金」を評価した95年の勧告部分は削除した）。

　勧告は95年より３点で着実に前進した。①95年は「国民基金」など日本政府からの情報を評価した外交辞令を勧告に入れていた。その部分（95年勧告は「解決に向けて有効な段階と見て歓迎」していた）を96年は削除した。第２項は「第二次世界大戦中の女性性奴隷問題に関連してとられた行動に関し，日本政府によって提供された情報に留意し」たに止まった。②第６項は，この問題に関して，国連（とくに特定していないが，現代奴隷制作業部会，人権小委，クマラスワミ勧告，人権委，女性地位委員会など

を含むだろう）と専門機関（ILOを示唆したと思われる）に協力するよう日本政府に求めた。③日本の国会議員の立法による解決への努力を評価し，第3項で，「軍事的性奴隷問題について，日本の国会のさまざまな議員によって取られた立法への努力に関する情報に感謝しつつ留意し」とした。

● 日本政府，作業部会に異例の事後介入

　後に判明したのだが，26日の今会期部会終了後，日本政府代表が議長を訪れ，「国会の活動を評価する部分（第3項）を削除すべきだ」と強硬に申し入れた。採択後の政府の介入は，異例だ。部会委員は国家から独立の専門家だ。その独立性を損なう不当な政府の圧力と批判されよう。これが判明したのは，偶然の機会による。ワルザジ議長が，27日空港にて偶然出会った筆者に「国会議員の活動は，問題解決に役立つのか，説明してほしい。日本政府が26日午後来て，『第3項を削除してほしい』と要求してきた。私は，『採択前に主張すべき』と言った。委員は皆帰国したからだ。しかし，なおも言うので，持ち回りで，削除するか委員の意見を聞くことにした」というのだ。

　後日談がある。この事実を知った本岡昭次参議院議員が，7月11日池田行彦外務大臣（当時）に公式文書で抗議した。抗議文は，事後介入は，国家が部会の独立性を損なうことになるばかりか，「事柄が日本の立法府における議員による立法権に基づく立法行為についてであり……国会に対する侮辱であり……三権分立との関係から見ても……越権行為である」としている。外務省は，大筋の事実関係を認めたが，事後介入の不当性は争い，部会の勧告第3項を「内政干渉」だという（朝日新聞7月13日付朝刊「慰安婦問題の国連部会勧告，日本議員の活動評価部分，政府削除求める」）。人権問題が国際関心事となって久しい。重大人権侵害事件のため国連から批判された独裁政権諸政府は，19世紀の国際法を持ち出して「内政干渉だ」と反発した。日本政府も先進諸国とともに人権侵害国内の行為を批判してきた。今回の弁解は自己矛盾ではないか。

● 迫られる政策転換＝国連勧告に沿った解決を

　上記の国際情勢は，日本ではほとんど知られていない。日本軍性奴隷問

第6章　クマラスワミ報告書と対日勧告

題では、マスコミが市民の知る権利を保障しえていない（拙稿「戦争責任と日本軍『慰安婦』問題の報道はこれでよいのか」マスコミ市民95年12月号）。日本政府の虚偽発言を知り、真相を報道しようとすると、報道潰しの圧力がかかる（「ＮＨＫ『慰安婦』特集中止、法務省での話し合い無断撮影を理由に」朝日新聞7月7日付）。民間団体は反発したが、自社さ連立以降は、このような不正な圧力を阻止して報道の自由を守ろうと官僚に立ち向かう大政治勢力はない。かつての「大政翼賛会」的政治状況なのだ。不気味な時代になった。

　日本の市民や国会が気づかないうちに、日本は国際的孤児になりつつある。「国民基金」を支持する日本企業の代表に対抗して「トヨタ不買」運動が開始された。7月中旬には270名の韓国国会議員（国会議員の90％）は、日本政府に対し国連勧告に沿った解決と「国民基金」計画中断を要求する書簡を送った。すでに台湾の立法府委員（全体の90％）も同様の要求を送付している。フィリピンでも多くの被害者が基金の支払いの「受取り拒否」を表明しているほか、上下両院が反対決議を審議中である。

　このような国際情勢を見れば、「国民基金」政策では、日本軍性奴隷問題の全面解決はできないことが確定したといってよいのではないか。日本政府は、国際社会の助言にさからうべきではない。根本的に政策転換し、国連とＩＬＯの諸勧告の受入れを決断すべきだ。

6　「アジア女性基金」支払い強行
　　――被害者側の受取り拒否で日本政府政策挫折

　国連人権小委員会の軍事的性奴隷問題討議のさなかの96年8月14日、日本政府と「女性のためのアジア平和国民基金」は、フィリピンの被害者4名に200万円の「償い金」と橋本首相の「おわびと反省の手紙」（連載㉝法学セミナー96年10月号22頁収録資料）を交付した。「おわび」は、謝罪ではない。河野官房長官が認めた強制の承認もない。国連・ＩＬＯ機関が認めた奴隷、犯罪、強制労働条約違反の承認もない。自民党内の異論と訴訟への影響という配慮ばかりが先行したようだ。「心を打つ」と認めた被害者は少なかった。内外の厳しい反対を無視して強行されただけに、被害国側の強固な受取り拒否に出会い、日本政府の政策は挫折した。

●国民基金側説明団の被害国事前訪問

　96年7月23日，本岡昭次参議院議員（新緑風会）は決算委員会で，最近のアジア各国での国民基金批判を考慮し，政府に同基金の一時金支給を中止するよう指導を迫った（国際人権研究会発行，「国際人権ニュース」No.1，8月1日）。政府はこれを無視し，7月30日理事会決定に基づき，8月初め国民基金説明団が，韓国，台湾，フィリピンを訪問した。しかし，韓国では，挺身隊問題対策協議会（挺対協）など被害者支援団体は，説明団との面会自体を拒否した（台湾でも，台北市婦女救援基金会は，同様に面会を拒否）。その理由は，「日本政府がその責任を明確化し個人補償をしなければ，どのような名目の金も受け取れない」（挺対協）であった。基金説明団は，被害者自宅を直接訪問するなどして，10名以上の韓国の被害者と面会した。その一端をたまたま知りえたので報告したい。

　筆者は，8月3日，元「従軍慰安婦」被害者である金学順（キム・ハクスン）ハルモニの依頼で，基金説明団の自宅訪問に立ち会った。国民基金代表が自宅を訪問し，基金から説明したいと申入れがあったが，金ハルモニは，「国民基金は受け取らないと何度も言ってあり，気持ちは変わらないので，会いたくない」と言った。しかし，どうしても家を訪ねてくるということだった。自分の家から逃げ出すこともしたくないので，3日午後7時の訪問を受けざるをえなくなったという。なお，近所のハルモニ1名も同席した。

　午後7時から9時の間，5名の基金代表（その他3名の関係者）が同氏自宅を訪問し，口頭で「（民間から基金が募金した200万円の一時金とは別に）日本政府資金による償い事業として，合計300万円を被害者に届ける。今年度中に3分の2以上，具体的には228万円を現金で届ける。これは道義的責任に基づくもので，法的責任については訴訟を継続してもよい」「韓国政府が協力してくれないとできないが」などの話があった（この部分は，先に着いた基金代表が日本語で筆者に説明したもの）。8月3日付韓国語文書（連載㉝法学セミナー96年10月号22頁収録資料）がハルモニに渡され，読みあげる形で説明がされた。文書や話の内容について，とくに「秘密」との話はなかった。次いで，首相の手紙（内容は不明）が個人的に渡される予定であること，その意義の説明があった。

　金ハルモニは，「自分が名のり出て証言したのは，お金のためではない。

日本の人は真相を知らない。事実を知らせて，本当に責任を認めて，二度とこのようなことを繰り返さないようにするためだ。日本が国家としての責任を認めた補償なら受け取るが，そうでないお金は受け取りたくない」と回答した。さらに「文書のなかで部分的なところに反対なのか，全体か」と尋ねられたが，「全体」と答えは明快だった。

　基金側から，「日本の国会では，この問題に理解のない議員が多いので，要求の実現ができない」など現実に言及があった他，「その中で日本人の考え方を変えようとして，基金も努力してきた」「首相の手紙は，国の内閣総理大臣としてのもので大きな意義がある」「しかし，これは国と国民の道義的責任に基づくものなので，国家の法的責任については裁判を続けていただきたい」などとさまざまな角度から，なおも説明がなされた。金ハルモニは，「私も早朝から新聞2紙を隅々まで読むのを日課としており，日本の政府のこともわかっている。橋本首相は，靖国神社を訪問した。日本の国会議員は，『慰安婦は商行為だった』と妄言を続けている」などと反論した。論議が続き，時間がたつにつれ，ハルモニは次第に憤りをあらわにし，疲れてしまったようすだった。9時ごろ，基金説明団は，「かえって気持ちを害してしまったかもしれない。そうだとしたらお詫びする」と辞去した。

　金学順ハルモニは，韓国で初めて名のり出て真相を証言した日本軍性奴隷被害者だ。他の被害者の信頼があつい。その決断の影響力は大きいだろう（金学順ハルモニは，日本政府の誠意ある謝罪を見ることなく，97年12月16日逝去された。ご冥福を祈るばかりである）。

●基金説明の問題点

「韓国で日本政府資金で1人当たり300万円の償い事業をする。初年度中に1人当たり228万円を被害者に現金で届ける」という基金関係者の説明が事実とすれば，これまでの政府の態度とは違う。これは国庫からの個人給付金支給を意味するのだろうか。

　これに先立ち，同様の説明が基金から他の被害者にもされ，外政審議室は，「現物出資で合計（10年間）で300万円。違ったふうに話していたら問題。医療・福祉は施設というよりサービス」などと，300万円を日本政府が個人に給付することはないとしていた（「国際人権ニュース」No.2，8

月3日)。もし政府が基金の説明を事実と確認するなら,国際法律家委員会が勧告した「暫定的措置」(400万円)に近いものと評価することもありうるかとも思われる。基金が誤った説明をしたのだろうか。韓国の報道では「虚偽事実流布」とされた(ハンキョレ新聞8月4日付)。

　しかし,この点で,日本人である筆者には驚異とも思えるほど韓国内の国民基金に対する反発は強烈だ。前記金ハルモニをはじめ,挺対協も,国民基金経由の給付金は完全拒否し,日本政府から直接の国家個人補償を要求している。96年8月13日,韓国で1人当たり200万円の寄付を募って,被害者の生活を支え,日本の国民基金政策に対抗しようという運動さえ起きた。そのぐらい国民基金への反対が強い。仮に,国民基金を通じての医療福祉サービスなど300万円の支払いが一括現金でなされうるとしても,被害者と支援団体に拒否されて(すでに拒否されたことに注意),受取り受諾の実現は不可能であろう。その決意は日本人一般の想像よりはるかに固い。判断を誤ってはならない。

　また,これは中間措置にはなっても,個人国家補償問題が積み残され,最終解決にはならないことも問題だ。後日,さらに個人補償の上積みをするというのでは,日本の政治家・国民にとっても,被害者にとってもわかりにくい。もっとも,国民基金を通じないで,国費を韓国側受入れ団体(まだ存在していないが)に直接支出し,被害者への暫定的措置の受諾を要請する方法はとりうるかもしれない(これができるくらいなら,最終的解決が射程に入るのかもしれない)。この方法にしても,日本政府が被害者側支援団体と誠実な交渉を重ねなければ,実現は困難だ。これまで,日本政府は自らの方針の受入れを被害者側に押しつけてきた。今後は,日本政府自ら,被害者側に接触して,受入れ可能な方法を誠実に話し合うことが必要だ。

　強い反対を押し切って支払いを強行したことだけが問題なのではない。前記のような微妙な問題で,日本政府と理解・説明がまったく違うなど,事態が不明確なままで基金の支払いを強行したことも問題だ。日本政府・国民基金は被害者側の受入れ可能性を探るために,なぜもう少し時間をかけることができなかったのか。いかに基金関係者が「被害者のため善意で努力している」と説明しても,自分の都合だけに合わせたスケジュールを強行したために,かえって被害者・被害国に大混乱をもたらし,不信感を

第6章　クマラスワミ報告書と対日勧告　**217**

増幅してしまった。

「たとえ，日本民間団体の謝罪と補償の意味が含まれているとしても，挺身隊被害者たちの心の傷を再び刺激し，より大きな苦しみを与えなければよいと思う。そのような方法では，挺身隊問題の解決をむしろ遅延させ，より複雑にする逆効果をもたらすばかりである」（8月5日付東亜日報社説「挺身隊慰労金物議」）という忠告に配慮すべきだった。韓国政府も，日本政府の国民基金政策に批判的で「日本政府は被害者と関連団体で提示する方案を受容しなければならない」としていたことに配慮すべきだった（同日付ハンキョレ新聞「政府"慰安婦補償"国連で追及」）。ところが，日本政府・国民基金は，これらすべてを無視して，しゃにむに支払い開始を強行した。今から言っても取り返しがつかないが，支払い開始を延期すべきだった。

●日本政府の強硬方針と激化する被害者運動

日本政府と国民基金は，被害者の抵抗が最も少なく，被害者の経済状況が最も悪いフィリピンでまず支払いを強行した。迷った末，ロサ・ヘンソン氏（フィリピンで初めて名のり出た被害者）が，日本政府と国民基金の説得を了承し，「長い運動に疲れた。お金も必要だ」と受取りを決めた。並行する形で96年7月中旬ころから，リラ・ピリピーナの執行部（支援者ネリア・サンチョ氏）の態度が全面反対から「受け取ってもよい」と変化した。リラ・ピリピーナ内のローラに国民基金反対者があることに配慮し，組織内に委員会を設置し，国民基金に寄付された一時金受取りの窓口をつくった。96年8月14日，マニラのホテルで式典が行われ，湯下フィリピン大使から出席した3人の被害者に首相の手紙が渡された（連載㉝法学セミナー96年10月号22頁収録資料）。民間寄付の「償い金」200万円は，受取りを決めた4名の被害者に15日以後交付される（8月14日付夕刊・15日付朝刊各紙）。今後も受取りを希望する被害者もあるだろう。国民基金の一時金を受け取った被害者の代表格のローラ・ロサさんは，「日本政府に対するデモなどの抗議行動はやめる」と言っているが，民事訴訟は継続して，国の法的責任の要求は維持するという。だから，国家の法的責任の問題がなくなるのではない。もっとも，訴訟以外の日本政府に対する表立った反対運動が終われば，政治的な影響は小さくなるだろう。そうなれば，日本

政府の国民基金政策の狙いが一定程度実現したことになる。
　「被害者は貧しい。金が現実に目の前にちらついたら，雪崩をうつ」と，「地あげ」なみの話もあった。もし，フィリピンの全被害者が受取りを受諾すれば，フィリピンでだけだが，国民基金政策は成功し，被害者の国家責任追及の政治的な要求は収束する。だが，これも希望的観測に基づく誤算だったようだ。「絶対受け取らない」と反対の意志堅固だった一部ローラたちが，指導部の国民基金容認への姿勢転換を強く不満としてリラ・ピリピーナを脱退し，マラヤ・ローラズ（自由なおばあさんたち）という新組織を創設して抗議行動を開始した。8月8日，新組織が記者会見して，これを発表した。高齢で，病気がち，しかも貧しいローラたちのこのような行動は，日本人の筆者には衝撃そのものだった。フィリピンでも，国民基金の一時金を全員の被害者が受け取るという見通しはなくなった。
　マラヤ・ローラズは，「我々は，乞食ではない。我々は尊厳の回復を求める。我々元フィリピン『慰安婦』は，自らを2級市民におとしめたくない」と言う（ローラ・バージニア・ビラルマ会長とローラ・ゲルトルード・バリサリサ事務局長。連盟の8月8日付記者発表）。その活動目的は，日本政府に対して以下を要求することだ。①戦時性奴隷・暴力の被害者であることを認めること，②軍事的性奴隷が戦争犯罪・人道に対する罪であることを認めること，③被害者に対する日本政府からの法的直接補償により，謝罪し過去を清算すること。
　状況を知った国会関係者は，日本政府と国民基金の強硬方針によって，「フィリピンはまるで戦場のようになった」という。被害者側全体の了解なしに何も始められるはずがなかった。その意志（何度，反対声明が表明されたことか）を無視した日本側の押しつけが目立った。日本側に真の「和解」（reconciliation）を求める配慮が欠けていたのではないか。和解どころか，被害国内に分断と内部分裂をつくりあげてしまった。
　韓国でも台湾でも，国会議員の90％が国民基金に反対し，国連・ＩＬＯ機関の勧告に沿って国家補償をするよう要求している。被害者，支援団体，政府当局の拒否もはっきりしていた。だから，日本政府・国民基金は，なかなか支払いを強行できなかった。支払い強行に際しても，改めて明確に拒否が表明され，国民基金政策が挫折した事実に直面すべきだ。
　首相が「おわび」の手紙を公表した8月14日，ソウルでは，日本大使館

第6章　クマラスワミ報告書と対日勧告　219

前で恒例の水曜デモが行われた。200人が参加した集会中に手紙の話を知った尹貞玉挺対協共同代表は，ただちに手紙も償い金も受取り拒否を表明した（太平洋戦争犠牲者遺族会も同様。朝日新聞同日付夕刊）。台湾外交部は，14日「これで日本が責任をとったと認めることはできず，外交部としては受け入れられない。手紙の中にも何ら政府としての具体的謝罪がない」との見解を明らかにした。16日，被害者とともに台北市婦女救援基金会が記者会見し，国民基金拒否を再度明確にした。

国際的にも，解決とは見られていない（The International Herald Tribune, 14 August）。日本政府・国民基金の強硬方針は，「火に油を注いだ。被害者運動を激化させただけ」とＮＧＯ関係者は言う。

●国民基金政策の限界

第1に，国民基金の是非については，国内ではまだ議論もあろう。しかし，いずれにしても，支払い強行に対する被害者側の反応を確認することで，国民基金政策では被害者全体との和解は実現できないことが明確になったといえるだろう。

第2に，国民基金には，本質的限界があった。日本には法的責任はないとの政府見解を前提にして（基金関係者の中にも，「法的責任あり」と主張する者もあるようだが，それは個人見解で基金の立場ではない），国と国民の道義的責任を果たすために設置された。だから，基金の措置によっては解決できない本質的問題が残る。国連・ＩＬＯ機関勧告が提起した法的責任問題に取り組むことは，権限外で，できない相談だった。

国民基金政策の挫折によって，この問題に正面から取り組む以外に日本軍性奴隷問題の解決はないことが改めて明らかになった。日本政府は，解決に向けて，少なくとも「慰安婦」制度が奴隷制度（また強制労働条約違反）であり，犯罪を構成したことを認める必要があろう。二国間条約などによって個人補償が解決済みかどうかは，第2段階目の法律問題だ。これらの諸問題に政府がただちに被害者の要求する回答ができないなら，国会に特別委員会を設置してこの問題の討議を始めるべきではないか。

第3に，（基金の支払いをせよというのではないが）韓国，フィリピン，台湾以外の国・地域での被害者の存在は問題にもしないという基金の差別的取扱いには問題がある。インドネシアの被害者を代理して，同国法律扶

助協会代表が日弁連に人権救済申立をしたという。当然のことだろう。真相究明をとばして，一部だけ解決をはかろうとするのには無理がある。もちろん，国・地域別の解決もありえないわけではなかろう。論議の少ないところから立法措置をとることも十分ありうる。しかし，すべての地域で公平な解決をはかる趣旨で，国家による真相究明を並行して進めなければならない。すべての被害国・地域について，被害実態を調査すべきだ。それができる国家機関を設置するための真相究明立法の法案を報告した。政府は早急に立法に協力すべきだ。

　国民基金が真相究明をするという。これは，学者に研究費を提供し，報告書を発行するという活動にとどまるであろう。学問の進歩にとっては，悪いことではない。すぐれた研究も生まれるであろう。それはそれで意義はあるが，限界がある。法律によって設置された権限ある国家機関の調査でなければ，各省庁も秘匿している資料を公開するか疑わしい。公式な国家機関による調査でなければ，外国政府からの協力も得がたい。国家機関の公式報告書でなければ，奥野・板垣議員のような発言の再発を防止できない。教科書も，公式な調査がないかぎり，十分なものとはならない。政府が直接責任を果たさないなら，被害者側も日本が真相究明に十分誠意を尽くしたとは感じないだろう。真相究明は，韓国政府などが初めから強く主張してきたことだ。ファン・ボーベン最終報告書を持ち出すまでもない。日本人は，「真相を知らなければ，再発を防げない。真相を知らせるために名のり出たのだ」という金学順ハルモニたちの気持ちを正面から受け止められないか。真相究明の結果も重要だが，そのプロセスもさらに重要だ。真相を知ろうと自主的努力を継続する過程の中でこそ，日本人は本当に変わりうるのではないかと強く思うようになった。

7　「国連・専門機関への協力を求める」対日勧告
　　　——国家補償なくして解決なし

　第48会期国連差別防止少数者保護小委員会（人権小委員会）は，ジュネーブで96年8月5〜30日の間開催された。日本軍性奴隷問題は，「現代的奴隷」に関する議題15と「女性の人権の実施」に関する議題11で活発に論議され，96年も最大の問題の一つとなった。審議の最中，国民基金の支払

い開始が強行され，「一定の解決があったとの雰囲気が醸成され，国連審議の流れが逆転するのではないか」と強い危惧感をもつ向きもあった。実際，日本政府と日本出身委員・代理委員の強力な国民基金擁護活動があり，小委員会の雰囲気が流動的となった。しかし，ＮＧＯ，専門機関，被害者側に同情的な委員，関係政府などの発言が重なり，さいわい決議結果は従来の流れを変えるものではなかった。総合的に見て，「一歩前進」と評価してよい。

●審議経過の概要

　日本軍性奴隷問題との関わりで，現代奴隷制作業部会報告書が論議の焦点になった。すでに述たとおり（第6章5，211頁。なお，連載㉜法学セミナー96年9月号23頁収録資料），日本政府からの情報（国民基金政策のこと）への外交辞令は，部会勧告原案からいっさい消えていた。8月14日，ＮＧＯ（リベレーション，世界教会協議会，国際友和会，国際民主法律家協会）は，同部会報告書とチャベス初期報告書を歓迎し，国家責任を民間に転嫁する国民基金政策を完全に拒否した。

　これに対して，日本政府代表は，フィリピンでの支払い開始と首相の「おわびと反省の手紙」を報告し，政府資金による医療福祉事業など国民基金政策を説明した。韓国政府はこれを批判し，「被害者と関係ＮＧＯが受諾可能な措置」を日本政府に迫った。朝鮮民主主義人民共和国政府は「日本政府が法的道義的責任を回避するもの」と厳しく日本政府の国民基金政策を糾弾した。フィリピン政府は，同日マニラで行われた儀式で被害者に交付された橋本首相のおわびの手紙に「留意」したと簡略に述べたのみだった。

　ところが，95年同部会の議長だったマキシム委員（ルーマニア出身）が，国民基金政策を高く評価したうえで，日本政府からの情報を「有益なものとして歓迎するとすべきである」と，部会報告書勧告案に修正を加えるよう提案して注目された。部会審議の際とは異なる評価は，日本政府・基金側の強い働きかけがなければ生じなかった変化と思われる。中国出身のファン委員は，日本の政治家がアジア諸国の怒りをかう発言をしたことをあげ，「日本政府が第二次大戦の責任について，誠実かつ率直に謝罪していたなら，『慰安婦』問題はずっと容易に解決していただろう」「日本政府は

NGOと諸政府の批判に耳を傾けるべきだ」としたうえで，日本政府に国民基金政策の転換を促した。

このように，国民基金政策に対する批判的な声が圧倒的に多かったが，日本出身代理委員である横田洋三教授（国民基金運営審議会委員長）が，国民基金を擁護して長時間演説し，人権小委員会の雰囲気を顕著に変えた。同教授は，同僚委員からの助言を実現するために努力したことを強調した。教授は，国民基金が「国民としての責任」を果たそうと努力したことを説明したのであって，日本政府を弁護しようとしたのではなかったかもしれない。筆者は，同教授の善意を疑うものではない。しかし，客観的に見ると，日本政府が唯一の政策として国民基金を前面に押し出しているときに，政府と前後して，政府との共同事業である国民基金の活動を強く擁護したのだから，その場でこれを聞いた者が「日本政府の弁護」と受け取ったのを「誤解」とするのは困難だろう。人権小委員会委員は，国民基金と日本政府を明瞭に区別していなかった。結果的に，横田発言は，多くの同僚委員から横田教授と日本政府への同情を獲得するのに成功したようだ。ただし，この発言に際して，横田教授が必ずしも日本政府と同一意見ではないことも明らかになった。同教授が「慰安婦」が「奴隷」であり，日本軍の行為が「犯罪」であったと認めたことは特筆すべきだ。筆者は，同教授の前記国民基金擁護発言が被害者救済に適切とは考えないが，日本出身代理委員として率直に「奴隷」と「犯罪」を承認したことを高く評価したい。橋本首相の「おわび」にこれらの点の承認がなかったことを同教授が批判していればと惜しまれる。

論争は，翌15日に持ち越された。ボスイット委員（ベルギー出身）は「被害者が高齢であることを考慮すると，これ以上議論し続けるのもどうか」という観点から，国民基金を受容する発言をしたが，「微妙な問題」と含みを残した。パリー委員（英国出身）は，首相の「おわび」や国民基金政策などの努力を評価しながらも，日本政府の法的技術的な立場が，被害女性の「あまりにも人間的な問題」にまだ十分答えていないとし，少額でも，たとえ補償といわなくとも「日本政府が被害者に支払いをする」ことを求めた。

これに先立ち，波多野委員は，後記戦時奴隷制に関するチャベス初期報告書が，強制労働に関するILO29号条約を日本軍性奴隷などに適用可能

第6章　クマラスワミ報告書と対日勧告　223

としていることに疑問を呈し，ＩＬＯ代表がこれに反論するなど重要な事件があったが，これは別に報告しよう（第7章3，247頁）。

　この後，8月21日昼ＮＧＯフォーラムが開催され，台湾，韓国，フィリピンなど各地の圧倒的大多数の被害者と支援団体が国民基金受取り拒否で固まっている状況が報告された。また，国民基金支払い強行後も，有力ＮＧＯが従前と変わらぬ国民基金反対姿勢を継続していることが確認された。参加ＮＧＯもこれを了解した。被害者とクマラスワミ報告書支持が改めて確認できたのは大きな成果だった。ＮＧＯフォーラムは，「武力紛争時の女性に対する暴力」というテーマで開かれた。これまでは「日本軍性奴隷問題」がテーマだった。この問題がきっかけとなり，国連のこの分野での活動が始まり，いくつもの国連機関の研究成果が実現し，大きく発展したことを示すものだ。

　この日，女性の人権の実施に関する議題11の審議があり，多くのＮＧＯが軍事的性奴隷報告書を含むクマラスワミ報告書を高く評価した。とりわけ，国際法律家委員会（ＩＣＪ），反差別国際運動（ＩＭＡＤＲ）など4ＮＧＯが国民基金政策を批判し，国家補償をなすよう日本政府に要求したことで，人権小委員会の雰囲気は再度ひきしまった。

●盛りだくさんの関係報告書出版

　現代奴隷制作業部会の報告書［UN Doc. E/CN.4/Sub.2/1996/24］は，審議前日の8月13日まで出版されなかった。報告書を検討したところ，6月開催の同部会最終日に採択された勧告中「11・女性に対する暴力の廃絶」第3項（日本の国会議員の立法努力を評価する部分）が削除されていたことがわかった（経過は，5，212頁）。日本政府の強引なロビーイングの結果だ。本岡昭次参議院議員の外務省に対する強い抗議にもかかわらず，日本政府は態度を変えなかった。再度の法案の提案と立法運動の継続が望まれる。

　よいニュースがあった。この議題のもとで，「武力紛争時の組織的強姦，性奴隷および奴隷様慣行の状況に関するリンダ・チャベス特別報告者の初期報告書」（UN Doc. E/CN.4/Sub.2/1996/26）が出版されたのである。96年4月19日人権委員会決議1996／107で，チャベス氏を戦時奴隷制の特別報告者に任命する95年の人権小委員会の決議が承認されたものの，その後の

選挙でチャベス氏は委員でなくなった（米国出身の新委員は，ワイスブロット教授）。特別報告者は委員でなければならないとする規則があるので，報告書出版は不確定だった。さいわい，7月24日経済社会理事会決定1996／291が承認したので，出版にいたった。チャベス氏を特別報告者に任命した93年8月人権小委員会決議を含む5件の決議が翌年の人権委員会で承認されなかった歴史を思い出すと，感無量だ（97年8月チャベス氏辞任にともない，ゲイ・マクドウガル代理委員〔米国出身〕が特別報告者となって，活動を引き継いだ）。

今回の人権小委員会の日本軍性奴隷関連のその他の活動成果は盛りだくさんだった。不処罰問題に関する2本の報告書が，ジョワネ特別報告者（市民的権利）とギセー特別報告者（経済的権利）により提出された。これらは，本件にも密接な関係がある。また，ファン・ボーベン元特別報告者による重大人権侵害被害者の賠償等への権利に関する国連原則案の人権小委員会審議が終わって，結果が人権委員会に送付されることになった。日本政府も国際社会の流れを阻止できなかった。これらは，将来報告したい（人権委員会は，同原則案をもとに審議していたが，99年の委員会で最終草案を採択する可能性がある）。

●審議進むクマラスワミ報告書

会期を通じ，クマラスワミ報告書（とくに日本軍性奴隷に関する第1付属文書）に関する発言はすべて許され，いくつもの国連文書・決議に引用された（5，207頁）。「クマラスワミ報告書は，公認され，国連審議の基礎となっている」というNGO側の主張のほうが，「人権委員会で採択されていず」実質的に拒絶されたかのように言う日本政府の国会答弁より説得力があることが事実で証明されたといえよう。

●一歩前進した人権小委員会の対日勧告

人権小委員会が採択した関連決議を要約する。

①現代奴隷制作業部会報告書に関する決議（議題15）は，8月23日全会一致で採択された。決議は，日本政府を名指しして，「国連と専門機関への協力を求める」と勧告した（連載㉟法学セミナー96年11月号28頁収録資料）。クマラスワミ報告書とILO29号強制労働条約違反に関するILO

第6章 クマラスワミ報告書と対日勧告 225

専門家委員会報告を検討したうえなので、勧告はクマラスワミ報告書や専門機関・ILO専門家委員会等決議・勧告を積極的に検討することを日本に求めたものと解される。95年の人権小委員会同様に外交辞令が盛り込まれた。ただし、96年の決議は「日本政府によって提供された有益な情報を歓迎し」というものだ。これに対し、95年は「解決に向けての有益な段階とみつつ」としていた。比較すると96年の表現は弱い。その他は、95年の勧告を繰り返し、国民基金政策では解決とはならないと見ていることは変わらない。補償のための行政的審査会の設置および国際仲裁裁判所による解決を再度勧告した。不処罰問題についても、関係情報をこの問題の特別報告者に送付するとして、再度取り上げている。クマラスワミ特別報告者を97年の同部会に招待するという部分は、同特別報告者を重視する新決定だ。

②チャベス人権小委特別報告者（戦時奴隷制担当）の初期報告書が公表され、日本軍性奴隷など戦時性奴隷問題にILO29号強制労働条約が国際法上、適用可能であるとされた。この報告書は、議題15のもとで8月23日全会一致で採択された決議で「歓迎」され、チャベス特別報告者は、97年に最終報告書を提出するよう要請された (UN Doc. E/CN.4/Sub.2/1996/L.15)。

③女性と少女の人権の実施に関する決議（議題11）は、8月29日全会一致で採択された。決議は、クマラスワミ特別報告者の活動を歓迎し、その報告書（日本軍性奴隷に関する報告書第1付属文書を含む）に留意するとしたうえで、チャベス特別報告者の戦時奴隷制初期報告書を歓迎した他、性奴隷を含む加害について、その責任者の処罰と被害の救済のための諸立法とその強化を加盟国政府に求めた (UN Doc. E/CN.4/Sub.2/1996/L.48)。

● 日本政府民間基金政策を強行

96年8月14日、国連人権小委員会で世界教会協議会などNGOは、元日本軍「慰安婦」（国連は「軍事的性奴隷」と呼ぶ）への日本政府国民基金政策に反対し、「国家の責任を民間に転嫁するもの」と批判した。その日、マニラで被害者3名に橋本首相の「おわびと反省の手紙」が渡された。政府と「女性のためのアジア平和国民基金」は、民間募金「償い金」200万円支払いも強行した。政府は、基金を通じ道義的責任に基づく「償い金」（医療福祉事業総額7億円）をも計画中だ。

●被害者の反対運動

　これに対し，韓国・台湾では，被害者と支援団体，政府当局，議会がそろって国民基金受取りを拒否してきた。国民基金受取り容認の是非で被害者団体が分裂したフィリピンでも，7名が受取りを希望しただけだ（96年9月3日付読売新聞）。雪崩現象は起きなかった。被害者支援の進歩的女性の運動体・韓国挺身隊問題対策協議会の提案で市民連帯組織が結成され，男性層も含め全国運動が起きた。国民基金支給額を募金し，拒否する被害者を支える。日本政府は，「補償問題は，サ条約と65年日韓協定など二国間条約で解決済み。法的責任はない」という主張を金科玉条とし，「国家補償しない」政策にこだわった。反対を見くびって，苦肉の策だった国民基金政策は失敗した。

●日本軍「慰安婦」問題と国連・ＩＬＯの勧告

　91年，韓国で被害者金学順ハルモニが名のり出て，長い沈黙を破った。続いて多くの勇気ある被害者が公開の証言を始め，真相が暴露された。被害者は，慰安所に閉じ込められ，1日に数十人の兵士の慰みものにされたと証言する。わが身に置き換えれば，被害者の「自由意思」などなかったし，この「奴隷以下」の処遇がどの国の法律でも犯罪を構成したことを理解できよう。オランダ女性が被害者だったが，バタビア軍事法廷で日本人らは強制売春・強姦など戦争犯罪で有罪判決を受け，日本政府はこの判決を受諾した。同じ行為を「アジア人被害者の場合は犯罪でない」とは誰も主張できないだろう。

　国連は，92年以来この問題を審議してきた。権威あるＮＧＯ・国際法律家委員会（ＩＣＪ）は94年，日本政府の法的主張を批判し，［①日本軍「慰安婦」は「奴隷」であり，日本は奴隷を禁止する国際法に違反した。②日韓協定など二国間条約は，このような重大人権侵害を含んでいなかったので，「慰安婦」への補償問題は解決していない。③日本政府は，これらを承認の上謝罪し，被害者に国家補償すべきである］などと国連に報告した。国連人権小委員会は，95年「行政的審査会の設置」および「紛争解決機関」（常設仲裁裁判所）による国際仲裁などによる解決を日本政府に勧告した。国連人権委員会任命のクマラスワミ特別報告者（女性に対する暴力担当）は，96年2月，ＩＣＪと人権小委員会の勧告を採用した報告書

第6章　クマラスワミ報告書と対日勧告　227

（責任者処罰勧告を含む）を公表した。日本政府の強硬な報告書「拒絶」要求を退け，人権委員会は同年4月同報告書に「留意し」，公認した。他方，国際労働機構（ＩＬＯ）専門家委員会は，同年3月，日本軍「慰安婦」への行為を「（強制労働）条約に違反する性奴隷と特徴づけられるべきであると認める」との報告書を公表した。国連人権小委員会は，同年8月，前年同様の勧告に加え，日本政府が国連と専門機関（ＩＬＯなど）に「この問題に関し協力するよう求め」た。これに対し，日本政府はすべての勧告を無視し，リットン調査団報告書など国際連盟勧告無視の前例を彷彿させた。

● 補償は日本国家が行わなければ意味がない

　橋本首相は「道義的責任」をとるとした。それなら，道義的問題行為の主体である日本軍＝国（現日本国は道義的責任を承認した）が補償すべきである。国民基金政策を知ったＩＣＪ調査団のパランジャペ弁護士は，「馬鹿げている。姉が犯罪を犯したのに，妹に刑務所へ行けというのと同じだ」と慨嘆した。これが正義に反することは誰にもわかる。法以前の道理だ。日本政府は，民間基金政策でこのたとえ同様の誤りを犯した。「国家責任を逃れるために，民間に責任を転嫁した」との批判は当然だ。法的責任があろうとなかろうと，国家が責任をとり，被害者に補償すべきは当然の道理である。

　国家補償は，国の公式謝罪が誠意あるものであることの象徴として必要である。真の公式謝罪と国家補償は一体であるべきものなのである。橋本首相の「おわび」には，国連・ＩＬＯ機関が日本政府に承認するよう勧告した奴隷・犯罪・強制労働条約違反などの承認がない。これらは，過去の行為時の法的責任の問題だが，日本政府を除く，この点で国際的に異論がない。その犯罪の承認もない「おわび」では被害者側には受け入れがたい。

● 法的責任の問題

　奴隷・犯罪など過去の行為当時の（第1の）法的責任の問題については，すでに述べた。第2の法的責任問題は，「サ条約や日韓協定などによって補償問題は解決済みで，いまは法的責任がない」といえるかどうかだ。日本政府は，国連でこう主張し続けたが，国連機関などはこの弁解を認めな

かった。筆者の見解は，以下のとおりである。①日韓協定などの条約は，経済問題に関するものだ。重大人権侵害など人身傷害問題は含まれなかったという国連機関などの見解が正しいと考える。②65年の日韓協定当時，日本政府は日本軍「慰安婦」制度の存在を公的に認めていなかった。存在しない問題に関しては条約を結ぶ意図はないはずだから，日韓協定外だったとすべきである。だから，日本は国家補償すべき法的責任がある。しかし，過去の行為当時の法的責任問題と違い，第2のそれについては，論争の余地があることは認めざるをえない。諸国や学者の意見も分かれる。常設仲裁裁判所（PCA）などで決着をつけなければならない問題だ。日本政府は被害者側が受諾したPCAによる解決への道を拒否し続けているが，これを受け入れるのも解決への選択肢だ。

　第3の法的責任問題がある。①日本政府は，強制労働条約や婦女売買禁止条約違反などの行為を処罰すべき義務が現在もある。国際法上の義務には時効はない。刑事問題なので，いかなる二国間賠償条約（財産問題のみが対象）もこの義務を解除していない。日本は，日本軍性奴隷加害者を1人も処罰してこなかった。現在も続くこの継続的不作為自体が，国際法違反だ。不処罰は，補償義務を生む。②90年以降日本軍性奴隷問題で，日本政府は虚偽の言辞を弄して，被害者の名誉を毀損し続けた。この法的責任は，過去の法的責任とは別個で，二国間条約で解決済みとの弁解は通用しない。国連勧告はまだないが，この点で過去の責任とは別個の公式謝罪と国家補償をすべき日本の法的責任があると考える。

●国連・ILO勧告に照らし問題解決を

　日本政府・国会は，被害者・被害民族・世界の女性との真の和解を実現すべきである。日本の忌まわしい過去を清算し，国際的な友好，信頼を育てる。将来の世代が，肩身の狭い思いをせずに国際社会で生きていける。世界平和に貢献する。被害者側の声を真摯に受け止め，国連・ILO機関の勧告に照らし問題解決に努めることが必要だ。具体的には，①真相究明のための立法を実現し，被害者の名誉回復と再発防止に努めること，②奴隷，犯罪などを承認して公式に謝罪すること，③国家による被害者に対する直接の補償を実現することが必須だ。それなしに，この問題の真の解決も意味ある和解もない。

第7章
強制労働条約違反とILO

1 「慰安婦」と強制労働条約違反

●法的根拠はどこにあるのか

「慰安婦」問題で，IFORなどNGOは，「日本帝国軍・政府は，国際法違反の犯罪を犯した。現在の日本政府はその責任をとらなければならない」と主張する。その法的根拠には，次の4点がある。①人道に対する罪を構成する。②奴隷制および奴隷取引の禁止に違反する。③強制労働条約に違反する。④「醜業」関係3条約に違反する。①および②は国際慣習法の違反であり，③および④は，日本が批准済みの条約の違反だ。NGOは，これらの国際法の法源に基づいて，日本が国際法上の国家責任を負っているとしている。

大日本帝国憲法には，国際法に関する明文規定がなかった。しかし，国際法規の遵守を定める現行日本国憲法98条2項の下におけるのと同様，戦前でも，日本が国際法を遵守すべき責務を負っていたことに違いはない。国際慣習法と批准済み条約は，日本を拘束する点，および国際法は，国内立法措置なしに日本法体系に取り入れられる点で，国際法に関する憲法制度上の解釈は，戦前も戦後も一貫している。そして，国際慣習法上の責務も条約上のそれも，違反が犯されたときに国家責任の根拠となる点で違いがない。

しかし，慣習法が法源としてきわめて重要な機能を営んでいる英米法圏

と違って，日本は成文法中心主義だから，成文法化された条文を重視する傾向が強い。だから，強制労働条約のように，条約の明文規定に定められた国際法上の責務違反のほうが理解されやすいようだ。ここでは，30年のＩＬＯ（国際労働機構）29号強制労働条約違反の問題を取り上げてみよう。日本がこれを批准・登録したのは，32年11月21日（条約10号）であり，これが日本に対して効力を発生したのは翌年11月21日のことだ。

　締盟国は，効力発生の日から10年間，条約廃棄を禁止されているが，その後は，ＩＬＯ事務局長宛てに廃棄の通告をしても，その登録の日から1年間は廃棄の効力を発生しない（30条1項）。その後は，5年ごとに廃棄の登録をすることができる（同条2項）。仮に，日本が効力発生から10年を経過した直後である43年12月に条約廃棄の登録をしたとしても，44年11月まではこの条約に拘束される。だから，第二次大戦中の大部分の期間は条約廃棄によって条約上の義務を免れることは不可能だった。そのためか，日本はこの条約の廃棄登録をしていない。したがって，日本は，効力発生時である33年11月21日以降，今日にいたるまで終始この条約に拘束されてきたわけだ。この条約は，ほとんどすべての「慰安婦」が被害を受けた期間をカバーしている。

● 問題提起の経過と問題点

　筆者は，国際教育開発（ＩＥＤ）を代表して，92年2月，国連人権委員会で，「慰安婦」・強制連行問題について初めて発言した。当時は，日本の訴訟上の主張を参考にしたが，上記4点のうち「人道に対する罪に該当する」との主張以外の言及は，見当たらなかった。当時は，日本の訴訟での国際法上の主張はまだ十分に整理されていなかったし，ＮＧＯもまったくこの問題に取り組んでいなかった。国際法上の研究が進んでいなかったのである。研究がまったくなされていなかったにもかかわらず，「すべて終ったことで，法律上日本政府にまったく責任がない」とする政府側の宣伝だけは浸透していた。嘆かわしいことに，一般市民はもとより，政治家，法律家，報道関係者の間でさえも，このような考え方が定説のようになっていた。政治的宣伝のみによって，法的問題が決着済みであるかのような世論づくりがされたところに，その後この問題が大きくこじれた原因があるだろう。

このような状況を覆すには，性急な結論を出さずに，法的研究を進める以外にない。92年5月，国連・現代奴隷制作業部会で，筆者はＩＥＤを代表して，「慰安婦」・強制連行問題に関して，奴隷制の禁止および強制労働条約上の規定に違反したことを根拠に，日本政府が被害者に対する賠償など国際法上の責任をとるべきであると主張した。

強制労働条約違反の根拠としてＩＥＤがあげたのは，次の2点である。第1に，同条約1条および11条が女性の強制労働をいっさい禁止しているにもかかわらず，朝鮮女性に日本軍人の「慰安」を強制した。第2に，強制労働は，「強壮なる成年男子」（18歳未満45歳以下）に限ること（11条），年間60日以内に限定されること（12条），賃金を正当に支払うこと（14条），地下労働は禁止すること（21条），企業など私人に強制労働を許すことはできないこと（4条）などの厳しい条件つきで例外的に認められていたに過ぎないにもかかわらず，禁止条件に違反して朝鮮人強制連行がなされた。

なお，締盟国は，いっさいの強制労働をできるかぎり最短期間内に廃止する義務（1条1項），廃止にいたる過渡的期間中例外的に上記のような厳しい条件を遵守する義務（同条2項），強制労働の不法なる強要を刑事犯罪として処罰する義務，そのための立法義務，厳格なる処罰実施義務（同条25条）を負っている。

この主張に対して，日本政府は，国連ではまったく答弁してこなかった（なお，国会で反論をしたことについて後にふれる）。国連現代奴隷制作業部会は，きわめて敏感に反応した。同部会は，「慰安婦」問題に関連して，国連差別防止少数者保護小委員会の重大人権侵害被害者の賠償等への権利に関する特別報告者にこの情報を送付する旨の決定をした。これは，毎日新聞（92年5月14日付夕刊1面・伊藤芳明特派員）によって，「旧日本軍の従軍慰安婦問題，国連が初の調査へ，特別報告官に情報提供」と報道された。

ところが，残念ながら，筆者の諸論文以外には，例外的に若手国際法学者による論文（阿部浩己「軍隊『慰安婦』問題の法的責任」法学セミナー93年10月号63頁）が公表されたが，そのほかに研究が進展していない。また，国連ＮＧＯ，弁護士会，国内市民団体の取組みも弱かった。ＩＬＯへの通報権をもつ労働団体によるこの面での取組みも進展しなかった。

その後，同条約違反の主張上障害となる問題点が2つあることがわかっ

てきた。

　第1は、弁護士など法律家からの疑問だ。「慰安」（性的搾取を受け日本兵の性的欲求のはけ口の相手方とされること）の行為が、強制労働条約が対象とする「強制労働」にあたるのかという疑問が、日本の弁護士などから提起された。この条約上「強制労働」とは、「或ル者ガ処罰ノ脅威ノ下ニ強要セラレ且右ノ者ガ自ラ任意ニ申出タルニ非ラザル一切ノ労務」と定義されている（2条1項）。朝鮮女性などが「慰安」を強制されたことおよびこれが被害者の任意の行為ではなかったことは、日本政府も認めるところであって、当事者間で争いがないから問題はない。しかし、これが同条の「労務」（work or service）に当たるかという根本的問題に関し疑問が提起されたのである。この問題をめぐって、筆者が受けた質問は、「この種の事例が、強制労働条約違反として国際的公的機関によって取り上げられた先例があるのか」というものだ。ところが、当初は、確たる回答ができなかった。ここに筆者の主張の最大の弱みがあった。

　第2の疑問は、任意の売春を含めて売買春の廃絶のために活動している市民団体から提起された。「仮に、売春を強制労働条約上の労務とした場合、強制された売春は条約違反として非合法になるとしても、反対解釈によって『強制されない任意の売春は非合法ではない』という主張がなされ、売春の合法化に連なるのではないか。だから、売春を強制労働条約上の労務と認めるべきではないのではないか」という問題意識に基づくものだ。

　これらの疑問は、「慰安婦」に対する賠償などについて、筆者同様積極的な立場をとってきた人々の間にあるものであって、日本政府側からのものではないから、対応に難しいところがあった。

●先例入手の経過

　幸いなことに、これらの疑問を解くきっかけがつかめた。ILO専門家委員会の委員P・N・バグワティ判事から鍵になる情報を得ることができたのだ。同判事は、元インド最高裁長官であり、常設仲裁裁判所判事、国際人権（自由権）規約委員会委員などを務める国際的に名高い法律家である。ILO専門家委員会（委員20名）は、強制労働条約などILO関係条約の実施状況を監視しているILOの重要機関である。

　筆者は、かねて同判事と面識があった。かつて、精神病者の労働上の差

別と人権問題について教えを受けたことがあった。同判事は，93年6月ウィーン世界人権会議では，NGOフォーラム中最大の催しだった女性に対する暴力に関する国際法廷の裁判官役を務めて，「慰安婦」被害者から直接証言を聴取したこともある。その際，同法廷を傍聴していた筆者は，「慰安婦」などの証言の載った国際公聴会英文記録を同判事に提出した。94年2月，国連人権委員会に出席するためジュネーブに滞在していた筆者は，同判事に再会した。同判事は，ILO会議に出席中だったのだ。筆者は率直に上記の疑問をぶつけた。同判事は，「ILO専門家委員会は，強制売春に強制労働条約を初めて適用したところだ」と明快に答えてくれた。筆者の主張の最大の弱点の克服ができたのである。

　この時点では，同委員会の報告書はできていなかったので，書かれた資料を入手することはできなかった。新たな問題が生じた。「先例があるのか」と質問されても，筆者は，「バグワティ判事が，『ILO専門家委員会が適用した』と言っていた」と答えるしかなかったのだ。ところが，それでは納得が得られないのだ。研究熱心で事情に通じた法律家であればあるほど納得しない。それも当然であろう。筆者の話は「伝聞」証拠に過ぎない。「書面になった証拠がほしい」という。より詳細な質問に答えるとなると，ILO専門家委員会の審議にかかわった委員でなければ答えられない。国連機関の専門委員など国際的権威者はいずれも超多忙だ。その招請の困難さは，何度もこれに取り組んだことがある筆者が，嫌というほど経験済みだ。悩みは，消えなかった。

　94年8月になって，また幸運に恵まれた。筆者は，国連人権小委員会のためジュネーブ滞在中だったが，バグワティ判事に再会することができ，報告書が公表されたことを知った。ジュネーブのILO事務局を訪問し，94年のILO専門家委員会の報告書に記載された問題の先例部分（Report III (Part 4a): Report of the Committee of Experts on the Application of Conventions and Recommendations, General report and observations concerning particular countries, International Labour Conference 81st Session 1994, International Labour Office. Geneva, pages 28 and 139）を入手することができた。

● バグワティ判事を囲む東京セミナーの開催

　バグワティ判事は，「9月下旬にソウルで開催される国際会議に招かれ

ているので，その際日本に寄って関係者に説明してあげよう」という大変好意的な対応をしてくれた。時間的余裕が1カ月しかなかった。「この好機を逃すと次の機会はないだろう」との判断から，急遽ジュネーブから日本の関係者に連絡した。国際人権研究会，日本弁護士連合会，朝鮮人強制連行真相調査団の3団体が，バグワティ判事を招いて9月23日から24日にかけてセミナーを開催することを決定した。

準備過程で「冷やっ」とさせられたことがあった。多忙なバグワティ判事はソウル行きを突然キャンセルしたのだ。そのため，せっかくの東京セミナーの企画が流れる可能性が出てきた。幸いバグワティ判事は，東京セミナーのための来日の約束は守ってくれた。多忙にもかかわらず，これらの団体のためにわざわざ来日されたバグワティ判事に感謝するとともに，準備期間が短かったにもかかわらず，急遽企画を実現されたこれら3団体の関係者の努力に敬意を表したい。

3セミナーのうち2つは，公開されていない。9月23日午後，総評会館会議室で開催された国際人権研究会主催のセミナー「『慰安婦』・強制連行とILO29号条約（国際法と強制労働）」は，一般に公開されたので，その概要を報告しよう。このセミナーについては，「『従軍慰安は強制労働』，国家賠償に波及？，ILO専門委員あす報告」（毎日新聞94年9月22日付朝刊）など（The Japan Times [by Naomi Hirakawa], "SEXUAL SLAVERY DEFIED CONVENTION, ILO an option for 'comfort women', 25 September 1994"；毎日新聞「強制労働と政府対応迫る，東京で慰安婦研究会」（94年9月24日付夕刊）；東亜日報など韓国各紙）と大きく報道されたので，同セミナー開催の事実は十分に知られているかもしれない。

セミナーは，国際人権研究会事務局長・北村哲男参議院議員が司会し，同会長本岡昭次参議院議員の挨拶で始まった。筆者がバグワティ判事を紹介した後，同判事の講演を聞いた（通訳筆者）。その後，会場から多くの質問や意見を受けた。出席者は，労働組合関係者，市民団体代表者，法律家，記者などで，会場は満席だった。国際法分野でも高度に専門的かつ先進的な内容の講演だったが，出席者は驚くほど熱心で，質問も的を射ていた。

● 「慰安婦」問題に関するバグワティ判事の認識

　前述のとおり，バグワティ判事は，「慰安婦」被害者から直接証言を聴取し，関係文献に接していたので，説明するまでもなく，詳細に事実関係を把握していた。講演の冒頭で，その一端にふれた。それは割愛し，印象に残ったいくつかの点のみを報告しよう。

　同判事は，「慰安婦」事件は，「最も重大な人間の獣欲の発露」であり，「日本民族の名に癒しがたい傷を残した」とする。また，これは，個人が犯した人権侵害ではなく，「国家が行った組織的・集団的な，無力な女性や少女に対する人権侵害」であって，「償うことができない」ものであるとする。

　同判事は，連合国がこの事件を知りながら処罰をしなかったと批判する。開発途上国の人権侵害を厳しく批判する西欧諸国が最近までこの問題に沈黙してきたのは，それが「女性に対する人権侵害」であり，また「西欧諸国の利益」と無縁だったからだと言う。そのうえで，近く公表される予定の国際法律家委員会の最終報告書に詳細を譲った。

　さらに，同判事は，8月末に公表された「慰安婦」問題に関する村山首相談話に言及し，政府による基金案は，「政府開発援助」に過ぎず，「民間基金による見舞金」構想は，政府による被害者への賠償にはならないと厳しく批判した。ドイツが，刑事時効を延長して戦争犯罪の処罰を継続していること，被害者に対して多額の賠償を支払い続けていることを指摘し，日本政府が直接被害者に対して賠償の支払いをすることを求めた。

● 「慰安婦」問題に強制労働条約を適用することができるか

　日本政府を非難する根拠として，同判事があげたのは，強制労働条約を含む国際法の重大な違反である。講演はＩＬＯと強制労働条約に絞られた。同判事は，44年フィラデルフィアＩＬＯ会議は，「フィラデルフィア宣言」を採択し，これはＩＬＯ憲章の付属文書になっており，同宣言は，人権の尊重をＩＬＯの原則の一つとして公式に確認したという。26年に採択された奴隷条約は，すでに強制労働を視野に入れている。30年6月28日強制労働に関するＩＬＯ29号条約が採択された。

　同判事は，問題の同条約2条の「強制労働」の定義に触れ，「慰安」行為は，同条に規定する「或ル者カ処罰ノ脅威ノ下ニ強要セラレ且右ノ者カ

自ラ任意ニ申出タルニ非ラザル一切ノ労務」に当たると断言した。その理由として同判事があげた理由を列挙してみよう。第 1 に，「性交は，慰安婦がもしこれを拒絶すれば，軍事的報復を受けるという脅迫または脅威のもとに，まさに強要された」「事実，被害者は，物理的に強制された」。第 2 に，「強制売春は，強制労働そのものである。なぜなら，問題の文言は，『強制された労働（forced work）』のみならず『強制された役務（forced service）』をも含んでいる」（注意を要するのは，英文 2 条中の文言が"all work or service"，直訳すれば，「すべての労働または役務」となっているのに対し，日本語訳 2 条中の文言は，「労務」と一語に翻訳されている点だ。同判事は，英文文言に基づいて説明している）。第 3 に，「実際，ＩＬＯ専門家委員会は，最近売春およびポルノのための子供の搾取は，第29号条約に違反する子供の強制労働を構成するとの見解を採用した」として，前記94年同委員会報告書の以下の該当部分（28頁89～90段落，「1930年（第29号）強制労働条約の適用」と題する部分参照）を先例として引用した。

「89．　今年，委員会は，この条約の適用に関して広範囲の多くの報告を審査した。多くの締盟国で起こっているこの条約の著しい違反である搾取とその結果としての悲惨な被害は，重大な懸念すべき事項である。委員会が強い不安を抱いている点の一つは，子供の強制労働ことに売春およびポルノのための子供の搾取である。子供の労働のこの形態は，それが発生している国の外で，以前にもまして宣伝されている。その結果この国は，その他の国々からの旅行者や訪問者による巧妙かつ増大する搾取の対象になっている。かかる子供の搾取は，もはやそれが発生している国のみの責任ではなく，国際的責任である。

90．　委員会は，まだ対策を講じていない締盟国に対して，かかる慨嘆すべき慣行の廃絶を支援するために，それぞれの国の領域内において，その領域内の者の関与を防止するために，特に，他国においてかかる活動を宣伝し，または，促進する者，あるいはかかる目的のために他国に旅行する者の処罰を確実にするために，措置をとることを求める。もちろん，かかる補完的措置は，かかる子供の搾取が起こっている国自身が，かかる慣行を防止し，すべての関与者を訴追すべき，同国の責任を解除するわけではない」。

なお，この問題で94年に直接問題になった国は，タイである（前記報告書139頁「子どもの性的搾取」の項参照）。

　同判事のあげた上記の理由は，上記ＩＬＯ専門家委員会の女性（少女）の売春のための搾取の先例を含むだけに，きわめて説得力があろう。これで前記した筆者の主張の弱みは克服されたと思われる。なお，「慰安婦」問題から離れるが，今日のタイにおける売春やポルノのための子どもの搾取に関する上記ＩＬＯの指摘は，日本を含む強制労働条約締盟国であるすべての国に，（補完的であるとはいっても）関係があることに注意すべきだ。ＩＬＯ見解は，日本を含めて，タイ以外の国に対して，その領域内でこれに関与する者に関して強制労働条約上の義務として処罰を含む措置をとることを求めている点で，画期的といえよう。この点は，これまで忘れられていた重要な現代的問題である。

　なお，前記した「強制売春に関して強制労働条約を適用することが，任意の売春を合法化することに連なるのではないか」との質問を受けた同判事は，「そうはならない。任意売春の問題は別の法によって非合法とすることは十分にありうる」と明快に答え，この問題にも合理的説明を加えた。

● 「慰安婦」と強制労働条約適用除外規定の問題

　日本政府は，これまで国連ではこの問題に関していっさい反論していない。ところが，参議院外務委員会での質問（94年6月22日，清水澄子参議院議員）に，戦時であるから強制労働条約の適用がない旨の答弁をした。たしかに，同条約2条2項は「尤モ本条約ニオイテ『強制労働』ト称スルハ左記ヲ包含セザルベシ」とし，その(d)は，「緊急の場合」の一つとして「火災」「洪水」「飢饉」などの「災厄」のほか「戦争の場合」をも例示している。

　この点について質問を受けた同判事は，「慰安婦」の場合には，この条文を使って適用除外を受けることはできないと断言した。法的根拠の一つとして，同判事があげたのは，「比例の原則」（principle of proportionality）である。同判事は，戦争の場合であっても，強制される労働と，これを必要とする事情＝戦争の間に合理的な関係がなければならないとする。戦争と兵士の「性的慰安」の必要性の間には，明らかに比例する関係がないとする。同判事は，戦前の条約を解釈するにもこのような解釈上の原則は適

用できるとしている。これを理解するのに同判事は，「シラクサ原則」をあげる。

「シラクサ原則」は，87年，国際法律家委員会事務総長（当時）ニール・マクダモット弁護士（バリスター）によって日本に紹介されている（ニール・マクダモット［戸塚悦朗訳］「国際規約と障害者の人権保障のための各国の責務」『法学セミナー増刊・これからの精神医療』〔日本評論社〕266～275頁参照。原則英文は，同書276～279頁）。国際条約には，条約の適用除外（derogation）や保護されるべき権利を制限するような規定（limitation clauses）が定められることがある。その解釈しだいでは，せっかくの権利保障が台無しになるおそれがあるからことは重大である。その場合にどのような原則に基づいて解釈がなされるべきなのかについて，国際法律家委員会は，84年シラクサにおいて，国際人権（自由権）規約の制限規定の解釈原則に関する国際会議を開催した。そこで採択されたのがこの「シラクサ原則」であって，国連からも好意的に受け入れられた（UN Doc. E/CN.4/1984/4）。その中に，同判事の指摘する「比例の原則」も含まれている。

「シラクサ原則」は，同規約のみならず，強制労働条約を含むあらゆる人権条約の解釈の原則としても準用できるであろう。同原則10条，11条によれば，権利制限規定の解釈上「比例の原則」は，「制限が，当該条文によって認められた制限を正当化する諸根拠の一つに基づくものであり……正当な目的を求めるものであり，かつ，その目的に比例したものである」「制限を適用するに際し，国家は，制限の目的を成就するに必要とされる以上のより規制の強い手段を用いてはならないものとする」と表現されている。また，「いかなる制限も恣意的な方法でなされてはならない」（同原則7条）し，「保障された権利に対する制限を正当化する挙証責任は，国家にある」（同原則12条）とされていることも忘れてはならない。

　注意すべきは，強制労働条約2条2項は，「戦争の場合」を「緊急の場合」の例示としてあげているに過ぎないことだ。だから，日本政府には，「慰安」の強制労働がなぜ必要であったのか，それほどの「緊急の場合」があったのか，なぜ，主として朝鮮女性・少女を「慰安婦」に（恣意的に）強制したのか，そのための必要性・緊急性を立証する責任があることだ。それらの間に比例の関係があることをも立証しなければならない。ただ

「戦時だった」というだけで，適用除外を受けるわけにはいかないのである。

筆者は，国連でこの問題について，帰納法的論理で別の角度から，同様の結論を導く主張を述べた。

● ILOの監督・不服申立手続にはどのようなものがあるか

同判事は，ILOの充実した監督・不服申立手続について説明した。それは，専門家委員会および国際労働会議・三者構成委員会による高度に発達した監督手続ならびにこれを補完するより高度の不服申立手続（憲章24条および26条）である。加盟国政府，加盟国所在の労働団体または使用者団体は，他国の人権問題についても情報の送付や不服申立ができる。しかし，国連NGOであっても通報する権利はない。

● 各国労組の対応に注目

先例が発見されたことから，「慰安婦」問題と強制労働条約の問題について，より深い研究がなされるべき必要性が広く理解されたと思われる。また，強制労働条約違反の問題は，「慰安婦」問題のみならず，強制連行問題にもつらなる重要なものだ。バグワティ判事を囲んでの画期的セミナーが実現したことで，この分野への関心が深まったことを歓迎したい。今後は，NGO，弁護士，市民団体，国際法学者が，より積極的に検討を進めるべきだろう。ILOには高度の監督・不服申立手続がある。それは，強みだ。しかし，NGOにはそのアクセス権がない。今後ILOに通報できる権利を持つ各国の労組がどのような対応を示すか注目されるところである。

2　ILO専門家委員会，日本軍「慰安婦」制度は強制労働条約違反と報告
――迫られる国際機関勧告に沿った解決

国連人権委員会の女性に対する暴力に関するクマラスワミ特別報告者の勧告にもかかわらず，日本政府は，「慰安婦」問題について，国家責任を認めず，被害者個人への賠償も拒否したままだ。96年3月18日，ジュネー

ブで開催中の国連人権委員会では、クマラスワミ報告書を全面的に非難する方針らしい。ところが、3月3日、国際労働機構（ＩＬＯ）専門家委員会（The Committee of Experts on the Application of Conventions and Recommendations）も、クマラスワミ勧告同様の報告を公表したことから、新たな国際機関でも日本政府は厳しい批判をあびることになった（連載㉘法学セミナー96年5月号29頁収録資料）。

「慰安婦」問題に関する日本の報道は、必ずしも十分適切とはいいがたかった（拙著「戦争責任と日本軍『慰安婦』問題——報道はこれでよいのか」、マスコミ市民95年12月号4〜15頁）。しかし、ＩＬＯの報告に関する朝日新聞の報道は、客観的情報を的確に伝えた点で評価すべきだ（[ジュネーブ4日＝田中英也]「慰安婦は『強制労働』、ＩＬＯ委『条約違反』と報告、朝日新聞96年3月5日付朝刊2面トップ）。

● ＩＬＯ専門家委員会の勧告

　重要なポイントの第1は、条約の効力問題だ。女性の強制労働を禁止するＩＬＯ29号強制労働条約を日本が批准したのは、32年である。その後、日本はＩＬＯを脱退し、戦後復帰した。だが、この条約は、戦争中も日本に対し効力を持っていたことをこの報告は、まず確認している。

　第2に、同報告は、大阪府特別英語教員組合（ＯＦＳＥＴ）から通報があった「慰安婦」制度を「性奴隷」（sexual slavery）に当たるとした。これまで、日本政府は「慰安婦は性奴隷ではない」と頑迷に否定してきた（拙著「漫筆——日本と奴隷制」労働判例95年11月15日号）。国際的権威20名からなるＩＬＯ専門家委員会が、これを「性奴隷」としたことは重要だ。報告は、この制度が「強制労働条約に違反する」と指摘した。条約違反は、国際法上の国家責任をともなう。だから、この指摘は、「法的国家責任はない」ことを前提に立案された日本政府の「国民基金」政策と正面から対立する。

　第3に、条約の補償義務規定の解釈問題がある。この条約は、強制労働をさせた加害者の処罰義務を明記しているものの、補償・賃金などの給付に関しては、合法的強制労働の場合を想定しているにすぎない。だから、委員会が、違法な強制労働の場合にも、これらの給付義務規定の準用を認めるかどうか注目すべきところだった。同報告は、補償・賃金などへの救

済を与える国家の義務を肯定した。新解釈として、注目すべきだろう。

　第4に、同委員会は、日本政府に、補償などの救済を命令する権限はないが、迅速な政府による救済を「希望する」という形で、報告を公表する権限を行使した。

　第5に、国際機関が、「慰安婦」問題に関し、強制労働条約を初めて肯定的に適用したことは画期的だ。筆者は（国際友和会［ＩＦＯＲ］などを代表して国連の内外で）、「慰安婦」問題について「強制労働条約違反を犯した。違法な強制労働が強いられたのだから、日本政府には加害者の処罰義務がある。処罰義務違反による被害者への賠償義務もある」と主張し続けてきた。だが、これについて国際機関の判断はなかった。国連も国連ＮＧＯも、強制労働条約に関する解釈を遠慮した。ＩＬＯは専門機関として第一次的解釈権限を行使したわけだ。

　第6の問題は、日本政府の態度だ。前記朝日新聞報道によると、日本政府筋は「意見は投書によりかかったもので、実際に29号違反があったと断定していない。それはＩＬＯ事務局からも確認した」と述べているという。日本政府官僚は、この問題に関する国際機関の見解を真正面から受け止めたことがない。今度も同じだ。事実関係に関して、委員会が調査団を送るなど自ら調査したのではなく、ＯＦＳＥＴの送付情報に基づいて判断したのは報告が記載しているところからも明らかである。日本帝国軍関与や強制の事実の承認は、日本政府が内外に宣言した。委員会もＯＦＳＥＴの訴えをこれら公知の事実と合わせて判断したはずだ。日本政府は「ＯＦＳＥＴの訴えは事実無根だ」とでも言うのだろうか。

　第7に、今後に及ぼす影響だ。ＩＬＯ条約などの監視機関としての専門家委員の手続は、これで完結したものと見てよいだろう。判断が、強制労働条約について、第一次的な監督権限を有する国際専門機関であるＩＬＯの、条約適用について法的解釈権限を与えられた専門家会議によってなされたことに留意すべきだ。これは、今後ＩＬＯ諸機関はもとより、国連人権委員会の審議にも肯定的影響を与えるだろう。

　今後のＩＬＯ内手続としては、2つのルートが考えられる。まず、専門家委員会の報告が公表されたからには、国際労働会議などの諸機関で討議される可能性があろう。これは、報告書の一般的機能だが、何が起こるかの予測は困難である。

問題になるのが，憲章24条の手続への影響だ。すでに述べたが，95年3月20日，韓国労働総連盟（FKTU）が，「『慰安婦』への加害行為は強制労働条約に違反する」とILOに訴えた（拙著「漫筆――日本社会による民族差別と国際社会」労働判例95年9月10日号）。ILO理事会は，憲章24条に基づく規則に従って，ただちに調査委員会を設置しなければならないはずだ。ところが，3度の理事会を経ても何の行動もとられなかった。「日本の不当な圧力によるものだ。日本の反発を恐れて，国際法に従った処理がなされていない」とのILO批判がある。96年3月現在，4度目の理事会が開かれており，その対応が注目される。理事会は政府，労働者側，使用者側の三者で構成されていて，政治的に行動しがちだ。それでも，ILO条約を監視し，その解釈について専門的意見を述べる権限がある専門家委員会が肯定的法的判断を下した以上，これと逆の法的決定は困難になったといえよう（4度目の理事会も行動を起さなかった［議長団が理事会の議題にあげなかった］ため，FKTUは，6月抗議して同24条の申立を取り下げた）。

● クマラスワミ勧告と日本の世論の動向
　国際社会から「日本人は皆，人権も国際法も無視する無法な民族だ」と思われることがあってはならない。日本政府がどんなに無法不当な主張をしようとも，人権と正義に沿った立場を貫き続ける日本人が増えていることを国際社会に知らせたい。日本弁護士連合会は，96年2月7日土屋公献会長が会長声明を公表し，クマラスワミ報告書を支持し，日本政府が「自主的にこの報告に沿った解決に着手すること」を求めた（連載㉘法学セミナー96年5月号29頁収録資料）。
　クマラスワミ勧告公表後，日本の市民団体の間で「『慰安婦』問題は，国民基金では解決できない」との世論が急速に形成されつつある。多くの著名人や関係市民団体が呼びかけ人となって，「応じよ！国連勧告」という新たな市民団体が結成され，「百万人署名」への運動が盛り上がりを見せている（連載㉘法学セミナー96年5月号29頁収録資料）。

● 台湾の「慰安婦」問題
　旧植民地だった台湾にも「慰安婦」被害者が生存していることが，台湾

当局と台湾婦女救援基金会の合同調査で明らかにされた。96年3月20日ころまでに，台湾の立法府委員多数が署名入りの書簡を日本政府と国会両院議長に寄せた。この書簡は，クマラスワミ報告書やＩＬＯ勧告に言及し，「慰安婦はこの条約（強制労働条約）に基づき，貴国政府に賠償を請求することができます」として，日本政府に対し「正式に謝罪」し，「個別的に賠償を支払う」ことを要求した。これに先立ち，クマラスワミ勧告の公表直後，台湾当局は「国民基金」による解決を拒否し，被害者個人への賠償を要求する立場を明らかにした（朝日新聞2月17日付夕刊「慰安婦補償の『民間基金』台湾，反対の見解」）。

● 見えてきた具体的解決の方向

　日本政府は，「慰安婦」被害者の個人賠償請求権問題は，「サンフランシスコ平和条約と二国間条約で解決済み」としている。仮にこの主張が正しいとしても，日弁連が「『従軍慰安婦問題』に関する提言」の「補足説明書」で指摘したとおり，台湾については（朝鮮民主主義人民共和国も同じ），被害者の要求を阻止しうる何らの条約もない（なお，中国については，日中共同宣言には，被害者個人の権利放棄条項はない）。日本政府の抗弁は，無効なのだ。その他の国々にとっても，条約の抗弁は，クマラスワミ報告書，ＩＣＪ報告書，ＩＦＯＲ意見書などで否定されたところだ。しかし，日本政府が条約による解決論争で抵抗し続けるなら，条約の抗弁がない地域，国家の被害者について，まず解決をはかることが現実的だろう。とりあえず，台湾地域の被害者に限っても，国家による被害者への賠償を実現する議員立法を推進する運動が必要ではなかろうか。

　「慰安婦」問題全体の解決のためには，日弁連などが主張する国連勧告に沿った立法による解決が可能であり，また望ましい。96年3月22日に開催された国会内集会で，本岡昭次参議院議員が準備した「戦時性的強制被害者問題調査会設置法案要綱」が参議院新緑風会提案として公表された（連載㉘法学セミナー96年5月号29頁収録資料）。第5章5で立法上の問題点にふれたが，補償立法の準備のためには，日本国家による公式の真相究明（たとえば，被害者の定義や特定できる被害者数の調査などに関するもの）が不可欠だ。やっと良心派国会議員の努力の第一段階が目にみえる形で現れてきた。今後，国会議員と市民の協力が実って，立法による解決が早急

に実現することを期待したい。もちろん，日本政府が進んで解決に乗り出すのが筋だ。だが，それができなくとも，政府は議員立法に最大限協力を惜しむべきではない。

3　ＩＬＯ専門家委員会，日本政府側反論を退ける

●ＩＬＯ専門家委員会年次報告書を公表

97年3月4日，ＩＬＯ（国際労働機構）の条約および勧告適用に関する専門家委員会が，前年（96年）に続いて，日本軍「慰安婦」制度が「［強制労働］条約に定められた絶対的禁止事項に含まれる」と再度断定する国際労働会議宛て年次報告書を公表した（本書250頁収録資料参照）。今年の報告書は，「戦時」など同条約の適用除外規定に基づく法的反論について，「認められた適用除外事由に該当しないのであり，したがって，日本による［強制労働］条約違反が存在したものと結論する」と明言した。このニュースは，「従軍慰安婦，『戦時例外』認めず，ＩＬＯ専門委強制労働改めて確認」（田中英也ジュネーブ特派員・朝日新聞5日付夕刊1面）などと大きく報道された。

●強制労働条約に関する法的諸問題

強制労働条約と日本軍性奴隷問題の間には，以下のとおり多くの法的論点がある。

①ＩＬＯ29号・強制労働条約は，当時も現在も日本に拘束力ある国際法か。［96年の専門家委員会報告書がこれを肯定した。連載㉘法学セミナー96年5月号29頁収録資料］

②専門家委員会の権限と理事会の権限。（憲章24条）との優先関係。［249頁］

③ＩＬＯへの通報権者は誰か。［労組，使用者団体，政府には，ＩＬＯへのアクセス権がある。しかし，被害者にも，国連ＮＧＯにもＩＬＯへの通報権はない］

④なぜＩＬＯで，日本軍性奴隷問題が問題にされるのか。［強制労働条約11条が女性の強制労働を絶対的に禁止した。同条約は戦前（32年）から日本を法的に拘束しており，ＩＬＯは当時も（日本が脱退していた間を除

第7章　強制労働条約違反とＩＬＯ　　245

く）現在も，ＩＬＯ条約の実施のための監督権限を持つ。1，231頁］

⑤日本軍が女性を性奴隷としたとしても，同条約上の労働といえるのか。［同条約 2 条の強制「労働」の定義には，強要された非任意の「労務」が含まれる。「務」は，英語では"service"。1，236頁］。

⑥「戦時」などに関する緊急の場合の適用除外規定により，日本軍性奴隷は強制労働条約の適用を免れるか。［248頁］

⑦締盟国の責務は何か。［ 1 条＝強制労働の廃止。11条＝女性は絶対的に，男性には一部の例外（厳しい条件付き）を除き，強制労働を禁止。25条＝不法な強制労働の強要を処罰する義務および法令による処罰が十分に厳しくなされるよう確保する義務。14，15条など合法的な強制労働にも賃金その他を補償する多くの義務規定］

⑧専門家委員会報告書は，国際労働会議により公式検討されなければ効力がないか。［249頁］。

●97年度ＩＬＯ専門家委員会報告書公表にいたる経緯と国連審議

ＩＬＯ（国際労働機構）の条約および勧告の適用状況を監視し，違反について国際労働会議に対する報告書を作成・公表する権限を持つ専門家委員会は，96年 3 月，日本軍性奴隷問題を取り上げ，これが強制労働条約に違反すると報告し，衝撃を与えたことは記憶に新しい（ 2 ，240頁）。しかし，これに日本政府が反論するであろうと予想された。その場合，日本政府の反論を退けて，97年度国際労働会議への報告書で同専門家委員会が再度この問題を取り上げるかどうかが注目されていた。97年の報告書でみると，日本政府は， 5 月と10月に報告書を提出して反論したことがわかった。他に日本の連合もＩＬＯに書面を提出し，国民基金政策に積極的に参加したことを報告した。

第 1 に，最も重大な法的問題は，日本政府が国会で，戦時故に強制労働条約の適用がない旨の答弁をしていることだった（清水澄子参議院議員に対する参議院外務委員会での94年 6 月22日政府答弁）。もし，政府の国会答弁がＩＬＯ専門家委員会に受け入れられれば，強制労働条約の適用が否定されてしまうので，戦時には女性に対する強制労働の禁止規定も適用されないことになる。そうなると，平時であれば強制労働条約違反として非難されるはずの日本軍性奴隷制度も，同条約違反とされないことになる。

それだけに、きわめて重要な法的争点となる。

　日本政府のILO専門家委員会に対する反論の内容の詳細は、不明である。国会でも公表されず、極秘扱いになっているので、想像するしかない。今回の報告書も言及しているが、関連して注目されていたのは、前年8月の国連差別防止少数者保護小委員会（人権小委員会）の論戦である。96年8月14日人権小委員会で議題15・現代奴隷制作業部会報告書の審議がなされたときのことだ（第6章7、223頁）。マクドゥガル代理委員（アメリカ出身）が、リンダ・チャベス特別報告者に代わって同氏提出の戦時奴隷制に関する初期報告書（UN Doc. E/CN.4/Sub.2/1996/26）を報告した。初期報告書には、日本軍性奴隷など戦時性奴隷問題に対して強制労働条約の適用が可能であることが報告されていた。マクドゥガル代理委員は、日本軍「慰安婦」制度を強制労働条約違反としたILO専門家委員会報告書に公式に言及した。

　日本軍性奴隷制度などが強制労働条約に違反するとの批判は、国連審議に際して、NGOから提起され続けてきた。筆者は、92年5月国連現代奴隷制作業部会以来、当初IEDを代表し、後にIFORを代表してその旨の主張を継続した。しかし、ILO専門家委員会が96年3月、国際労働会議宛ての報告書を公表するまで、国連機関はこの点にはほとんど沈黙してきた。強制労働条約に関する第1次的監督権限を持つILOの権限を尊重し、遠慮していたのであろう。96年度ILO専門家委員会の報告書公表後、状況が一変したのである。

　日本出身の波多野里望委員が論戦に火をつけた。同委員は、強制労働条約2条(2)(d)を理由に、「戦時」には強制労働条約は適用されないのではないかとして、チャベス特別報告者初期報告書とマクドゥガル代理委員発言に疑問を提起し、日本政府の前記国会答弁を彷彿とさせた。これに対して、ILO代表が、日本軍性奴隷問題に関するILO専門家委員会報告書に言及し、「戦時にも適用あり」との立場から波多野委員に対して詳細に反論し、処罰義務規定の存在にも言及した。

　他方、日本政府代表は「今年（96年6月）の国際労働会議がこの問題を取り上げなかった」と発言し、あたかも国際労働会議（専門家委員会の上部機関）が、専門家委員会の報告書を否定したかのような印象を与える発言をした。国連関係者の誤解を避けるため、少し遅れたが別の議題の下で、

筆者はIFORを代表し，「専門家委員会の報告550件のうち，今年の国際労働会議では24件しか議論されていない。報告直後は国際労働会議は論議しないのが通常である。不論議は同会議が専門家委員会と異なる見解を持ったことを意味しない」とこれを打ち消す発言をした。

この論戦をふまえ，8月23日，人権小委員会が「日本政府が，この問題に関して，国連および専門機関に協力するよう求め」る決議を採択したことに注目しなければならない（連載㉞法学セミナー96年11月号28頁収録資料）。

●97年度ILO専門家委員会の判断

同専門家委員会が，本年度も監督権限を行使して，前記のような報告を継続したことは異例のことと思われる。先例として重要だ。同委員会の主要な判断を要約してみよう（本書250頁以下の資料参照）。

第1に，法的に最も重要な判断だが，前記2条の適用除外規定の解釈について，以下のとおり日本政府側の反論を認めず，条約適用を明快に肯定した。

「委員会は，緊急概念は，条約が例示的に列挙するように，突然の，予見しがたい偶発的事件であって，即時的な対応措置を必要とするものに関わると指摘してきた。条約に規定された例外の限界に関わるので，労働を強要できる権限は，真に緊急な場合に限られねばならない。さらに，強制されるサービスの内容・程度も，それが用いられる目的と共に，その状況により厳密に必要とされる範囲内に制限されねばならない。条約第2条(2)(a)により条約の適用が除外される「強制兵役法ニ依リ強要セラルル労務」の範囲を「純然タル軍事的性質ノ作業ニ対シテ」のみに限定しているのと同様であるが，緊急に関する第2条(2)(d)は，──戦争，火災又は地震の場合でありさえすれば──いかなる強制的サービスをも課すことができるという白紙許可ではないのであって，同条項は，住民に対する切迫した危険に対処するためにどうしても必要なサービスについてしか適用できないのである。

委員会は，本件は，条約の第2条(2)(d)及び第2条(2)(a)により認められた適用除外事由に該当しないのであり，したがって，日本による［強制労働］条約違反が存在したものと結論する」

それでは，日本政府の具体的な法的責務はいかなるものだろうか。強制労働条約上の責務として同委員会があげるのは，以下の補償義務と処罰義務である。

　①委員会は，「通報された虐待が［強制労働］条約に定められた絶対的禁止事項に含まれることに留意した。さらに委員会は，かかる受け入れがたい虐待は，適切な補償の原因とされねばならないと判断したが，それは，条約の効力発生後の過渡的期間内に第1条(2)の下で容認され得る強制的サービスの諸形態についてさえも，条約が，かかるサービスをさせられた者には，第14，15条の下で，補償が支払われなければならず，且つ障害年金への権利があると定めているからである」と判断した。条約上合法的強制労働の被害者でさえ障害年金などの補償への権利があるのだから，ましてや不法な強制労働の被害者は（明文の規定がないが）当然同様の権利があるとした点に注目すべきだ。

　②「条約第25条の下で，強制労働の不法なる強要は，刑事犯罪として処罰されなければならず，……刑罰が真に適当で且つ厳格に実施されるよう確保する義務を負っている……日本の刑法第176，177条の下で強制によるわいせつ行為及び強姦は処罰可能な犯罪である……」と判断した。日本政府に，本件について加害者を処罰する義務があることを明言したもので，きわめて興味深い。この処罰義務は，国際法上のものであるので，時効はない。日本の刑事法制上の訴追時効の完成は国内事情に過ぎないので，国際法違反を解除しない。筆者は，訴追時効は訴訟条件であり，撤廃の立法は憲法に違反しないと考える。このような立法もせず，犯罪の証拠も不開示のままで放置するのは，日本政府による不処罰状態の継続を象徴するに過ぎない。

　第2に，国民基金政策についての判断である。同委員会は，「被害者の期待に応えるために必要な措置」を求めた。なお，同委員会は，連合の主張を「自らが積極的に参加したこれらの措置（筆者注＝国民基金政策のこと）は，もしそれらがスムーズに実施されるならば，被害者の補償のために有意義な計画となり得ると考えると述べている」と要約している。これは，国民基金の措置が被害者側の多くに拒否されて，「スムースに実施」されなければ，「有意義な計画とはなり得」ないと反対解釈されるであろう。

第3に，日本政府は，「ＯＦＳＥＴによる手紙以前の1995年3月に，これとは別に，同じ問題に関して，韓国労働総連盟（ＦＫＴＵ）から国際労働機構に対するＩＬＯ憲章第24条に基づく申立がなされていたのに，委員会の見解は，別途なされたこの申立の審査進行中になされた」と主張したという。もし，ＦＫＴＵの申立受容性に関する決定を理事会がしていれば，憲章24条に基づく調査委員会が理事会により設置され，この手続の方が専門家委員会より優先するので，専門家委員会の手続は中断されることになる。日本政府は，この点で「専門家委員会が手続違反をした」と主張したのであろう。しかし，委員会は，申立にもかかわらず，理事会が憲章24条手続を開始しなかったところから，専門家委員会が理事会権限を侵したことにはならないことを説明した。

　第4に，専門家委員会報告書は，国際労働会議で公式検討されないかぎり効力がないのであろうか。日本政府の前記人権小委員会での発言は，そのような誤解をまねく。しかし，専門家委員会報告書は，それ事態で完結している。時間不足のため同会議は少数事件しか討議できない。同委員会が日本政府に対して命令する権限はないことは同委員会も認めるとおりであるが，その報告は日本を含む締盟国政府によって尊重されなければならない。

　第5に，今後の見通しであるが，この報告書は6月の国際労働会議に提出される。ここでどのような事態が起きるかは定かでない（同会議で討議すべきかをめぐって，議論がなされたが，結局公式議題とはされなかった〔第6章5，206頁〕）。「国民基金」が「スムースに実施されるか」否かも重要なポイントだろう。だから，日本政府は，国民基金政策の強行支払いをこれまで以上に強引に急ぐだろうし，同会議で公式討議されないようその他のあらゆる手段を講じるであろう。この会議には，国連ＮＧＯもアクセス権がない。それだけに，同会議に参加資格を持つ日韓など世界の労働運動，使用者団体，各国政府がこの問題にどのように取り組むかが注目される。

　いずれにしても，ＩＬＯ専門家委員会報告書が，今後ＩＬＯ・国連などの国際機関，被害国ばかりでなく，日本にも重大なインパクトを与えるであろうことは間違いない。

●資料（ＩＬＯ専門家委員会1997年第85会期報告書）
国際労働会議・1997年第85会期
第Ⅲ報告書（１Ａ章）
議題［条約及び勧告の適用に関する情報及び報告］に関する第3議題
条約及び勧告の適用に関する専門家委員会報告書（憲章第19,22及び35条）
特定国に関する一般的報告及び意見
［ＩＬＯ］第29号強制労働条約（1930年）
　　　　　　　　　　日本（批准：1932年）

　専門家委員会は、従前のコメントに対する回答として96年５月31日付及び1996年10月30日付報告書で［日本］政府より提出された情報及び96年９月30日付通信で日本労働組合総連合（ＪＴＵＣ－ＲＥＮＧＯ）より提出されたコメント——その写しは96年10月14日政府に送付されたが——に留意した。

　委員会は、前回の見解で、大阪府特別英語教員組合（ＯＦＳＥＴ）が提出した第２次大戦前及び同大戦中の条約適用に関する95年６月12日付見解に留意した。その訴えは、いわゆる軍隊「慰安所」に拘禁された女性に対する重大な人権の侵害と性的虐待であり、条約によって禁止されている事項に含まれる状況に言及しており、ＯＦＳＥＴは、適切な補償がなされるべきであることを求めた。

　さらに委員会は、通報された虐待が［強制労働］条約に定められた絶対的禁止事項に含まれることに留意した。さらに委員会は、かかる受け入れがたい虐待は、適切な補償の原因とされねばならないと判断したが、それは、条約の効力発生後の過渡的期間内に第１条(2)の下で容認され得る強制的サービスの諸形態についてさえも、条約が、かかるサービスをさせられた者には、第14, 15条の下で、補償が支払われなければならず、且つ障害年金への権利があると定めているからである。

　しかし、委員会は、条約及び委員会の権限事項の範囲内では、求められた救済を命ずる権限を持たないことに留意した。この救済は、［日本］政府によってのみ与えられ得るのであって、これらの事件が起きてから経過した時間に鑑み、委員会は、［日本］政府がこの問題に関して迅速に適切な配慮をなすよう希望した。

　96年５月31日付報告書において、［日本］政府は、条約違反があったか

第７章　強制労働条約違反とＩＬＯ　251

否かにかかわらず，戦争に関わる賠償と請求権の解決の問題は，元戦時「慰安婦」問題を含めて，日本は関連する国際協定にしたがって誠実にその義務を果たしてきたのであるから，日本とこれらの協定締約国との間において法的に解決済みであると述べている。

［日本］政府は，戦時「慰安婦」問題に関して，謝罪と反省の気持を表現してきたとも述べている。このような気持を表現する方法として，［日本］政府は，戦時「慰安婦」問題を含めて歴史的事実と直面し，それらが将来の世代に適切に伝えられ，またこのようにして当事国・地域との間でよりよい相互理解を促進することを確保するために努力してきたと述べている。この文脈のなかで，［日本］政府は，「平和，友好交流計画」を公表したという。

加えて，［日本］政府は，女性のためのアジア平和国民基金に対して，最大限の支持を与えてきた。同基金は，日本の国民が元戦時「慰安婦」に対する償いを実現すること及び労使双方を含む国民一般と十分に協力して女性の名誉と尊厳への加害から今日の女性を保護することを目的に設立された。［日本］政府は，かかる努力を通じて，日本が戦時「慰安婦」問題に誠実に対処してきたと言う。委員会は，日本労働組合総連合（ＪＴＵＣ－ＲＥＮＧＯ）が提出したコメントで，同連合も，自らが積極的に参加したこれらの措置は，もしそれらがスムーズに実施されるならば，被害者の補償のために有意義な計画となり得ると考えると述べていることに留意する。

さらに，96年5月31日付報告書において，［日本］政府は，委員会の見解は，大阪府特別英語教員組合（ＯＦＳＥＴ）から提出された95年6月12日付手紙にのみに依拠しているが，確立された慣行に反して［日本］政府はその手紙に関してコメントするために適切な通知を受けなかった。また，ＯＦＳＥＴによる手紙以前の95年3月に，これとは別に，同じ問題に関して，韓国労働総連盟（ＦＫＴＵ）から国際労働機構に対するＩＬＯ憲章第24条に基づく申立がなされていたのに，委員会の見解は，別途なされたこの申立の審査進行中になされたと言う。

委員会は，これらの主張につき十分考慮してきた。95年3月20日ＦＫＴＵによりなされたＩＬＯ憲章第24条に基づく申立に関しては，委員会は，ＩＬＯ理事会がこの申立の実質審議をしなかったこと，且つＦＫＴＵが96

年5月30日付手紙によって申立を取下げたとき以前に理事会が受容性に関する決定をしなかったことに留意する。

　条約違反の存否に関わる問題に関しては、委員会は又、96年8月の第48会期国連差別防止少数者保護小委員会で、戦時の組織的強姦、性的奴隷制、及び奴隷様慣行に関してなされた論議に留意する。その論議に際して、[強制労働] 条約第2条中の適用除外規定との関連で、戦時「慰安婦」問題に関して条約適用があるか否かに関し、疑問が提起された。

　これに関して、委員会は、79年に委員会が強制労働の廃止のための一般的調査（General Survey of 1979 on the abolition of forced labour）のパラグラフ36に記載した、条約第2条(2)(d)により条約の適用が除外される「緊急ノ場合即チ戦争ノ場合、又ハ火災、洪水、飢饉、地震、猛烈ナル流行病若ハ家畜ノ流行病、獣類、虫類若ハ植物ノ害物ノ侵入ノ如キ災厄ノ若ハソノ虞アル場合及ビ一般ニ住民ノ全体又ハ一部ノ生存又ハ幸福ヲ危殆ナラシムル一切ノ事情ニオイテ強要セラルル労務」に関する説明を引用する。委員会は、緊急概念は、条約が例示的に列挙するように、突然の、予見しがたい偶発的事件であって、即時的な対応措置を必要とするものに関わると指摘してきた。条約に規定された例外の限界に関わるので、労働を強要できる権限は、真に緊急な場合に限られねばならない。さらに、強制されるサービスの内容・程度も、それが用いられる目的と共に、その状況により厳密に必要とされる範囲内に制限されねばならない。条約第2条(2)(a)により条約の適用が除外される「強制兵役法ニ依リ強要セラルル労務」の範囲を「純然タル軍事的性質ノ作業ニ対シテ」のみに限定しているのと同様であるが、緊急に関する第2条(2)(d)は、——戦争、火災又は地震の場合でありさえすれば——いかなる強制的サービスをも課すことができるという白紙許可ではないのであって、同条項は、住民に対する切迫した危険に対処するためにどうしても必要なサービスについてしか適用できないのである。

　委員会は、本件は、条約の第2条(2)(d)及び第2条(2)(a)により認められた適用除外事由に該当しないのであり、したがって、日本による[強制労働] 条約違反が存在したものと結論する。

　委員会は、条約第25条の下で、強制労働の不法なる強要は、刑事犯罪として処罰されなければならず、この条約のいずれの締盟国も、法令によって課される刑罰が真に適当で且つ厳格に実施されるよう確保する義務を負

っていることを想起する。委員会は，日本の刑法（1907年4月24日法律第45号）第176，177条の下で強制によるわいせつ行為及び強姦は処罰可能な犯罪であることに留意する。

　委員会は，96年10月30日付報告書で［日本］政府が提出した，「戦時慰安婦」に対する謝罪と反省を表現し，さらに元「慰安婦」への償い金を支払うために設置された「女性のためのアジア平和国民基金」の全運営費を支持し且つこれに対するあらゆる可能な支援を与えるために取ってきた措置並びに政府資金を利用してなされる医療・福祉支援に関する詳細な情報に留意してきた。委員会は，［日本］政府が被害者の期待に応えるために必要な措置を取るべき責務を果たし続けるであろうし，またそのさらなる措置に関する情報を提供するであろうと期待している。

第8章
日本は何をすべきか

1 鍵を握る奴隷・犯罪・国際法違反の承認
——日本軍「慰安婦」問題の解決の必要条件

　日本軍性奴隷問題解決の最低必要条件は何か。被害者側要求の根幹を正面から受け止めれば，自ずから明らかになる。日本政府が真相を究明し，国家の法的責任を認めたうえで謝罪し，その象徴として国家補償することだ。第1に，真相究明については，96年7月に議員立法の提案がなされた（連載㉛法学セミナー96年8月号16頁収録資料）。第2に，国家補償については，国民基金政策では解決にならないことは詳述した。国家補償立法によって解決すべきであることは，日弁連提言などが指摘している（第5章6，153頁）。それが可能であることを国会議員が可及的速やかに示す必要がある。第3に，橋本首相の「おわびと反省」の手紙は，「国家の法的責任の承認」について何も認めなかった（第6章6，214頁）。これが解決の大きな障害になっている。ここでは，この点を詳細に検討してみよう。

● 迫られる奴隷・犯罪・国際法違反の承認
　日本軍性奴隷被害者に対する日本軍の行為は，後記のとおり，「奴隷」「犯罪」「強制労働条約違反」「国際人権法違反」だったと国連・ＩＬＯ機関に指摘された。だが，日本政府は，過去の法的責任を承認せず，国連・ＩＬＯ機関の勧告に「留意」すらしていない。性奴隷問題のクマラスワミ

報告書に「留意」した96年4月19日の国連人権委員会決議採択に際し，日本政府は留保せずコンセンサスに参加した事実を忘れてはならない。日本政府は，日本の国会に対しても，最低限これに「留意」するという姿勢をとらなければ，首尾一貫しない。過去の日本軍の行為に関する法的責任問題は，国際的には争いがないほど明確だ。これまで犯罪だったと公式に認めるのは「困難」としてきたが，さすがの日本政府も承認が「不可能」とは言えなかった。日本政府は（たとえ，サンフランシスコ平和条約および二国間条約で個人の補償問題への義務が解除されたという立場を維持し続けるとしても），最低限度過去の日本軍の行為に関する法的責任については承認する必要がある。
　わかりやすく言おう。日本政府は，日本軍の行為を，奴隷・犯罪・強制労働条約違反・国際人道法違反と認めるのか，それとも奥野・板垣議員のように「商行為」として合法だったと言い張るのかの問題だ。

● 強制性の問題

　日本軍・政府の慰安婦に対する直接の加害行為，ことに「慰安所」内の強制性については，被害者の証言ばかりか，歴史家やＩＣＪなど国連ＮＧＯ・国連機関の調査によって立証されている。
　日本政府（93年8月4日当時の河野内閣官房長官談話）は，日本でも国連でも強制性を承認した。同談話は，「慰安所の設置，管理および慰安婦の移送については，旧日本軍が直接あるいは間接にこれに関与した。……また，慰安所における生活は，強制的な状況の下での痛ましいものであった。……当時の朝鮮半島はわが国の統治下にあり，その募集，移送，管理等も，甘言，強圧による等，総じて本人たちの意思に反して行われた」などとした。今回の首相の手紙には，ここで承認された強制の事実が含まれていない。しかし，これについては多くの被害者が名のり出て真相を暴露したばかりか，多数の信頼すべき研究によって裏づけられ，いまや公知の事実となっている。政府代表が国際的に宣言した談話は，法的拘束力を持ち，覆せない。

● 国際法的評価

　第1に，日本政府は，日本軍「慰安婦」被害者に対する日本軍の行為が

「犯罪」であったことを承認する必要がある。

　日本軍がオランダ女性35名を「慰安婦」とした事件で，バタビアのオランダ軍事法廷が，日本軍人等を裁いたことが朝日新聞により92年7月に報道された。重大な戦争犯罪（強姦，売春のための誘拐，強制売春）で，12名の被告人等の大部分が有罪とされ，重い刑（死刑1名）に処せられた。日本は，同判決を受諾した（サンフランシスコ平和条約11条）。ところが，橋本首相は，アジア人への同じ行為が犯罪だったと認めていない。

　アジア人はなぜ別なのか。これを指摘されると，日本政府関係者は「今になって，どうやって処罰するのか」と気色ばむ。しかし，日弁連提言，ＩＣＪ調査団報告書でも，クマラスワミ特別報告者の軍事的性奴隷報告書もこれを犯罪（人道に対する罪）と認めた。奴隷化は人道に対する罪を構成する要件だ。奴隷・奴隷取引禁止違反行為は，慣習国際法のもとで犯罪とされてきた。女性に対する強制労働は，強制労働条約25条で処罰義務を課されている。現在の処罰の現実的可能性がないとしても，その問題とは別に，当時の日本軍の行為が犯罪（国際法のもとでも，軍法を含む日本国内法のもとでも）だったと承認することはできる。

　なお，日本軍の行為が犯罪であるとの指摘は，慣習国際人道法違反の戦争犯罪であったとの指摘（前記した各報告書等は，すべてその旨の指摘を含む）と相当程度重なる。犯罪の承認とは，慣習国際法違反の承認と同じと考えてもよいであろう（海軍「慰安婦」とするために日本女性をだまして海外移送した事件で，旧刑法226条の「国外移送，国外誘拐罪」で有罪とした37年の大審院判例が発見されたことを付言する必要がある（連載㊽法学セミナー97年10月号38頁）。

　第2に，日本軍「慰安婦」被害者が「性奴隷」であったことを承認する必要がある。国連ＮＧＯが，国連人権委員会などでこの問題を告発し始めたのは，92年2月だったが，以来一貫して，日本軍「慰安婦」は「性奴隷」だと判断され続けてきた。

　ＩＣＪ（国際法律家委員会）調査団報告書（94年10月公表，『国際法から見た「従軍慰安婦」問題』〔明石書店〕179－180頁）は，この問題を法的に解明した。ＩＣＪ報告書は，「20世紀初頭には，慣習国際法が奴隷慣行を禁止していたこと，およびすべての国が奴隷取引を禁止する義務を負っていたことは一般的に受け入れられていた」とし，「奴隷および奴隷取

第8章　日本は何をすべきか　257

引の一般的に認められた定義」を慣習法の証拠である奴隷条約（26年）1条「(1)奴隷制度とは，そのものに対して所有権に伴う一部又は全部の権能が行使されておこなわれる個人の捕捉，取得又は処分に関するあらゆる行為，……並びに，一般に奴隷を取引きし又は輸送するすべての行為を含む」に求めている。そのうえで，「問題の女性たちが家族と村から連行されるや否や，軍は，女性を所有しているかのように振る舞った。かくして，彼らは，被害女性らを奴隷として取扱ったのである。加えて，同女性らの誘拐および移送は，日本軍によって宥恕され，授権され，監督されたが，これらは奴隷取引の一形態であった。その点で，日本は，すでに確立された国際公法の一部となっていた奴隷制度の禁止に違反した。この違反は，日本に責任を生じさせる」。

　国連機関も同様である。クマラスワミ特別報告者（国連人権委員会の女性に対する暴力担当）による軍事的性奴隷問題報告書（96年2月公表，日弁連編『問われる女性の人権』〔こうち書房〕166頁・第8節）は，「しかし，特別報告者は，『慰安婦』の慣行は，関連国連機関・制度によって採用されているところによれば，性奴隷制および奴隷様慣行の明白な事例ととらえられるべきであるとの意見をもっている」としている。同報告書の立場は，国連機関として例外的なものではない。報告書が93年8月15日の差別防止少数者保護小委員会決議1993／24を実例として引用するように，国連機関の多くが，これを奴隷と判断している事実を反映したに過ぎない。

　主要なものをあげよう。93年6月，ウィーンで国連世界人権会議が開催された。日本政府の抵抗で国連創設前の事件である日本軍「慰安婦」問題に関し，国連が権限を有するか否かの重大論争があった。幸い，同会議は，積極解釈の方向で最終文書を採択した。その際，この問題を「性奴隷」と表現した（「ウィーン宣言及び行動計画」第38節最終文，「自由と正義」93年11月号143頁。筆者報告同25〜29頁）。これが国連が"sexual slavery"（性奴隷制，性的奴隷，性奴隷などと訳されている）という用語を国連用語として使用し出した初めと思われる。

　これに続いて，差別防止少数者保護小委員会は，93年8月25日，戦時奴隷制に関する決議（決議1993／24）を採択し，戦時の性奴隷制などに関する高度の研究を特別報告者（リンダ・チャベス委員）の任命を勧告することを決めた。この決議には日本の文字がなかったが，国連のプレスリリー

スは，日本軍「慰安婦」問題の審議経過をあげ，これが日本軍性奴隷問題への対応であることを認めていた（序章1頁）。

その後，国連機関は，日本軍「慰安婦」問題審議に際して，この用語を頻繁に使用するようになった。大きな国連会議としては，95年9月北京（第4回）国連世界女性会議があった。準備段階から，日本軍「慰安婦」問題対策として，提案者は，この用語を使用した。最終文書は「性奴隷」を含む「武力紛争下の女性に対するすべての暴力行為について全面的捜査を行い，女性に対する戦争犯罪に責任のあるすべての犯罪者を訴追し，かつ女性被害者に対して完全な賠償をする」という原則を採択した（同会議行動綱領145節(f)〔第4章2，116頁〕。従前は147節としたが番号が整理で変わった）。

96年4月19日，国連人権委員会の女性に対する暴力の根絶についての決議は，前記クマラスワミ報告書に「留意」し，これを公認して，日本政府の同報告書拒絶要求を退けた。その中で，同委員会は，前記ウィーン世界人権会議決定に酷似する以下の原則を採択した。すなわち，「5．武力紛争下の女性に対するすべての人権侵害を非難し，それらが国際的な人権法及び人道法の違反であることを認識し，且つ特に殺人，組織的強姦，性奴隷及び強制妊娠を含むこの種の侵害に対して特に効果的な対応を求め，（後略）」とした。ここでも「性奴隷」は，日本軍「慰安婦」問題を示唆すると一般的に理解されている。

ところが，日本政府は，日本が名指しされていないことを口実に，「性奴隷という用語に従軍慰安婦は含まれない」と国連決議を無視し続けた。国連差別防止少数者保護小委員会の現代奴隷制作業部会が，毎年日本政府を念頭に勧告を重ねてきた。これは「現代的奴隷制」の枠組みでなされた。92年以来5回の報告書は，日本軍を名指しし，「慰安婦」問題を「現代的奴隷」として扱ってきた。日本政府の反論は説得力がない。

最近，その他の国連機関でも，日本を名指しして「性奴隷」問題を取り上げるようになってきた。前記クマラスワミ報告書は，その一例だが，「性奴隷」問題で初めて日本を名指しした国連機関ではない。差別防止少数者保護小委員会は，95年8月18日，現代奴隷制作業部会報告書に関する決議を採択し，初めて「日本」を名指しし，「40．日本が，虐待，殊に奴隷類似の処遇を蒙った人々に対処するための行政的審査会を迅速に設置す

れば，これがかかる訴えを効果的に解決するであろうと考え」とした（第5章4，142頁。なお連載㉑法学セミナー95年10月号36頁収録資料）。「奴隷類似の処遇」という表現を使ったことに注目すべきだ。ところで，この決議39節は，日本政府からの情報につき歓迎すると述べているが，それは「第二次大戦中に性奴隷とされた女性の問題に関して」の日本政府からの情報を指す。皮肉にも「外交辞令」的言辞の中であるが，日本政府を名指しし「性奴隷とされた女性」に言及している。ここに至っては，「性奴隷」が日本軍「慰安婦」を指す国連用語であることを，日本政府は否定することはできないであろう。

96年8月にも差別防止少数者保護小委員会は，前年同様の現代奴隷制作業部会報告書に関する決議を採択し，日本により「性奴隷とされた女性」に言及した（第6章第7節，225頁。なお連載㉞法学セミナー96年11月号28頁収録資料）。さらに，同年の小委員会には，チャベス特別報告者の戦時奴隷制（UN Doc. E/CN.4/Sub.2/1996/26）に関する初期報告書が提出され，歓迎された。この報告書は，前記クマラスワミ報告書を引用し，日本軍「慰安婦」問題を「性奴隷」の重要な実例としてあげたことも注目すべきだ（第6章7，225頁）。

後記のとおり，専門機関ＩＬＯの専門家委員会も日本軍「慰安婦」を「性奴隷」と評価している。このように国連諸機関が，日本軍「慰安婦」について，「性奴隷」という評価を下して，審議，報告，決議を繰り返している事実は争いようがない。また，国連が性奴隷について「日本を名指ししていない」との反論も事実に反し，説得力を失った。

第3に，日本政府は，日本軍「慰安婦」被害者に対する日本軍の行為が強制労働条約違反であったことを承認すべきである。国際労働会議（96年第83会期）に提出されたＩＬＯ条約および勧告の適用に関する専門家委員会の報告書（同年3月公表）の日本に関する一般的報告および意見は，日本軍の「慰安婦」の処遇がＩＬＯ第29号強制労働条約（日本は32年に批准）に違反すると指摘した。いわゆる日本の軍隊「慰安所」に拘禁された女性への重大人権侵害と性的虐待の訴え（ＯＦＳＥＴ提出）に関して，同委員会は，「かかる行為は条約に違反する性奴隷制と特徴づけられるべきであると認める」とした。

女性の強制労働が同条約によって全面的に禁止されていたところから，

同条約違反は，国際友和会（ＩＦＯＲ），日弁連提言などによりすでに指摘されていた。だが，監督権限を有するＩＬＯ機関により違反を指摘されたことが重大である（第7章2，240頁。同3，245頁）。

● 公娼制ゆえに日本軍「慰安婦」制度は合法だったか

　96年6月4日，奥野元法務大臣は，「強制連行はなかった。当時は公娼制が認められており，（慰安婦は）商行為として行われた」と公言した。板垣参議院議員も同様の立場から，「教科書のあり方はおかしい」などと「明るい日本」国会議員連盟結成の記者会見で発言した（朝日新聞6月5日付）。歴史的事実に反し，被害者の名誉を著しく傷つける発言だったところから，日弁連や市民団体が両議員に抗議した。被害国からも抗議の声があがり，外交問題になったのに未だ解決していない。国会議員は公務員だ。教科書という文部行政に直接関係する議員としての発言である。被害者が「名誉を毀損された」と訴えれば，名誉毀損の法的責任問題さえ生じかねない。その場合，国家賠償法の解釈次第では，被害者に対する日本国家の責任さえ問題になるのではなかろうか。筆者は，Ｂ規約20条の戦争宣伝・憎悪扇動禁止立法の義務が問題になるべき場合ではないかと考える。これに関する一般論だったが，国際人権（自由権）規約委員会で，委員から戦争宣伝等を禁止・処罰する立法を怠っていると指摘された日本政府は，「日本には平和憲法があるので，問題になるような戦争宣伝はない」と答弁し，立法を怠った条約違反状態が継続している。

　被害者から抗議を受けた板垣議員は，「当時は貧しさの中で公娼制度があり，恵まれない女性がいた」と述べ，「慰安婦」制度を正当化しようとした。奥野・板垣発言は，①当時は公娼制があって，自由意思による売春は商行為として国家により公認され合法だった，②「慰安婦」制度も公娼制と同じだ，③だから，「慰安婦」制度も合法だった，という三段論法に分解できる。吉見義明教授は，「『慰安婦は商行為』というのは二重にごまかしである」とし，「公娼制度が合法なものであり，娼妓は自由意思で娼妓稼ぎをしていた」という立場を具体的に批判し（第1点），「公娼制と慰安婦制度は同じではなかった」（第2点）と説得力ある見解を展開している（世界96年9月号44〜49頁）。吉見教授の第1点（前記三段論法の①）の批判を支持する。この点で筆者なりの見解を後述したい。なお，第2点

については，軍「慰安婦」制度は，当時の法制上も公娼制とは別に，軍の権力に基づき，軍により，軍人のために設置されたのであって，内務省・警察権限による監督に服し，民間業者により，民間人のために設置された貸座敷（公娼制）とは異なる。これらを同一に論じる前記発言は誤りである。

戦前，公娼制が国家法令により公認されていたのは事実である。伊藤秀吉は，公娼制度を定義して「左の規則（内務省令娼妓取締規則及び警視庁令貸座敷引手茶屋営業取締規則）によつて許可せられたる，娼妓稼業並貸座敷営業の2つによりて成立つ貞操売買業をいふ」としている（本節文献は節末の文献リスト参照。伊藤『廃娼』5頁）。伊藤によれば，1617年の吉原遊廓設置で確立したこの制度は，「明治5年娼妓解放令によつて一時廃止されたが，また引き続いて33年娼妓取締規則が発布され，この制度の統一を見るに至つた」（同前）。

● **公娼制は，国内法上合法だったか**

明治憲法は，人権を保障していなかった。旧憲法の「臣民の権利」規定には，奴隷禁止も性差別禁止も含まれなかった。人身の自由も居住および移転の自由も法律で制限できた。天皇は，公共の安寧や市民の幸福増進のために法律に矛盾しないかぎり，必要な命令を発する権限を持つなど万能だった。国家権力が望めば，娼妓という奴隷制度も法令によって公認可能だった。そのような限定的自由の中でも，廃娼運動は，娼妓契約が民法90条（公序良俗）に反し無効との判決を勝ち取った（伊藤『廃娼』156～160頁）。公娼制は，合法的とは言い切れない脱法的制度だったのである。

筆者は，後述のとおり，公娼制は奴隷制であって，国際法に違反していたと考える。仮に，当時の国内法が，この奴隷制度を合法化しようとしていたとしても，当時の慣習国際法のもとで奴隷と奴隷取引は禁止されていた。女児・女性の人身売買を禁止する3条約（日本は25年に批准）は，女児に（本人が同意しても）売春させることを禁止し，また成人女性を騙したり，強制したりして売春させることを禁止していた。強制労働条約（日本は32年に批准）も，女性の強制労働を禁止していた。公娼制は，これら当時の国際法に違反し，日本政府は違反行為を犯罪として処罰する国際法上の責務を負っていた。ところで，国際法違反であっても，国内法で公認

されれば合法になったのだろうか。そうではない。当時の日本でも，国際法は（憲法はともかく）法律より優位で，国際法違反の法令は無効だった。

犯罪が行われた国の国内法に違反するか否かにかかわらず，人道に対する罪が成立するとしたニュールンベルグ国際軍事法廷条例（極東国際軍事法廷条例も同様）も参考になる。ユダヤ人などへの差別がドイツ国内法上公認されていたとしても，それが国際法上許されないことが明らかにされたのである。日本でも同じだったはずだ。

●公娼制度は，奴隷制だった

　公娼制のもとで，娼妓は自由意思に基づいて商行為を行っていたのであろうか。そうではなく，娼妓は奴隷だった。つぎのような証拠がある。

　古来，奴隷の典型に遊女があった（阿部『奴隷』）。明治政府は，1872年ペルー船マリヤ・ルーズ号事件で，清国人苦力231名の奴隷を解放した。ペルー側が「日本は他国のことよりも自国の奴隷を解放せよと遊女の身売り証文を提示して，これでも世界の公道に基づいて支那人を解放するという資格があるか」と日本に反論し，明治政府は娼妓解放令（同年太政官達第295号）を出さざるをえなかった（伊藤秀吉「マリヤ・ルーズ号事件」市川『資料集』192～195頁）。同年司法省達第22号は，人身売買は，「古来ノ禁制」とし，「年季奉公等種々ノ名目ヲ以テ其実売買同様ノ所業ニ至ルニ付娼妓芸妓等雇入ノ資本金ハ贓金ト見做ス」とした。前借金を対価に人身の自由を拘束する年季奉公等の娼妓契約が，禁制の人身売買の脱法的手段として存在したことを認めたことになろう。これで娼妓の奴隷的拘束はなくなったはずだ。だが，現実には奴隷制は，前記したように公娼制度として生き残った。公娼制の要点を見てみよう。

　①娼妓契約という実質的人身売買が，前借金を対価に人身の自由を拘束する契約として生き残ったのは，これを無効とした裁判例からもわかる（「1900年2月23日函館控訴院判決」市川『資料集』247～249頁）。その後制定された娼妓取締規則（1900年内務省令第44号）によって公娼制度が統一された（市川『資料集』258～260頁）。同規則は，一見，娼妓を保護するように見えるが，じつは公娼制という奴隷制度を脱法的に温存する機能を果たした。戸主や親の同意を娼妓たることの要件に加えた（同3条）が，前借金を受け取るのが戸主，親であること，法的・社会的・経済的に女性

の権利がほとんど存在しなかったこと，現実に女性・女児は実質的自己決定権を行使できなかったことを考慮すると，貸座敷業者と被害女性が自由な契約を結んだのではなかったことは明らかだ。警察への本人出頭も，他に方法がないまでに困窮して家族の犠牲になることを確認する手段だったといわれる。被害者が自由な意思で商行為の契約を締結したとはいえない。

②遊廓内の娼妓に自由はなかった（伊藤『紅燈下』275～323頁）。娼妓は指定地域外の外出が禁じられていて，外出には警察官署の許可が必要だった（前記娼妓取締規則7条）。仮にこのような規則がなくとも，貸座敷業者らの監視が厳しく，脱走などできなかった。逃げても捕まってリンチを受けた。さまざまなエピソードがある。関東大震災のときでさえ，「吉原の大門は開かれず」娼妓たちは焼死した（市川『資料集』54頁）。

③廃業の自由はなかった。廃業の自由があるとの判決を受けても，業者等の生の暴力で，救出者は血みどろにされた（伊藤『廃娼』156～180頁）。廃業の自由を保障するとの法令の規定ができても，実際は自由ではなかった（伊藤『廃娼』242～247頁）。前借金は無効にならなかった。廃業を届ける先の警察は，業者の味方だったという（伊藤『紅燈下』307～323頁）。結局，娼妓の解放の方法を説く布施辰治弁護士も「死をもって事に当たる決心」があれば廃業できると，廃業の「自由」権の行使の困難さを説明せざるをえなかった（市川『資料集』413～416頁）。

④このように，公娼制のもとにあった娼妓は奴隷だった。当時はそれが内外の支配的見解だった（伊藤『廃娼』および『紅燈下』。「国際連盟調査団ジョンソン報告書要綱」市川『資料集』477～484頁）。存娼論者は「我が公娼制度を以て奴隷制度なり」とする見解が支配的であって，日本社会もこれを受け入れ，内務当局も公娼制を廃止する方針を公表したことを認め，反論のための研究書を発表しなければならなかった（大隅「自序」『制度論』4頁。なお，この研究書は，ギリシャ・ローマ時代の奴隷制を典型的な奴隷とし，奴隷概念を狭く解釈して「娼妓は奴隷ではなかった」と述べたが，これは，前記慣習国際法の奴隷概念に比べると狭きに失する）。だが，その研究書でさえ，娼妓には自由がなかったことを認め，「存娼論者が説明に弱るのもこの点」と告白せざるをえなかった（大隅『制度論』123頁）。政府もいったんは廃娼を決定したが，戦争のために果たせなかった（市川『資料集』57頁）。

＜本節引用文献リスト＞

阿部弘臧『日本奴隷史』聚芳閣［1926年］（復刻版・明石書店）

伊藤秀吉『日本廃娼運動史』廓清會婦人強風會廃娼聯盟［1931年］

伊藤秀吉『紅燈下の彼女の生活』実業之日本社［1931年］（復刻版・不二出版）

大隅末廣『日本公娼制度論』天風會出版部［1936年］

市川房枝編集／解説『日本婦人問題資料集』（第一巻人権）ドメス出版［1978年］

2　日本軍「慰安婦」問題をめぐる新状況と提言

●出口なしの政府

「女性のためのアジア平和国民基金」（以下「国民基金」）が「償い金」支払いを強行して3カ月経過したが、フィリピンで数名に支給されただけだ。同国の被害者全員が国民基金を受諾するとの予測があった。だが、被害者団体の分裂で全体の解決はできなくなった。台湾・韓国では、政府当局の反対が固まり、基金の支払い強行はできない状況だ。「被害者側の声を聞き、国連・ＩＬＯ機関の勧告を尊重して解決をはかるべきだ」という内外の広範な批判は無視された。日本政府・基金は「早急な被害者『救済』には民間基金によるしかない」「現金が提示されたら、雪崩をうつ」と支払いが強行された。しかし、希望的観測も打ち砕かれた。全体の被害者が受入れ可能な解決に失敗した国民基金政策は、破綻した。被害者側は態度を硬化させ、真の和解の見通しは立っていない。

　政府は、外務省の決めた路線を走らされて、出口なしの状況に落ち込んだ。行政独裁は、エイズ、バブル経済に並ぶ外交上の失敗を生んだ。政府も国会も外務官僚の情報・判断に頼りきりだった。官僚の情報操作にのせられ、日本は、国連・ＩＬＯ機関の勧告も無視し、アジア諸国と対決するように誘導されてしまった。行政改革を考えるうえでも、重要な事例だ。行き詰まりを打開するには、市民と国会議員が協力すべきだ。国権の最高機関・国会が自ら正確な情報を直接入手し、議員立法による解決をはかるべきではなかろうか。

●フィリピンでも解決はない

　フィリピンの被害者・支援者団体リラ・ピリピーナは、国民基金に反対

だった。だが，96年7月，指導者が国民基金の「償い金」受諾（国家補償請求は訴訟により継続）に方針転換したため，混乱が起こった。同組織内につくられた国民基金容認の被害者のための委員会が，「数十名の基金への申請を準備中」という。だが，同組織内にも国民基金拒否のローラがいるともいう。被害者団体は分裂した。「国民基金は日本政府の責任逃れのためにつくられた。その金は受け取らない。国家が補償し，謝罪すべきだ」と約10名の被害者たちが，8月マラヤ・ローラズ（「自由なおばあさんたち」）を結成，国民基金反対運動を始めた。被害者100名以上の団体に成長したという。経済的困難を抱えるフィリピン被害者の国民基金拒否の決意には敬服するのみである。

96年10月8日，下院の人権・外務・女性など4委員会合同公聴会が開催され，国民基金に反対し，国連勧告に基づく解決を求める決議案が審議された。筆者も招待され，国連審議に関する情報を提供した。韓国・台湾・日本の国会議員からのメッセージも提出された。この公聴会で，マニラ大学法学部長のM・マガロナ教授は，「日本軍の女性たちへの加害行為は，国際法違反だった。これは，国民基金による支払いでも解決しない。サンフランシスコ平和条約は，日本が賠償を支払う十分な能力がないことを前提にしていた。支払い能力ができた現在，これを根拠に国家責任を免れることはできない。日本には国家責任がある。国際法違反を承認すべきだ」と明快に証言した。基本的に決議原案が採択され，最終的な文書化次第，本会議送りになる。上院での同様の決議案審議にも影響を与えよう。

● 「国民基金」を拒否する台湾当局

96年10月21日，超党派の立法院委員と台北市婦女救援基金会の要請（国民基金の「償い事業」拒否・国家補償要求）に対し，外交部長官は，日本政府から国家補償を求めるという台湾政府の「慰安婦」問題での確固たる立場を改めて表明した（「国際人権ニュース」No.7，11月1日）。翌22日，立法院で超党派議員による公聴会が開催された。外交部次長が「日本が民間の名義で慰安婦に補償するのは絶対に受け入れられない」と発言したと報告された（共同通信10月22日付，毎日新聞23日付）。国民基金は，10月23日に台北に代表を派遣する予定だったが，中止された。

国民基金関係者は，台湾の被害者を代弁する台北市婦女救援基金会を通

じないで，一部の個別被害者に接触し，国民基金を受諾するよう勧奨して台湾に混乱をまねいた。この試みは，かえって立法院と台湾当局を硬化させたようだ。

　台湾には，法的特別事情があることに注目すべきだ。台湾については，日本軍「慰安婦」問題が解決されたと日本政府が主張できる条約も取決めもない。これは，「日弁連『従軍慰安婦問題』に関する提言の補足説明書」（日弁連編『問われる女性の人権』〔こうち書房〕145頁）が指摘したとおりだ。日本政府も認めざるをえない法的事実である。

　じつは，国民基金発行の「『従軍慰安婦』にされた方々への償いのために」自体がそれを認めている。このパンフレット（14頁）は，「国家として個人補償をおこなうことはできない」との与党3党・政府の立場を国民基金設立の理由としている。なぜそうなのかについて，「政府は，『賠償』『財産・請求権』の問題は，……関係国との間では処理済みであるとの方針をとって」きたことをあげている。ところが，「処理済み」とされる関係国について，パンフレットは「台湾，朝鮮民主主義人民共和国をのぞいて」としているのである（連載㊱法学セミナー97年1月号19頁収録資料）。とするなら，「国家として個人補償をおこなうことはできない」とされる対象国・地域についても，「台湾，朝鮮民主主義人民共和国をのぞいて」としなければならない。この点についての言及がないことは，論理の飛躍（ごまかし）があることを示す。台湾については，国民基金政策適用の前提自体が欠けているのである。

　また，台湾の被害者については，台湾当局と台北市婦女救援基金会の調査が完了しており，公的生活援助もなされていて，被害者の認定の問題はない。国会が議員立法をする際に必要な予算の算定も可能である

●固まる韓国の基金受取り拒否

　被害者・被害者団体・支援団体はこぞって，国民基金の受取りを拒否している。挺身隊問題対策協議会の提唱で，市民社会を網羅する全国団体「日本軍『慰安婦』問題の正しい解決のための市民連帯」が結成された。96年10月18日の発足式が採択した宣言（連載㊱法学セミナー97年1月号19頁収録資料）は，次の3目的を掲げる。①日本政府に被害者の名誉を回復し，賠償するよう促すこと，②韓国政府に被害者の生活支援金増額を求め

ること，③韓国民自らが被害者の犠牲と傷を民族の力で癒すために生活基金を募金すること。国民基金を拒否する被害者への市民による支援だ。韓国の国民基金拒否の決意の強さを象徴する。

　興味深いのは，日本の市民の反応だ。韓国市民連帯結成の予告を知った日本の市民がこれと連帯する募金活動を始めたのである。その一例として，「川崎市民連帯」をあげておこう（連載㊱法学セミナー97年1月号19頁収録資料）。今後このような日本の市民の連帯の活動に注目すべきだろう。

　日本政府・基金は，韓国政府に国民基金の支払い容認を迫ったが，同政府は，被害者全体が受入れ可能な措置を求めた。これが国民基金の支払い強行を止めた。日本政府・基金も韓国政府の反対を押し切り，外交問題を起こしてまで支払いを強行できない。挺対協などの話では，9月に「4名に支払う」と日本政府・基金が韓国政府に通告したのに対して，拒否回答がなされた。10月にも，在日韓国人P氏が「14名のハルモニから基金に500万円の請求をさせる」などと介入したが，韓国政府は動揺しなかった。

　韓国政府の法的立場も明確になりつつある。外務省は，国会議員（金槿泰議員）に対して文書で次のように回答した。「金泳三大統領は，就任以来日本に対し道徳的優位に立つという観点から，物質的賠償を要求しないけれども，日本は徹底的に真相究明をしなければならず，正しい歴史認識を確立しなければならないと明らかにした。このような金大統領の立場は，政府次元では賠償や金銭的措置を要求しないということであり，これが私たちの被害者が日本政府に対して提起する賠償請求権に影響を及ぼすものではないというのが政府の立場である」。首相は10月31日，国会で李美卿議員の質問に対して「韓国政府は，日本政府に対し『国連決議を尊重するように』と言っている」と回答した。

　前記P氏の介入当時，これに関連して国民基金筋が流したという怪情報が乱れとんだ。「韓国政府が，日本軍『慰安婦』への国民基金支払いは，65年日韓協定との関連で問題があると言った」という情報がそれだ。韓国で多数関係者に問い合わせたが，このような韓国政府の公式表明の事実は，これまでのところないことがわかった。日本側が，国民基金の支払い容認を公式に要求してきた場合は，韓国政府は，「この問題は65年当時，知られていなかったのだから，65年協定で処理されていない。被害者全員が受入れ可能な措置をとるべきだ」と主張するであろうと予想される。だが，

事態はそこまでいたっていない。

　国連機関とNGOは，人権侵害（ICJおよびクマラスワミ報告書の立場）や不処罰（IFORの立場）を理由に，あるいは「日本政府がこれを極秘として，65年当時公的には存在しないものとして扱っていたから」（IFOR）などを根拠に，「65年日韓協定によって処理済みとはいえない」と主張してきた。今後，日本政府がこれらの主張に耳を傾け，真摯に解決を望むことが必要だ。そのような事態になれば，韓国政府が上記した立場を公式に表明し，外交保護権を行使して被害者を代弁することができる。そうなれば，国際法に基づき，日韓の外交交渉と国際協定締結という法的手段で円滑和解ができる。困難だったこの問題が，一気に解決する可能性がある。だが，日本政府側に真の和解を求める政治的意思がない現在は，それも困難である。

● 日本政府・外務省は，まだ国民基金政策に固執している

　最近も，日本外務省代表が挺対協を訪問し，「300万円は絶対現金では払わない」と説明した。これに対し，挺対協は「200万円は決して受け取らない」とすれ違いだった。日本政府・外務省が国民基金政策に固執している以上，既定方針どおり進むだろう。補正予算案・通常予算案は，97年1月からの通常国会で審議される見込みだ。政府が予定どおり予算案を提出するなら，7億円の「慰安婦」への基金「償い事業」の医療・福祉費が被害国の同意なく予算化されることになる。これまでも，国民基金にかけた国費は，民間からの寄付を上回るという異常な事態だった。そのうえ，被害国が拒否して外交問題になっているのに，あえて予算化するのは問題だ。国内的にも，国際的にも許されないのではないか。

　予算化をやめ，被害国が受入れ可能な措置をとるべきである。上記のとおり，国民基金政策は失敗したのであり，それがはっきりした今，政治的決着をつけるべきである。

● 国会が解決のイニシアチブを

　この行き詰まりを打開できるのは，国政の最高機関・国会である。国会議員が自主的にとることのできる方策には，いかなるものがあるだろうか。筆者の提言を列挙してみよう。

①被害国，被害者・支援団体の要求を誠実に受け止め，受入れ可能な措置をとる。

②国連・ＩＬＯ・ＩＣＪ・日弁連などの法的勧告を尊重する。

③具体的には，以下の政策をとることができる。第1に，真相究明のための議員立法を実現する。第2に，被害国・被害者・支援団体が反対している7億円の「慰安婦」被害者への基金「償い事業」の医療・福祉予算には反対すべきだ。第3に，上記7億円を国から被害者に対して「償い金」として現金で支払える措置を講じる。国会議員はそのための国家補償法案を早急に準備する必要がある。具体的には，被害国政府による被害者調査が完了し，被害国政府が国民基金支払いを拒否し，かつ条約により問題が解決していないとの立場をとっているケースから立法作業を開始する。もし，この立法の提案が成功すれば，当該被害国については，「慰安婦」問題の国家補償問題は，一応の解決をみることになろう。第4に，国連・ＩＬＯの勧告のいう奴隷・犯罪・国際法違反の指摘にどう答えるかの問題がある。これを法案提案者の共通認識とし，政府に承認を求める運動を継続する。

以上の目的のために，市民運動と協力して，国会議員が議員連盟を創設し，解決にあたる必要があろう（98年，「慰安婦」問題の立法解決を求める会は参議院に対して「慰安婦」賠償法案の早期制定を求める請願署名を初めて提出した。同年，恒久平和のための真相究明法の成立を目指す議員連盟が発足した）。

3　米国政府が入国を禁止
——「731部隊」「慰安婦」関与の旧日本軍関係者

米国政府・司法省は，96年12月3日，第二次大戦中に非人道的行為をしたとして，16名の日本人の入国を禁止したと公表した。入国を禁止されたのは，「従軍慰安婦」施設の運営に関与していた旧軍関係者ら，および旧満州に駐留して細菌兵器の開発をしていた旧陸軍「731部隊」の隊員である。「慰安婦」問題での報道は最近低調だったが，このニュースを無視することはできず，ほとんどの日本の有力各紙（4日付夕刊）が1面で報道した。被害国韓国でも，進歩的紙面で知られるハンキョレ新聞などが，1

面トップの重要ニュースとして報道したほか社説でも取り上げた。日本では入手しにくいので，資料として別に掲げた（連載㊲法学セミナー97年2月号38頁収録資料）。これらの論調を分析し，なぜこのような事態にいたるまで日本外交が失敗を重ねてきたのか，その根本原因を探ってみよう。

●各紙の報道ぶり

米国では，ワシントンポストなどが報道したが，これは省略し，日本の報道ぶりを分析してみよう。

読売新聞は，約100行もの報道記事を1面（左肩）に載せた（同日付夕刊「『731部隊』『慰安婦』関与旧日本軍の16人米入国を禁止」）。比較的保守的な同社の報道姿勢からみると「破格の扱い」という印象を受けた。赤座弘一ワシントン特派員の記事は情報量も豊富だし，内容も客観的な視点で書かれている。

同新聞によると，79年に制定されたホルツマン法が適用され，これら日本人が同法に基づき入国を拒否する人物として監視名簿に記載された。同法は，ナチス・ドイツやその同盟諸国による第二次大戦中の迫害行為などに関与した人物の米国入国を禁じたもの。これまでに欧州戦線でナチの迫害行為に関与したとされる6万名余が名簿に記載され，89年以来，100人が実際に入国を拒否された。名簿記載は，司法省の特別調査室の独自調査による。今回，日本人が初めて名簿に記載されたが，同室の日本人を含めた4人のスタッフが約1年間，日本の戦争犯罪関係の調査にあたり，日米，その他の国の学会や人権団体の協力を得ながら資料や証言を収集して「容疑者」の氏名を特定した。「従軍慰安婦」については，94年の国際法律家委員会報告書などの情報が重視された。

同日付夕刊各紙は，日本経済新聞，東京新聞だけでなく，最近「慰安婦は商行為」との立場を報道し続けている産経新聞でさえ，この事件を1面で報じている。驚いたのは，朝日新聞の扱いの悪さだ。「米司法省旧731部隊員ら入国禁止，慰安婦関係者含む16人」とする水野孝昭特派員の東京本社版朝日新聞（同日付夕刊4版）記事は，第2社会面でわずか20行しかスペースを与えられていない。以前の朝日新聞は，戦争犯罪には批判的立場から比較的詳細な報道をした。48年，バタビア軍事法廷が，35人のオランダ人女性を「慰安婦」とした9名の旧軍関係者を戦争犯罪者として死刑を

含む厳罰に処した事件を特ダネとしてぬいたのも朝日新聞だった。しかし，最近の編集者は，この問題を小さく扱うように意図的に努めているのだろうか。

　産経新聞・樫山幸夫特派員の「旧日本軍関係者ら，米が16人に入国禁止，人体実験，慰安婦など理由に」記事内容は，他社と比較しても遜色がない。しかし，2面に載ったコメント「旧軍関係者入国禁止，背景には米中接近」（評論家・西尾幹二氏）は疑問なしとしない。この事件の背景に米中接近があるのかについては論評しないが，「日本でもわからない問題であるのに，米国がいかなる捜査権をもっているのか。はなはだ心外であり内政干渉である」という部分には問題がある。

　第1に，「日本でもわからない問題」は，日本側が言うべきことではないだろう。旧日本軍が起こした事件である。日本政府に真相究明と加害者を処罰すべき義務があることは当然だ。ところが，日本政府は，戦争犯罪の証拠を焼却し，隠匿した。戦争犯罪を犯した者を宥恕してきたのである。自らなすべき捜査・処罰義務を怠っておいて，「日本でもわからない」と開き直るのはどうか。それでも，最近日本政府はある程度調査した。93年8月，第2次調査結果発表で，旧軍の関与と「慰安所」内での強制的処遇を大枠で認め，一定の謝罪をした。それを日本側から「わからない」と言えるのか。

　第2に，「内政干渉」問題があるが，この点は後述する。

● 米国の処分は内政干渉か

・第1に「国際法上の一般規則として，国家は外国人の入国を許すべき義務をもたない。外国人の入国を許すかどうかを決定するのは，国家の権能に属し，国家はこれを任意に決定することができる。もっとも，特に条約によって入国を許すことができることが定められている場合には，このかぎりでない」（横田喜三郎『国際法Ⅱ〔新版〕』〔有斐閣〕212頁）。だから，米国が戦争犯罪を犯した日本人の入国を禁止しても，内政干渉ではない。米国政府は，出入国に関する同国法上の権限を行使しているにすぎない。これを「内政干渉」と非難する日本側が，米国の「内政干渉」をしているということになろう。

　第2に，45年5月の国連憲章採択以後，人権問題は，国際関心事となっ

た。一国のみでは人権擁護ができず，これを放置するといつ戦争が再発するかわからないからだ。報道の自由，思想・信教の自由が奪われ，全体主義・軍国主義が支配するファシズム国家が形成され，第二次大戦が引き起こされた。その反省から，人権問題についても内政問題として干渉しないという伝統的態度を改め，これを国際関心事として国連などによる国際的人権保障制度を発展させてきた。だから，戦後は，他国の人権問題についての国際的影響力の行使を国際法上「内政干渉」と非難できなくなったのである。

● **米国政府による入国禁止措置の意義**

「慰安婦」に対する旧日本軍の行為が，戦争犯罪，とりわけ人道に対する罪を構成することは，すでに述べた（第8章1，254頁）。それは，権威あるNGOや国連機関などの調査によって明確にされてきた。日本がサンフランシスコ平和条約で承認した軍事法廷の裁判例から，これが人道に対する罪に当たると判断できることも報告した（「人権侵害に関する不処罰問題」ICJ国際セミナー東京委員会編『裁かれるニッポン』〔日本評論社〕41～51頁）。その判断が米国政府によって支持されたのである。

今回の処分は，入国禁止者名簿への記載処分であって，刑事処罰ではない。しかし，ほかならぬ米国政府が，特定の日本人について非人道的行為（戦争犯罪）を犯したことを理由に公的に入国禁止措置をとると明らかにしたのだから，その影響は小さくない。処分対象者の氏名は日本政府に通告されたが，一般には公表されていない。日本政府が衝撃を受けたと思われるのは，米国政府が，「慰安婦」に対する旧軍人の行為をナチス・ドイツ同等の迫害行為と判定したことだろう。それのみならず，入国禁止名簿記載というアクションを現実にとったのである。日本政府が，国連の勧告をも無視して，国家としての責任をとらず，自民党議員の相当部分が「慰安婦は商行為だった」などと，行為を正当化する動きを示している現状に対して，米国政府がいらだちを示した象徴的行為といえないだろうか。

4　行政改革を迫られる日本外交

今回の米国政府の発表に「（日本）政府は戸惑いを隠していない」（前記

読売）という。外交上の大失政であることは誰の目にも明らかだ。なぜこのような事態を招いたのだろうか。筆者は、外交政策の官僚支配構造という日本政治の慢性的病がその根本的原因であることを指摘したい。行政改革の重要テーマである。エイズ問題を起こした厚生行政の病に共通するものがある。官僚の情報独占・操作によって、政治が支配されてきた。

　市民・国民が選出した国会議員はもとより、国会が政府代表として外務省に送り込んだはずの外務大臣も裸の王様にさせられてきたとしか見えない。政策決定をすべきこれらの政治家は、正しい決定をするための情報を入手できなかった。情報のルートが外務官僚のルート1本しかなかったことが問題だ。そのうえ、外務官僚は、正しい判断をするために必要十分な客観的情報を政治家に提供しない。それどころか、情報を隠した。状況によっては、虚偽情報を伝えた。そうでなければ、情報を歪曲した。報道まで官僚情報で歪められた。

　そのため、政治家は政策判断を誤り、政策転換のチャンスはいくらもあったのにすべて逃した。結局政治家は、官僚の敷いた既定路線（国民基金路線）をひたすら走らされた。正しい判断をするための情報はNGOルートで流れてきたが、「NGO情報を信用するな」という官僚の「助言」に左右されて、せっかくの有益な情報を活かすことができなかった。

　外交問題は、内政問題以上に官僚支配が容易だ。第1に、大部分の事件は国外で起きるから、政治家は情報源から遠い。第2に、大部分の資料が日本語ではなく、大部分の政治家は外国語が苦手だ。第3に、「外交上の秘密」は、通常の行政情報（これについても情報公開法はまだないが）とは違って、原則的に秘密という慣行ができあがってきている。第4に、「憲法上、外交権は内閣（つまり外務省）にあって、国会は介入すべきでない」という口実で秘密を保ちやすい。だから、外務省が関与したことはすべて秘密にしても、非難できないかのような雰囲気ができている。それは、虚偽を弄してさえもお咎めなしという結果さえ生む。だから、外交に関する行政改革がもっとも難しいのではなかろうか。

　「日本の外交は死んでいるのではないか」と思うほどの実態なのに、何ら有効な解決ができないことに注意すべきだ。これが企業なら、とっくにつぶれていると思う。「慰安婦」問題に関する情報の隠匿・虚偽・歪曲で処分された官僚は、筆者の知るかぎりゼロである。そして、どんな失政をし

ても，日本政府も外務省もつぶれないのである。被害は，市民が被る。
具体的にどのような事例があったか振り返ってみよう。

●実例をあげよう。
　①ＩＣＪ報告書隠匿によって与党3党合意成立
　国際法律家委員会（ＩＣＪ）の「慰安婦」問題に関する最終報告書（日本軍「慰安婦」制度を性奴隷・人道に対する罪に当たるとして，日本政府が国家責任をとることを勧告した）の草稿は，報告書公表（94年11月22日）に先立ち，同年9月2日には日本政府（外務省）に渡されていた。ところが，外務官僚は，与党3党の審議が終わるまで約80日間もこれを秘匿した（第2章2，64頁）。さらに，外務官僚は，「ＩＣＪは外務省を訪問せずに報告書を書いた。信用しないでほしい」などと虚偽を述べ，同報告書を無視して与党3党合意（要旨［国家補償はできない。民間基金で解決する。新たな問題が起きたら協議する］）を成立させた（第2章3，70頁）。
　②国連審議情報を歪曲して報道操作
　95年8月，国連差別防止少数者保護小委員会は「慰安婦」問題について，初めて日本政府を名指しした決議を採択した。その際外務官僚は，同小委員会委員の日本政府批判の発言を，あたかも日本政府支持発言であるかのように引用するなど報道関係者をミスリードし，国連審議経過を歪曲した（第5章4，141頁）。結局，朝日新聞は誤報した。
　③国連報告書草稿を秘匿して与党内論議を妨害
　国連は，人権委員会任命のクマラスワミ特別報告者［女性に対する暴力担当］の「軍事的性奴隷報告書」を，95年2月6日に公表した。ところが，この報告書の草稿は，約1カ月前には日本政府（外務省）に渡されていた（第6章1，180頁）。与野党の関係国会議員がその事前開示を求めたのに，外務官僚は「国連報告書はまだ来ていない」などと虚偽を述べてこれを隠した。それによって，与党を含め国会議員が与党3党合意の見直し論議を起こすことを妨害することに成功した。この事実は，後に与党「さきがけ」から国会で追及されたが，外務省は言を左右にして非を認めず，国会議員に対して虚偽回答をした外務官僚の処分を拒否した（衆議院法務委員会における95年3月19日および5月31日の枝野幸男議員の質問）。
　④国連人権委員会での日本政府の行動を秘匿し，その決議を歪曲報告

第8章　日本は何をすべきか　275

95年4月，国連人権委員会は，上記クマラスワミ特別報告者の「活動を歓迎し，その報告書に留意する」との表現で，軍事的性奴隷報告書をも公認した。外務省官僚は，審議前に国連人権委員会に提出した「日本政府の見解」と題する公式文書で，同報告書を国連が明示的に拒絶するよう要求した。ところが，外務官僚は国会に対しては，「日本政府の見解」の存在すら否定し続けている（第6章2，182頁）。また，国会では「クマラスワミ報告書は採択されなかった」などと事実を歪曲する発言をした（第6章3，194頁）。
　⑤国民基金受取り拒否に関する誤った報告
　外務官僚は，政府首脳および国会に対して，被害国側の国民基金受取り拒否の決意の強さを正確に伝えず，「時間をかければ納得するはず」などと楽観的報告を続けてきた。ところが韓国，台湾では，政府・当局が受取りを拒否する段階にまで関係が悪化してきている（2，264頁）。
　3党合意第3項が定めている新たな問題が生じたのだから（国連機関などの諸勧告と被害国側の国民基金受取り拒否），誤りを認めて，政策を大転換すべきだ。外務官僚による支配を脱し，国会が国政の最高機関としての真価を発揮し，立法による真相究明，国家補償，公式謝罪を実現するよう期待したい。

● 官僚による情報操作による国の破滅
　戦時と似ている。官僚による情報操作がいかに強力なことか。政治家は赤子の手をひねるように簡単に操作され，国は破滅さえする。官僚は，虚偽報告で戦争を開始させた（満州事変が典型）。開戦後は，大本営発表による情報操作で，世論を誤らせた。そのため真相は知られず，破局を迎えるまで，戦争をやめられなかった。戦争犯罪に関する証拠は，徹底的に隠滅・隠匿され，未だに真相は闇の中にある。すべての政治過程と結果に，ほとんど誰も責任はとらないという構造だけが生き残ったようである。日本軍「慰安婦」問題を研究すると，外交政策が官僚の情報操作によって作りあげられているようすがよくわかる。戦争に関しても，同様だった。他の外交問題でも同じことが起こっているだろうと推測できる。「慰安婦」問題は，外交の行政改革の必要性を証明するものといえるだろう。

5　マクドゥーガル国連報告書公表

●第50会期国連人権小委員会の成果

　98年8月3日から四週間，第50会期国連差別防止少数者保護小委員会（人権小委員会）が開催された。12日，国民基金による「償い金」等の措置は道義的なものに過ぎず，日本政府に法的責任（責任者処罰義務・被害者補償義務）の履行が必要と勧告した「第二次大戦中設置された『慰安（婦）所』に関する日本政府の法的責任の分析」と題する添付文書（Appendix）（25頁）を含む「武力紛争時の組織的強姦，性奴隷その他の奴隷様慣行」マクドゥーガル最終報告書（62頁，E/CN.4/Sub.2/1998/13）が公表された。インターネットで国連人権高等弁務官ホーム頁（http://www.unhchr）で全文を入手できる。全文翻訳が女性団体（VAWW NET JAPAN）（「戦時，性暴力をどう裁くか――国連マクドゥーガル報告書全訳」〔凱風社〕）により出版されている。日本政府は添付文書受諾を拒否した（14日発言）が，委員・NGO・諸政府は圧倒的にこれを支持し，21日，人権小委員会は，報告書全体を歓迎する決議を採択した（E/CN.4/Sub.2/1998/L.34）。国会の立法不作為を違憲とする司法判断に続く衝撃に，国会は行動開始を迫られた。

●マクドゥーガル報告書に関する報道の問題

　報告書の概要は，国連による公表より4日も早く，8日，日本の新聞が報道した（吉田秀雄「日本は慰安婦に賠償を」国連差別小委に報告書」朝日他，読売，毎日，共同など）。日本政府が国連から入手したコピーを報道操作のため事前リークしたという（前田朗「マクドゥーガル『慰安婦』問題報告書採択」マスコミ市民98年9月〔357〕号予定）。

　報告書は，92年2月以来6年余のNGOの国連活動の成果である（週刊法律新聞で92年当時から拙稿「国際人権レポート」連載）。人権小委員会は，93年8月チャベス委員を「戦時奴隷制」特別報告者に任命し，性奴隷問題等の研究を要請した（序章1頁）。裏話だが，筆者ら関係NGOは日本軍性奴隷にしぼって研究する決議原案を内々提案した。委員から「旧ユーゴなど組織的強姦も対象にしたい」と提案があり，NGO側が同意した

第8章　日本は何をすべきか　**277**

経緯がある。この経過から見ると，読売の社説（11日）が「ルワンダや旧ユーゴスラビアなど現在進行形の人権侵害犯を扱うはずの人権小委で，なぜ，日本の慰安婦問題だけが50年以上前にさかのぼって報告対象になるのか」と国連を論難するのは誤りだ。読売新聞自身（93年8月26日夕刊）が「国連『慰安婦』調査を決定，特別報告者を任命」と報道した。報告書は，世界中で国際法に違反する重大犯罪である対女性戦時性暴力が起こっているのに，不処罰に終わっていることを強調し，この悪循環を断ち切るために国連人権高等弁務官が全世界（日本だけでない）の被害者を調査することを勧告した。

　もし豊富な情報が提供されれば，国連は他の事例も具体的に取り上げるだろう。報告書も言うように，日本軍性奴隷問題の提起が原動力になってこの研究が始められたいきさつ上，代表的事例として添付文書で特に報告したのは当然のことである。国連のテーマ別手続では，代表的事例に言及することはよくある（たとえば，クマラスワミ軍性奴隷報告書）。第二に，社説は，報告書の「事実認定に問題がある」と非難するが，同特別報告者は，日本政府外務省が国連に提出した書面に記載された事実に法的評価を加えただけであって，独自の事実認定をしていない。だから，社説の非難は事実誤認に基づく。事実に反する社説で国連と同特別報告者の名誉を棄損し，読者の判断を誤らせるのは公正でない。同社は，なぜこのような重大ミスを犯したのか。経過を調査・陳謝し，同社説を撤回すべきだ。

● マクドゥーガル報告書の意義

　マクドゥーガル報告書は，クマラスワミ報告書（第6章1，175頁）が達成したレベルを踏まえ，これを数段進めた。ＮＧＯ提供の情報（不処罰を原因とする賠償への権利など）も研究し，十分学問的に研究している。クマラスワミ報告書への日本政府の反論（国連で公表済み反論文書のみならず，「幻の日本政府文書」（第6章2，185頁）にも言及し，完全を期している）が説得力がないことを論証した。

　ＩＬＯ29号強制労働条約に関しては，ＩＬＯの第一次的監督権に遠慮してか，同報告書には記載がない。しかし，同報告書はＩＬＯにも提供され，ＩＬＯ専門家委員会は論議のレベルをさらに高めるであろう（ＩＬＯ専門家委員会も同様に，日本政府に強制労働条約違反の法的責任があるとの見

解を二度（第7章2，240頁．同3，244頁）公表している）。

　日本政府は，「添付文書の法解釈に同意できない」と言っただけだ．法的対抗手段（たとえば，ＩＬＯ憲章37条＝条約の解釈に関する疑義又は紛争を国際司法裁判所に付託する手段，国際司法裁判所規定65条＝国際司法裁判所の勧告的意見を要請するよう経済社会理事会に求める手段など）があるのに，たび重なる国際機関の法的判断に対して，何らの法的対抗手段もとっていない．国連人権小委員会が勧告し，被害者側が同意した常設仲裁裁判所による国際仲裁をも拒否した．国連機関の報告書の法的解釈を争うなら，日本政府が国際司法裁判所の法的見解を求める手段を講じるべきだろう．国内裁判所で敗訴し不服があれば，最高裁判所へ上告するのが常だ．それと同じで，何ら法的対抗手段を取らないのなら，「日本政府の法的主張が崩壊し，国際司法裁判所で勝訴する自信がないからだろう」と見られてもやむを得ない．

● マクドゥーガル報告書に関する決議

　人権小委員会は，21日マクドゥーガル報告書を歓迎する決議案（E/CN.4/Sub.2/L.26）を採択した（決議1998/18.「日本に国家賠償迫る「慰安婦問題報告書歓迎」国連小委が決議採択」東京新聞＝時事8月22日付など）．日本政府は，これまでも国連決議・報告・勧告を無視し解決の好機を逃してきたが，今回も「決議には日本との国名がない」し，「過去の問題ではなく，現在の問題に限定した決議」だから，日本とは無関係だと報道関係者に説明したという．第一に，決議には，日本軍性奴隷問題の添付文書を除外するという文言はない．決議では，「最大の関心を持ちつつ感謝しつつ」（前文最後）「特別報告者が最終報告書を……まとめたことに謝意を表する」（1項）と言う．「留意」（クマラスワミ報告書採択時の表現）より肯定的だ．添付文書を含む報告書「全体」を歓迎する決議と言える．決議は，同報告書が提案した重要な原則を明文で確認しており，軍性奴隷等に関して果たすべき重要な責務を挙げている．たとえば，「国家は，人権・人道法違反につき訴追し，すべての被害者への補償をする国際責務があることを反復し」（9項）としているが，この「国家」から「日本を除く」とは書いていない．だから，当然日本も決議対象に含まれる．人権・人道法違反を犯したと報告書によって指摘された日本政府には訴追・補償

の国際責務があると決議が指摘したと読める。

　第二に,「過去の問題ではなく,現在の問題に限定した決議」との点は,誤りと言うしかない。決議は,「第二次大戦中の問題を除く」とか「現在及び将来の問題に限る」などとは書いていない。決議の「性奴隷」(sexual slavery) という言葉に注目すべきである。筆者は,92年2月,国連人権委員会で「慰安婦」を「性奴隷」(sex slaves) と表現した。以後NGOは,国連で「性奴隷」を「慰安婦」の代名詞として使用してきた。93年6月,ウィーン世界人権会議で,日本政府は,戦時性暴力への対応を「現在」の侵害だけに限定すべきだと主張したが,会議は過去を含む「すべての」侵害に対応すべきだと決めた(拙稿「日弁連代表団報告・従軍『慰安婦』問題に関する報告」自由と正義93年11月号,25～29頁)。95年9月,北京(第4回)国連世界女性会議でも,国連は,「性奴隷」を「慰安婦」の代名詞として使用した(第4章1,110頁)。日本軍の「慰安婦」という言葉が被害実態にそぐわないので,クマラスワミ報告書が軍「性奴隷」という言葉を提唱し,国連用語として定着した。マクドゥーガル報告書は一歩進めて,「慰安婦」同様の事例にも「性奴隷」概念を積極的に拡張適用した。この経過から見て,今回の決議も,日本軍「性奴隷」を筆頭とするすべての「性奴隷」に対応しようとするものと解釈できる。

　決議は,報告書の専門家会議開催(99年)提案を歓迎し(10項),報告書を世界に広く配布し(12項),特別報告者の任期を一年延長すること(13項)などを求めた。報告書は,今後国連運動の基盤となり,国際世論形成に重要な役割を果たすのであろう。

6　NGOの失敗

●現代奴隷制作業部会報告に関する決議の後退

　従来日本軍性奴隷問題に関し,日本政府に対し(92年以来,初めは「戦時女性の搾取」など間接的に,最近は「日本政府」と名指しで)勧告をくり返してきたのは,現代奴隷制作業部会報告に関する人権小委員会議決だった(第1章5,31頁。第5章1,118頁。第6章5,205頁)これら以前に関しては,週刊法律新聞連載「国際人権レポート」参照。しかし,この問題への勧告はこの表題の98年決議19から落ちた(決議19は,日本政府

の国民基金政策に関する評価に関しても沈黙した)。被害者側には，後退だ。ＮＧＯ・被害者支援団体も，その原因を究明し，対応を検討する必要がある。

　第一に，98年は，日本政府・国民基金側の国連ロビーイングがＮＧＯ側を圧倒した。日本政府・国民基金側は，一年越しで98年現代奴隷制作業部会に向け根回しを進め，98年初頭ハリマ・ワルザジ部会議長（モロッコ出身委員）の日本招待に成功した。次いで，同年5月横田洋三人権小委代理委員（国民基金審議委員）の部会送り込みに成功した。部会は，人権小委員会（委員26名）の下部機関で5名の部会員からなるから，その五分の一を，当事者である国民基金側が占めたことになる。これでは，被害者側が圧倒的に不利なことは当然だろう。

● 現代奴隷制作業部会説得に失敗したＮＧＯ側運動

　ＮＧＯの失敗は，日本政府・国民基金側の幕引き国連運動を予測できず，対応策も立てなかったことにある。しかも，ＮＧＯの98年部会参加は低調そのものだった。原動力だった南北朝鮮，フィリピンからの参加はなかった。日本からの参加も少なく，朝鮮人強制連行真相調査団（ホン・サンジン氏がリベーションを代表）が参加しただけだった（他にＪ．シソンＩＦＯＲ会長代行が参加し，オランダの対日道義請求財団が参加）。　韓国挺対協を含め女性団体の不参加は決定的だった。女性の人権問題を，男性ＮＧＯ代表だけが論じるという奇妙な状況が生じた。これまで，国連に豊富で正確な情報を提供した関係諸団体の国連への影響は大きかった（マクドゥーガル報告書には，韓国挺身隊問題対策協議会，フィリピンのマラヤロラ，日弁連，日本の戦争責任資料センター，日本の裁判支援団体などが提供した情報が引用されている）。しかし，同部会には被害者側のための最近の正確な情報（被害者の状況・見解，被害国・日本・世界の女性運動の状況，歴史研究の進展，法的研究の成果，訴訟の動向，日本世論・国会の動向など）に関して各々直接情報を持つ国内団体の参加がなかった。だから，豊かな情報提供も，ロビーイングも不十分だった。部会にファックスなどで要請を送った団体もあるが，実際に部会に届くまでには時間がかかる。参加しての発言・ロビーイングと比較すると影響力は小さい。

　筆者は，92年以来欠かさず同部会に参加してきたが，今回初めて不参加

だった。日弁連海外調査特別委員の任を終え、常時国連と連絡を保つ責務と機会がなくなったので、ライフスタイルを変えたのである。加害者側男性の活動には克服不可能な限界があることは自覚していたので、筆者の国連活動に対する「フェミニズムの視点が欠けている」との正当な批判に応えようとしたこともある。日本人男性がこの問題の国連活動の中心を占め続けることで結果的に女性（ことに日本の）が国連活動に主体的に取り組む可能性と機会を奪ったことを反省している。「今後は、個人的ではなく広範で組織的継続的な国連運動に切り替わって欲しい」と市民運動関係者に要請したが説得力不足で、十分理解を得られなかった。

結局、現代奴隷制作業部会（98年5月18～28日）は、日本軍性奴隷問題に関し、人権小委員会に対し何の勧告もしないことを決めた。だから、人権小委員会に提出された同部会報告（E/CN.4/Sub.2/1998/14）に関する決議案にも、日本政府への勧告が入らなかった。ただし、マクドゥーガル報告書（直後の人権小委員会に提出）に関する討議を99年の部会で行うことは了解事項となったので、その際の審議結果如何では、日本政府に対する勧告（たとえば、マクドゥーガル勧告の実施を求める）が実現する可能性もあろうし、マクドゥーガル特別報告者の任期を99年以降も延長する部会勧告を要請することもできよう。そのような勧告を部会が採択すれば、そのまま人権小委員会決議として採択され、人権委員会（経済社会理事会）にも承認される確率は高い。成否は、関係国内諸団体の部会参加と情報提供・ロビーイング努力にかかっていると言えよう。

● 現代奴隷制作業部会に関する誤解

関係団体代表が部会に参加しなかったのは、いくつかの誤解のせいだと思う。

第一は、国連はスーパーマンのように、「被害者側の働きかけがなくとも人権侵害に対応してくれるはず」という誤解である。国連は、国際政治の渦のなかにあり、そこでは国家が主役である。だから、被害者側が参加して、多くの関係者に強く要請しない限り、何も起きない。もっとも、国連人権会議では、「ＮＧＯの貢献が70パーセントを占める」とも言われるほどで、被害者側がＮＧＯを通じ、正確かつ適切な情報を継続的に提供すれば、相当効果がある。それは、6年間の日本軍性奴隷の国連運動の成果

が証明している。

　第二は、「一人でも国連ＮＧＯ活動の専門家（たとえば筆者）が一寸でも参加すれば、国連は思うままに動く」という誤解である。1人の初参加でも一定の効果をあげることもあるが、それは、花火のようなものだ。効果は持続しない。最低限5年は、国連人権活動を継続しないと成果はあがらないだろう。複数の有力ＮＧＯの支援を取りつけ、国内の諸団体の運動と連携し、国連への情報提供を続けなければ、重大人権問題で成果はあがらない。日本軍性奴隷問題では、テーマ別手続創設に参加し（対女性暴力特別報告者）、また創設したし（戦時奴隷制特別報告者）、各々の報告書（勧告）を確保した。そこまでは達成した。だが、その成果を世界的なものとし、国際世論を背景に国連勧告を実施するには、国連に情報提供してきた内外の諸団体が今後継続的主体的に国連参加し、ロビーイングを継続し、広範なＮＧＯの結集と世界の女性運動との強い連携を作りあげる必要がある。

　第三に、「部会は、小さな会議だから重要でない」という誤解がある。致命的な誤りだ。部会は、国際連盟以来の権限を引き継いでいる貴重なものだ。過去6年間日本軍性奴隷問題の本会議案の原案は、部会が審議・勧告した。人権小委員会は、部会で始まる。部会向けに1年間の事前準備をしないのは、勉強せずに試験を受けるのと同じだし、部会に参加せず本会議だけ出るのは、試験終了5分前に試験場へ駆け込むのと同じだ。

　第四に、「国連ＮＧＯでないと部会参加できない」との誤解がある。本会議には国連ＮＧＯの信任状がないと参加できない。だが、この部会は、人権委員会決議（1991/58）で国連ＮＧＯでなくても、「いかなる適当な組織（any relevant organization）の代表にも参加を認める。国内の団体で都会が関心を持つ領域（久保田洋『入門国際人権法』〔信山社〕72～76頁）で活動している組織なら十分可能性がある。団体が参加許可をとり、参加を認められた団体の代表者が手紙を出せば、誰でも組織代表として参加できる。発言の機会も人権小委本会議よりずっと多い。インフォーマルで、ＮＧＯが勧告の原案を提供することもできるし、ロビーイングの余地も十分ある。

7　緊急に必要な国会による真相究明

●なぜ進展しないのか

　執筆時98年9月時点で，日本軍性奴隷に関し立法不作為を違憲とする衝撃的判決が出て五ヵ月たつ（連載㊿法学セミナー98年7月号37頁以下）。国会は，批判を真摯に受けとめ，すぐ立法解決すべきだが，百歩譲っても，直ちに真相究明開始の義務があった。だが，国会の公式調査は始まらなかった。そこへ，マクドゥーガル報告書の公表である。日本軍性奴隷問題に関しては，一刻の猶予も許されない「待ったなし」の段階になった。今すぐ，国会の行動，それも日本の市民ばかりか国際社会にも目にも見えるはっきりした行動が必要であろう。

　日弁連が立法解決を提言してから3年半，筆者が法案原案を提示して立法解決を提言してから3年近く経過した（第5章5，148頁）。それに呼応して，立法を求める市民団体も設立された。恒久平和調査法制定のための議員連盟も発足するという。日本軍性奴隷問題を解決する立法についても，国会議員の間では研究が進んでいると思う。進展はゆっくりだが，歓迎すべきだ。問題なのは，これらの動きは，内外によく見えないことだ。まだ一つの法案さえ国会審議されていない現実は，深刻に反省すべきだと思う。

　立法過程の遅延原因は，いくつかある。両院法制局の法律家にとって理論的・法技術的に相当困難な作業であること，被害国側の了解が必要であり，慎重を期す必要があることもある。何より，政府自民党・国民基金の反対という政治的要因が最大の障害だった。国連・ＩＬＯ勧告，司法裁判所判断などにより政府の政策が大転換することを期待したが，この切迫した状況に至っても，硬直した拒否的態度に変化がない。判断停止ぶりは，敗戦直前の日本帝国を彷彿とさせる。そうである以上今後の立法作業も障害が多く，時間がかかることが危惧される。政府自民党・国民基金の人々がもっと豊かな国際感覚・人権感覚を持っているはずだと誤認したことのほかにも，困難な政治課題を解決するのに一挙に立法の実現を構想した筆者らの判断にも問題があったかもしれないと自己批判している。

　そこで，発想の転換だが，「一挙に」立法という発想をひとまずおいて，

立法に至る重要過程を着実に踏むことを検討してはどうか，現在進行中の立法運動を中断するのではない。それは前にもまして熱心にとり組むべきだ。しかし，そこに至る過程を市民，国際社会に説明可能な明確な形で進めるための予備段階を踏む必要があるという提案である。「今」すぐ「現実に可能」な「目に見える行動」を始めるという発想が必要である。かつては，被害者側も市民運動も相当数の国会議員も，国会による真相究明を求めた。原点に戻って，国会による真相究明の可能性がないかをも検討すべきではないだろうか。

● **国会の国政調査権による真相究明**

　国会による真相究明の構想の利点を検討してみよう。国会には衆参両院があるが，各々独立だから，いずれかの院の議決だけで，真相究明の行動を開始できる。両院の一致した議決を要する立法による真相究明よりはるかに実現可能性が高い。国権の最高機関である国会の調査だから，権威の点でも立法による真相究明と遜色がない。目に見える行動もできる。与野党が参加するから，政治的論争は避けられないが，公平でもある。国会が力を取り戻せば，官僚による操作からも比較的自由になろう。理論的にはどちらの院でもできるが，現実的には，自民党が多数の衆議院では困難だ。しかし，与野党逆転の参議院では運動次第で可能ではないか。7月の参議院選挙の結果で，それも現実味を帯びてきた。現に参議院は，野党第一党民主党の菅直人党首を首相に指名した。審議入りしないで廃案になったが，参議院有志議員は，戦時性的強制被害者問題調査会設置法案を提案した実績も持つ。

　法技術的には，国会が憲法上の国政調査権規定「両議院は，各々国政に関する調査を行ひ，これに関して，証人の出頭及び証言並びに記録の提出を要求することができる」（62条）を行使すれば，必要性が高い日本軍性奴隷問題の真相究明につき以下が可能だ。

（1）　国連・ＩＬＯ機関の勧告，司法判断などに鑑み，真相を究明し，立法による解決を検討するために「特に必要がある」と，衆参どちらかの議院が決めれば，たとえば「戦時性的強制被害者問題調査特別委員会」を設置することができる（国会法45条）。

（2）　特別委員会ができれば，相当強力な権限を行使して真相究明を進

めることができる。国政調査権を支える議院と委員会の権限の一部をあげてみよう。「委員会は，公聴会を開き，真に利害関係を有する者又は学識経験者等から意見を聞くことができる」（国会法51条）。「各議院又は各議院の委員会から審査又調査のため，内閣，官公署その他に対し，必要な報告又は記録の提出を求めたときは，その求めに応じなければならない」（同法104条）。各議院は，調査などのために「議員を派遣することができる」（同法103条）。各議院は，「議案その他の審査又は国政に関する調査のため，証人としての出頭及び証言又は書類の提出を求め」ることができる（議院証言法1条）。なお，偽証・不出頭・書類不提出・宣誓又は証言拒否などの罪の制裁もある（同法6，7条）。これらを見ると，被害国などへの海外出張調査もできそうだ。被害者，加害者，官僚，外国議会関係者，国連・ＩＬＯ関係者，学者・研究者，団体代表者など広範な証人の証言を聞くこともできる。これまで未発表の公文書でも公開を求めることができる。

(3)　委員会が原則非公開なのは問題だが，委員長は，傍聴を許すことができる（国会法52条1項）。委員長は，特別委員会が内外の注目を浴びることを考慮し，審議のみならず，証言と証拠を原則公開し（被害者のプライバシーは希望により尊重する），研究者・市民のみならず，諸外国，国連ＩＬＯなどの国際機関にも提供することが望ましい。

(4)　「委員会はその所管に属する事項に関し，法律案を提出することができる。前項の法律案については，委員長をもって提出者とする」（国会法50条の2）から，真相究明の結果に基づいて，必要適切な法案を提案することが可能であり，通常の議員立法よりも手続は簡略になるだろう。

　国会議員のリーダーシップ次第で十分実現可能で，「今すぐ」始めることも可能だ。目に見えてわかりやすい。「公的に」しかも，相当な「法的権限」をもっての真相究明が可能なら，構想されたいくつかの真相究明法案構想とも甲乙つけがたい魅力がある。このような真相究明の努力自体が日本の市民にとっても，被害者側にとっても，和解への重要な過程となろう。収集・公開された資料は，真相究明に決定的な役割を果たし，日本と世界の歴史に残る記念碑となろう。それだけでも被害者の名誉と尊厳が一定程度回復され，国会（国際法上の責務を負っている）が日本の法的責任の一部を履行することにもなるだろう。今すぐできることを実現するのは，

「過去を知れば必ず反省するようになる」と日韓の認識の一致を提唱する金大中韓国大統領（日韓――和解と協働をめざして，インタビュー国民的交流と友好の時代を」世界98年10月号）を迎えるにも意義があろう。

終章
国際法上の責任

　国連・ＩＬＯでの日本軍性奴隷問題の論議の発展を述べてきたが，その論議の基盤には，国際法に違反した日本の国家責任の存在がある。日本が国際法にどのように違反したのかについては，そのつど指摘してきたが，最後に，国際法違反について，体系的に全体をまとめてみたい。さらに，そのような国際法違反の状態を解消し，日本がアジアとの和解のきっかけをつかむためには，何ができるかを提言してみたい。

1　日本の国際法違反にはどのようなものがあるか

●国際人道法（ハーグ規則・1929年ジュネーブ条約・人道に対する罪）
　第1に，日本は，1907年陸戦の法規慣例に関する条約（ハーグ条約）と同条約付属規則である陸戦の法規慣例に関する規則（ハーグ規則）を1911年に批准した。ハーグ規則（46条）は「家族の名誉」を保護し，「個人の生命の尊重」を交戦国に義務づけている。これらは，家族における女性の権利および女性の尊厳を保護していた。ところが，すべての交戦国がこの条約の加盟国である場合にのみ適用されうるという総加入条項（2条）があり，第二次大戦ではこの条件が満たされなかったため，日本はこの条約には拘束されなかった。しかし，ハーグ規則（46条）は同一内容の慣習国際法が存在したことの証拠になる。日本軍性奴隷制度は，フィリピンなどの交戦地において，占領地住民の家族における女性の権利および女性の尊厳を著しく傷つけたので，「家族の名誉」を保護し，「個人の生命の尊重」

を交戦国に義務づけていた慣習国際法違反があったと考える。

　ハーグ陸戦法規違反を侵した日本は，とくに明文の規定がなくとも，国際法の一般的原則に従って，個人被害者への補償義務を含む国家責任を負う。ところで，ハーグ条約の場合は，その3条で，「前記規則の条項に違反したる交戦当事者は損害ありたるときは之か賠償の責を負うへきものとす」と定め，個人の賠償請求権を明文で保障している（97年6月23, 27日の東京地裁におけるフリッツ・カルスホーベン教授の鑑定意見は，1907年の時点でこの規定は，すでに慣習国際法であったとしている。連載㊹法学セミナー97年9月号参照）ので，日本政府は，被害者に対して，賠償義務を負っていることは明白である。この規定は，国際法上の平面で作用するのみならず，日本では条約の批准（あるいは，慣習国際法としての確認された条約の規定成立時までの慣習国際法化）によって国内法体系に自動的に編入されているので，国内法上の平面でも国内裁判規定として作用する（なお，憲法制度が違って，国際法が国内法に自動的に編入されない国では，国内法化する立法がない限り後者の作用はないので注意を要する）。この規定は，日本の国内裁判所がこれに基づく賠償の命令をするに十分なほど具体的で明確なものであり（民法709条などとは別に），今継続中の裁判において直接適用されるべきものである（残念ながら，98年東京地裁は，同3条の直接適用を避けた。連載㊾法学セミナー98年12月号，同㊿99年2月号参照）。

　第2に，日本は，29年ジュネーブ捕虜条約を批准していない。しかし，日本政府は，42年1月米国など交戦国に対して，これを準用する旨回答した。同条約2条は，捕虜の保護原則を定め，3条は，捕虜の「人格および名誉を尊重せらるべき権利」および「婦人は女性に対する一切の斟酌をもって待遇」される権利を保障している。占領地域において女性を拘束したうえで性的行為を強要したり，捕虜収容所に収容中の女性を「慰安所」に連行して性行為を強要したりする行為は同条約2, 3条に違反する。

　第3に，人道に対する罪が問題になる。第一次大戦後19年3月29日，連合諸国がパリで開催した平和予備会議に提出された同会議の「戦争開始者責任および刑罰執行委員会」の報告書は，日本を含む15カ国から選ばれた15人の委員によって作成された。全会一致で採択された同報告書には，「戦争を企てたものの責任」，強姦，強制売春のための婦女の誘拐を含む32

項目の犯罪リストからなる「戦争の法規慣例違反」のほかに「人道の法の違反」があげられた（藤田久一『戦争犯罪とは何か』〔岩波新書〕32～39頁）。第 2 次大戦後，ニュールンベルグ，東京などで，国際軍事裁判が開かれて，これらの 3 種類の戦争犯罪の処罰が行われた。

　これらの裁判の法的根拠となった国際軍事法廷の条例が定める人道に対する罪の構成要件は，いずれも「殺戮，殲滅，奴隷化，強制的移送その他の非人道的行為」および「政治的又は人種的迫害行為」からなる。行為が，犯行当時の国内法上合法であったか否かを問わない。犯行時期は，戦時のみならず戦前も含む。被害者は，一般住民であって，占領地の住民ばかりか，自国民であっても成立する。第 1 回国連総会も，これら国際軍事裁判の諸原則を承認している。戦争犯罪には時効を適用してはならないことは，慣習国際法であり，戦争犯罪および人道に対する罪に関する時効不適用条約によってそれが確認されたと主張されている。日本軍性奴隷被害者への日本軍の行為は，奴隷化，強制的移送，非人道的行為に当たるし，朝鮮人，台湾人，フィリピン住民などへの人種的迫害でもあったから，被害者が植民地女性か占領地女性かの区別なく，人道に対する罪に当たると考える。

● 「醜業」関係 3 条約

　日本は，25年，以下の「醜業」関係 3 条約を批准した。
　①1904年「醜業」を行わしむる為の婦女売買取締に関する国際協定
　②1910年「醜業」を行わしむる為の婦女売買禁止に関する国際条約
　③1921年婦人及児童の売買禁止に関する国際条約

　日本軍性奴隷被害者に対する行為は，どの条約にも違反する。それは，条文を検討すれば，専門家でなくとも理解できるであろうが，主要な論点にふれてみよう。第 1 に，未成年の少女（21歳未満）が被害者の場合，1910年条約 1 条は，売春を目的として「未成年の婦女を勧誘し誘引し又は拐去したる者」は，この犯罪の一部が異なる国にわたって犯された場合でも「罰せらるべし」と定めている。第 2 に，成人女性が被害者の場合，同条約 2 条は，2 つの行為類型，詐欺的手段または強制的手段のいずれかをもってする婦女連行を禁止している。すなわち，売春を目的として，「詐欺により」，または「暴行，脅迫，権力乱用その他の一切の強制手段をもって」「成年の婦女を勧誘し誘引し又は拐去したる者」は，この犯罪の一

部が異なる国にわたって犯された場合でも「罰せらるべし」としている。

　これを分析してみると，いずれも被害者の意思によらない「非任意」の連行行為を犯罪として禁止していることがわかる。これらを広義の強制連行と呼んでよいだろう。性的サービスをさせるために未成年少女を連行した場合は，被害者本人が承諾していても犯罪として禁止されている。未成年者は法的に完全に有効な法律行為を行う行為能力を欠くので，その同意を「任意」と認めない趣旨であろう。また，性的サービスに関しては，親権者の法定代理による同意を任意の意思と認めると親による人身売買を認めることになる。ことがらの性質上親の同意があっても合法化されてはならない。南北朝鮮生存被害者の調査からは，過半数の被害者が20歳未満の時に連行された。この規定の重要性がわかる。成年女性の場合には，狭義の強制連行である暴行や脅迫による連行，官憲による権力乱用による連行，これに類する強制手段を用いた連行を犯罪として禁止している。官憲による奴隷狩りのような場合はこれに該当する。これらが，「非任意」の連行であることはわかりやすい。しかし，多くの場合，成人女性被害者は，「軍服を洗濯したり，病院で傷病兵の世話をすると高給がもらえる」などとだまされて，連行された。このような場合，外形上は，本人が同意して「任意」に戦地に行ったかのように見えるが，じつはその意思には瑕疵があるので，任意とは認められない。同条約2条が詐欺による連行を犯罪として禁止しているのは，そのためである。このような「非任意」の連行すべてを広義の強制連行としてよいことが容易に理解できるだろう。

　植民地適用除外の問題がある。1904年協定も，1910年条約も，植民地には適用されない。植民地にも適用されたはずの1921年条約については，批准に際し，朝鮮，台湾など植民地には適用しないと日本政府が宣言した。そのため，朝鮮，台湾からの連行には，一切これら3条約が適用されないかのような誤解があった。しかし，犯罪の一部でも日本で犯されれば，これら3条約は適用された。日本軍性奴隷被害者は，連行の過程で，多くの場合日本領土である下関などに上陸させられた。日本領土同様の主権が及ぶ日本軍の船舶で移送された場合も多い。彼女らの募集，移送，管理等は，日本内地の軍中央の命令，許可，授権によって行われた。この場合，連行が朝鮮，台湾からでも，犯行地は日本でもある。そうすると，ほとんどの場合に3条約の適用があることがわかる。

1921年条約は、2条で「男女児童」について、1910年条約の1条に違反した者を「捜索し、且つこれを処罰するため一切の措置をとることを約す」と定め、3条で、1910年条約1、2条で定める犯罪の未遂、予備の処罰について定める。仮に、業者が軍と関係なしに強制連行したと仮定しても、日本政府には犯罪者の処罰義務があった。国際法に時効はない。したがって、現在の政府も（国内法上刑事公訴時効が成立したとしても）処罰義務がある。日本政府は、条約で禁止された犯罪を犯した者の処罰義務を一切果たしていない。この不作為による処罰義務違反は、国際法上の不法行為であるとともに、日本の国家賠償法上の不法行為でもある。処罰義務を解除した条約はないので、この点では日本政府には、いかなる抗弁もない。また、20年代すでに、不処罰が国家補償義務の原因となるとする国際仲裁裁判例が数多くあることも知られている。

● 1926年奴隷条約

　日本は、26年奴隷条約を批准していない。しかし、後述するとおり、この条約は、奴隷と奴隷取引を禁止していた慣習国際法を確認したものである（国際法律家委員会（ICJ）『国際法からみた「従軍慰安婦」問題』〔明石書店〕179〜182頁など）。26年奴隷条約1条は、以下のように奴隷および奴隷取引の一般的に認められた定義を定めている。

　「奴隷制度とは、その者に対して所有権に伴う一部又は全部の権能が行使されて行う個人の捕捉、取得又は処分に関係するあらゆる行為、……並びに、一般に奴隷を取り引きし又は輸送するすべての行為を含む」

　日本軍は、被害女性らを徴集し、一切の法令の拘束を受けずに、完全な無権利状態におき、性的サービスの提供を強いた。この実態は、まさに軍の所有物同然の扱いにほかならない。日本軍は、このような状態に置く目的で行われた女性の徴集、移送などを防止、禁圧するどころか、自ら進んでこれを企画、実行、監督、授権・命令・許可したうえ、犯行者を宥恕したのであって、奴隷と奴隷取引を禁止していた慣習国際法に違反したことは明らかである。

● ILO29号強制労働に関する条約（1930年）

　日本は、32年にILO国際労働機構29号強制労働に関する条約（1930年）

を批准し，これは33年，日本に対し発効した。この条約については，日本政府もこれに拘束されていたことを争えない。この条約は，植民地での強制労働を廃止しようとするもので，日本政府も本土以外の地域での適用を除外する宣言をしなかった。だから，朝鮮，台湾などの植民地にも適用があった。この条約は，当時の条約には珍しく，詳細な被害者の権利保障規定をもうけ，加盟国政府に対して具体的な法的義務を課している。日本の裁判所は，憲法98条2項のもと，国内立法なしに国際法を直接適用する義務を持つ。この条約は容易に直接適用できるだけ明確である。その意味でも，この条約は，日本政府にとっても被害者側にとっても，無視しえない重要性を持っている。

条約2条1項は，強制労働を定義し，「或ル者カ処罰ノ脅威ノ下ニ強要セラレ且右ノ者カ自ラ任意ニ申出タルニ非ザル一切ノ労務ヲ謂フ」としている。ここでいう「一切ノ労務」は，労働およびサービスを含む。性的行為もサービスに含まれる。だから，94年のILO条約勧告適用専門家委員会報告書は，売春とポルノによる子どもの搾取が子どもの強制労働であり，この条約の適用があるとした。日本軍性奴隷問題も「一切ノ労務」に含まれ，この条約の適用があることは明らかである。ILOによれば，ここでいう強要の手段は，利益剝奪でもよいとされている。連行の態様にはさまざまな類型があったが，「慰安所」での処遇は共通しており，武装した物理的強制力を持つ軍の監視下で，一定の場所に居住させられ，外出も一般的に禁止され，抵抗すれば暴行・脅迫・権力乱用によって性行為の提供を強いられたのであるから，労務の「強要」があったことは，明らかである。将兵が金銭を管理者に払ったからといって，女性に対する強要がなかったとはいえない。ここでも，「任意ニ申出タルニ非ザル」，すなわち「非任意」の労務の強要が違法とされている点で，前記「醜業」関係3条約で見たところと同様に，広義の強制を問題とする国際法の法原則が見られる。国際法は，官憲による物理的強制力の行使のみを違法な強制としているのではない。

女性に対する強制労働は，条約11条により，いかなる場合にも禁止されていることに注意すべきである。女性に性行為を強要することは，どのような場合にも許されなかったのである。日本政府は，96年6月22日の国会答弁において，2条2項(d)(戦争など緊急の場合の適用除外)により，戦

終章 国際法上の責任 293

時に犯された日本軍性奴隷問題にはこの条約の適用がないと主張した。しかし、「戦時」であれば、いつでも、とこでも、いかなる状況下でも「緊急」であるとするのは、飛躍である。真に「緊急」であるとする具体的状況下で、その緊急事態に対処するに真に必要不可欠な労務に限って適用除外になると解釈すべきである。それが、ＩＬＯ条約勧告適用専門家委員会の従来の見解である（第 7 章 3，248 頁）。日本軍性奴隷のような性行為の強要が戦争下のどのような時期のどのような場合であっても、上記のような緊急時の真に必要不可欠な労務とはいえないので、適用除外の主張は誤りである。この点以外に日本政府による強制労働条約関係の主要な反論は見あたらない。

以上から、女性に性的行為を強要して、日本軍が強制労働条約に違反したことは明らかであるから、日本政府は、その国家責任を負わなければならない。強制労働条約は、詳細な条文によりこの国家責任の内容を明らかにしている点でユニークである。条文は、多岐にわたる。これらの条文は、例外的に認められる適法な強制労働（例えば男性の強制労働は、一定の条件で許される）に対して定められたように見える。しかし、適法な場合でさえ補償されるのだから、違法な強制労働にはなおさら補償が必要である。これらの被害者の権利保障のための条文は、違法な強制労働にも準用されねばならない。日本軍性奴隷被害者の受けた傷は、被害当時のものには限られない。現在も日々新たに心身の傷害を受け、苦しんでいる。これらは、現在の被害であって、決して過去の時効にかかった問題ではない。被害者は、条約14，15条の準用により、補償・障害年金への権利がある（第 7 章 3，248 頁）。

ここで注意すべきなのは、これらの規定で保障されている権利・義務の性質である。これらは、条約によって保障された特殊な権利・義務であって、国内法上の権利・義務とは区別されるべきである。この障害年金支払いなど日本政府の義務は、国内法上の義務ではなく、国際法上の義務であるから、国内法上の時効規定により消滅させられることはない。仮に、国内法上の時効規定が国際法上の権利・義務を消滅させるとすると、国内法が国際法に優越することになる。日本では国際法が国内法に優越するから、国際法上の権利義務は、国内法上の時効規定により消滅しない（仮に、法律など条約より劣位の国内法を制定して、これらの国際法上の権利・義務

を消滅させることも同様にできない)。条約14,15条などの諸権利・義務は国内法でいえば労働法の領域で保障される権利・義務(例えば,労働災害に関する諸法令)に相当すると考えられ,不法行為責任とは異なる。しかし,日本国内法上の労働災害補償法令による権利・義務とも異なる。要件も異なるであろうが,時効の定めがないのが条約上の権利・義務の特色であろう。だから,同じ要件についての労働災害上の国内法上の権利・義務が時効によって消滅しても,条約上のそれは消滅しないと解すべきである。少し複雑だが,条約14,15条の義務によって,日本政府は,被害者の後遺症などに対して障害年金を支払う労働災害的補償義務がある。他方,日本政府は,被害者に対して,何らの補償もしていない。この条約上の義務を現在も怠っている日本政府の不作為は,国際法上の作為義務(国家賠償法上の作為義務違反の原因ともなるであろう)に違反する違法な行為であって,これは国際不法行為としての国家責任の原因となろう。この不作為は,現在も継続する不法行為であるから,除斥期間などの起算点は現在であることになる。国際法上も二重の責任があることに注意すべきだ。

　条約25条で,日本政府は,「強制労働の不法なる強要」を刑事犯罪として処罰し,処罰が真に適当でかつ厳格に実施されるよう確保する義務を負っている。この処罰義務も国際法上の義務であって,前記したのと同様の法理に基づき,国内法上の刑事時効規定によっても消滅していない。現在の日本政府も処罰義務がある。日本政府は,これらの犯罪を犯した者の処罰を怠ってきた。それどころか,犯罪の証拠を隠滅,隠匿し,虚偽を述べて犯罪者を宥恕してきた。不処罰の国家責任は免れない。不処罰の場合,被害者への補償義務が発生するのは,国際法上確立した原則である。また,処罰義務違反の不作為は,国家賠償法上の不法行為でもある。日本政府による処罰義務違反は,現在でも継続して日々発生し続けているから,時効・除斥期間規定によっても,日本政府は責任を免れない。この点でも,日本政府の責任は,二重に発生している。

● 慣習国際法
　未批准の場合には,条約上の義務を日本政府が負わないのであるが,その場合も,日本は慣習国際法には拘束されていた。前記のとおりハーグ規則は,慣習国際法の証拠と考えられる。奴隷および奴隷取引の禁止も,戦

前から慣習国際法であった。今日では，日本政府だけが，これが慣習国際法であったとの証拠が十分でないと争っている。1872年，マリー・ルーズ号事件に際し，ペルーに対して「奴隷取引が違法である」と主張した日本政府の国際慣行とも矛盾するこの態度は，エストッペル禁反言原則にも違反する。他国に対しては違法を主張し，自らが非難されるとこれを合法と主張するご都合主義は，許されない。

筆者は，92年以来国連において，この問題を提起し続けてきが，同年2月の国連人権委員会における最初の発言のときから，これを表現するのに，「性奴隷」と表現した。それ以来国連で「性奴隷」の主張を継続した。それには，いくつかの意味がある。第1に，奴隷は，国際社会が海賊とともに，国際法によって禁止してきた古い国際犯罪であって，理解しやすい。そればかりか，慣習国際法であるとの認識が国際的に定着している。第2に，国連現代奴隷制作業部会の議題に含まれ，提起する場を得やすい。第3に，日本政府は，国連審議の初めから国連創設前の事件に関する国連の権限を争ったが，奴隷については，国際連盟が持っていた権限を国連が公式に引き継いでおり，国連に権限があることが明確である。第4に，強制労働条約は，ＩＬＯ条約であって，国連が第1次的権限を行使しないので，結果的に国連での主張の中心が奴隷にならざるをえなかったのである。

20世紀初頭には，慣習国際法が奴隷慣行を禁止していたこと，およびすべての国が奴隷取引を禁止する義務を負っていたことは一般的に受け入れられていた（国際法律家委員会（ＩＣＪ）『国際法からみた「従軍慰安婦」問題』〔明石書店〕179～182頁など）。奴隷と奴隷取引を禁止しようとする国際社会の努力は，18世紀には活発になってきており，それは人権擁護の歴史のあけぼのであった。ウイーン会議当時から二国間条約による国際的奴隷取引の禁止が数多くなされるようになった。1814・5年パリ平和条約，1841年ロンドン条約，1862年ワシントン条約，1885年ベルリン一般決定書，1890年ブラッセル決定書などが奴隷に対応した。国際連盟規約（1920年発効）221条5項は，奴隷の積極的解放を行い，奴隷取引を禁圧し，また強制労働を禁止するために権限を行使するよう諸国を義務づけている。1924年国際連盟理事会によって臨時奴隷委員会が設置され，同委員会の努力が1926年奴隷条約に実った。同条約の監視委員会が設置された。このような奴隷および奴隷取引の禁止の歴史を振り返れば，遅くとも，26年奴隷条約

によってこれが確認されたときまでには，慣習国際法となっていたことがわかるであろう。これは，慣習国際法であるばかりか，ユスコーゲンス（一般国際法の強行規範）であるとされている。

国際連盟の奴隷に関する権限は，26年奴隷条約に関する53年議定書前文により国連に継承された。この関係で重要な事件があった。93年6月，ウィーン国連世界人権会議において，日本政府が「過去の」性奴隷問題への対応を不必要としたため大論争が起きた。幸い，同会議は，積極解釈の方向で最終文書を採択した。その際，この問題を「性奴隷」と表現した。これ以後 "sexual slavery"（性的奴隷制，性的奴隷，性奴隷などと訳される）という用語が国連用語として定着した。この決定が，日本軍性奴隷に関する国連の権限問題に決着をつけ，国連の対応を促進した。

これに続いて，国連差別防止少数者保護小委員会は，93年8月25日，戦時奴隷制に関する決議（決議1993／24）を採択し，戦時の性奴隷などに関する高度の研究に特別報告者（リンダ・チャベス委員）の任命を勧告することを決めた。この決議には日本の文字がなかったが，国連のプレス・リリースは，日本軍「慰安婦」問題の審議経過をあげ，これが日本軍性奴隷問題への対応であることを認めた。

その後，国連機関は，日本軍「慰安婦」問題審議でこの用語を頻繁に使用するようになった。例えば，95年9月の北京国連（第4回）世界女性会議の準備段階から，日本軍「慰安婦」問題対策として，提案者は，この用語を使用した。最終文書は，「性奴隷」を含む「武力紛争下の女性に対するすべての暴力行為について全面的捜査を行い，女性に対する戦争犯罪に責任のあるすべての犯罪者を訴追し，且つ女性被害者に対して完全な賠償をする」という原則を採択した（同会議行動綱領145節(f)）。

これに類する国連決議は多い。例えば，96年4月19日国連人権委員会の女性に対する暴力の根絶についての決議は，後記クマラスワミ報告書に「留意」し，これを公認して，日本政府の同報告書拒絶要求を退けた。その中で，同委員会は，前記ウィーン世界人権会議決定に酷似する以下の原則を採択した。すなわち，「5．武力紛争下の女性に対するすべての人権侵害を非難し，それらが国際的な人権法及び人道法の違反であることを認識し，且つ特に殺人，組織的強姦，性奴隷及び強制妊娠を含むこの種の侵害に対して特に効果的な対応を求め，（後略）」とした。この「性奴隷」は，

日本軍「慰安婦」問題を示唆すると理解されている。
　ところが，日本政府は，日本が名指しされていないことを口実に，「性奴隷という用語に従軍慰安婦は含まれない」と国連決議を無視し続けてきた。国連差別防止少数者保護小委員会の現代奴隷制作業部会が毎年日本政府を念頭に勧告を重ねてきた。これは「現代的奴隷制」の枠組みでなされてきた。92年以来5回の報告書は，日本軍を名指しし，「慰安婦」問題を「現代的奴隷」として扱ってきた。日本政府の上記反論は説得力がない。
　最近，その他の国連機関も日本を名指しして「性奴隷」問題を取り上げるようになった。後記クマラスワミ報告書はその一例だが，「性奴隷」問題で初めて日本を名指しした国連機関ではない。差別防止少数者保護小委員会は，95年8月18日，現代奴隷制作業部会に関する決議を採択し，「40.日本が，虐待，殊に奴隷類似の処遇を蒙った人々に対処するための行政的審査会を迅速に設置すれば，これがかかる訴えを効果的に解決するであろうと考え」と初めて「日本」を名指しした。「奴隷類似の処遇」という表現を使ったことに注目すべきだ。この決議39節は，日本政府からの情報につき歓迎すると述べているが，それは「第二次大戦中に性奴隷とされた女性の問題に関して」の日本政府からの情報を指す。皮肉にも「外交辞令」的言辞のなかで，日本政府を名指しし「性奴隷とされた女性」に言及している。ここにいたっては，「性奴隷」が日本軍「慰安婦」を指す国連用語であることを日本政府は否定することはできないであろう。
　96年8月にも差別防止少数者保護小委員会は，前年同様の現代奴隷制作業部会に関する決議を採択し，日本により「性奴隷とされた女性」に言及した。同年の小委員会には，チャベス特別報告者の戦時奴隷制に関する初期報告書（UN Doc. E/CN.4/Sub.2/1996/26）が提出され歓迎された。この報告書は，後記クマラスワミ報告書を引用し，日本軍「慰安婦」問題を「性奴隷」の重要な実例としてあげたことも注目すべきだ。
　98年8月には，マクドゥーガル特別報告書（チャベス氏の後任）が，「武力紛争時の組織的強姦，性奴隷その他の奴隷性慣行」最終報告書（UN Doc.E/CN.4/Sub.2/1998/13）を同小委員会に提出した。この「性奴隷」は日本軍「慰安婦」を典型とするものである。
　専門機関ＩＬＯの専門家委員会1996年報告書も，日本軍「慰安婦」を「性奴隷」と評価している。このように国連・ＩＬＯ諸機関が，日本軍

「慰安婦」について，「性奴隷」という評価を下し，審議，報告，決議を繰り返している事実は争いようがない。国連が性奴隷について「日本を名指ししていない」との反論も事実に反し，説得力を失った。

2 被害者側と真の和解を実現するために何ができるか

●国民基金政策に対する一貫した疑問

　日本政府・国民基金は，一方的政策を被害国側に強引に押しつけてきた。ここでこの政策の問題を再度整理し直してみたい。被害国の中でも貧しい被害者多数がこれを拒否し，「名誉と尊厳ある解決」を要求し続けている。これを無視してはならない。「被害者が反対するのは，日本の市民団体が反対するからだ」などと問題を矮小化すべきでもない。日本の市民団体は，被害国側の要求に寄り添って支援しているに過ぎない。被害国側の被害者も市民団体も，経済的・組織的に見て必ずしも強力ではない。それが大国日本の財力・権力と互角以上に取り組んでいるのは，彼女らの側の道義的・倫理的・法的立場の正当性の故ではないか。かつて，被害国の多くの人々は，侵略者・日本帝国に対抗して生命を賭けた。その人々とその子孫が，被害者らとともに，日本が犯した戦争犯罪に抗議し続けているのである。しかし，日本政府も諸政党も，また多くの日本人も，それを正面から受け止めてこなかった。むしろ，事態は逆方向に動いている。国民基金政策のために，日本と被害国の関係は悪化することを恐れなければならない。韓国や台湾の抗日的反発は，それを象徴している。一部の被害者に民間基金の「金」を受け取らせることはできても，被害者全体・被害民族・被害国との真の「和解」はできない。それどころか，なお困難にさえなるのではないか。「善意」から始めたのであればあるほど，このような結果は，多くの日本政府・国民基金関係者の本意ではないであろう。関係者は「全体との和解を求めた」のだろうと思うのである。少なくとも，「被害国との関係を悪化させよう」として始めたことではないだろう。

　最も大きな問題は，日本政府・国民基金側は，被害者側と十分な話合いをするなど，その意向を十分に受け止める努力をしなかったことだ。被害者側が「騙された」と感じるような行動を続け，一方的に「善意」押しつけ政策を強行してきたのである。このような態度そのものが，被害者側を

ひどく傷つけてきたことに気づく必要がある。そのうえで，日本は，改めて「何のための国民基金か」を問い直し，政策転換を模索すべきであろう。

●求められる大胆な政策転換

　そのためには，日本政府は，改めて被害者側と誠実に話し合い，その意向を十分に受け止めることから出直すべきだ。そのうえで，韓国政府が求めるように，国連勧告を尊重し，被害者と被害者団体が「総意として受け入れることのできる解決方案」を「自発的に」講ずべきであろう。これまでのように，被害国側が拒否する措置を「被害国側の利益」と主張して強行し，被害国を混乱させることはやめるべきだ。国民感情と国民的運動に対する攻撃と受け取られても仕方がない。もっと柔軟で大胆な対応を検討すべきときである。韓国・台湾の市民運動は，立法による解決を鮮明に求めた。日本の市民団体と国会関係者のいっそうの努力が求められている。それが，アジアとの共生・友好・平和への道を拓くだろう。

●打開の道は

　この行きづまりを打開できるのは，国権の最高機関・国会である。国会議員が自主的にとることのできる方策にはいかなるものがあるだろうか。筆者の提言を列挙してみよう。

　(1)被害国・被害者・支援団体の要求を誠実に受け止め，受入れ可能な措置をとる。

　(2)国連・ＩＬＯ・ＩＣＪ・日弁連などの勧告を尊重する。

　(3)具体的には，以下の政策をとることができる。

　第1に，真相究明のための議員立法を推進，実現する（国会の衆参いずれかの院が調査特別委員会を設置して真相究明をする方法もある）。

　第2に，日本政府・国民基金は，被害者側が強く反対している支払い強行を当面差し控え，国会議員の立法活動に協力する。

　第3に，すでに国民基金向けに認められた医療・福祉のための償い事業予算を否定することなく，それとは別にＩＣＪが勧告した暫定的支払い（4万米ドル）を日本政府が被害者に対して直接支払えるような立法措置を推進，実現する。市民は，国会議員と協力して，そのための国家暫定補償法案を早急に準備する必要がある。この議員立法の提案がなされれ

ば，被害者側はこれを受け入れるであろう（もちろん，最終的な形の国家補償法案の立案，成立が可能であれば，その方が望ましい）。

　憲法上外交権限（憲法73条2号の下で条約の第1次的解釈権限をも持つとされる）を持つ日本政府（行政府＝内閣）は，国家の法的責任を頑強に否定し続けている。この点について，司法的判断をすることができるのは裁判所だが，最高裁判所による法的責任を肯定する判断は今のところない。仮に，それを得ることができたとしても，それには10年，20年の年月を要することが予想される。このような事情のもとでは，司法的判断を任務としない国会（とりわけ両議院法制局）が，ただちに行政府の判断を覆して，国の法的責任を肯定する立法活動ができないと考えるとしても，それを非難することは困難である。このような現状をも視野に入れつつ，当面可能な解決のありかたについて，96年秋から1年間かけて，韓国・台湾などの被害者支援団体他と非公式に話し合ってきた。その結果，立法運動の持つこのような法技術的限界について，被害者側の理解が深まってきた。そのため，被害者側は，外交権限（責任の承認に関しても）を持つ日本政府（行政府＝内閣）に対しては，あくまでも法的責任承認を要求し続けるという運動方針を変えないが，「慰安婦」問題についての和解のきっかけをつかもうと，国会議員や法律家・有識者によって推進されている運動（暫定補償立法と真相究明立法への努力）を歓迎するという柔軟な方針を確認するまでにいたった（97年8月末の台湾における韓・台・比の被害者支援団体非公開セミナーの決議）。したがって，前記したような立法（暫定的なものであっても）が実現すれば，被害者側は，全体としてこれを受け取るとの方針が定まったといってよいであろう。それを機に日本政府・国民基金に対する被害者側のわだかまりも解けて，「慰安婦」問題の国家補償問題は，一応の暫定的解決を見ることになろう。被害者の多数が生存している今このような措置をとることができなければ，それは人道に反する。また，被害者が健在の間でなければ，真の和解の端緒をつかむことができないことも忘れてはならない。

　第4に，国連・ＩＬＯ勧告のいう奴隷・犯罪・国際法違反の指摘にどう答えるかの問題がある。これを法案を提案する市民と国会議員の共通認識とし，政府に承認を求める運動を継続する。法的責任を確定するための努力である。これは，真相究明以上に時間がかかる可能性がある。司法裁判

所の判断（98年には，「関釜裁判」で，韓国の元「慰安婦」原告が勝訴したが，残念ながらこれは例外的現象のようだ。連載㊷法学セミナー98年7月号37頁以下参照），学会における研究，国際的論議など多くの場での創造的な活動によって，長期的に克服すべきである。

　以上の目的のために，市民運動と協力して，国会議員が議員連盟を創設し，解決にあたる必要があるであろう。日本軍性奴隷問題の真の解決をめざし，市民と国会が解決のイニシアチブをとるべきことが迫られている。

巻末資料

国連（経社理）文書 E/CN.4/1996/53/Add.1

人権委員会決議1994／45による，女性に対する暴力とその原因及び結果に関する特別報告者ラディカ・クマラスワミ氏による報告書

追加文書

朝鮮民主主義人民共和国，大韓民国及び日本への訪問調査に基づく戦時軍事的性奴隷制問題に関する報告書

目次

	章	頁
序文	1－5	3
Ⅰ 定義	6－10	4
Ⅱ 歴史的背景	11－44	5
A 一般	11－22	5
B 募集	23－31	7
C 「慰安所」内の状況	32－44	9
Ⅲ 特別報告者の作業方法と活動	45－51	12
Ⅳ 証言	52－65	13
Ⅴ 朝鮮民主主義人民共和国政府の立場	66－76	18
Ⅵ 大韓民国政府の立場	77－90	20
Ⅶ 日本政府の立場――法的責任	91－124	22
Ⅷ 日本政府の立場――道義的責任	125－135	28
Ⅸ 勧告	136－140	31
A 国内レベルで	137	31
B 国際的レベルで	138－140	32

別表：特別報告者が訪問調査に際して協議した主要人物・組織のリスト
　　　（前略）

Ⅸ 勧告

136 本特別報告者は，当該政府との協力の精神に基づいて任務を果た

し，かつ女性に対する暴力とその原因および結果のより広範な枠組みの中で，戦時の軍事的性奴隷制の現象を理解すべく試みようと考え，以下のとおり勧告したい。特別報告者は，特別報告者との討議においてすでに率直であり，かつ日本帝国軍によって行われた軍事的性奴隷制の少数の生存女性被害者に対して正義にかなった行動をとる意欲を示した日本政府に対し，協力を強く期待する。

A 国家レベルで

137 日本政府は，以下を行うべきである：

（a）第二次大戦中に日本帝国軍によって設置された慰安所制度が国際法の下でのその義務に違反したことを承認し，かつその違反の法的責任を受諾すること；

（b）日本軍性奴隷制の被害者個々人に対し，人権および基本的自由の重大侵害被害者の原状回復，賠償および更正への権利に関する差別防止少数者保護小委員会の特別報告者によって示された原則に従って，賠償を支払うこと。多くの被害者がきわめて高齢なので，この目的のために特別の行政的審査会を短期間内に設置すること。

（c）第二次大戦中の日本帝国軍の慰安所および他の関連する活動に関し，日本政府が所持するすべての文書および資料の完全な開示がなされることを確実にすること；

（d）名乗り出た女性で，日本軍性奴隷制の被害者であるとして立証された個々人に対し，書面による公的謝罪をなすこと；

（e）歴史的現実を反映するように教育内容を改めることによって，これらの問題についての意識を高めること；

（f）第二次大戦中に，慰安所への募集および制度化に関与した犯行者を特定し，かつできる限り処罰すること；

B 国際的レベルで

138 国際的レベルで活動している非政府機構・ＮＧＯは，これらの問題を国連機構内で提起し続けるべきである。国際司法裁判所または常設仲裁裁判所の勧告的意見を求める試みもなされるべきである。

139 朝鮮民主主義人民共和国および大韓民国は，「慰安婦」に対する賠償の責任及び支払に関する法的問題の解決をうながすよう国際司法裁判所に請求することができる。

140　特別報告者は，生存女性被害者が高齢であること，および1995年が第二次大戦終了後50周年であるという事実に留意し，日本政府に対し，ことに上記勧告を考慮に入れて，できる限り速やかに行動を取ることを強く求める。特別報告者は，戦後50年が過ぎ行くのを座視することなく，多大の被害を被ったこれらの女性の尊厳を回復すべきときであると考える。

あとがき

●本書刊行の経緯

　筆者は，非政府間国際組織（NGO）・国際教育開発（IED）を代表して92年2月，初めて日本軍性奴隷問題を国連人権委員会に提起した。93年から国連NGO・国際友和会（IFOR）を代表するようになったが，引き続きこの問題に関する国連活動を継続し，今日に至っている。それ以前から担当していた週刊法律新聞（河野真樹編集長）の連載「国連人権レポート」（連載第102回以降）に，この問題を中心とする国連関係情報を継続的に報告していた。これが当時月刊法律雑誌・法学セミナーの編集長だった成澤壽信氏（現在，㈱現代人文社社長）の目にとまり，94年1月号から今日までほぼ毎月（99年1月号で60回）シリーズ「日本が知らない戦争責任」の長期連載を継続（同新聞と並行掲載）させて頂くこととなった。両連載で，国連活動の成果はもとより，それに至る経過を継続的に報告してきたが，まとまった本の形になっていないという不便さがあった。この度，法学セミナーと現代人文社のご好意で，この法学セミナーの連載をまとめて単行本化し，日本の市民に提供できるようになったことは，望外の喜びである。

　連載を，「いずれ単行本で出版しましょう」と成澤氏から勧められてから久しい。当初「日本政府がきちんと責任をとってからまとめよう」と考えていたが，連載はすでに1冊に納まりきらないほどの分量になってしまった。法律雑誌は，非法律家の目にふれることが少ない。そのため，最近は「日本軍性奴隷問題と国連の活動をまとめて知りたい。単行本で報告してほしい」と要請されることも稀ではなくなった。しかし，運動が継続しているさなかなので，どこか区切りのよい時点で一旦締めくくりをつけざるをえない。区切りとして何時がよいか迷った。関係者に相談すると，「クマラスワミ国連特別報告者の報告書の公表（96年2月）が分かりやすい区切りではないか」と言う。国際的判決同様の成果だったから自然だと

考え，そのつもりで成澤氏にまとめを安請け合いしたのだが，運動を継続しながらでは限界があった。一旦始めた作業も滞りがちであった。そのうち，次々と重要な出来事が重なり，付け加えたいことが増えてしまった。立法解決の提案（97年8月）まで入れたいと欲張ったために出版時期がますます遅れ，結局マクドゥーガル報告書（98年8月）まで遅れてしまった。出版社に多大のご迷惑をかけてしまったことをお詫びしたい。

● 本書タイトルの由来

「日本が知らない戦争責任」というシリーズの名称は，成澤法学セミナー編集長（当時）の命名である。正確な国連情報を日本に速報しようとしても，週刊法律新聞しか媒体がなかった。他に，このような情報を報告する者もいなかった。日本政府（官僚）の虚偽，情報の秘匿・歪曲，情報操作とマスコミ報道の不十分さのため，何が国際社会で起こっているかについて正確かつ十分な情報が日本に知らされることが少なかった。日本の市民ばかりか，驚くべきことに，国会議員，政府首脳さえも，真相を知らされていなかった。その悩みを端的に言い当てた命名だと思う。

連載は予想以上に長くなった。この問題が重要であるからこそ，法学セミナー新編集長串崎浩氏も長期掲載を継続してくれたのである。しかし，長期連載の真因は，国連・ＩＬＯなどの勧告も，被害者側の要求も，国際法も，すべて無視して，根本的政策転換を怠った日本政府の頑迷さにある。それは，過去をそのまま引きずった日本社会の保守性の故に，被害者側全体との和解の入口にもたどり着けない日本を象徴してもいる。日本の司法，行政，立法の三権は，この問題の解決のための実効的対応を怠ってきた。その分，国連・ＩＬＯなどの国際機関での日本政府批判は高まり，継続している。

● アジアとの和解のために

一番近くて遠い国，大韓民国・朝鮮民主主義人民共和国などアジアとの真の友好関係の確立は，日本軍性奴隷問題の解決がないかぎり，そのきっかけさえつかむことができない。だから，日本は，真の友人を持たない。本書中で詳しく説明したとおり，国連のたび重なる勧告にもかかわらず，日本政府は，法的責任を否定することはもとより，国家による「慰安婦」被

害者個人へのいかなる支払いも拒否し，国家の代表の誠意ある謝罪もなさず，民間基金による「償い」というあいまいな形の対応しかしてこなかった。この抵抗の姿勢を支えるのは，「従軍慰安婦」という記載を教科書から削除せよという保守層の全国的運動に象徴される，戦前の日本の思想である。本書は，日本軍性奴隷問題への国連の勧告の報告だが，他方，日本政府の国際舞台での抵抗の記録ともなった。残念なことは，日本と被害者・国・民族との和解の始まりを報告できなかったことだ。本書は，和解のきっかけをつかむための提言をもってまとめとせざるをえなかった。あとがきで，今後を展望したい。

● 日本はなぜ和解ができないのか

　なぜ，そんなに長引くのか。なぜ，日本と日本人は変わらないのか。それは今後日本人が抱き続けなければならない問いである。ある国連の専門家から，「日本は，なぜこのように不器用なのか。もっとスマートに解決することがいくらでもできるはずなのに」と尋ねられ，十分な説明ができなかった。本書も，その問いに対する解答を提示できていない。しかし，一つ言えることは，国際連盟リットン調査団報告書に抵抗し，ついには国際連盟を脱退して，第二次世界大戦に突入した歴史を持つ日本は，憲法98条2項にもかかわらず，今日でも「国際法に従う」という単純な決断ができていないように見える。あらゆる口実を設け，時には虚偽まで弄して，国際機関の判断を尊重しない。国内的にも軍など国家権力機関による重大犯罪を法に従って処罰することもできていなかったことが次第に明らかにされつつある。法の支配すら確立していなかったのだ。未曾有の人権侵害・犯罪を犯したことが歴然としていても，「戦争ならやむをえない」とそれを否認してしまうのである。それほど，日本は，人間（ことにアジア人）を人間と認めることができていない。だから，「人間であれば，何国人であろうが生まれながらにして人権をもっている」という意識も十分でない。このような意識・思想が，『人間を幸福にしない日本というシステム』（ヴァン・ウォルフレン，毎日新聞社，1994年）を支えている。いくら物質的に豊かになっても，変わらない。この日本人の意識を全体として覆すことができるときまで，この問題も十分な解決はできないのではないだろうか。

このような問題は，戦争犯罪問題を自ら反省してこなかった日本人全般に根強く存在している。筆者も「慰安婦」問題に取り組み始めるまではこのような基本問題の存在にすら気づかなかった。国際法学も例外ではない。阿部浩己氏は，クマラスワミ軍性奴隷報告書に対する日本政府の国際法上の反論には，3つの「イズム」，すなわち「植民地主義・人種（民族）差別主義」「男性中心主義」「国家中心主義」があることを指摘している。同氏は，「日本政府の閉鎖的な国際法観」は，「国際法そのものの閉鎖性を映し出すもの」と指摘し，「（日本の）国際法学はそれ（筆者注＝「慰安婦」問題）に十分対応してきたとはいえない」としている（「『慰安婦』からの問いかけ――照射された課題」『人権の国際化――国際人権法の挑戦』〔現代人文社〕243頁以下所収）。

　本書をまとめつつ，筆者も，阿部氏同様の印象を改めて持った。とくに，日本政府の「国家主義」的傾向には，危機感をさえ覚える。国連憲章と世界人権宣言に象徴されるように，戦後国際社会と国際法は，個人の人権の尊重を基本に据えるようになった。その傾向は，世界的には発展の一途であるのに，日本政府の国際法観は，これに逆行し，国家中心主義に固執している。それは，日本軍性奴隷問題に限ったことではない。以下述べるように，日本政府の外交方針全般を貫いているように見えることに注目すべきだろう。

　日本は，文明国の多くが批准している人権条約をほとんど批准しない。拷問のように憲法でも絶対に禁止されている行為を禁止する条約をも批准しない（やっと99年の通常国会で批准される可能性が出てきたが，個人通報権は受諾しないだろう）。

　そればかりか，拷問禁止条約の選択議定書をつくって，すべての拘禁場所を国際機関の専門家が訪問して拷問を防止しようする国際社会の動きを妨げている。

　国際人権（自由権）規約違反の人権侵害被害者に国際機関に対する個人通報権を認める選択議定書を批准しない。

　世界の文明国は，女性差別撤廃条約などの諸条約についても，選択議定書を制定して個人通報権を認めようと努力しているのに，日本は，そのような新条約制定の努力を阻止しようとしている。

　国際法は，国内立法なしでも裁判所などにより直接適用されるとの立場

は，日本政府が伝統的に維持してきた法的立場だった。ところが，最近は日本政府がこれと矛盾する訴訟上の主張を裁判所において展開するようになった。

日本軍性奴隷問題などいわゆる「戦後補償」訴訟では，国際法上の個人の法主体性を否定する主張を繰り返し，結果的に個人の請求権を否定する論理を展開している。

日本政府は，人権条約を批准しないことによって日本管轄内の人に条約が擁護する人権を保障しないばかりか，人権条約成立を阻止したり弱めたりすることで，国際的人権保障に努めようとする諸国の動きに抵抗している。これらいずれの場合も，国家主権を絶対化して，それを人権と国際法より上位に置こうとしているかに見える。このように，日本の行為が，国際法の発展を妨げている事実は，一般にはほとんど知られていないが，憂慮すべき状態となっている。このように見てくると，国際法と人権の分野の発展に対する日本政府の抵抗には，きわめて根深いものがあることが理解できるだろう。日本軍性奴隷問題での日本政府の抵抗も，その一環だからこそ解決が困難なのではなかろうか。一言でいうと，日本は，国家のためにと，人間を犠牲にしてきたのである。

●変化のきざし

しかし，困難と強い抵抗にもかかわらず，大きな変化が起きつつある。日本軍性奴隷問題の第1段階は大詰めに近づいているように見える。日本は，この問題を国民基金のみで解決することができないことを次第に理解し始めているようだ。立法による解決を求める国内運動が次々と起きてきている。96年12月に「『慰安婦』の立法解決を求める会」（代表・土屋公献元日弁連会長）が結成された。97年8月以降胎動していた法律家と有識者による立法解決に向けての具体的提案（広く戦争被害に関する調査会設置と日本軍性奴隷被害者に対する国家補償を可能にする立法の提案）が，国連差別防止少数者保護小委員会でも紹介され，国際的理解を獲得してきている。被害者側との密接な協議を経て，同年9月結成された「戦後処理立法を求める法律家・有識者の会」（会長・土屋公献前日弁連会長，事務局長・丸山輝久弁護士）がこの提案を基盤に立法を求める運動を推進することになった。同月，市民団体を中心とする「戦争被害調査会法を求める市

民会議」も発足した。98年には「恒久平和のための真相究明法の成立を目指す議員連盟」もできた。日本の法律家，有識者，市民と国会が，日本軍性奴隷問題などの戦争犯罪とその被害にどう対応するかが，日本の今後の進路を定めるであろう。

併行して，第2段階が始まろうとしている。日本軍性奴隷問題を含む戦争被害全般に関する真相とそれらに対する日本の国家としての法的責任問題をめぐる究明のための運動と研究は，長期間続けるべきであろう。残念ながら，この問題を解決する責任主体である日本人と日本政府が変化するのに相当の時間を要することが予想される。この点で，早期全面解決を可能にする日本政府の英知と決断力を期待していたのだが，これまでのところ期待はずれだった。だから，国内裁判も最高裁判所判決まで続く長期闘争となる可能性が強い。98年には，「関釜裁判」で韓国の元「慰安婦」が勝訴したが，被告国はただちに控訴した。同年フィリピンとオランダの元「慰安婦」は，敗訴して，被害者原告が控訴せざるをえなかった。もし，日本政府が「被害者が死に絶えれば，運動は終わる」と考えていたとすれば，計算違いだろう。植民地化問題が，百年越しで，日本のアキレス腱であり続けていることを想起すべきだ。被害者がいなくなっても，被害国・民族は残る。民族の「恨」が，根強く残り，和解はなお困難になるだろう。日本の対応次第では，日本を救すことができるはずの第一次的主体である被害者がいなくなるからである。被害国・民族が存在するかぎり，国際的にも日本を批判する運動は続くであろう。

加害国側にある我々日本人は，それぞれの立場に応じて，この問題に取り組み続けなければならないであろう。日本政府の態度について，日本人市民は，政治的・道義的・倫理的責任を負っているからだ。そのような日本人市民の対応は，日本を少しずつでも変えるだろう。その過程こそがきわめて重要なものではないだろうか。日本という国家・民族全体と被害者側との和解の実現は当面できないかもしれない。しかし，個人として適切な責任を負おうとする日本人市民と被害者・国・民族との和解はありうるであろう。

● 希望

こう見ると，和解への道は，決して容易ではないが，絶望でもないこと

がわかる。戦前との連続性も強く残っているが，戦前とは異なる以下のような諸条件もある。表現・出版の自由の保障は，戦前よりも進んだ。本書のような書物の出版は，戦前であれば考えにくい。戦前の国際連盟に比較し，国際連合の人権保障機構は，格段に進歩した。筆者ら日本人が，ＮＧＯ代表として国連で発言ができるようになったことは，大きな進歩である。日本国内の人権擁護団体も力をつけた。戦後日弁連が弁護士法によって自治を獲得したため，人権オンブズマン的活躍ができるようになった。国際法が苦手だった日弁連にも，96年，国際人権問題委員会が設置され，国際人権法の研究も本格化した。93年に設立された「日本の戦争責任資料センター」などによる歴史学者の戦争責任に関する研究も飛躍的に進んでいる。戦争被害者のために日本政府・加害企業相手の訴訟に献身する，多数の弁護士と熱心な支援団体が全国的に存在することは驚異的でさえある。97年，32年間にわたる家永教科書訴訟が終わったが，家永教授と支援団体は，真実を後世に伝えることの大切さを広く教えただけでなく，困難でもそれを可能とする基盤を築いた。草の根市民団体の成長も目覚ましい。これが可能になったのも，集会・結社・表現の自由が戦前よりも保障されるようになったことが要因だろう。「日本の過去について，真実が知りたい」と強く望んでいる若者たちが，これらの成果をさらに発展させることを期待したい。

　昨98年は，世界人権宣言採択50周年だった。今年99年は，国際人権規約批准20周年にあたる。草の根の市民運動が，日本軍性奴隷問題ばかりでなく，上記の諸問題に全力で取り組むのに絶好の機会である。草の根民主主義が日本の政治をどこまで変えることができるか。『人間の顔をした国際学』（久保田洋遺稿集，日本評論社）を日本政府が採用する日が1日も早からんことを念願してやまない。

　　　1999年1月　シアトルにて

　　　　　　　　　　　　　　　　　　　　　　　　　戸塚悦朗

補論 1

戦時女性に対する暴力への日本司法の対応
——発掘された日本軍「慰安婦」拉致処罰判決（1936年）をめぐって

　日本軍の「慰安所」に女性を拉致[*1]して，「慰安婦」にした加害者の処罰に関する今のところ最初の公文書を発見したので，その詳細を報告したい。

1　資料

　見つかった歴史資料は，以下の日本の裁判所の判決2つである[*2]。
　國外移送誘拐被告事件に関する長崎地方裁判所刑事部昭和11年2月14日判決及び同上判決に対する控訴審長崎控訴院第一刑事部昭和11年9月28日判決がそれである。
　長崎地方裁判所判決からわかることを要約すれば，同地裁は，被告人らが共謀の上昭和7（1932）年に起こした事件について，上海に設置される海軍の「慰安所」で「醜業」に従事させるために日本内地の女性を騙して誘拐し，これらの女性を長崎港から乗船させて国外に移送したとして有罪と認め厳しく処罰した（判決の言い渡しは事件発生から4年後の昭和11〔1936〕年2月）のことである。また，長崎控訴院は，刑期を短縮したものの，基本的にこの地裁判決を支持した。

2　背景

　これらの下級審判決に関連するこれまでの研究を列挙すると，以下の通

りである。

(1) この事件の上告審である大審院判決（昭和12年3月5日第四刑事部）は，1997年朝鮮人強制連行真相調査団事務局長の洪祥進（ホン・サンジン）氏が，戦前に公刊された判例集[*3]の中から公立図書館で発見した。筆者は，その情報の提供を受けて，これを「画期的な発見」と評価した[*4]。

(2) この発見は，毎日新聞により1997年8月6日朝刊一面で報道された[*5]。

(3) さらに，法学セミナー誌上で筆者もこの大審院判決について報告した[*6]が，その際は，上告審である大審院判決から言える範囲の簡単な事実関係に言及したにとどまらざるをえなかった。事実認定と証拠に関する部分を含む記載があるはずの下級審判決を入手していなかったから，詳細な事実に言及することができなかった。

それ以来，下級審判決入手の必要性を痛感していた。

(4) 前記毎日新聞の報道に触発されて，前田朗氏も戦争責任研究（1998年春季号）にこの大審院判決に関する論文[*7]を発表している。

3 今回発見された資料の意義

1 長崎地裁判決は，昭和11（1936）年2月14日に言い渡されている。日本軍「慰安所」への女性の国外移送誘拐行為について，裁判所という公的機関が刑法上の犯罪について被告人らの行為を有罪と認定して，処罰した（当面）最初の事例に関する最も早期の公文書ではないかと思われる。

2 拉致事件の発生は，判決言い渡しより四年前の昭和7（1932）年のことであり，日本軍「慰安婦」被害者の事例としても，初期段階のものである。吉見義明教授が日本海軍の「軍慰安所」設置の最初の開設時期について論じている内容[*8]から考えると，相当早い初期段階の事例としてよいであろう。早期の日本軍「慰安所」の存在に関する有力な証拠の一つとなるばかりでなく，それらの設立が違法になされたことをも示す公文書と見ることができる。

これに関連して，極めて興味深いことに気がついた。

吉見義明教授は，「よく知られているように軍慰安所が広範囲に開設さ

れるのは，一九三七年末または一九三八年からであったが，最初の開設はいつかという問題がある」とし，岡部直三郎上海派遣軍高級参謀がその日記（1932年3月14日の項）に「……兵の性問題解決策に関し種々配慮し，その実現に着手する。主として永見〔俊徳〕中佐これを引き受ける。」と記載していると指摘している[*9]。また，「一九三二年に開業した『海軍慰安所』が十七軒……」ともしている[*10]。その中には被告人らが開設した施設も含まれていたと考えられる。

　後記のとおり，長崎地裁判決の事実認定によると，被告人富雄は，昭和5（1930）年10月ごろより，上海で自分が雇った女性に駐屯中の日本海軍軍人を相手として「醜業」に従事させていたとされている。また，同被告人が「海軍指定慰安所」という名称の施設を開設するためにどのように女性を拉致するかについて被告人稔，安太郎両名とともに謀議をこらしたのであるが，その場所は上海であった。それが岡部高級参謀，永見中佐が活動していたのと同じ場所だったことは偶然の一致であろうか。また，被告人らの最初の謀議の日として判決があげるのは，昭和7（1932）年3月7日頃という。岡部高級参謀の日記の記載と時期までほぼぴったりと一致するではないか。謀議の内容が「海軍指定慰安所」の開設だったことから推認すると，被告人富雄と海軍軍人の間に共謀が存在していたことを疑わざるをえない。当時の軍の権力が極めて強かったことから考えれば，実際に海軍と何の関係もなしに，海軍の「指定」を僭称することはできなかったと考えるのが常識に合致するからである。

　また，最初の被害女性3名が被告人らによって拉致され，長崎港から上海に向けて乗船させられたのは，同月14日であり，岡部高級参謀の日記記載の日であった。偶然にしてはできすぎではないだろうか。今後の真相究明によってこれらの点，とりわけ軍との共謀関係の有無が解明されることが望まれる。

　3　判決が認定した事実について，それが真実かどうか常に問題は残る。そのことを念頭におく必要があるが，他の公文書では明確にならなかった事実関係であること，個別拉致事件について公判での証拠調べをしたうえで，裁判官が認定した判断を記載した公文書であることを考えると，それなりの信用性があると言ってよいであろう。

大審院判決では明確でなかった具体的な事実関係がわかる。たとえば，いつ頃誰が，どのような方法で，どのような被害者を，いつ誘拐し，いつ海外移送したのかなどについて，被害者（氏名は特定できないが）ごとにある程度事実関係が明らかになる。

犯行の態様としては，日本軍「慰安所」で「醜業」をさせるためであるのに，その事実は隠して有利な就職口があるとだまして拉致するというものである。生存した朝鮮人軍慰安婦たちのオーラルヒストリーの調査・研究[11]があるが，朝鮮における被害女性の場合も，拉致のきっかけとして最も多かったのはいわゆる「就業詐欺」とされており[12]，長崎地裁判決から明らかになった犯行の態様と驚くほど似ている。

いつ頃からどのような経過で事件が明るみに出たのかをも推理することは可能である[13]。

民間業者による国外移送誘拐行為の事実関係の究明が主要な論点であり，具体的な事実認定がなされている。しかし，軍のかかわりに関する事実関係については，犯行の動機及び共謀の事実に関すること以外には捜査がなされた形跡もなく[14]，これに関連して法的な問題についても当事者間でも争われなかったと思われ，めぼしい記述はみあたらない。

4　日本人の日本軍「慰安婦」の事例である。日本人である日本軍「慰安婦」被害者の証言が少ないだけに，資料的な価値も高いと思われる。

これまで国会（参議院）に再三提案された，「戦時性的被害者問題解決促進に関する法律（案）」[15]は，外国との国際関係を改善することを念頭においているため，外国人である日本軍「慰安婦」被害女性に対する謝罪を目的としている。しかし，この資料の発見を契機にして，日本人「慰安婦」に対する謝罪についても立法による解決を実現する方法を検討する必要が出てくるのではなかろうか。

5　大審院判決は判例集に出版・公開されていたものであるから，実際上「発見」まで知られなかったものの，理論的には「誰にも入手可能」といえば言える。しかし，その原審判決である下級審判決は，どこにも出版されてはいなかったと思われる[16]。

6　幸い原爆の被害を免れ[17]，長崎地方検察庁が確定判決として保管していたものである。日本政府は，国会でも韓国政府にも真相究明を約束した[18]。にもかかわらず，政府機関が保管していた資料が，これまでの政府による調査では公開されなかった。政府（法務省）の調査が十分なものではなかったことを示す証拠となるであろう。

したがって，今後より徹底した国による真相究明（たとえば真相究明法の立法）が必要であることを示すと思われる[19]。

7　日本司法の成果

これらの資料を見ると，日本軍「慰安婦」被害者の拉致が起こり始めた当初は，日本内地の司法機関，警察・検察・裁判所がその拉致を犯罪と認め，相当真剣に摘発し，被害の拡大の防止のためにまじめに対応したことがわかる。日本の刑法・刑事訴訟法が使いようによっては，十分機能したこと，少なくとも当時の日本内地ではまだ軍の支配が司法機関にまで貫徹していなかったことを確認することができる。

また，日本軍「慰安婦」の拉致について，早い段階で日本内地の司法官憲に犯罪の意識があったことを具体的に示す証拠でもある。さらにこの判決によって，政府関係者も軍関係者のみならず，一般人に対しても，日本軍「慰安婦」の拉致が犯罪を構成することを明確に知らせた一般予防的効果がある程度あったはずであることも重要である。

8　日本司法の限界

日本司法の限界について，以下の2点を検討する必要がある。

第一には，このような司法の機能が朝鮮など日本の植民地支配下の外地にも及んでいたのかどうかという問題がある。

尹明淑氏は，近著[20]で「日本国内での徴集は，日本の植民地であった朝鮮と台湾での徴集とは異なり，徴集対象が二一才以上の『売春』経験者に限定されていた」と指摘している。そのうえで，その相違が生じた理由として「醜業を行はしむる為の婦女売買取締りに関する国際条約」及び「婦女及び児童の売買禁止に関する国際条約」が植民地を適用除外地域にしていたこと，年齢制限を満21歳未満としていたことと「深く関連している」としている。これは，これまでの歴史研究者の見解[21]に沿うもので

あり，日本の官憲が尹氏があげるこれら醜業に関する二条約（3つの条約がある）しか意識していなかった可能性はある。

しかし，筆者は，これら二条約を含むいわゆる「醜業三条約」は，日本船による連行，日本の港への寄航など事実関係次第では朝鮮人「慰安婦」の拉致にも適用されること，女性の強制労働をすべて禁止した強制労働条約（1930年ＩＬＯ総会採択。日本は1932年批准）は植民地にも適用があったこと，奴隷禁止は当時もすでに慣習国際法であったことなどを指摘している[22]。なぜ，強制労働条約が禁止していた女性に対する強制労働については，内地，外地（植民地）の司法官憲は意識しなかったのかなど，当時の国際条約の無視の理由をも究明する必要があるだろう。

国際条約同様に重要なのは，当時の朝鮮にも長崎地裁が適用したのと同じ日本の戦前の刑法（現行刑法とほとんど同じもの）が施行されていたという法的事実である[23]。これは，今日の法律専門家にはあまり意識されていないようだが，植民地下の司法官憲には常識だったはずである。したがって，植民地下の朝鮮でも，朝鮮人「慰安婦」の拉致に関して，長崎地裁判決同様刑法226条が適用されてしかるべきであったのである。

問題は，内地同様に植民地朝鮮でも取締がなされていたのか否かである。

長崎地裁判決のような判決が他にも残っている可能性もある[24]。今後の研究が望まれる[25]。実際に効果的な適用がなされなかったのだろうか。もしそうであるならなぜだったのかも究明する必要があろう。これらは，ジェンダーが関わる場合など現在の日本の司法が実効的に機能していない点があるという筆者の見解[26]を前提とすれば，今日にも通じる重要な問題である。

筆者の仮説だが，内地では，司法官憲を軍が100％掌握することができなかったために，少なくとも軍慰安所設置が試みられた初期段階では内地司法官憲による業者の取締りがなされたのではないか。しかし，植民地は総督の独裁的な支配下にあり，とりわけ朝鮮総督には陸海軍の中心的軍人が任命され続けていたため，法制度は日本の植民地支配に都合のよいように適用されたのではないか。植民地支配に抵抗する者を弾圧するために法を適用することには熱心だっただろうが，朝鮮の民衆の自由を侵害する者を摘発するなど，軍の意向に逆らってまでして司法官憲が実効的な取締りを行うことができなかったのではないだろうか。要するに，実際には植

民地には軍の犯罪を実効的に取り締まることができるような法治主義が実現していなかったために，日本軍が比較的自由に子供を含む女性を拉致することができたのではないだろうか。法も実効的に適用されない限り，宝の持ち腐れなのである。

第二には，この段階で，捜査，訴追が軍関係者にまでのびていれば，少なくとも理論的には更なる広範な犯行の拡大は防止できた可能性が十分あった。しかし，警察・検察も，軍についてどのような対応をしたのかについては，判決には何の記述もない。捜査が行われなかった可能性もあるし，捜査したが軍に関しては沈黙し，不処罰のままにとどめた可能性もある。いずれにせよ，警察・検察は，これを不問に付したかに見える。

このころから後に[*27]内務省・警察は，軍の行為を追認し，隠蔽に協力することになったことが指摘されている[*28]。

9 日本政府の対応

この判決の影響であるが，日本政府はこれをきっかけに再発防止に努めたのであろうか。

永井教授は，軍慰安婦の募集にかかわる1937～1938年頃の外務次官，群馬県知事，山形県知事，高知県知事，和歌山県知事，茨城県知事，宮城県知事，内務省などが作成した警察関係資料を分析している[*29]。これらを分析した同教授は「和歌山の婦女誘拐容疑事件を別にすれば，警察は『強制連行』や『強制徴集』の事例を一件もつかんでいなかったと結論せざるをえない。そうすると，副官通牒から『強制連行』や『強制徴集』の事実があったと断定する解釈は成り立たないことになる」としている[*30]。

しかし，立論の前提となった前記警察資料は長崎地裁判決に関わる情報を含んでいない。この事件の発生は，1932年であり，長崎地裁判決が言い渡されたのは，1936年2月である。おそらくは，現地警察が捜査を開始したことから，内務省，司法省，（海）軍，外務省（本省ばかりか上海領事までも含む）関係者は，事件の進行状況を熟知していたのではないか。軍がかかわる事件を一地方の警察，検察のみで処理することはできなかったのではなかろうか。おそらくは，内務省，司法省など本省の承認のもとに捜査・訴追・公判が進められたと考えられる。

長崎地裁の審理は公開されていたであろうし，同地裁判決は地元新聞で

ある長崎新聞に報道された。このころから一般人に対しても秘密は保てなかったのである。被告人らの控訴に対する長崎控訴院判決の言い渡し（全員有罪）は，同年9月28日である。このころにも，政府当局者がこの事件を知らなかったとは考えられない。また，被告人らの上告に対する大審院判決（上告棄却）の言い渡し（つまり原審判決の確定）は，1937年3月5日である。

原審段階ならともかく，確定して後に判例集に登載されたような重要事件であった[*31]この事件の場合は，一般人には知られていなかったとしても，政府関係者（政府中枢部はもとより全国的に軍，外務省，司法省，内務省・警察関係者）にとっては，特別に調査をしなくても，当然，広く知られていたはずの情報だったといってよいであろう。そればかりか，容疑ではなく，大審院の判断が確定判例として確立された段階では，法的には動かしがたい相当の重みを持ったものとして受けとめられたであろう。当時の法から見れば，「海軍指定慰安所」への長崎の被害女性らの拉致は犯罪であったことが確定したのである。「当時は許されていた」などという見解は，到底支持しかねる状態にたちいたったのである。

したがって，遅くとも大審院判決が言い渡された1937年3月以降は，海軍指定慰安所で性的なサービスをさせるために長崎で拉致された女性15名の被害の存在を否定することは不可能であった。だから，「警察は軍『慰安婦』の『強制連行』（拉致ないし誘拐）の事例を1件もつかんでいなかった」と結論するのは無理があるであろう。

筆者の仮説だが，むしろ逆に，この大審院判決を受けて，政府としても軍「慰安婦」拉致の問題について何らかの対応をとる必要に迫られたのではないのだろうか。

その一つは，外務省による対応[*32]だが，判決言い渡しの5か月後に出された外務次官発警視総監北海道庁長官関東州庁長官宛の「不良分子ノ渡支取締方ニ関スル件」[*33]は，長崎地裁判決と関連があったと見ることが出来ないだろうか。この外務次官通達で，1937年前半（つまり大審院判決の言い渡し前後）まで自由だった中国への渡航が制限され，渡航には所轄警察署長の発行する身分証明書が必要になった。その原因は，吉見教授が指摘する[*34]ように日中全面戦争のためだけだったのだろうか。しかし，この措置は軍「慰安婦」に焦点を絞ったものではなく，「不良分子」全体に

網をかぶせたものだったので，別途軍「慰安婦」の拉致問題に焦点を絞った措置が必要であったに違いない。

そのため，その二としてとられた措置は，永井教授があげている警察資料からうかがえるように，警察による同種事件の存在に関する各地での調査*35だったのであろう。おそらくは，全国的調査がなされたのではないだろうか。もし，そうであるなら，もっと多数の警察資料が存在するはずである。

その三として，そのような各地の調査を踏まえて，内務省はどのような対応をとったであろうか。対策として理論的に考えられるのは，内地外地を問わず軍「慰安所」への女性拉致犯罪を防止するために，そのような女性の渡航を全面禁止するか，関係業者の渡航を外務次官通達以上に厳しく制限する方法があった。それが国際条約を実効的に履行するためには必要であったと思われる。もしこのような措置が取られたなら，軍人の処罰を行わなくても，膨大な数の軍「慰安婦」の女性被害者を生むことはなかったであろう。

ところが，結果的にとられた対応措置としての結論は，1937年2月23日内務省警保局長通牒*36であった。この通牒は，あいまいな物言いではあるが，冒頭長崎地裁判決の内容を要約しているかのような書き出しで，料理店，「カフェー」，貸座敷類似の業者と連携して，「……内地ニ於イテ是等婦女ノ募集周旋ヲ為ス者ニシテ恰モ軍当局ノ諒解アルカノ如キ言辞ヲ弄スル者モ最近各地ニ頻出シツツアル状況ニ在リ」としている。これには長崎地裁判決の被害が含まれるものとして読むべきであろう。つまり，このような女性の拉致問題が存在することを認めていると読めるのである。そうであれば，前記諸条約，刑法226条，長崎地裁・長崎控訴院・大審院判決とを前提にする以上，常識的にいえば，「このような犯罪は厳重に取り締まらなければならない」という結論になるのが<u>立憲法治国</u>としては自然である。

もし，犯罪としての取締りをしないというのであれば，そのためには<u>立法措置を取って，合法化するという法技術的選択肢もあったかもしれない</u>*37。たとえば，公娼制は，内務省令*38によって形式的に合法化されていたのであって，同様にたとえば「陸海軍指定慰安所規則」(仮称)というような陸海軍省令を制定し，形式的に合法化する方法もあり得たのであ

る。だが，結局そのような措置はとられなかった。後述のとおり，「皇軍の名誉」にかかわるなどこれを表沙汰にできなかった事情があったのである。

　しかるに，通牒はそのような女性の移送を禁止・制限するどころか，逆に「婦女ノ渡航ハ現地ニ於ケル実情ニ鑑ミルトキハ蓋シ必要已ムヲ得ザルモノアリ」と，軍人の性欲処理のための施設（軍「慰安所」）を必要とする軍の要求を「現地ニ於ケル実情」として肯定し，そこへの女性の移送を「必要已ムヲ得ザルモノ」として認めてしまったのである。

　そのうえで，「警察当局ニ於イテモ特殊ノ考慮ヲ払ヒ実情ニ即スル措置ヲ講ズルノ要アリト認メラルル……」としたのである。ここに「特殊ノ考慮ヲ払ヒ実情ニ即スル措置ヲ講ズルノ要アリ」というのは，法に従えば犯罪として摘発すべき場合であるのに，超法規的に異例の措置として処罰しないことを必要とするという意味としか解釈できない。

　この段階で警察権力を監督していた内務省は，軍と連絡が取れている場合は，軍「慰安婦」として移送される女性については，刑法226条を適用せず不処罰のまま放置することを決定し，全国の警察当局に通達したのである。これが，「不処罰」の歴史が始まった決定的瞬間となったと思われる。

　ところで，この通牒は，「婦女売買ニ関スル国際条約ノ趣旨に悖ルコトナキヲ保シ難キヲ」考慮して，満21歳以上の公娼であることを含む3条件[*39]などを満たす場合には身分証明書を発給し，渡航を黙認するものとしていた。一見するとこのような条件を満たすのであれば，醜業三条約にも違反せず，刑法226条の構成要件にも該当しないようにみえる。ところが，この通牒は次のような微妙な問題[*40]を内包していたのである。

　通牒は，さらに「醜業ヲ目的トシテ渡航スル婦女……ノ募集周旋等ニ際シテ軍ノ諒解又ハ之ト連絡アルガ如キ言辞其ノ他軍ニ影響ヲ及ボスガ如キ言辞ヲ弄スル者ハ総テ厳重ニ之ヲ取締ルコト」としていた。もしこれを言葉どおりに受け止めれば，軍の「慰安婦」募集はきわめて困難になったであろう。しかし，これでは，軍「慰安婦」募集を必要悪として認め，事実上黙認すると言う基本方針と矛盾する結果となるであろう。

　さらに通牒をよく読むと，そのような矛盾を起こさない解決が打ち出されていたことがわかるのである。通牒は，「軍ノ諒解又ハ之ト連絡アルガ

如キ言辞其ノ他軍ニ影響ヲ及ボスガ如キ言辞ヲ」弄することを禁じたのであって，言辞を弄することがなければとがめない趣旨と読めるのである。そうだとすると，軍のための募集であっても，軍の諒解があるなどと言わなければ，募集ができることになる。その場合は，募集が軍のためではないのだから，この通牒が心配しているような事態は表には出ないのである。結局，「帝國ノ威信ヲ毀ケ皇軍ノ名誉ヲ害フノミニ止マラズ銃後国民特ニ出征兵士遺家族ニ好マシカラザル影響ヲ与フル」事態を避けることができて，「皇軍の名誉」を守ることができるのである。

結局，黙認された軍「慰安婦」の募集と国外への移送は，軍のためであると言わずに被害者を騙して実施する必要があった。もとにもどると，このような虚偽があれば，刑法226条の誘拐罪に該当する拉致犯罪が成立することは前記したとおりである。しかし，その場合でも，通牒の指令は「警察当局ニ於イテモ特殊ノ考慮ヲ払ヒ実情ニ即スル措置ヲ講ズルノ要アリト認メラルル」ので，超法規的に検挙しないということになる。

そこで，この通牒の解釈として吉見教授が「華中・華北の軍のために黙認するということを事実上認めたもの」と結論[*41]しているのは，妥当であると思われる。永井教授は，「この通牒は，一方において慰安婦の募集と渡航を容認しながら，軍すなわち国家と慰安所の関係についてはそれを隠蔽することを業者に義務づけた。……この公認と隠蔽のダブル・スタンダードが警保局の方針であり，日本政府の方針であった」[*42]としているのは卓見である。

その四として，軍はどのように対応したであろうか。上記内務省通牒より10日後の1938年3月4日であるが，陸軍大臣副官は，北支方面軍及中支派遣軍参謀長宛に通牒（陸支密）「軍慰安所従業婦等募集ニ関スル件」[*43]を発して，陸軍の方針を示した。吉見教授の解釈によれば，「慰安婦の募集が，（ア）ことさらに軍部諒解などの名義を利用して行われている」などの問題があるので，「軍の威信」を傷つけるこれらの問題点を克服するためとして，以下の二点を指示した。「（ア）「募集」などは派遣軍が統制し，周旋業者の人選を周到に行うこと，（イ）「募集」実施の際は関係地方の憲兵・警察と連携を密にすること」がそれであった。

軍はこれまでよりも強く業者を統制するというだけで，「軍慰安所従業婦」の募集をやめるとは言っていない。募集はあくまでも継続するのであ

る。その軍の統制を受けた業者は，憲兵・警察と連携を密にするのだから，軍（及び軍の統制を受けた業者）は，憲兵・警察に対して，軍の統制を受けて軍「慰安婦」を募集する旨を伝えなければならない。ところが，上記の内務省の方針では，軍「慰安婦」の募集については，軍との関係を隠している限り黙認され，不処罰となることになったのであるから，話はおかしいのである。しかし，これは，憲兵・警察には「連携を密に」して正確な情報を伝え，憲兵・警察以外の者（とりわけ被害女性やその家族）には「軍の諒解を得ている」などと言わないままに募集を進めるということについて，憲兵・警察とよく連絡をとりあうようにせよということになるのであろう。結局，軍の統制を受けた業者は，このような方法で軍「慰安婦」の募集をするしか他に方法はなかったはずである。だから，21歳以上の成人の場合でも被害女性（公娼出身者であってもなくても）は，全員が軍「慰安婦」にさせられることを知らずに募集を受けて，海外に移送されることになったのである。だから，それら被害女性すべてについて，刑法226条に該当する拉致犯罪が成立したという結論にならざるを得ない。それは，軍の指令によるのであるから，関係軍人全員が被害者全件について，刑法226条の犯罪の共同正犯としての刑事責任を負っていたことになる。まさに，国家犯罪そのものではないだろうか。しかし，内務省と軍がこのような形で大審院判決が築いた判例を無効にする措置を取った以上，いかに司法官憲が努力しても，これ以後軍人はもとより，軍が統制する業者をも検挙・訴追することは極めて困難になったはずである。警察が摘発せず，事件を送致してこないからである。

　このようにして，軍「慰安婦」の拉致犯罪を不処罰にする体制が完成したのである。せっかく一定程度機能していた司法制度が軍を含む政府官庁間の連携と通達行政で死滅してしまったのは，極めて残念と言うしかない。日本では，立法も司法も極めて無力であるという実例の一つに数えられるのではなかろうか。

10　今後の研究課題

　今後は，「なぜ軍関係者に捜査が及ばなかったのか」，「日本法と法制度に重大な欠陥があったのではないか」などの研究が必要である。それができなければ，今後どのようにしたらこのような事態の再発を防止できるの

かを検討することができないであろう。

通常の司法機関である刑事裁判所にも軍人を処罰する管轄権はあったはずであるし、憲兵でなくても通常の警察にも軍人の犯罪の捜査権はあったはずである。にもかかわらず、業者の処罰段階でとどまり、軍人に対する捜査ができなかった。そのことは、日本の司法の致命的な欠陥を示す。今日の有事立法の論議の中でもその点での反省がなされていない。なんらの対策がないので、将来同じことが起きる可能性は十分ある。

長崎地裁判決は、政府・軍の行為に関する不処罰問題[*44]を検討する上で重要な歴史的資料になるであろう。

なぜ不処罰政策がとられたのだろうか。以下は、当面の筆者の仮説に基づくものでしかないが、この問題に関する今後の研究課題となりそうな項目だけを上げておきたい。

①ジェンダーの視点からの分析が必要である。女性は、司法官にも軍人にも官僚にもなれなかった。構造的な女性差別の問題がどのようにかかわっていたのだろうか。

②日本法とりわけ、刑事法制度の構造的な欠陥と関係がないか。

③国際法上の責務を軽視する風潮があったのではないか。日本法への国際法の導入の仕方に問題がなかったか。

これ等の研究は、過去の不処罰問題の歴史的な研究課題としても重要である。だが、同時に将来の再発防止のために必須のものであると思われる。

11　国連人権小委員会では、2003年から戦時性暴力に関して処罰に関する研究の準備を開始することになった[*45]。そのような情勢を考慮すると、今はこれまで以上にこの分野の研究を推進する必要があるときである。このような公文書の発掘の重要性が国際的にも評価されるのではないだろうか[*46]。

国内的にもいわゆる「拉致問題」[*47]が強調されることで、同じ拉致問題でありながら日本軍慰安婦問題が陰に隠れてしまいそうな状況も考えると、この文書は重要なものと評価されないであろうか。

以下では、地裁判決を字数の許す限り、詳しく紹介したい。控訴審判決は、地裁判決の引用部分などが相当あるので、重複する情報が多く、地裁

判決の言い渡した刑期を軽減した以外は，基本的に地裁判決の判断を認めているので，ここでは省略する。今後さらに発表の機会が与えられたときに控訴審判決を公表することにしたい。

4　長崎地裁判決の言い渡し日

後記10名の被告人に対する「國外移送誘拐被告事件」に関する判決書の末尾の日付は，「昭和十一年二月十四日」とされている。判決1枚目上部に言い渡しの日付の記載があるが，同日「宣告」とされ，芹澤書記官の署名と印がある。

以下できる限り，同判決書の情報を正確に引用したい。

5　長崎地裁判決の判決書

B4サイズの裁判所の裁判用紙で全体で31枚ある[*48]。コピーをもとにコンピューターに入力してみた[*49]が，その字数は，ワードによる文字カウントでは，スペースを含まずに1万1,618字になる。

6　長崎地裁判決に関わった当事者等関係者

1　被告人

被告人は，以下10名である。被告人の本籍はすべて日本の内地であるが，住居は長崎県と中華民国（上海）にまたがっており，この事件の国際性を示している。

本来であれば起訴されていたと思われる共犯者であるが死亡した者もあるし，起訴されなかった者も判決書にでてくる。それらを入れると，犯行業者グループは最低でも12名にはなる。

全員が業者およびその妻などの関係者である。前記岡部高級参謀ら「海軍指定慰安所」の設置を企画し，業者に女性の募集を任せたはずの，日本海軍軍人が1人も含まれていないことに留意する必要がある。

　　本籍　熊本縣　住居　長崎市　　FT　稔
　　本籍　長崎市　住居　同市　　　OZ　安太郎

本籍	長崎縣	住居	中華民國	MK	富雄
本籍	熊本縣	住居	長崎市	FT	ミキ
本籍	長崎市	住居	同市	OZ	雪野
本籍	京都市	住居	長崎市	NT	丈太郎
本籍	長崎縣	住居	長崎市	HD	春吉
本籍並住居	長崎縣			UD	虎壽
本籍並住居	同縣			KD	市之助
本籍	長崎縣	住居	長崎市	MS	章二

2 弁護人

判決書には弁護士の名前がない。これからは誰が被告人を弁護したのか不明である[*50]。

3 検察官

公判遂行に当たった担当検察官は，長崎地方裁判所検事局の川上悍検事[*51]である。同検察官が捜査をも担当したかどうかは不明である。しかし，後述のごとく同検事の役割が裁判官のそれに勝るとも劣らぬ重要なものであったことは疑いない。

4 裁判官

この事件は合議事件であり，3名の裁判官が判決書に名を連ね，筆で署名し，押印している。署名からは，すぐには正確に判読しがたい。しかし，文献[*52]調査の結果，昭和11年（1932年）当時長崎地方裁判所刑事部に所属していた全判事の氏名が明らかになった。その結果判決書に署名した3名の裁判官たちは，本郷雅廣判事[*53]（裁判長），楢原義男判事[*54]，高重久任判事[*55]であったことが明らかになった。署名の順序，注記した年齢から推定して，楢原判事は右陪席，高重判事は左陪席であったと推定できる。判決書に押された訂正印は「高重」のものである。

裁判官など関係者が生存しているなら，この事件に関与した人々から事情を聞きたいと考えたが，調査の結果では，裁判官も検察官もすでに存命していないと思われる[*56]。被害者の住所氏名も判明しないので，手がかりがない。

幸い裁判官，検察官の写真[*57]を入手することができた。貴重な資料でもあるが，本書では掲載を省略する。女性の名誉と尊厳を踏みにじった軍がらみの重要事件に法を適正に適用し，職務を遂行した司法官たちに敬意を表したい。

もっとも，軍人の処罰を果たしていないので，彼らの業績には大きな限界があった。それは，これら戦前の司法官が遣り残した仕事である。

当然なすべき職務上の責任を果たしただけなのだから，当然のことではある。とは言いながらも，軍人が度重なるクーデターを起こし，首相などの要人が次々と殺害されるというテロが横行していた。暴力を背景に当然のことを述べただけの学者が教壇を追われるなどの事件がたて続きに起きていたこの頃の時代背景[*58]を考えると，軍と共謀したに違いないと思われる多数の拉致加害者を法に従って厳しく裁いた法曹たちは，賞賛にあたいする正義感と勇気の持ち主だったと言えないだろうか。

不処罰が横行したその後の日本は，およそ法治国家とは言えない。それを考えると，これら司法官の業績は輝いて見えると感じるのは筆者ひとりであろうか。

今に至るも，彼らの行為とこの判決は光っている。新憲法下で軍の圧力がないはずの現在にあってさえ，当時の軍の行為を「国家による犯罪であった」と正面から承認することができていない。ましてや，軍という国家機関が始めた行為について，被害者らに対する国家としての真の謝罪を実現することができていない。それは，不可能なことではない。すでに，条約にも憲法にも違反することなく立法解決が可能なことが証明されている[*59]。にもかかわらず，あえてサボタージュを継続することによって謝罪をしないのである。国会議員の中にも今はまだ少数派ではあるが，市民と協力して立法運動に真剣に取り組む人たちが存在することは心強い。しかし，職務をまともに遂行しようとしない人たちが多数派を占めることで，日本軍性奴隷問題の解決を先延ばしにしている。戦前との連続性を，嘆かざるを得ない。

根本的・政治的には現在の日本社会を構成する市民の責任ではあるが，職務の点で言えば，立法府，行政府，司法府を占める公務員に第一次的な責任がある。今に至るも責任が十分果たされていないのだから，困難な時代に責任を果たした人々に改めて思いを馳せる必要があるのではないだろ

うか。
　それにしても，司法機関が法を適用することが出来るようになるには，とりわけジェンダーに関わる分野では，数世代をかけて男性中心社会の性意識を変えていかなければならないかもしれない[*60]。法律家の勇気と正義感に期待するだけでは足りない。法律分野の改革努力のみならず，あらゆる分野でジェンダーバイアスから自由な社会を築くために，根気よく精力的に運動，研究，教育，啓蒙活動を継続しなければならないであろう。

5　被害者

　長崎在住だった15名の内地日本人女性である。いずれも，日本軍「慰安婦」とされることを知らずに，騙されて長崎で誘拐され，長崎港から船に乗せられて中華民国の上海に移送された。その後は，被告人らが経営する海軍指定慰安所において海軍の軍人に性的サービスを提供するよう強いられた。

6　証人

　証人のほとんどは，被害者とその親族と思われる者である。そのほかにも，被害者らを船で連行する役割を果たした共犯と思われる者[*61]も証人として関与し，訴追のために協力しているように見える。

7　警察官

　事件の捜査をしたのは警察であったのではないかと思われ，警察官が捜査に関与していたはずであるが，判決書に記載がなく，その役割は不明である。警察の捜査記録の公開が望まれる。

7　主文

　判決の結論である以下の主文は，10名の被告人ら全員を有罪として，量刑上4グループに分けている。各グループの刑は，①懲役3年6月（主犯格の男性3名），②懲役2年6月（女性2名），③懲役2年（男性2名），④懲役1年6月（男性3名，執行猶予3年）とかなりの厳しさである。具体的には以下のとおりである。

被告人FT稔，OZ安太郎，MK富雄ヲ各懲役三年六月ニ被告人FTミキ，OZ雪野ヲ各懲役二年六月ニ被告人MS章二，NT丈太郎ヲ各懲役二年ニ被告人HD春吉，UD虎壽，KD市之助ヲ各懲役一年六月ニ處ス被告人MK富雄，OZ雪野，MS章二ニ對シテハ未決勾留日數中孰レモ六十日ヲ右本刑ニ算入ス

被告人HD春吉，UD虎壽，KD市之助ニ對シテハ三年間右刑ノ執行ヲ猶豫ス

8　判決理由

「理由」部分を，理解の便宜上，事実認定の部分，証拠説明の部分，法律の適用の部分に分けて解説したい[*62]。

1　事実認定の部分

旧漢字と仮名を使い，句読点もほとんどなく，濁点もない法律専門用語が多い文語体の判決書はかなり読みにくい。しかし，内容的には法律の非専門家にも理解しやすい事実関係であると思われる。

判決は，後に適用する刑法上の規定を意識し，その構成要件ごとに論理的に，認定した事実を挙げている。

(1)　共謀共同正犯関係事実について

被告人らは，同じ場所で同じときに全員で犯罪を実行したのではない。場所も時間も異なる様々な場面で，異なる被告人らが順次謀議をこらしているうえ，犯罪の実行行為も様々な役割分担のもとに，異なる被告人が異なる場面で犯罪を実行した。そのような複雑な一連の集団的な犯罪を共謀共同正犯（刑法60条[*63]）として全員を正犯として有罪としている。この点でこの判決は，刑法総論上の重要な先例を確立した。そのために前記したようにこの判決の上告審判決が大審院判決集に登載された。認定した事実は以下の通りである。

以下の判示部分では，㋑昭和五年以来中国各地で「帝國軍人ヲ顧客トシテ醜業ニ從事セシメ居タ」施設があったこと，㋺後に実行される女性の拉致が上海に新設予定の「海軍指定慰安所」のためであることが明確に述べ

られていること，㈥その拉致の目的は「該營業所ニ於テ醜業ニ從事スル日本婦女ヲ日本内地ニ於テ雇入レ移送スルコトヲ」目的としていたのに，「婦女雇入ニ際シテハ其ノ專ラ醜業ニ從事スルモノナルコトノ情ヲ秘シ單ニ女給又ハ女中ト欺罔シテ勸說誘惑シテ上海ニ移送センコトヲ協議シ」たと認定されたことが重要であろう。

共謀に関する認定については，判決の後の証拠説明部分との対比上の便宜上，二段階に分けることにする。しかし，判決の上ではひとまとめになっている。

①第一段階の共謀事実

共謀の開始から，被告人稔，安太郎，富雄，亡伊吉4名の間で，営業所の設置，女性の雇い入れ，資金の提供などに関して以下のとおり役割分担などの基本的な共謀が成立するまでのことである。

　　被告人富雄ハ昭和五年十一月頃ヨリ中華民國上海ニ於テ其ノ雇入ニ係ル婦女ヲシテ同地駐屯ノ帝國海軍軍人ヲ顧客トシテ醜業ニ從事セシメ居タルトコロ昭和七年一月所謂上海事變ノ勃發ニ因リ多數ノ帝國海軍軍人ノ駐屯ヲ見ルニ至リタルヲ以テ海軍指定慰安所ナル名稱ノ下ニ從來ノ營業ヲ擴張センコトヲ欲シ豫テ知合ノ亡ＫＷ伊吉ニ該意圖ヲ告ケ同人ノ紹介ニ依リ同年三月七日頃上海文路江星旅館ニ於テ被告人稔，安太郎ノ兩名ニ面談シテ右ノ企圖ヲ諮リ之カ贊同ヲ得茲ニ被告人富雄ニ於テ家屋其ノ他ノ設備ヲ提供シ伊吉及被告人稔ノ兩名ニ於テ該營業所ニ於テ醜業ニ從事スル日本婦女ヲ日本内地ニ於テ雇入レ移送スルコトヲ儋當シ被告人安太郎ニ於テ之カ雇入資金ヲ供給スルコトヲ約スルト共ニ

②第二段階の共謀事実

女性の雇い入れに関する協議から，以下のとおり判示第一から第七までの認定事実に関する共謀の成立までのことである。

　　婦女雇入ニ際シテハ其ノ專ラ醜業ニ從事スルモノナルコトノ情ヲ秘シ單ニ女給又ハ女中ト欺罔シテ勸說誘惑シテ上海ニ移送センコトヲ協議シ伊吉ニ於テモ直チニ之ニ贊同スルト共ニ安太郎等ノ旨ヲ受ケテ長崎市ナル被告人安太郎ノ妻ナル被告人雪野ニ右ノ協議内容ヲ通知シテ

雇入方ヲ求メ雪野ハ其ノ旨ヲ被告人稔ノ妻ナル被告人ミキ及被告人ＮＴ丈太郎ノ兩名ニ通スルト共ニ被告人ミキトノ間ニハ之カ實行ヲ兩名ニ於テ分擔スヘキ旨ノ協議ヲ遂ケ次テ被告人丈太郎トノ間ニハ前記安太郎等ノ協議セル方法ニテ雇入ルヘキコトヲ謀議シ居タルカ更ニ同月十四日被告人安太郎ニ於テ長崎市ニ歸來スルヤ直チニ同市内ナル同人方ニＮＤ五三郎及被告人ミキヲ招致シ同人等並被告人雪野ノ三名ニ對シ前記上海ニ於ケル協議ノ結果ヲ告ケテ婦女移送方ヲ促シ同人等モ之ニ贊同ノ上被告人雪野ニ於テハ同年三月下旬頃被告人春吉，虎壽，及同人ヲ介シテ被告人市之助ノ四名ニ五三郎及被告人ミキニ於テハ同月十四日頃被告人章二ニ夫々前記安太郎等ノ協議セル方法ニ依リ婦女ヲ誘拐シテ上海ナル前記慰安所ニ移送センコトヲ謀リ同人等モ之ニ賛同シ

(2) 虚言，甘言，詐言等誘惑行為による誤信させる行為（誘拐）について

　國外移送誘拐罪[64]の第一項の拐取行為の成立のためには，暴行脅迫などの暴力的手段（略取）又は虚言甘言など詐欺的手段（誘拐）で人を自らの支配下において拐取することが必要であり，両方とも社会的に言えば拉致である。一五名の被害者それぞれについて，共通しているのは，虚言甘言など詐欺的な手段により，被害者を上海での仕事は「賣淫」ではないと誤信させて拐取した点である。

　詳細は以下の認定のとおりである[65]。

①誘惑１

　　第一，被告人稔，安太郎，富雄，雪野，ミキノ五名ハ伊吉ト共謀ノ上（以下事實ヲ判示スルニ當リテハ右被告人五名及伊吉ヲ單ニ被告人稔等六名ト略稱ス）

　　㈠被告人雪野ニ於テ同年四月初頃長崎市内ナル同人方ニ於テ○○○○○ニ對シ行先ハ兵隊相手ノ食堂ナル旨虚言ヲ構ヘ且祝儀等ニ依ル収入一ヶ月ニ，三百圓位アリト甘言ヲ弄シテ上海行キヲ勸メテ同女ヲシテ其旨信セシメテ之ヲ誘惑シ

②誘惑2

　㈠被告人ミキニ於テ前同日頃同市○○○被告人章二方ニ於テ○○○○○ニ對シ行先ハ食堂ノ女給ニシテ客ヲ取ル要ナシト詐言ヲ構ヘ且百五十圓位ヲ前借スルモ二，三ヶ月ニテ完濟シ得テ尚毎月五十圓位親許ニ送金シ得ル旨甘言ヲ以テ上海行ヲ勸説シテ同女ヲシテ其旨信セシメテ之ヲ誘惑シ

③誘惑3

　第二，被告人稔等六名並五三郎ハ共謀ノ上五三郎ニ於テ同年五月初頃長崎縣北高來郡○○○○○○○○方ニ於テ同人ニ對シ一年居レハ内地ノ三年乃至五年分ノ儲アル故ニ二女○○ヲ上海駐屯ノ帝國軍隊ノ酒保如キ所ノ賣子トシテ奉公セシメテハ如何ト詐言並甘言ヲ構ヘ同人ヨリ之ヲ聞知セル×××ヲシテ五三郎ノ言通リノ事實ナリト信セシメテ之ヲ誘惑シ

④誘惑4

　第三，被告人稔等六名並被告人丈太郎ハ共謀ノ上丈太郎ニ於テ
　同年三月十日頃長崎縣西彼杵郡○○○○○○○○○方及被告人丈太郎ノ肩書居宅ニ於○○○ニ對シ上海ノ料理屋ニ女給又ハ仲居トシテ奉公スルニ於テハ多額ノ収入アリ且客取リヲ爲スノ要ナキニ依リ次女○○ヲ上海ニ奉公セシメテハ如何ト甘言及詐言ヲ弄シ○○○ヨリ之ヲ聞知セシメ××ヲシテ其ノ言ノ通リノ事實ナリト信セシメテ同女ヲ誘惑シ

⑤誘惑5，6

　前同日頃前同所ニ於テ○○○○，○○○○○両名ニ對シ上海ノ料理屋ノ女給又ハ仲居トシテ奉公スルニ於テハ多額ノ収入アルニ依リ上海ニ行キテハ如何ト詐言及甘言ヲ以テ同女等ヲ誘ヒ同人等ヲシテ其旨信セシメテ之ヲ惑ハシ

⑥誘惑7

　同年四月初頃長崎市○○○○○○○○○○○方ニ於テ同女ニ對シ

一ヶ月七,八十圓位ノ収入アルニ依リ上海ニ行キ同地ノ海軍慰安所ニ於テ「カフェー」ノ女給又ハ仲居ノ如キ仕事ヲ爲シテハ如何ト甘言並詐言ヲ構ヘテ同女ヲシテ其旨信セシメテ之ヲ誘惑シ

⑦誘惑8

　第四,被告人稔等六名並被告人春吉ハ共謀ノ上春吉ニ於テ同年四月初頃同市〇〇〇〇〇〇〇〇方ニ於テ同女ニ對シ行先ハ海軍指定慰安所ナル水兵或ハ士官等相手ノ「カフェー」ナルカ収入ハ祝儀ノミニテモ一ヶ月七,八十圓ニ達シ一年位居リ家ヲ造リタル人モアル故上海ニ行キテハ如何ト詐言及甘言ヲ以テ誘ヒ同女ヲシテ其旨信セシメテ之ヲ惑ハシ

⑧誘惑9

　第五,被告人稔等六名並被告人虎壽,市之助ハ共謀ノ上虎壽及市之助ノ兩名ニ於テ前同日頃長崎縣南高來郡〇〇〇〇〇〇〇〇〇〇〇方ニ於テ同女ニ對シ多額ノ収入アル食堂ノ帳場方トシテ世話スル故上海ニ行キテハ如何ト詐言及甘言ヲ以テ之ヲ誘ヒ且被告人雪野ニ於テモ其ノ頃長崎市内ナル同人方ニ於テ〇〇ニ對シ虎壽等ト同様ニ申向ケテ同女ヲシテ其旨信セシメテ之ヲ誘惑シ

⑨誘惑10

　〇〇〇〇〇〇〇〇方ニ於テ同女ニ對シ行先ハ兵隊相手ノ食堂ナルモ一日ニ祝儀一,二圓ノ収入アル故上海ニ行キテハ如何ト詐言並甘言ヲ以テ同女ヲ誘ヒ同女ヲシテ其旨信セシメテ之ヲ惑ハシ

⑩誘惑11

　第六,被告人稔等六名並被告人虎壽ハ共謀ノ上虎壽ニ於テ前同日頃同郡〇〇〇〇〇〇〇〇〇〇〇方ニ於テ同女ニ對シ在上海ノ仕出屋ノ女中奉公ヲ爲サハ月二,三十圓ノ収入アル故上海ニ行キテハ如何ト詐言並甘言ヲ以テ同女ヲ誘ヒ同女ヲシテ其旨信セシメテ之ヲ惑ハシ

⑪誘惑12

○○○○○○方ニ於テ同人ニ對シ内地ニ於ケル給料ノ二，三倍ノ収入アル故四女○○○ヲ在上海ノ「カフェー」ノ女中トシテ奉公セシメテハ如何ト詐言並甘言ヲ構ヘ同人ヨリ之ヲ聞知セル×××ヲシテ右言ノ通リノ事實ナリト信セシメテ同女ヲ誘惑シ

⑫誘惑13

第七，被告人稔等六名並被告人章二ハ五三郎ト共謀ノ上章二ニ於テ同年三月末頃長崎市○○○被告人章二方ニ於テ○○○○ニ對シ海軍慰安所ノ女中トシテ上海ニ行キテハ如何給料ハ月四，五圓ナルモ祝儀ニ依ル収入ハ五，六十圓ニ達スル旨詐言並甘言ヲ以テ同女ヲ誘ヒ同女ヲシテ其ノ旨信セシメテ之ヲ惑ハシ

⑬誘惑14

同年三月末頃情ヲ知ラサル○○○○○ヲシテ同市ナル同人方ニ於テ○○○○ニ對シ前同様申向ケシメテ同女ヲ誘ヒ同女ヲシテ其旨信セシメテ之ヲ惑ハシ

⑭誘惑15

同年四月初頃前記被告人章二方ニ於テ○○○○ニ對シ海軍士官相手ノ飲食店ノ女中トシテ上海ニ行キテハ如何五十圓位ノ前借ヲ爲スモ一週間ニテ直チニ返濟シ得ヘキ旨詐言及甘言ヲ以テ同女ヲ誘ヒ同女ヲシテ其旨信セシメテ之ヲ惑ハシ

因テ孰レモ上海行ヲ承諾セシメタル結果

(3) 国外移送について

刑法同条第2項の國外移送罪の成立のためには，被拐取者を國外に移送する行為が必要である。判決書は以下のとおり，全ての被害者についてこれも成立していることを判示している。

①国外移送1，2，3

(イ)同年三月十四日長崎港出帆ノ上海丸ニ○○○○，○○○○，○○○○

等三名ヲ

②国外移送4
㈥同年四月一日同港出帆ノ長崎丸ニ〇〇〇〇ヲ

③国外移送5, 6, 7, 8, 9, 10, 11
㈧同月八日同港出帆ノ前記汽船ニ〇〇〇〇〇, 〇〇〇〇〇〇〇〇〇, ××〇〇〇, 〇〇〇〇, 〇〇〇〇〇, 〇〇〇〇〇等七名ヲ

④国外移送12, 13, 14
㈡同月十二日同港出帆ノ淺間丸ニ〇〇〇〇〇, 〇〇〇〇〇〇〇, 〇〇〇〇〇〇〇等三名ヲ

⑤国外移送15
㈩同年五月六日同港出帆ノ上海丸ニ〇〇〇〇〇〇ヲ
夫々順次ニ乗船セシメテ之ヲ誘拐シ各其ノ翌日同女等ヲ孰レモ順次上海ニ上陸セシメ以テ被拐取者ヲ帝國外ニ移送シタルモノナリ

2 証拠説明の部分

以下に「理由」中の証拠説明部分の詳細をあげる。

それを見ると当時の証拠調べの実態がある程度わかる。構成要件ごとに相当詳細に認定の根拠となる証拠およびその内容をあげて説明しているところから、相当程度事実認定を信頼することができる。しかし、日本司法の特徴である自白中心主義と書面証拠の偏重が見て取れる。当時は、予審による捜査が行われて、その予審段階の裁判官による尋問調書が公判でも活用されていた点が、警察官・検察官による尋問調書が使われている今日とは異なることに留意すべきであろう。

ただし、共謀の経過の発端が、「海軍指定慰安所」で「賣淫」を行わせる女性を集めるためであったとの点を除き、一審段階の証拠説明中には軍との関係にほとんどまったくと言ってよいほど言及がない点が気になる。海軍の「指定」というからには、業者が勝手に設置する施設ではないことが明らかである。上記のように吉見教授が指摘する海軍側の動き[*66]をも

合わせ考えると、海軍から被告人ら業者側に「海軍指定慰安所」設置の働きかけがあったことを強く推定できる。しかし、判決書からはその点が明らかになっていない。被告人・弁護人はもとより、検事を含む司法官が、何らかの理由で軍との関係を明らかにすることを避けたのではないのだろうか。

(1) 犯意の継続についての重要性の指摘

以下のように、認定事実ごとに詳細に証拠をあげて犯意[*67]の継続の認定の根拠をあげている。その力点は、以下の判決書部分（左記冒頭部分に注意）で明らかになるとおり、「被告人等カ判示海軍指定慰安所ハ同所雇入ノ婦女ヲシテ醜業ニ従事セシムルモノナルコトヲ了知シ居タルコト」および「内地ニ於テ婦女ヲ雇フ際ハ婦女ニハ醜業ニ従事スルコトヲ秘シ女給トシテ雇フカ可ナル旨ノ話」など事実を隠して被害者をだまそうと共謀したことにおかれている。主観的要件の立証だからやむをえないともいえるが、被告人らの自白を最大限に用いている点は、日本司法が未だに引きずり続けている問題点である。

　　　而シテ被告人春吉ヲ除ク其ノ餘ノ被告人等ノ判示所爲ハ犯意繼續ニ係ルモノトス

(2) 犯意継続以外の事実関係について

判決がもっとも重視して証拠関係を説明しているのは、犯意継続の点である。その説明に入る前に、まず初めに構成要件に該当する事実のうち重要だが、比較的簡単に事実認定ができる基本的な事実に関する証拠を簡単にあげている。

①被告人らの主観にかかわるが、海軍指定慰安所の性格に関して、それが被害女性に海軍の軍人を相手として性的サービスをさせる場所であることを認識していた事実を次のような証拠でおさえている。

　　　證據ヲ按スルニ判示事實中犯意繼續ノ點ヲ除ク爾餘ノ事實中被告人等カ判示海軍指定慰安所ハ同所雇入ノ婦女ヲシテ醜業ニ従事セシムルモノナルコトヲ了知シ居タルコトハ被告人市之助ヲ除ク其ノ餘ノ被告人等ノ當公廷ニ於ケル其ノ旨ノ供述ニ依リ被告人市之助ニ關シテハ同

人ニ對スル豫審第一囘訊問調書中其ノ供述トシテ其ノ旨ノ記載ニ依リ

②女性一五名を国外に移送した事実については以下の証拠によって認定している。

〇〇〇〇等十五名ノ婦女カ判示ノ日長崎港出帆ノ判示汽船ニ乗船シ各其ノ翌日上海ニ上陸シタルコトハ被告人稔、安太郎、富雄ノ當公廷ニ於ケル其ノ旨ノ供述並當公廷ニ於ケル被告人雪野ノ〇〇〇〇，〇〇〇〇，〇〇〇〇，〇〇〇〇，〇〇〇〇，〇〇〇〇，〇〇〇〇，〇〇〇〇，〇〇〇〇，〇〇〇〇ノ十名ニ關シ被告人ミキノ〇〇〇〇，〇〇〇〇，〇〇〇〇，〇〇〇〇，〇〇〇〇ノ五名ニ關シ被告人丈太郎ノ〇〇〇〇，〇〇〇〇，〇〇〇〇，〇〇〇〇ノ四名ニ關シ被告人春吉ノ〇〇〇〇〇ニ關シ被告人虎壽、市之助ノ兩名ノ〇〇〇，〇〇〇〇〇ノ兩名ニ關シ被告人虎壽ノ〇〇〇，〇〇〇〇〇ノ兩名ニ關シ被告人章二ノ〇〇〇〇，〇〇〇〇，〇〇〇〇ノ三名ニ關シ夫々判示同旨ノ供述ニ依リ

(3) 犯意継続について
①共謀の第一段階についての証拠
共謀の第一段階についての証拠をまず以下のとおり挙げている。

判示冒頭ヨリ被告人稔、安太郎、富雄及伊吉ノ四名カ判示ノ如ク富雄ニ於テ營業所ヲ供シ稔、伊吉ニ於テ婦女雇入ヲ擔當シ安太郎ニ於テ之カ資金ヲ提供スルコトヲ約シタル迄ノ事實ハ被告人稔、安太郎、富雄ノ三名ノ當公廷ニ於ケル其ノ旨ノ供述ニ依リ孰レモ明白ニシテ

②第二段階の共謀についての証拠
この段階では、被告人も被害者も多数であり、事実関係もきわめて複雑であること、その多数被告人の間で共謀が逐次成立し、実行行為も分担して継続的に反復された。そのため、事実認定に要した証拠関係の説明も以下のとおりきわめて複雑にならざるを得ないのである。

被告人稔、安太郎、富雄及伊吉間ニ婦女雇入ニ關シ判示ノ如キ協議ヲ爲シタル點ヨリ被告人安太郎ニ於テ其ノ旨ヲ被告人雪野、ミキ及五三郎ノ三名ニ通シ以テ以上被告人等五名及伊吉間ニ判示ノ如キ謀議カ

成立スルニ至リタル迄ノ事實及被告人雪野，ミキ及五三郎カ夫々被告
　　人丈太郎，春吉，虎壽，市之助，章二等ニ判示ノ如キ依賴ヲ爲シ因テ
　　同人等ト被告人稔，安太郎，富雄，ミキ，雪野及伊吉間ニ判示第一乃
　　至第七記載ノ如キ共謀關係カ成立スルニ至リタル事實ハ
　　　イ，被告人安太郎に対する予審第一回尋問調書[*68]
　　　ロ，証人〇〇〇〇に対する予審第二回尋問調書[*69]
　　　ハ，証人〇〇〇に対する予審第一回尋問調書[*70]
　　　ニ，被告人丈太郎に対する予審第二回尋問調書[*71]
　　　ホ，被告人雪野の当公廷における供述[*72]
　　　ヘ，被告人ミキに対する予審第一回尋問調書[*73]
　　　ト，被告人ミキに対する予審第二回尋問調書[*74]
　　　チ，証人ND五三郎に対する予審尋問調書[*75]
　　　リ，被告人雪野に対する予審第三回尋問調書[*76]
　　　ヌ，被告人春吉に対する予審第三回尋問調書[*77]
　　　ル，被告人虎壽に対する予審第二回尋問調書[*78]
　　　ヲ，被告人虎壽に対する第三回尋問調書[*79]
　　　ワ，被告人市之助に対する予審第一回尋問調書[*80]
以上を総合して事実認定をしている。

(4) 婦女誘拐の事実について

　この点でも，以下のとおり，各被告人ごとに誘拐の事実に関する証拠が詳細にあげられている。
　①誘惑1に関して判示第一の㈠記載のとおり被告人雪野が婦女を誘拐した事実は，証人〇〇〇〇〇に対する予審第一回尋問調書[*81]
　②誘惑2に関して判示第一の㈡記載のとおり被告人ミキが婦女を誘惑した事実は，証人〇〇〇〇〇に対する予審第一回尋問調書[*82]
　③誘惑3に関して判示第二記載のとおり〇〇〇〇〇が婦女を誘惑した事実は証人〇〇〇〇〇に対する予審尋問調書[*83]
　④誘惑4，5，6，7に関して判示第三記載のとおり被告人丈太郎が婦女を誘拐した事実は
　　　イ，被告人丈太郎に対する予審第一回尋問調書[*84]
　　　ロ，証人〇〇〇〇〇に対する予審尋問調書[*85]

ハ，証人〇〇〇〇に対する予審尋問調書[*86]
　ニ，被告人丈太郎に対する予審第一回尋問調書[*87]
　ホ，証人〇〇〇に対する予審尋問調書[*88]
⑤誘惑8に関して判示第四記載のとおり被告人春吉が婦女を誘拐した事実は
　イ，被告人春吉に対する予審第三回尋問調書[*89]
　ロ，証人〇〇〇〇〇に対する予審第一回尋問調書[*90]
⑥誘惑9，10に関して判示第五記載のとおり被告人虎壽，市之助の両名が判示のように婦女を誘拐した事実は
　イ，被告人虎壽に対する予審第六回尋問調書[*91]
　ロ，被告人市之助に対する予審第一回尋問調書[*92]
　ハ，証人〇〇〇に対する予審尋問調書[*93]
　ニ，証人〇〇〇〇に対する予審尋問調書[94]
⑦誘惑11，12に関して判示第六記載のとおり被告人虎壽が婦女を誘拐した事実は
　イ，被告人虎壽に対する予審第六回尋問調書[*95]
　ロ，証人〇〇〇〇〇に対する予審尋問調書[*96]
　ハ，証人〇〇〇〇に対する予審尋問調書[*97]
⑧誘惑13，14，15に関して判示第七記載のとおり被告人章二が婦女を誘拐した事実は
　イ，証人〇〇〇〇に対する予審尋問調書[*98]
　ロ，証人〇〇〇〇に対する予審尋問調書[*99]
　ハ，証人〇〇〇〇に対する予審尋問調書[*100]
　ニ，証人〇〇〇〇に対する予審尋問調書[*101]
　ホ，証人〇〇〇に対する予審尋問調書[*102]

　によってそれぞれ事実認定をしている。その上で，犯意（故意）が継続していた点は，証明十分としているが，（被告人春吉を除いて）その根拠として，同様の犯行を反復継続していることを根拠としてあげている。そして，結論としては，これらの証拠を総合して構成要件に該当する犯罪事実の証明が十分であると認定している[*103]。

3　法律の適用の部分について

　法令の適用の部分については，以下のとおりである。今日の刑事判決書は，当時の伝統的な判決書の形式を相当程度踏襲しているように見える。筆者は「今の刑事判決と類似している」との印象を持った。犯罪事実に関する構成要件としては刑法226条1，2項を適用している点，総論的には共同正犯に関する刑法60条を適用している点に注目すべきだろう。参考のために，判決末尾の日付と裁判官の記名押印の部分も上げておく。

　　法律ニ照スニ
　　被告人等ノ判示所爲ハ刑法第二百二十六條第二項第一項第六十條第五十五條（被告人春吉ニ對シテハ第五十五條ヲ適用セズ）ニ該當シ被告人春吉，虎壽，市之助ノ三名ニ對シテハ犯情憫諒スヘキヲ以テ同法第六十六條第六十八條ニ則リ酌量減輕ヲ爲シ各其ノ所定刑期範圍内ニ於テ被告人等ヲ主文第一項記載ノ如ク量刑處斷シ同法第二十一條ニ則リ未決勾留日數ノ一部ヲ主文第二項特記ノ如ク本刑ニ算入シ被告人春吉，虎壽，市之助ノ三名ニ對シテハ犯情刑ノ執行ヲ猶豫スルヲ相當ト認メ同法第二十五條ニ依リ主文第三項掲記ノ如ク刑ノ執行ヲ猶豫スヘク訴訟費用ニ付テハ刑事訴訟法第二百三十七條第二百三十八條ヲ適用シ主文第四項記載ノ如ク被告人等ニ其ノ負擔ヲ命スヘキモノトス
　　仍テ主文ノ如ク判決ス
　　昭和十一年二月十四日
　　長崎地方裁判所刑事部

　　　　　　　　　　　　裁判長判　事　本郷　雅廣　印
　　　　　　　　　　　　　　判　事　楢原　義男　印
　　　　　　　　　　　　　　判　事　高重　久任　印

＊1　「拉致」という言葉が2002年9月日朝首脳会談以降今日までマスコミを揺るがし続けているばかりか，筆者が参加した2003年8月国連人権小委員会審議に際しても日朝間で論争された。しかし，このマスコミ用語は，社会的に流通する言葉であっても，法的な用語ではない。マスコミによって，「拉致」とされる行為は，法的には刑法（33章）中の国外略取誘拐罪（226条）を中心とする誘拐罪の構成要件に当たる犯罪行為である。日本軍による「慰安婦」被害女性の強制連行（誘拐）は，上記マスコミ報道の「拉致」と法的には同じである。

342

同じ条文（226条1項）内の同種の構成要件（同条1項。暴力的方法による場合は略取行為となり，詐欺的方法による場合は誘拐行為となるだけの違いで，刑は2年以上の有期懲役で同じ）を構成する犯罪行為である。それにもかかわらず，同じ条文のなかで同様の刑責を問われるべき行為として報道されていない。これらマスコミの消費者である一般読者も，これらを同じものと意識していない可能性があるところに問題を感じる。

　これらを同じ問題として論じることができない理由がどこにあるのかを研究する必要があろう。筆者は，「私たちの心理的な傾向に人種差別的なダブルスタンダード（あるいは悪しき民族主義的な固定観念）があるから起きる現象ではないか」との仮説を持っている。ダブルスタンダードに支配されると，立論が感情的になり，説得力を欠く結果となる。その逆も真である。そのような問題を克服するためには，世界人類の視点をもち，被害・加害双方の拉致問題を解決する運動が必要なのではないか。アジアにおける拉致の歴史を解明することは，和解と平和を達成するために必須のプロセスとなるであろう。

本論文が報告する判決の発掘も，そのようなプロセスに一石を投じるものとなって欲しいと念願している。

＊2　筆者が神戸大学国際協力研究科（助教授）に勤務していた当時である2002年10月7日長崎地方検察庁に保存されていた原本のコピーを同検察庁から入手したもの。同検察庁のご協力に感謝する。
＊3　後記毎日新聞の報道によれば，大阪府立図書館に保管されていた『大審院刑事判例集』とされている。筆者は，報道当時ソウルの国会図書館にも同じ判例集が備えられていることを確認した。「國外移送誘拐被告事件（昭和十一年（れ）第三〇二一號同十二年三月五日第四刑事部判決　棄却）」『大審院刑事判例集』第16巻（上）法曹会（同13年12月10日発行）254〜262頁。上告人ＦＴ稔外6名。辯護人松永東，赤井幸夫，中井伊左男，河鰭彦次郎，山崎佐六外1名。第一審長崎地方裁判所。第二審長崎控訴院。
＊4　拙稿「確認された日本軍性奴隷募集の犯罪性――提示された和解への道」法学セミナー1997年10月号35〜38頁。
＊5　毎日新聞（大阪本社）の報道（1997年8月6日朝刊一面）の見出しは，「慰安所業者に誘拐罪」「強制連行」裏付け，大審院昭和12年に判例，真相調査団調べ」。
＊6　前掲拙稿法学セミナー1997年10月号。
＊7　前田朗「国外移送目的誘拐罪の共同正犯――隠されていた大審院判決――」戦争責任研究1998年春季号2〜9頁。
＊8　吉見義明編集解説『従軍慰安婦資料集』（大月書店，1992年）26〜27頁。
＊9　前掲・吉見『従軍慰安婦資料集』26頁。
＊10　前掲・吉見『従軍慰安婦資料集』27頁。
＊11　韓国挺身隊問題対策協議会・挺身隊研究会編＝従軍慰安婦問題ウリヨソンネットワーク訳『証言強制連行された朝鮮人慰安婦』（明石書店，1993年）1〜345頁。各証言を参照。

*12　1936年ごろから1945年までの間に拉致された一九名の朝鮮人慰安婦の証言によると，暴行によるものもあるが，「就業詐欺」によって動員されたものが最も多い（鄭鎮星〔チョン・ジンソン〕「解説軍慰安婦の実相」前掲『証言強制連行された朝鮮人慰安婦』27，28頁）。

*13　①証人とされている被害女性が上海で「カフェー」の女給として奉公するつもりだったにもかかわらず，現地についてから最初の話とは異なり「醜業」を強制され，手紙で家族（母親）に被害事実を訴えた事例がある。判決27枚目㋬（証拠説明の部分中婦女誘拐の事実に関する部分の判示第六に関する説明参照）②帰国後家族に真相を訴えたとの記載が判決の証拠関係の説明にある。判決21〜22枚目㋺（証拠説明の部分中婦女誘拐の事実に関する部分の判示第三に関する説明参照）これらから見ると，被害女性または家族が警察に拉致被害を訴えたことは十分あり得た。

*14　実際には，警察・検察が保管していたであろうはずの捜査記録を調査しない限り確実なことは言えない。司法関係者が軍との関係の詳細について沈黙した可能性もある。

*15　①2000年３月に民主党議員により国会（参議院）に提案された法案については，民主党ホームページ。http://www.dpj.or.jp/seisaku/jinken/BOX_JK0002.html。2004年１月18日ヒット。②その後，民主，共産，社民の三党により共同して提案されるようになった法案とその審議経過（筆者も参議院内閣委員会で2002年12月12日参考人として意見陳述をおこなった）については，「女性政策ウォッチ」ホームページ http://www.jca.apc.org/~fsaito/sexslave.html。2004年１月18日ヒット。

*16　もっとも，原審の公判も公開審理でなされ，判決も公開法廷で言い渡されたと思われる。判決言い渡しについては，言い渡しの翌日ごろ長崎新聞がこの長崎地裁判決を報道したことを同新聞社広報担当者から確認できた。

*17　原審判決が長崎地方裁判所と長崎控訴院によるものであることは，大審院判決からわかっていた。しかし，筆者は，60年も以前の戦前の判決であり，場所が原爆の被害にあった長崎だけに，原審判決は残っていないのではないかと漠然と考えていた。多くの他の研究者も同じ思いだったのではないだろうか。また，筆者は，海外留学の期間がながく，1997年当時は韓国に居住していた。米国経由で神戸大学に赴任するために日本に帰国したのは，2000年３月のことだった。その後，しばしば原審判決のことが気にかかっていたので，念のため原審判決を保管している可能性がある長崎地方検察庁に電話で問い合わせをした結果，幸運にもこれらの判決がまだ保管されていることがわかったのである。

*18　1990年６月参議院予算委員会で「従軍慰安婦」問題をとりあげた本岡昭次参議院議員（2004年１月現在副議長）による真相究明の要求を政府は拒絶した。しかし，その後継続した国会での真相究明の要求，韓国の多数の女性団体などの強い抗議，被害者の名乗り出，歴史家による研究，韓国政府の要求，国連でのＮＧＯによる批判などの相次ぐ運動の過程で，日本政府も真相究明の約束を繰り返すにいたった。

たとえば，1991年4月1日再び参議院予算委員会総括質問の際に，同議員が，政府の責任で徹底的に解明することを強く要求した結果，海部総理大臣（当時）は，「日本とアジア諸国が未来指向型の関係に移っていくためにも，過去の問題についてはできる限り調査をし，真実を明らかにし，提供すべきものは提供していかなければならぬと思っている」と答弁するにいたった。その経過については，①本岡昭次『「慰安婦」問題と私の国会審議』本岡昭次東京事務所（2002年4月）1〜194頁。②同議員のホームページ http://www.sphere.ad.jp/daiwa/motooka/edu/edu13.htm。2004年1月18日ヒット。

*19　日本軍「慰安婦」問題を含む戦争被害に関する真相究明法案については，戦争被害調査会法を実現する市民会議「恒久平和調査局設置法をめぐる動き」。同市民会議ホームページ http://www.geocities.co.jp/HeartLand-Keyaki/5481。2004年1月18日ヒット。

*20　尹明淑『日本の軍隊慰安所制度と朝鮮人軍隊慰安婦』（明石書店，2003年）83頁。

*21　吉見教授が詳細に同趣旨の解説をしている。前掲吉見『従軍慰安婦資料集』31〜36頁。

*22　拙稿「国際法からみた日本軍性奴隷問題」『岩波講座現代の法11　ジェンダーと法』（岩波書店，1997年）313〜337頁。

*23　前掲拙稿法学セミナー1997年10月号で，筆者は大審院判決の発見に関連して，この点を以下のとおり指摘した。「問題は，植民地だった朝鮮や台湾からの海外渡航の場合は同様の禁止措置が取られた形跡がないことである。日本の政策が，日本では軍「慰安婦」の誘拐国外移送を厳しく取締り，植民地では不処罰の状態におくというものだったことを浮き彫りにする発見だ。……朝鮮では，朝鮮刑事令（明治四五年三月制令第一一号）によって原則的に日本の旧刑法（戦前の明治四五年四月法第四五号を指す。明治一三年刑法ではない）が適用されていたので，女性を軍「慰安所」で働かせようと，国外（朝鮮の外への）移送を目的に女性を略取・誘拐した場合，国外移送した場合も共に犯罪として朝鮮の裁判所による処罰が可能だったはずだ。ところが，現実にはそのような処罰例が知られていない。日本軍・官　憲・総督府が密接に連携をとり，（植民地では）軍「慰安婦」の連行について不処罰の政策を貫いたから，多くの植民地女性・少女が被害者になったという説明とも符合する。日本の旧刑法の誘拐などの罪については，日本内地人の国外犯の処罰ができた（三条一一号）。朝鮮・台湾で，日本内地人が未成年者を略取・誘拐した場合，営利のために（前借り金返済をさせようとする場合なども含む），女性を略取・誘拐した場合には日本内地の裁判所が処罰できた。」

*24　たとえば，前掲・尹83頁には，「『東京日々新聞』一九三八年二月二四日付けに「海外誘拐団発覚？軍部詐称一味を東京から検挙」と言う見出しの記事が掲載された」とある。この事件では警察が動いたことは事実なのであろう。果たして，起訴，判決がまで進んだのかについて研究を深める余地があろう。

*25　韓国ではこの問題に関する裁判例の研究は未着手のようであって，知られ

ていない。しかし，当時の新聞からわかる限りの女性の誘拐事件についての調査は以下の論文に発表されている。（韓国語論文）山下英愛「植民地支配と公娼制度の展開」韓国社会史学会雑誌『社会と歴史』（1997年春号）143～187頁中の173～179頁。

＊26 拙稿「ジェンダーと法」『AERA Mook ジェンダーがわかる』（朝日新聞社，2002年）40～42頁。拙稿「司法・八方・オピニオン 司法改革で何をするのか──議論に欠けている視点」月刊司法改革15号（2000年12月）60～64頁。
＊27 この頃の「日本での慰安婦の徴集原則」については，前掲吉見『従軍慰安婦資料集』31～36頁に詳しい。同書掲載資料3～9（同書95～112頁）。
＊28 永井教授は，1938年2月23日内務省警保局長通牒で「不良分子」の渡航制限をしていた従来の政策（1937年8月31日付け外務次官通達）を変更し，軍の威信を失墜させないために女性が「醜業」を目的に渡航することを業者に隠蔽させ，実際は中国への渡航を黙認することで，渡航制限を一部緩和するようになったと見ている。永井和「陸軍慰安所の創設と慰安婦募集に関する一考察」20世紀研究創刊号79～111頁中の104～105頁。
＊29 前掲・永井「考察」84頁。
＊30 前掲・永井「考察」83頁。
＊31 前掲・大審院刑事裁判例集15巻（上）の発行自体は，若干遅れて1938年の12月になった。
＊32 在上海総領事館による「昭和十一年中ニ於ケル在留邦人ノ特殊婦女ノ状況及其ノ取締」という文書（前掲吉見『従軍慰安婦資料集』91～93頁）はなぜこの時期に作成されたのだろうか。時期的にいうと，大審院判決の結果，外務省（国外への移送事件は同省の重大関心事だろう）もそうだが，この長崎事件の現場となった上海の総領事館も何らかの対応を迫られ，その前年（1936年）末までの総合的調査を必要としたのではないだろうか。
＊33 前掲・吉見『従軍慰安婦資料集』95～99頁。
＊34 前掲・吉見『従軍慰安婦資料集』の解説は31頁。
＊35 前掲・永井「考察」84頁。
＊36 内務省発警第5号昭和13年2月23日「支那渡航婦女ノ取扱ニ関スル件」内務省警保局長から各庁府県長官宛通牒。前掲・吉見『従軍慰安婦資料集』102～114頁。
＊37 筆者はこのような方法には反対であって，それを薦めているのではない。
＊38 明治33年10月2日内務省令第44号「娼妓取締規則」。
＊39 「醜業ヲ目的トスル婦女ノ渡航ハ現在内地に於イテ娼妓其ノ他事実上醜業ヲ営ミ満二十一歳以上」であること，「本人自ラ警察署ニ出頭シ身分証明書ホ発給ヲ申請スルこと」，「必ズ同一戸籍内ニアル最近尊族親……ノ承諾ヲ得セシムルコト」。
＊40 三条約を総合すれば，未成年の場合はともかく，成年女性の場合は強制的手段または詐欺的手段による勧誘，誘引，拐去によってなされる，「醜行」目的での国外移送を禁止し，違反者の処罰を義務付けていたと読める。これを実

施するには，刑法226条の構成要件を満たす行為を犯したものを実効的に処罰すれば対応できそうである。もっとも，軍「慰安所」に行くことを隠して女性を募集した場合は，仮にその女性が公娼であったにせよ，詐欺的な手段による勧誘，誘引，拐去となることは疑いないであろうし，刑法226条にも違反するのである。公娼であれば，どうされても法が適用されなくなるような発想は厳にいましめるべきであろう。

*41 　前掲・吉見『従軍慰安婦資料集』33頁。
*42 　前掲・永井「考察」106～107頁。
*43 　前掲・吉見『従軍慰安婦資料集』105～107頁。
*44 　①日本軍「慰安婦」問題に関する不処罰問題は，国連・ＩＬＯでも審議が継続しており，ＩＣＪ報告書，クマラスワミ報告書，マクドゥーガル報告書，ＩＬＯ専門委員会報告書などが継続的に公表され，日本政府への不処罰批判が継続し続けていることは周知の事実である。拙著『日本が知らない戦争責任』（現代人文社，1999年）。②最近では，女性国際戦犯法廷判決があるが，これに関する日本語文献は相当数出版されている。ＶＡＷＷ─ＮＥＴジャパン編・責任編集西野瑠美子・金富子『裁かれた戦時性暴力』白澤社（2001年）。同・責任編集松井やより外『女性国際戦犯法廷の全記録』〔Ⅰ〕（2002年）。同〔Ⅱ〕（2002年）。
*45 　拙稿「武力紛争時の性奴隷等への対応を強めた国連人権小委員会不処罰根絶に向け二作業文書作成を決定し新段階へ」「『戦争と女性への暴力』日本ネットワークニュース」7・8月号合併号23～25頁。拙稿「ジュネーブ国連人権小委員会法報告」友和595号（2003年11月10日）4～5頁。
*46 　2004年2月オーストラリア・アデレードにおいて報告。TOTSUKA, Etsuro, "Can we prevent systematic sexual violence against women during war time? Learning from the history of the Japanese case of 'comfort women'", at The Challenge of Conflict International Law Responds: International Law Conference, Adelaide, South Australia, 26-29 February 2004.
*47 　Ｇｏｏニュース（共同通信）「北朝鮮拉致被害者支援団体「救う会」関連の「特定失そう者問題調査会」は11日，拉致の疑いが濃厚として公表した12人の家族らが29日に国外移送目的略取容疑で各地の警察に被疑者不詳で一斉告発することを明らかにした。」（更新日時：2004年01月11日（日）11：36）。ここで援用されている「国外移送目的略取誘拐罪」は，刑法第33章の第226条で，「日本国外に移送する目的で，人を略取し，又は誘拐した者は，二年以上の有期懲役に処する。 2 　日本国外に移送する目的で人を売買し，又は略取され，誘拐され，若しくは売買された者を日本国外に移送した者も，前項と同様とする。」という条文である。カタカナ混じり文語体がひらがな交じりの口語体になっただけ（帝國が日本になっているが）で，長崎地裁が「海軍指定慰安所」への女性の拉致に対して適用した戦前の刑法226条と同じ構成要件からなる同じ条文なのである。なお，前田朗教授（「拉致疑惑の刑事法的検討」世界686号）も，可能な法的アプローチとして日本刑法上の「国外移送目的誘拐」をあげて

補論1　戦時女性に対する暴力への日本司法の対応　**347**

いる。
*48 筆者が閲覧したのは，原本ではない。原本の一部が削除されたコピーを閲覧することができたものの，原本の閲覧はできなかった。たとえば，被告人の氏名はあるが，住所は不完全である。被害者の氏名はない。事件に関与した裁判官および検察官の氏名はあるが，弁護人の氏名はわからない。不明な点は今後の研究によって明らかにされる必要があろう。保管されていたこの事件関係の記録の通し頁（他の文書，たとえば大審院判決などとともに編綴されている可能性があり，全体の通し頁ではないか）は，上部にあり，Ｂ４サイズの用紙一枚目は「弐八」とされ，31枚目は「五八」となっている。すでに，被害者名，被告人の住所の一部などの文字がマスクされてコピーされていた。つまり，原本の一部を隠したもののコピーを閲覧した。それをコピーしたので，当然相当部分が空白である。判決主文の後半から，「理由」の直前まで15行分は，空白である。この部分は主文第四項の訴訟費用の負担を命じた箇所を含んでいたと思われる。この空白には，それ以外に，証拠の標目の部分も含まれていた可能性があるが，原本を閲覧できなかったので，その部分がなにかはっきりしない。確実な情報を確認するためには，原本全体の閲覧が必要である。判決を引用する際，この空白は，できる限り字数も正確に表すために空白を「○」として表記した。なお，被告人の場合は，氏名が判読できるが，姓の漢字を省略形のローマ字に直して，特定を困難にした。其の他の関係者については，特に被害者の氏名は（原則として空白になっていたが，一部に名が特定できるところもあるので，この部分は），「×」として表記した。なお，被告人の住所・本籍の大部分は空白であるが，空白の字数が判明しないので，何も記載しないことにした。
*49 入力作業は，上拂耕生氏（法学館研究員・法学博士）の手を煩わせた。同氏にはその他の資料収集にも協力してもらった。同氏と法学館の協力に感謝する。
*50 上告審の弁護人は，前掲注3を参照。
*51 昭和11年２月判決言い渡し当時，司法省長崎地方裁判所檢事局檢事であった（内閣印刷局編『職員録』同局発行（昭和10年７月１日現在）265頁）。その経歴は，明治37年８月15日生，長野縣南佐久郡川上村，昭和５年11月高等試験司法科合格，同6年3月京都帝國大学法学部卒業，同年同月陸軍工兵少尉，同年６月司法官試補　東京地方裁判所詰，同７年12月檢事　東京地方裁判所豫備檢事，同８年９月八王子區裁判所豫備檢事，同年同月長崎區裁判所檢事・正七位（大日本法曹大観編纂會・代表者沖邑良彦・高平始『大日本法曹大観』國民社〔1936年〕441頁）。
*52 前掲内閣印刷局編『職員録』（昭和10年７月１日現在）265頁。
*53 判決言い渡し当時，司法省長崎地方裁判所（判事）部長・正五位勲五等であった（前掲『職員録』）。その経歴は，明治20年１月11日生，福岡縣京都郡今元村，大正５年７月京都帝國大學法科大學卒業，同年８月司法官試補　大阪地方裁判所詰，同７年４月判事　大阪地方裁判所豫備判事，同年７月高知地方裁

判所判事、同8年4月大分地方裁判所判事、同12年8月長崎控訴院判事、昭和7年4月佐賀地方裁判所部長、同8年11月大分地方裁判所部長、同10年3月長崎地方裁判所部長（前掲『大日本法曹大観』433頁）。

＊54　判決言い渡し当時、司法省長崎地方裁判所判事・従六位であった（前掲『職員録』）。その経歴は、明治33年1月15日生、福岡縣三井郡弓削村、大正14年3月日本大學法律科卒業、同年12月高等試験司法科合格、同15年四月司法官試補　大阪地方裁判所詰、昭和3年10月判事　佐賀地方裁判所豫備判事、同4年6月佐賀地方裁判所判事、同7年4月久留米區裁判所判事、同年10月小倉區裁判所判事、同9年12月長崎地方裁判所判事（前掲『大日本法曹大観』434頁）。

＊55　判決言い渡し当時、司法省長崎地方裁判所判事・正七位であった（前掲『職員録』）。その経歴は、明治40年3月30日生、福岡縣安藝郡海田市町、昭和5年3月九州帝國大学法文學部卒業、同年11月高等試験司法科合格、同6年6月司法官試補　大阪地方裁判所詰、同7年12月判事　大阪地方裁判所豫備判事、同8年9月長崎地方裁判所豫備判事、同年10月長崎地方裁判所判事（前掲『大日本法曹大観』435頁）。

＊56　①川上悍（いさむ）檢事は、蒙古連合自治政府検察官張家口高検次長兼最高検検察官、中央矯正研修所長、東京矯正管区長などを歴任し、昭和39年（1964年）3月退職し（『第二七版人事興信録・上』〔人事興信所、昭和50年発行〕236頁）、同月27日第二東京弁護士会に登録、弁護士を開業し、同50年（1975年）12月17日死亡につき登録を取り消した（日弁連審査課調べ）。②本郷雅廣判事は、釧路地方裁判所所長などを歴任し（内閣印刷局編纂『職員録』同局発行〔昭和18年7月1日現在〕63頁）、昭和22年（1947年）2月4日福岡弁護士会に登録弁護士を開業し、昭和31年（1956年）10月31日登録を取り消した（日弁連審査課調べ）。③楢原義男判事は、広島地検事正、最高検事などを歴任し、昭和38年（1963年）退任した後、公証人となり、東京都港区に在住した（『第二四版人事興信録』〔人事興信所、昭和43年〕224頁）。④高重久任判事は、残念ながら判決当時から後の消息がつかめなかった。ただ、旧姓が「小山田」であり、大阪外語大学の出身であることがわかった（九大同窓会連合会調べ）。昭和26年の大阪外語大学の同窓生名簿には名前のみの記載があり（住所地は空白）、次号の昭和31年発行の名簿では物故者のリストに記載されていたとのことである。したがって、この間に亡くなったと推定される（咲耶会調べ）。

　したがって、4名の判検事の中には現在判決当時の事情を聞くことができそうな人はないと思われる。消息調査にご協力くださった方々に感謝する。

＊57　本書では掲載を省略したが、4名の写真は、いずれも前掲『大日本法曹大観』433～441頁に掲載されている。

＊58　時代背景だが、軍部は、1931（昭和6）年満州事変を起こし、満州の植民地化を既成事実化した。上海事変が勃発した1932（昭和7）年には、過激な国粋主義的軍人は、五・一五事件を起こした。1933（昭和8）年には滝川事件が、1935（昭和10）年には機関説事件が起き、学問の自由は失われた。軍人は、1936（昭和11）年2月26日には重臣を殺害するクーデターを起こしている。こ

の二・二六事件は，本判決言い渡しの直後に起きた。
* 59 立法解決が可能であることは，補論2の「戦時性的強制被害者問題の解決の促進に関する法案」に関する説明を参照されたい。
* 60 拙稿「日本軍性奴隷被害者への支援活動と男性中心社会からの脱却」戦争と性21号（2003年）26～41頁。
* 61 証人ではあるが，起訴されていない共犯者である。判決29枚目㊧（証拠説明の部分中婦女誘拐の事実に関する部分の判示第七に関する説明参照）。
* 62 判決書の章立とはなっていないが，読者の理解を助けるために筆者が適当に分けたものである。
* 63 昭和11年当時の刑法（明治40年法45）は，基本的に現在の刑法とほぼ同様であった。刑法60条「二人以上共同シテ犯罪ヲ実行シタル者ハ皆正犯トス」
* 64 当時の刑法226条「帝國外ニ移送スル目的ヲ以テ人ヲ略取又ハ誘拐シタル者ハ二年以上ノ有期懲役ニ處ス　帝國外ニ移送スル目的ヲ以テ人ヲ賣買シ又ハ被拐取者若クハ被賣者ヲ帝國外ニ移送シタル者亦同シ」
* 65 誘惑の行為ごとに1から15まで番号をふったが，これは筆者が便宜的に付したものであり，判決にはないので注意を要する。
* 66 前掲・吉見『従軍慰安婦資料集』の岡部直三郎日記の記載。
* 67 故意のことであろう。
* 68 ㈡被告人安太郎ニ對スル豫審第一囘訊問調書中其ノ供述トシテ上海ノ江星旅館ニ於テＭＫ富雄，ＫＷ伊吉，ＦＴ稔等ト慰安倶楽部（海軍指定慰安所ノ事）經營ニ付話ヲ爲シタル際ＭＫハ一同ニ對シ女ハ女中ト言フ事ニシテ雇フカ良イト申シタル樣ニ記憶ス而シテ伊吉ハ自分ノ妻雪野，稔ハ自宅ニ夫々自分カ出資ヲ承諾シタル旨ヲ手紙ニテ通シ女雇入ノ手配ヲ頼ミタルカ自分カ上海ヨリ歸ル際昭和七年三月十三日頃稔，伊吉ノ兩名ハ自分ニ内地ヨリ女ヲ雇ヒ送ル樣依頼シタル故長崎ニ歸宅後直チニ自宅ニ西田五三郎，ＦＴミキヲ招キ雪野モ居ル所ニテ此度伊吉，稔ノ兩名カ上海在住ノＭＫ富雄ナル者ト海軍指定慰安所ヲ共同經營スルニ至リタルコト及該慰安所ハ内地ノ女郎屋ト同樣醜業ニ從事スルモノナルコトヲ話シ同所ヘ送ル女ヲ世話シテ吳レト三名ニ申シタルカ其ノ際自分カ女ヲ雇フニハ女中トシテ雇フ樣ニスルカ良イト申シタルコトハ相違ナキモ斯樣ニ申シタル理由ハ淫賣婦トシテ上海行ヲ勸誘スルコトハ言ヒ難キ事ナルト且女中トシテ雇ヘハ人ヲ集メ易キ故左樣ニ申シタル次第ナル旨ノ記載
* 69 ㈡證人〇〇〇〇ニ對スル豫審第二囘訊問調書中其ノ供述トシテ上海ノ江星旅館ニ於テＭＫ富雄，ＦＴ稔，ＯＺ安太郎等カ海軍指定慰安所經營ノ話ヲ爲シタル時自分ハ同室ニ居リタルカ其ノ際富雄ハ内地ニ於テ婦女ヲ雇フ際ハ婦女ニハ醜業ニ從事スルコトヲ秘シ女給トシテ雇フカ可ナル旨ノ話ヲ爲シ稔，安太郎ノ兩名ハ之ニ同意シタル旨ノ記載
* 70 ㈢證人〇〇〇〇ニ對スル豫審第二囘訊問中其ノ供述トシテ自分ハＭＫニ對シ女ハ如何ニシテ雇ヒ來ルカト質問シタルトコロ同人ハ「女給トカ女中トカ言フ事ニシテ連レテ來レハ譯ハ無イジャナイカ」トカ「ソンナ事ハ何フテモ良イジャナイカ」ト申シタル旨ノ記載

*71 (ニ)被告人丈太郎ニ對スル豫審第二回訊問調書中其ノ供述トシテ在上海ノ伊吉ヨリ自分宛ノ手紙ニハ客取ヲスル女ヲ雇ヒ呉レトノ記載ナク反對ニ女給又ハ仲居トシテ雇ヒ呉レト書キアリタルモ自分ハ女ニハ賣淫ヲ爲サシメルモノト思ヒタリ而シテ此ノ手紙受領後雪野方ニ行キタルトコロ同人ハ自分以上ニ詳細ニ事情ヲ知リ居リタルヲ以テ伊吉ヨリ雪野ニ對シテモ手紙カ來テ居ルモノト思ヒタリ其ノ後伊吉ヨリ電報カ參リ雪野方ニ招致サレ同人ニ面談シタル時同人ハ今度ノ船ニ間ニ合フ樣女ヲ送ラネハナラヌ故早目ニ女ヲ雇ヒ呉レ而シテ其ノ雇入ニ付テハ女給又ハ仲居トシテ雇フ樣命令的ニ申シタリ同人ハ其ノ際賣淫ノ事ヲ秘シテ雇ヘト判然トハ申ササリシモ其ノ口吻ヨリシテ自分ハ賣淫ノ事ヲ秘シ女給又ハ仲居トシテ雇ヒ呉レト言フ意味ニ解シタル旨ノ記載

*72 (ホ)被告人雪野ノ當公廷ニ於ケル在上海ノ伊吉ヨリ自分宛ニ女雇入ヲ依頼スル旨ノ手紙カ參リタルコトハ相違ナキ旨ノ供述

*73 (ヘ)被告人ミキニ對スル豫審第一回訊問調書中其ノ供述トシテ昭和七年三月初頃雪野方ニ招致サレ同人ニ面談シタル時同人ハ上海ヨリ手紙カ參リ從來ＭＫナル者カ上海ニ於テ海軍慰安所ナル淫賣屋ヲ經營シ居リタルカ今度安太郎，ＫＷ伊吉及貴殿ノ主人稔ノ三名カ共同ニテ該慰安所ヲ經營スルコトニナリ同所ニ女ヲ送ラネハナラヌ故當方ニ於テモ盡力スル故貴殿ニ於テモ世話ヲ爲シ呉レ金ハ立替ヘ置ク尚婦女雇入ニ付賣淫ノ事ヲ話セハ金カ高ク掛ル故其ノ事ハ言ハス女給トシテ雇フカ良イト申シタル故女ハ女給トシテ雇フ事ニ一決シタリ仍テ自分ハ直チニＭＳ章二方ニ行キ同人ニ女給ノ雇入方ヲ頼ミタル旨ノ記載

*74 (ト)被告人ミキニ對スル豫審第二回訊問調書中其ノ供述トシテ安太郎カ上海ヨリ歸國後自分及○○○○○カ安太郎方ニ招致サレタル時同人ハ女ニ賣淫ノ事ヲ打明ケテ雇ヘハ百圓ノトコロニ二百圓モ要スル故女給トシテ雇フカ可ナル旨申シタルヲ以テ自分ハ「左樣ニシマセウ」ト返事ヲ爲シタルカ右ノ話ヲ聞キ是ハ自分ノ主人稔トモ相談ノ事ナラント思ヒタリ而シテ其ノ日直チニ章二方ニ行キ同人ニ婦女雇入方ヲ依頼シタル旨ノ記載

*75 (チ)證人ＮＤ五三郎ニ對スル豫審訊問調書中其ノ供述トシテ安太郎カ上海ヨリ歸國後自分及ＦＴミキノ兩名ハ安太郎方ニ招致サレタルカ其ノ際安太郎ハ上海ニ於テ帝國海軍軍人ヲ相手トスル海軍慰安所ナル淫賣屋ヲＦＴ稔ト共同ニテ經營スルコトニ爲シ同所ニ女ヲ送ラネハナラヌカ女ヲ雇フニ付テハ賣淫ノ事ヲ秘シ女給トシテ雇フカ良イト申シタリ自分ハ賣淫ヲ爲ス酌婦トシテ雇ヘハ金モ掛リ且希望者モ少キ故安太郎カ右ノ樣ニ申シタルモノト考ヘ又此ノ事ハ安太郎單獨ノ考ニ非スシテ上海ニ於テ稔等トモ相談ノ事ナルヘシト察シ「左樣シマセウ」ト返事シ同人方ヲ辭シ稔方ニ立寄リタルトコロＭＳ章二カ居合セタル故同人ニ安太郎ノ申シタル通リヲ傳ヘタルトコロ章二ハ「ソンナ風テ雇ハネハ上海邊ニハ女カ直ク行カフト言ハヌ」ト申シタル故自分ハ章二モ同意見ト思ヒタル旨ノ記載

*76 (リ)被告人雪野ニ對スル豫審第三回訊問調書中其ノ供述トシテＮＴ丈太郎ト女雇入ノ方法ニ付客ヲ取ル酌婦トシテ雇ヘハ何千圓モ要スル故女給トシテ雇フカ良イ左スレハ多額ノ金員ヲ要セヌト相談シタルコトハ相違ナキ旨ノ記載

補論１　戦時女性に対する暴力への日本司法の対応　**351**

＊77　(ヌ)被告人春吉ニ對スル豫審第三回訊問調書中其ノ供述トシテ昭和七年三月十八日頃上海ニ行キタル時同地ニ於テＯＺ雪野ニ面會シタル際〇〇〇〇〇ノ話ヲ爲シタルトコロ雪野ハ同人ヲ雇フテモ良イト申シタル旨ノ記載

＊78　(ル)被告人虎壽ニ對スル豫審第二回訊問調書中其ノ供述トシテ昭和七年中ＯＺ雪野ヨリノ招電ニ依リ同人方ニ行キタルニ同人ハ上海ノ淫賣屋ニ送ル女ヲ世話シテ吳レト申シタルモ自分ハ氣乘リセサリシトコロ市之助ニ尋ネサセテ吳レト申シタル旨ノ記載

＊79　(ヲ)被告人虎壽ニ對スル豫審第三回訊問調書中其ノ供述トシテＯＺ雪野ハ自分ニ女雇入ノ世話ヲ賴ミタル際〇〇〇〇〇同〇〇〇以外ノ女ヲ雇フ際ハ上海ニ行キ女郎ノ如キ仕事ヲスルト言ヘハ嫌フ者モアル故左様ナ事ハ言ハスニ上海カ景氣ナル故行キテハ如何ト申向ケテ勸誘シ吳レト申シタル旨ノ記載

＊80　(ワ)被告人市之助ニ對スル豫審第一回訊問調書中其ノ供述トシテ昭和七年春頃ＵＤ虎壽カＯＺ雪野ヨリ上海ノ料理屋ニテ客取ヲスル女ノ雇入方ヲ依賴サレタルヲ以テ共ニ世話シ吳レト依賴シ尚〇〇〇〇〇〇〇〇〇〇ヲ世話スル際ニハ客取ヲスルコトハ言ハヌカ良イト虎壽カ申シタル故之ニ同意シタル旨ノ記載

＊81　判示第一ノ(二)ノ如ク被告人雪野ニ於テ婦女ヲ誘拐シタル事實ハ證人〇〇〇〇〇ニ對スル豫審第一回訊問調書中其ノ供述トシテ昭和七年四月初頃ＯＺ雪野方二階ニ於テ同人ト面會シタル時同人ハ雇入先ハ上海ノ大キナ食堂ニシテ兵隊ノ遊ヒニ來ル所テアリ「チップ」ノ外ニ品物ノ賣上金ノ歩合モ貰ヘル故月二，三百圓儲カルト申シタル故自分ハ何レ客ニ飲食物ヲ運フノカ仕事ナラント考ヘ同人ノ言ヲ信用シテ上海行ヲ承諾シタルモ若シ淫賣ヲスルトノ事カ判明シ居タリトセハ自分ハ上海ニ行ク筈ニハ非ラサリシモ實際上海ニ行キタルトコロ其處ハ賣淫專業ノ所ナリシ故自分ハ全ク欺カレテ上海ニ送ラレタルコトカ判明シタル旨ノ記載ニ依リ

＊82　判示第一ノ(二)ノ如ク被告人ミキニ於テ婦女ヲ誘惑シタル事實ハ證人〇〇〇〇〇ニ對スル豫審第一回訊問調書中其ノ供述トシテ昭和七年四月初頃長崎市〇〇〇ＭＳ章二方ニ於テＦＴミキニ會ヒタル際同人ハ上海ノ勤先ハ食堂ノ女給ナル故客ヲ取ル要モナク又若シ嫌ナラハ上海見物ノミヲ爲シ歸國シテモ宜キ故上海ニ行キテハ如何上海ハ好景気ナル故百五十圓ノ前借金ハ二，三ヶ月ニテ完濟シ得ヘク□〔一字判讀不能〕ニモ毎月五十圓位送金出來ルト申シタルモ賣淫ノ話ハ全然ナク寧ロ女給ナル故客ヲ取ル要ナシトノ事ナリシ故賣淫セヌモノト信シテ上海ニ行キタルトコロ同所ハ海軍軍人相手ニ專ラ賣淫ヲナス所ナリシ故ＦＴミキニ欺カレタル事カ判リ悲シクナリタル旨ノ記載ニ依リ

＊83　判示第二ノ如ク〇〇〇〇〇ニ於テ婦女ヲ誘惑シタル事實ハ證人〇〇〇〇〇ニ對スル豫審訊問調書中其ノ供述トシテ〇〇〇〇〇〇ハ自分ノ次女ナルモ昭和七年五月初頃〇〇〇〇〇カ自分方ニ參リＦＴノ兄貴（ＦＴ稔ノ事）カ上海ニ於テ軍隊ノ娛樂場ノ如キモノヲ經營シ酒ヤビールヲ賣リ居ル軍隊ノ酒保ノ如キ所ノ賣子ノ仕事ヲ爲ス者トシテ娘×××ヲ上海ニ奉公セシメテハ如何，上海ハ好景氣ナル故一年居レハ内地ノ三年分ヤ五年分ノ儲カアルト申シタル故其ノ話ノ趣

旨ヲ娘ニ傳ヘタルトコロ上海行ヲ承諾シタリ自分モ娘モ醜業ニ従事スルモノナルコトハ全然知ラス若シ之ヲ明白ニ知リ居リタリトセハ僅カニ二十圓位ヲ貰ヒ娘ヲ上海ニ奉公セシムル事ハセス亦娘ニ於テモ其ノ儘ニテハ行カサリシ筈ナリ昭和八年二、三月頃娘〇〇〇ハ歸國シタルカ其ノ時同人ハ上海ニ於テハ内地ニ於ケル話ト異リ客取リヲサセラレ辛苦シタト申シタル旨ノ記載及證人〇〇〇〇〇ニ對スル豫審訊問調書中其ノ供述トシテ自分カ〇〇〇〇〇ニ對シ娘〇〇〇ノ上海行ヲ交渉シタル時〇〇〇ニ上海ニ於テ醜業ニ従事スルモノナリトノ事ハ一切打明ケサリシコトハ相違ナキ旨ノ記載ニ依リ

*84　(イ)被告人丈太郎ニ對スル豫審第一回訊問調書中其ノ供述トシテ昭和七年三月十日頃長崎市外〇〇〇〇〇〇〇〇方ニ於テ同人ニ對シ今度上海ニ海軍慰安所ナル大キナ料理屋カ出來ル故貴殿ノ娘ヲ上海ニ奉公ニ出シテハ如何ト申向ケタルトコロ同人ハ〇〇〇〇ヲモ招致シタル故同人ニモ前同様申シタルニ同人等ハ娘ニ意見ヲ聞クト言ヒ其ノ後自分方ニ同人等ノ娘〇〇〇〇，〇〇〇〇ヲ連行シ來リタル故自分ハ娘兩名ニ前同様申シタルニ同人等ハ上海行ヲ承諾シ尚當時佐世保ノ料理屋ニ奉公シ居タル〇〇ノ妹〇〇ヲモ上海ニ出スコトニナリタリ自分カ〇〇〇〇及〇〇〇〇〇兩名ニ對シテハ淫賣ト言フ事ハ打明ケスニ女給又ハ仲居ノ如キ仕事ヲスルト申シタル事ハ相違ナキ旨ノ記載

*85　(ロ)證人〇〇〇〇ニ對スル豫審訊問調書中其ノ供述トシテ〇〇〇〇ハ自分ノ長女ニシテ〇〇ハ次女〇〇カ昭和七年三月頃中〇〇〇〇カ自分方ニ來リ上海ニ良ク働キ口アル故貴殿ノ娘及〇〇〇〇ノ娘モ行カヌカト申向ケタル故助八ヲ自分方ニ招キ孰レモ娘ニ聞キタル上返事スルコトニナシタルカ其ノ際佐世保市ニ居リタル××モ一緒ニ行キテハ如何ト丈太郎カ申シタリ、其ノ後自分等兩名〇〇〇，〇〇〇兩名ヲ伴ヒ丈太郎方ニ參リタルトコロ同人ハ娘等ニモ前同様ノ事ヲ申シタル故××××モ上海行キ承諾シタリ丈太郎カ申シタル良ク働ク口トハＯＺ安太郎經營ノ海軍俱樂部ニシテ酒ヤ肴ヲ運フ仕事ヲナシ客ヲ取ル所ニ非スシテ収入ハ月ニ、三百圓位アルト申シタリ其ノ後ＯＺ雪野ニモ面談シタルカ同人ヨリ客取リヲ爲ストノ話ハ全然聞カス又娘〇〇ニモ丈太郎ヨリ聞キタル通リヲ話シタルニ同人モ客取リヲ爲サスシテ左様ニ金儲カアレハ行カフト申シ上海行ヲ承諾シタリ自分モ亦××，××兩名モ共ニ客取リセヌモノト信シテ上海行ヲ承諾シ若シ客取リスル事ヲ知リ居リタリセハ僅カ四百圓餘ヲ二人分ノ前借金トシテ借受ケ上海ニ奉公セシムル筈ナク又其ノ後××カ上海ヨリ歸國シタル際同人ハ上海ニ於テハ内地ノ話ト異リ客取リヲサセラレタト語リタル旨ノ記載

*86　(ハ)證人〇〇〇〇ニ對スル豫審訊問調書中其ノ供述トシテ××××ハ自分ノ次女〇〇カ昭和七年三月頃〇〇〇〇〇方ニ於テＮＴ丈太郎ニ面會シタル時同人ハＯＺカ上海ニテ飲食店ノ如キモノヲ經營シ女カ必要ナルカ上海ハ好景氣ニシテ金儲カ出來ル故娘ヲ出シテハ如何ト申シ尚水商賣スル所ニ非スシテ女中ノ如キ仕事ヲセネハナラヌト申シタル故娘ノ意見ヲ聞キタル上ニテ上海行ヲ承諾シタルカ自分及〇〇〇兩名ハ共ニ水商賣ヲスル所ニ非スト信シテ上海行ヲ承諾シタルモノニシテ若シ賣淫ヲセネハナラヌ事カ判明シタランニハ自分モ〇〇モ共ニ上海行ヲ承諾スル筈ニハ非ス、〇〇カ上海ニ行キタル後自分ニ手紙ヲ送リタ

ルカ其ノ中ニハ内地ノ話ト異リ客取リヲ爲サネハナラヌト書キアリタル旨ノ記載

＊87　（ニ）被告人丈太郎ニ對スル豫審第一囘訊問調書中其ノ供述トシテ昭和七年四月初頃○○○○○○○○○○方ニ於テ同人ニ對シ賣淫ノ事ハ打明ケスニ働キ先ハ海軍ノ慰安所ニシテ「カフェー」ノ女給又ハ仲居ノ如キ仕事ヲ爲ス所ニシテ收入ハ月七、八十圓位ト申シ上海行ヲ勸メタル事ハ相違ナキ旨ノ記載

＊88　（ホ）證人○○○ニ對スル豫審訊問調書中其ノ供述トシテ自分ハ以前○○○○○ト稱シ居タルカ昭和七年四月初頃ＮＴ丈太郎カ自分方ニ參リ上海ハ好景氣ニシテ同地ノ料理屋ノ女中ハ收七十圓位ノ女中ニナラヌカト申シテ上海行ヲ勸メタル故自分ハ之ヲ承諾シタル迄ニシテ同地ニ於テ醜業ニ從事スルトノ話ハ全然聞カス又之ヲ知リ居リタリセハ上海行ヲ承諾セサル筈ナリシ旨ノ記載ニ依リ

＊89　（イ）被告人春吉ニ對スル豫審第三囘訊問調書中其ノ供述トシテ自分カ○○○○○ニ上海行ヲ勸誘シタル時同人ニ醜業ニ從事セネハナラヌ事ハ打明ケサリシ旨ノ記載

＊90　（ロ）證人○○○○○ニ對スル豫審第一囘訊問調書中其ノ供述トシテ昭和七年四月初頃ＯＺ春吉（被告人ＨＤ春吉ノ事）カ自分方ニ來リ上海ニ行ケハ月七、八十圓ノ收入アル故行キテレ如何若シ行キタル上都合惡ケレハ何時ニテモ歸國シテ支障ナシト申シ尚行先ハ海軍慰安所ニシテ其處ハ「カフェー」ニシテ水兵及士官等ノ飮食スル場所ナリ而シテ仕事ハ客ノ相手ヲ爲シ品物ヲ運フ等ナリ、一年位居リ家ヲ造リタル人モアルト申シタル故自分モ父モ之ヲ信シ上海行ヲ承諾シタルカ賣淫ヲ爲サネハナラヌトノ事ハ春吉ヨリモ亦ＯＺ雪野ヨリモ聞カス若シ其ノ事カ判明シ居タランニハ上海行ヲ承諾スル筈ニハアラサリシ旨ノ記載ニ依リ

＊91　（イ）被告人虎壽ニ對スル豫審第六囘訊問調書中其ノ供述トシテ自分カＫＤ市之助ト共ニ○○○○○○○○○○○○○○○方ニ行キ同人等ニ上海行ヲ勸メタル事及其ノ際兩名ニ上海ニ行キ醜業ニ從事スルモノナルコトハ告ケスシテ○○ニ對シテハ帳場ニ世話スルト申シ×××ニハ女中ニ世話スルト申シタル事ハ相違ナキ旨ノ記載

＊92　（ロ）被告人市之助ニ對スル豫審第一囘訊問調書中其ノ供述トシテ自分トＵＤ虎壽ノ兩名ハ○○○○○方ニ行キ同人及其ノ母ニ上海ニ行クニ於テハ金儲カアル故行キテハ如何，行先ハＯＺ雪野經營ノ料理屋ニシテ女中ナリト申シ賣淫ヲ爲スヘキコトハ打明ケスニ話シタリ

　　次ニ同ク虎壽ト共ニ○○○○○○○○○○方ニ行キ同人ニ前同樣申シ尚同人カ淫賣スルコトハ欲セヌト申シタル故自分トＵＤハ然ラハ帳場ニ世話スルト申シタル旨ノ記載

＊93　（ハ）證人○○○ニ對スル豫審訊問調書中其ノ供述トシテ自分ハ以前××××ト稱シ居タルカ昭和七年四月初頃自分方ニＫＤ市之助外一名カ前後三囘參リ長崎ノＯＺカ上海ニ於テ食堂ノ如キモノヲ經營シ居リ同所ノ帳場方トシテ上海ニ行キテハ如何，收入モ内地ヨリ多額ナル旨申向ケタル故自分ハ之ヲ信シ上海行ヲ承諾シ其ノ後長崎ノＯＺ雪野方ニ行キタル際同人モ亦帳場カ不足シ居ル故上

海ニ行キ吳レト申シタルモ賣淫スルトノ話ハ全然聞カス然ルニ上海ニ於テハ專ラ醜業ニ從事スルコトヲ知リ尚ＦＴ稔ヨリモ之ニ從事スルコトヲ勸メラレタルモ自分ハ拒絕シタル旨ノ記載

＊94 (ニ)證人○○○○ニ對スル豫審訊問調書中其ノ供述トシテ昭和七年三月二十四、五日頃ＫＤ市之助、ＵＤ虎壽外一名カ○○○ナル自分方ニ參リ上海ニ行クニ於テハ金儲カアリ行先ハ兵隊相手ノ食堂ニシテ收入ハ「チップ」一日一、二圓位アルト申シタル故自分ハ單ニ兵隊ノ給仕或ハ酒ノ酌位ヲ爲セハ足ルモノト思ヒ之ヲ承諾シタルカ賣淫スルトノコトハ想像タニセス且其ノ事カ判明シ居タランニハ上海行ハ絕對ニ承諾セヌ筈ナリシトコロ同地ニ於テハ賣淫ヲ爲サネハナラヌコトヲ知リ驚キタルモ逃ケ歸ルニシテモ旅費無カリシ故仕方ナク醜業ニ從事シタル旨ノ記載

＊95 (イ)被告人虎壽ニ對スル豫審第六回訊問調書中其ノ供述トシテ自分カ○○○○○○○○○○及○○○○等ヲ雇入ルルニ際ニ同人等ニ上海ニ於テ醜業ニ從事スルモノナルコトハ告ケスシテ女中ニ世話スルト申向ケタルコトハ相違ナキ旨ノ記載

＊96 (ロ)證人○○○○ニ對スル豫審訊問調書中其ノ供述トシテ××ハ通稱○○○○ナルモ戶籍面上ハ○○○○ナリ昭和七年四月初頃ＵＤ虎壽カ自分方ニ參リ上海ノ仕立屋ノ女ニ奉公ヲ爲サハ月二、三十圓ノ收入アリト申シ上海行ヲ勸メタル故之ヲ承諾シ上海ニ參リタルモ賣淫ヲ爲ストノ話ハ全然聞カス又之ヲ知リタリセハ上海ニ來ル筈ニアラサリシ旨ノ記載

＊97 (ハ)證人○○○○ニ對スル豫審訊問調書中其ノ供述トシテ○○○○ハ自分ノ四女○○カ昭和七年四月頃ＵＤ虎壽カ自分方ニ參リ上海ノ「カフェー」ノ女中トシテ×××ヲ奉公セシメテハ如何內地ニ於テ女中奉公爲スヨリ二、三倍ノ給料ヲ受ケ得ヘシト申シタル故自分ハ○○○ト相談ノ上ニテ上海行ヲ承諾シタルカ自分並ニ○○○ハ孰レモ女中ナルコトヲ信シテ上海行ヲ承諾シタルトコロ○○○カ上海ニ行キテ後直チニ手紙ヲ自分宛ニ出シ最初ノ話ト異リ淫賣ヲセシメラレ斯樣ナ事ナレハ來ル筈ニハアラサリシ旨言ヒ送リタルモ自分モ亦賣淫スルコトカ判明シ居タランニハ上海行ヲ承諾セサリシ筈ナリシ旨ノ記載

＊98 (イ)證人○○○○ニ對スル豫審訊問調書中其ノ供述トシテ昭和七年三月末頃ＭＳ章二方ニ於テ同人ニ面談シタル時同人ハ行先ハ海軍慰安所ニシテ同所ノ女中トシテ雇フト申シ尚仕事ハ客ノ酌或ハ食事ノ給仕ニシテ月給ハ五、六圓ナルモチツプ收入ハ五、六十圓ナリト申シタル故之ヲ信シテ上海ニ行キタルカ醜業ニ從事スル事ノ話ハナク自分ハ上海ノ慰安所ニ著ク迄同所カ醜業專ラノ所ナルコトハ知ラス且又ニ從事スルモノナルコトモ知ラサリシ旨ノ記載

＊99 (ロ)證人○○○○ニ對スル豫審訊問調書中其ノ供述トシテ昭和七年四月初頃○○○○○方ニ於テ同人ト面談シタル際同人ハ上海ニ女中トシテ行キテハ如何月給ハ十圓位ナルモ客ヨリノ貰物モアル故月五、六十圓ニ達スルト申シタルヲ以テ自分ハ之ヲ信シ上海行ヲ承諾シタルモ同地ニ於テ賣淫ヲ爲ストノ話ハ聞カス又之ヲ開キ居リタリトセハ行カサリシ筈ナル旨ノ記載

＊100 (ハ)證人○○○○ニ對スル豫審訊問調書中其ノ供述トシテ昭和七年三月

頃ＭＳ章二カ自分方ニ來リ在上海ノ海軍慰安所ノ給仕女ヲ世話シ呉レ給料ハ僅カ五，六圓ナルモチツプハ五，六十圓ニ達スルト申シタル故自分ハ之ヲ信シ同月末頃ＭＳ千代ニ其ノ旨ヲ告ケ上海行ヲ世話シタルカ章二ヨリハ賣淫ヲ爲スモノナリトハ話ハ全然聞カサリシ旨ノ記載

＊101　㈡證人○○○○ニ對スル豫審訊問調書中其ノ供述トシテ昭和七年四月初頃ＭＳ章二方ニ於テ同人ト面談シタル際同人ハ在上海ノ海軍士官相手ノ飲食店ノ女中トシテ上海ニ行キテハ如何五十圓位ノ前借ヲ爲スモ一週間經過セヌ間ニ直チニ返却シ得ル旨申シタルヲ以テ女中トシテ働ク積リニテ上海ニ行キタルモノニシテ醜業ニ從事スルトノ話ハ聞カサリシ旨ノ記載

＊102　㈤證人○○○ニ對スル豫審訊問調書中其ノ供述トシテ自分ハ昭和七年四月一日長崎出帆ノ船ニテ上海ニ渡リタルカ其ノ際○○○○外四名ヲ上海ニ同伴シタルモＭＳ章二ハ自分ニ此ノ女等ハ慰安所ノ女給トシテ送ルモノナル故其ノ積リニテ連行シ呉レ若シ女カ質問シタル時ハ「女給ジャ」ト申シ呉レト耳打シタルコトハ相違ナキ旨ノ記載

＊103　犯意繼續ノ點ハ被告人等（但被告人春吉ヲ除ク）カ判示短期間内ニ同種行爲ヲ反覆累行シタル事蹟ニ照シ明白ナリ
　　　仍テ判示犯罪事實ハ以上各證據ヲ綜合スルコトニ依リ其ノ證明十分ナリ

＊本稿は，「戦時女性に対する暴力への日本司法の対応，その成果と限界――発掘された日本軍『慰安婦』拉致処罰判決（1936年）をめぐって（上）」季刊戦争責任研究43号（2004年）35頁，同（下）同研究44号（2004年）50頁を表題を改めて転載収録したものである。
　　同誌編集担当者より転載を快諾頂いた。同誌の御厚意に感謝します。

補論2

日本軍「慰安婦」問題で国内外で大きな進展

1　国会への立法解決提案の実現

　初版出版（以下，旧版という）は1999年だが，それから8年が経過して，いわゆる日本軍「慰安婦」問題（筆者は，「日本軍性奴隷問題」と呼んでいる）をとりまく情勢に大きな進展が見られた。

　旧版出版当時は，筆者私案の暫定法案しかなかったので，これを紹介することで旧版を締めくくっていた。ところが，1999年秋以降，「謝罪」のための法案「戦時性的強制被害者問題解決の促進に関する法律案」（補論資料参照）[1]ができ，これが法案提案前の事前交渉で韓国をはじめとするすべての被害国及び被害者・支援団体から歓迎される見通しがついた。そこで，2000年4月民主党がこれを参議院に提出したのである。これは廃案になったものの，その後これを推進する市民と国会議員の運動が進展し，国会が開かれるたびに，民主党，共産党，社民党及び無所属議員による野党共同で，この法案が参議院に継続的に提案されるという政治情勢がうまれた。

　この問題をとりまく状況は一変した。これだけとっても，アップデートが必要な事態となっていた。

　このことをふまえると，政権交代が実現すれば，この問題が立法によって解決されるという道が拓け，その現実的な可能性が眼に見えてきたのである。ところが，この重要な情報は，何故かマスメディアによって報道さ

れることがほとんどなかった。政府はアジア女性基金政策に固執し続け，保守政権の政策は転換することがなかった。立法解決運動を進めてきた市民団体の動きも東京中心だったので，この情報は全国的な草の根市民運動になかなか浸透して行くことがなかった。

そのような状況下で，2005年4月24日名古屋の市民団体「旧日本軍による性的被害女性を支える会」から招かれ，名古屋YWCAを会場として講演をする機会を得た。記念すべきことだったが，ここで旧版出版後の状況を含めて立法運動の進展など総合的な報告をすることができた。幸いなことに，筆者の講演は参加者から歓迎され，講演録「戦時性的強制被害者問題解決促進法案の立法化実現のために」が主催者により作成された。これが広く頒布されたこともあって，全国的に相当数の市民運動に立法運動に関する情報が伝わることになったのではないかと思う。

この講演の参加者は，大変熱心で，講演会会場で多数の方に本書旧版を購入して頂くことができた。このときに旧版が売り切れてしまったのである。

その後，2006年3月国連総会によって，人権理事会を創設する決議が採択され[*2]，2007年6月同理事会によって普遍的定期的審査（UPR）制度を新設する決議が採択された[*3]。その結果，2008年5月には，日本の人権状況が国連人権理事会UPRによって初めての審査されることになった[*4]。日本軍性奴隷問題もこの機会に取り上げられる可能性がある。それらをふまえると，日本軍性奴隷問題の国連審議の経過についての情報が必要とされる状況が近々到来するのではないかと思われる。このような背景から，本書旧版を改訂する必要があると考えたのである。

2　最近の重要な進展

最近事態が急速に動き出したので，さらに情報のアップデートが必要になってきた。2007年だけをとっても，以下のとおり国内外の状況に大きな進展があったのである。

●政治変革の胎動

2007年7月29日参議院選挙があり，与野党勢力が逆転し，参議院では民

主党を中心とする野党が多数を占めるようになった。結局，安倍首相が辞任し，福田首相が自民党・公明党の保守連立政権を継承した。

ねじれ現象があらわになった国会では，久しく国会運営・立法権力をほしいままに操作してきた自民党を中心とする保守連立政権の横暴に歯止めが掛かった。周知の事実なので，詳細は省くが，本稿執筆中である同年11月19日には，大阪市長選挙で民主党が勝利した。「解散・総選挙があれば，近い将来の政権交代が実現するかもしれない」という予測を，以前のように笑い飛ばす人はそれほど多くないだろう。

● 厳しさを増す国際的な対日批判——諸外国議会の勧告

旧版出版後も，日本軍性奴隷問題に関する対日国際批判が継続した。

とりわけ注目すべきなのは，参議院選挙の翌日である2007年7月30日，米国議会下院が「慰安婦」被害者に対する日本政府の明確な公式謝罪を求める決議を採択したことである[*5]。内外で大きく報道された[*6]ので，公知の事実となっている。

この決議を提案したマイク・ホンダ議員が中国人ロビーイストの影響で「日本たたき」をしているかのような批判をする保守派もある。それは見当違いである。幼児期のマイク・ホンダは，日系米国人であったが故に，戦時中収容所に強制収容された被害を経験した人びとの一人であった。この戦時人種差別である重大人権侵害を批判した市民運動は，連邦最高裁判所で敗訴しても断念することなく，連邦議会を説得して，米国政府からの公式謝罪を勝ち取ったのである。マイク・ホンダ議員の被害者の視点からの人権擁護活動の原点がここにあることを見逃してはならない。日本軍性奴隷問題も，重大な戦時の女性に対する人権問題として取り上げたのである。

筆者は，2001年，「9月11日事件」の直前だったが，サンフランシスコで開催された国際会議に招かれ，中国人の日本政府に対する重大人権侵害に関する個人請求権が失われていないことなどについて報告した。その際，同じ会議に参加していたホンダ議員と会い，意見交換をすることができた。すでに2000年に前記法案が国会提案された後だった。国連・ＩＬＯからの勧告だけでなく，国会に提案された法案に関する情報も提供し，日本の市民と国会議員の運動が自主的にこの問題を解決する道ができたことについ

て協議した記憶である。筆者らは，米国の日系人の米国議会・政府に対する運動から学んで，同様の努力を日本で進めていたので，米国での同様の経験を持つホンダ議員は，良く理解してくれたのではないか。そのころから，日本の市民と国会議員の運動にこの問題の解決の鍵があることを認識して，米国議会から日本に助言のメッセージを送ることに全力をあげて運動を推進してきたのであろう。

オランダ国会下院決議採択の日について正確な報道がされなかった[*7]のは，オランダ語の情報を日本人記者が正確につかむことが難しかったせいではないか。産経新聞が，「慰安婦非難決議オランダ下院で可決　欧州議会でも動き」と同年11月20日採択された決議を正確に報道したこと[*8]に注目すべきだろう。

オランダ下院決議には伏線がある。筆者は，2007年8月25日ハーグにある対日道義的債務財団の本部を訪問し，ファン・ワグテンドンク理事長ほかの幹部と意見交換をした。同財団は，戦時中オランダ領インドネシアで日本軍収容所に強制収容された「慰安婦」被害者を含む民間人被収容者の団体で，日本政府に対して公式謝罪と補償を要求している。オランダ下院議長は，すでに2007年6月26日付で河野衆議院議長あてにメッセージ[*9]を送り，日本の国会が1993年の日本政府声明【筆者注：いわゆる河野談話をさす】を支持し，被害者の受けた悲惨な被害事実に疑義をさしはさむような発言を避けるよう求めていた。同理事長は，下院議長の手紙のコピーを示して，「河野議長あてのメッセージには回答がない。10月に下院決議が採択されることは間違いない」と断言していた。今回の決議は，少なくとも福田首相宛てには送られたであろう。

さらに，2007年11月28日カナダ議会下院が同様の決議[*10]を採択して，政府と国会に行動を求めたとのニュースが内外で多数のメディアによって報道され，その情報がインターネット経由でいくつものNGOルートで飛び込んできた。

アムネスティ・インターナショナルの強力な被害者支援もあってであろうか[*11]，上記産経新聞が報道するように欧州（EU）議会でもこの問題の審議が進んだ。日本政府の対抗ロビーイングもあったとのことではあるし，多数の国が関わるので，EU議会による決議採択は簡単ではないと予想していた。しかし，事前報道の通りに2007年12月13日「慰安婦」決議[*12]

が圧倒的多数で採択された[*13]。アムネスティの力には侮りがたいものがある。

「慰安婦」とのタイトルのこの決議を読んでみた。

問題が明瞭に整理されており、論理も非常にしっかりしており、内容も要求も納得できるものである。これで直ちに解決するわけではないが、解決に向けてプロセスが一歩前進したと言えるだろう。EU議会が代表する欧州の人々が被害者への連帯の姿勢を明確にしたしるしであり、被害女性たちへの力強い支援となった。修正があったとのことだが、バランスが取れた内容と感じた。

以下は、決議を一読した直後の筆者の印象なので、参考までのコメントに過ぎない。決議はもっと長い。正確には、読者が本文を直接参照して頂きたい。

EU議会決議は、「慰安婦」とされた女性の連行は、もっぱら（日本）帝国軍のための性奴隷目的で日本政府が公式に命じたものであり、20世紀最大の人身売買の一つであるとしている。

決議は、この年が奴隷廃止の200周年にあたること[*14]、日本が批准したこれまでの主な関連条約（1921年婦女及び児童の売買禁止に関する条約、1930年ILO29号強制労働条約）等の国際文書を踏まえている。国連人権小委員会の特別報告者ゲイ・マクドゥーガル氏による戦時性奴隷問題等に関する報告書（1998年）を重視していることが印象的である。拷問禁止委員会（CAT）勧告、米国及びカナダ各議会決議、オランダ政府による調査報告書をも踏まえている。

日本のこれまでの対応への評価だが、多数の日本政府高官が謝罪様の声明を行ったものの、最近はこれらに反する発言もあったこと、政府による完全な真相究明がなされていず、最近の教科書では「慰安婦」問題を含め戦争犯罪を最小限度にしか扱っていないことにも注目している。河野談話、村山首相謝罪、政府が主導して設置した民間基金AWFの人道的措置を歓迎し、一定評価するものの、マクドゥーガル報告書がいうとおり、これは国家による補償でもなく、法的責任をもとっていない。アジア女性基金は、2007年3月31日に終了したことにも言及している。被害者が補償請求で敗訴したが、日本の裁判所は、帝国軍の直接間接の関与及び国家責任を認めたことにも言及している。ほとんどの被害者が死亡し、生存者も80歳を超

えていることにも触れている。民主主義，法の支配および人権を尊重するという共通の価値観に基づくEUと日本の間の極めて良好な関係を歓迎している。

その上で，日本政府に対して，公式で明確な事実承認，謝罪，歴史的法的責任の受け容れ，被害者及び遺族への補償その他の措置をとることばかりか，「慰安婦」を含め戦時の行動を知らせるよう現在及び将来の世代を教育することをも求めている。

筆者には，国会による立法解決を求めている点がことに重要だと思われる。EU議会は，この決議を，EU加盟国だけでなく，日本政府・国会をはじめ，被害国ばかりか，国連人権理事会にも送るよう求めている。

諸国の議会決議も一歩一歩進んでいることがよく理解できるだろう。韓国国会でも審議中との情報がNGO筋を通じて伝えられている。最近，野党だった労働党が総選挙で勝利して，政権交代が実現したオーストラリアでも同様の決議がなされる可能性があろう。

● 国際機関による勧告

国際機関からの対日批判も継続している。そのことは筆者も折に触れて報告してきたが，上記の世界情勢を踏まえると，今後，国際機関からの対日批判はさらに厳しさを加えるのではないだろうか。

2007年5月には，人権条約機関である拷問禁止委員会が，戦時の性的暴力の被害者に対する補償がなされていないことについて厳しい対日批判を発表した[*15]。

ILO機関による批判が継続していることは，拙著『ILOとジェンダー』（日本評論社。2006年）で詳細に報告した。2008年6月のILO総会では何が起きるだろうか。

国連人権理事会への移行期が完了し，新制度である普遍的定期的審査（UPR）[*16]が2008年から動き出す。UPR作業部会による日本の人権状況の審査は2008年5月に実施されることになった[*17]。ここでも，日本軍性奴隷問題が討議される可能性があるだろう。

● 日本国内の運動の進展

残念なことだが，2007年までに多数の被害者の方たちが亡くなった。謝

罪のための時間が失われてきている。その危機感・切迫感は，市民運動を結束させないではおかない。2007年には，日本国内の被害者支援運動に大きな進展があった。

予想されたことではあったが，最高裁判所で被害者側敗訴が相次いだことから，市民運動に危機感が強まったこともあるだろう。日本政府ばかりか，日本司法の解決能力の欠如が明確になったのである。これまで司法解決に期待をかけていた市民団体の視線が国会に集るようになるのも，論理的な帰結と言えるのではないか。

折から，2007年3月には，日本政府が日本軍性奴隷問題の解決の決め手として期待をかけた，民間基金・アジア女性基金が活動を終えた。

基金政策の発端を振り返ってみると，2004年8月31日「自社さ」連立政権の村山富一首相が，「『慰安婦』問題について，……『幅広い国民参加の道』を探求する」という談話を発表したときにさかのぼる。それまで国家補償による解決を主張していた社会党が，民間基金・アジア女性基金による解決を目指す政策に大きく舵を切ったのである。それ以来，12年間市民運動は分裂と厳しい対立の荒波に翻弄され続けて来た。しかし，基金の活動の終結で，分裂の要因が消えたとも言えるのではないだろうか。

● 市民運動に見られる変化

最近になって，「慰安婦」問題をめぐる市民団体の動きに注目すべき動きが見えるのは，これらのいくつかの要因と関係があるのではないだろうか。

「慰安婦」問題について「今こそ『公聴会』の開催と国会決議の実現を！」と訴える「『慰安婦』問題解決オール連帯ネットワーク」（略称「オール連帯」）運動が提唱され，2007年11月26日東京で「旗揚げ集会」[*18]がもたれた。この運動[*19]の現状認識と具体的な運動目標は，筆者のそれに近い。筆者が提案したものではないが，このようにさまざまな立場の市民運動が，「小異を捨てて大同につく」連帯を推進し，立法解決を目指す新しい動きが始まったことを歓迎したい。

民主党ほか野党が提案している日本軍性奴隷問題の立法府による解決を進める政策を，全国的な広範な草の根市民団体が各々推進するようになることを期待したい。

筆者は，最近まで，日弁連など弁護士会内の運動，国連人権議連など自民党を含む超党派を標榜する運動に関わってきた。そのためもあるが，特定の政党の活動に言及することも，政権交代に言及することも慎重に差し控えてきた。実際，筆者が国際人権法違反を指摘し，それを支持する国際的勧告が日本政府に届けられたときには，保守政権がかなり真剣に対応した時代もあったから，人権問題については超党派のアプローチもあながち否定すべきではない。
　しかし，1990年代以降の保守政権は硬直化してしまい，柔軟性も人権を核とする自由主義を推進しようとするエネルギーも失ってしまった。期待された「自社さ」連立政権も，日本軍性奴隷問題の立法による国家補償を「不可能」と繰り返し，その後の保守政権の硬直した政策を築いてしまった。その後の保守政権も，自由権規約選択議定書の批准のような自由主義を標榜する多数の先進諸国が採用しているような国際人権法の国内実施政策さえも，ただただ回避しようとする政策に固執した。国際人権法政策を転換できない保守連合政権には，変革を期待することができないことが明確になった。
　保守政権を支持し続けるままにとどまっていては，日本の人権政策は一歩も前進しないことを悟ったのである。それ以来は，「立法解決の実現のためには政権交代が必要である」という自明の論理を明言するしか選択肢がなくなった。だが，そのような提言には，不思議なことに保守路線を支持しない人たちからも反発を受けることが少なくなかったのである。保守路線を批判する人たちの一部も，実は政策転換を恐れ，現状維持を必要悪として是認していたのかもしれない。
　2004年参議院選挙以降3年間，筆者は，講演の度ごとに「政権交代があれば，立法解決ができる」と訴え続けてきた。先に触れた名古屋講演は，その典型である。名古屋講演の参加者からは，筆者の提言は，ごく自然に受け入れられた。主催者は，筆者の講演をパンフレットとして広く全国的に知らせる努力さえした。しかし，その他の講演のときには，筆者の具体的な提言に対する参加者の反応は，こもごもだった。
　「いつになったら政権交代が実現するのか？　それを言わないのでは無責任だ」という悲観的な観測を前提とする声も根強かった。また，「民主党は自民党と同じではないか」と，私の講演内容を強く批判する声が会場

から上ることも珍しくなかった。ところが，法案を示して具体的，論理的に説明[20]すれば，そのような反論をする人たちも結局は納得してくれるようになった。

これまで本格的な「政権交代」を経験したことがない日本では，この提言はおよそ現実的なものには聞こえず，「夢のような話だ」と受け取られたのかもしれない。それが2007年7月参議院選挙の結果，参議院での与野党逆転が実現し，政権交代が現実性を帯びてきた。そのことがきっかけとなって，多くの市民運動の発想が変化しつつあるのではないのだろうか。

時の経過とともに，そのような悲観論や強い批判が減ってきて，最近では肯定的な反応が目立つようになってきたのである。「オール連帯」に集まった市民運動の支持者が，民主党を中心とする野党による参議院選挙の勝利に言及するのにとどまらず，さらに進んで「政権交代」という言葉までもインターネットで流しはじめたことは，画期的である。注目すべき社会変化が起きている可能性があると思う。

● アジア女性基金の終結と変化？

前述のようにアジア女性基金は，2007年3月活動を終えた。これを契機に，基金関係者の考え方は，変わりうるだろうか。

アジア女性基金創設のもとになる構想を発表し，その設立・運営に深くかかわった大沼保昭教授（東京大学・国際法学専攻）が最近出版した『「慰安婦」問題とは何だったのか——メディア・NGO・政府の功罪』[21]を読んでみた。残念ながら，基金を支えてきた代表的人物である同教授の考え方には，変化があったとは思えない。

第1に，同教授は，同書の中でも，国連などからの国際批判については，無視といってよいほどほとんど触れていない。わずかに触れた部分でも，否定的な評価しか与えていない。国連からの批判や勧告について「国連・国際社会からの圧力の幻想」と切り捨ててしまっている[22]。筆者ら国連の勧告を求め続けた者には「ナイーブな国連信仰」の持ち主と手厳しい。国連人権委員会特別報告者ラディカ・クマラスワミ氏が日本軍性奴隷問題について調査し，1996年発表した「戦時軍事的性奴隷問題」に関する報告書については，同書は，「実証性に乏しく，信頼性の低いものだった。……議論は法的にも問題が多く，総体的にみて学問的水準の低い報告といわざ

るを得ないものだった」と酷評している[*23]。また，1998年6月に人権小委員会特別報告者ゲイ・マクドゥーガル氏が同小委員会に提出した報告書についても，「実証性を欠き，法的論理構成の荒い，低水準の研究だった」と否定的である[*24]。それ以外にも日本軍性奴隷問題に言及し，日本政府に勧告を重ねてきた国際機関は，ＩＬＯ専門家委員会[*25]，拷問禁止委員会などの人権条約機関がある。大沼教授は国際法学者であるが，それら国際法上重要な機関の関与にはほとんど関心を払うことなく，具体的な記述をしてない。これまでの基金関係者の態度と同じトーンであり，変化はない。

第2に，国会による立法解決運動についても，大沼教授は，ほぼ完全に無視している。同書でも言及を探すのが困難なほどであるが，わずかに触れている部分でも，以下のように立法解決の方法をまともに検討していない。「法的な戦いの見通しと結果責任」の項で，「国会での力関係を考える限り，立法による『慰安婦』問題の解決はとうてい現実的な選択肢とは考えられなかった。……仮に立法を目指す運動を強力に展開し，その間政治的な力関係が変わったとしても，その実現には最低数年，悪くすると10年という時間がかかってしまう。その前に多くの元『慰安婦』は亡くなってしまうだろう。被害者の多数が亡くなっている状況でのそうした『勝利』は虚しいものでしかない。これが私の考えだった」[*26]とわずか数行でこれを退けている。

同書は，従前の基金関係者の多くと同様の姿勢で貫かれている。

そのような発想・思想・行動こそがアジア女性基金政策の「失敗」の原因だったかもしれないのであるし，それこそが被害者と被害国の人々を，再度傷つけてきた可能性があるのだが，今になってもその反省はみえない。

大沼教授の国連報告書批判は，いくつかの事実関係の誤認などについては当たっている点もある。筆者も，クマラスワミ報告書の翻訳[*27]にあたって何点か気がついたこともあった。しかし，それらはいずれも基本的な判断を揺るがすようなものとは思えなかった。それら一部の軽微な瑕疵のみに注目して，報告書が全体として言おうとしている本質的なポイントを見失ってしまうと，「木を見て森を見ない」論議に落ち込んでしまうだろう。

指摘しておきたいことがある。大沼教授が酷評する二つの国連報告書は，

いずれもフェミニストとして国際的に声名の高い女性法律家が執筆したものである。また，これらが冷戦終結後に書かれたことにも留意すべきである。この問題は，同教授だけではないが，強固に築かれた男性中心社会に育ち，冷戦構造の枠組みと思想にとらわれてきた日本の男性研究者たちが満足な解答を導くことができなかった難題である。この難題に対して，冷戦終結後の新時代のグローバルな流れの中で，国連の特別報告者に任命された女性法律家たちがフェミニズムの視点から果敢に取り組んだのである。その結果得られた国際法研究の最先端の成果がこれらの報告書であった。これまで無視されてきた分野の最新の国連による研究結果と勧告が示した解決の方向が，女性被害者と彼女たちを支援する国際的な女性運動から熱烈に歓迎されたのは無理からぬところがあった。そのことを軽視してはならないのではないだろうか。

基金関係者に考えてほしかったことが，もう一点ある。この問題への私たち日本人の取り組みは，謝罪の努力の「過程」であるはずなのだが，そのことを大沼教授はどれだけ意識しているのであろうか。それが良く見えない。日本側が持ち続けてきた政治的な限界については，大沼教授の言うとおりであろう。村山政権下でごく短期間のあいだに達成しなければならないという考え方を前提にするなら，「アジア女性基金を実現することが最大限だった」と大沼教授が確信していたことに無理はなかった。それにしても，その限界を被害者側に「理解せよ」と無理強いしては来なかったか。その点が気になってならない。「善意」の「押し売り」になってしまうと，被害者側からは「謝罪」とは受け入れられない。謝罪の過程には，それなりの「作法」[*28]があるのではないだろうか。

もっとも，大沼教授の著書だけから，アジア女性基金の全体の動向を判断することは危険である。最近アジア女性基金（ＡＷＦ）に批判的だった活動家から，「アジア女性基金がウェブサイトを開設したので，批判的に検討する必要があるのではないか」という連絡があった。筆者は，これを知らなかったので，早速ウェブサイト「デジタル記念館　慰安婦問題とアジア女性基金」[*29]を閲覧してみた。

意外に思ったのだが，このウェブサイトは，国連・ＩＬＯ勧告など主な対日国際批判ばかりか米国議会報告書までを掲載している[*30]。これまでの基金関係者は，「国連機関等がＡＷＦを歓迎した」と国連報告書などの

一面のみを強調することしかしてこなかった。ところが，このウェブサイトは，国連報告書が道義的責任をとるのみでは不十分であって，国家が「法的責任」をとることが必要であると，対日勧告をした事実にも言及している[*31]。AWFは，これまでこの側面をほぼ完全に無視して来たのだから，かなりの変化であると言えよう。

もう一つのポイントがある。

2000年以降衆議院ではすべての問題の真相究明のための法案が，参議院では，日本軍性奴隷被害者への謝罪のための法案が審議されてきたのだが，これまで基金の首脳陣は，立法の提案についてはほとんど注意をはらうことなく，消極的な態度を取り続けてきた。そのことを個人的に知っている筆者には，信じがたい変化なのであるが，このウェブサイトには，衆参の立法の提案がすべて掲載されている。筆者は，他にこれだけ充実したこの問題に関する立法の提案に関するウェブサイトを見たことがなかった。

このウェブサイトから受ける印象は，大沼教授の前掲書のトーンとは相当違う。不思議な現象だが，基金関係者の考え方に微妙な変化が起きている可能性を示すのではないだろうか。そうであるなら，歓迎すべき進展である。筆者の受けた印象が誤解でないことを期待したい。

被害者に寄り添ってきた市民運動ばかりでなく，AWF関係者を含む多くの日本の市民が自主的な選択を通じて，政治・社会の変革を成し遂げることが求められている。「解決不能」と考えられてきた日本軍性奴隷問題を国会の立法という手法によって自主的に解決しようとする継続的な努力が実るなら，日本と日本人は，アジアとの和解のきっかけをつかむ現実的な可能性を手にすることができるだろう。そこからこれまでにない明るい未来が開けてくるであろう。

3　筆者の活動の進展

最後になったが，この間に筆者の活動にも進展があった。本書（普及版）が，筆者の研究歴の流れの中でどのように位置づけられるかも明らかになると思われるので，概略を報告しよう。

旧版が出版された1999年当時，筆者（当時弁護士）は，シアトルにある

ワシントン大学（ソーシャルワーク学部及び最終段階でロースクールにも所属）の客員研究員として研究に従事していた。この機会に弱点を克服しようと，筆者は，ジェンダーの視点から日本軍慰安婦問題を見直す研究を始めた。

2000年4月神戸大学国際協力研究科から招かれ，教員（助教授）として研究・教育に従事することになった。幸いなことに学究的な環境を与えられたので，上記の研究を継続することが可能になった。国立大学の教員は，弁護士との兼職が禁じられていたため，弁護士会を退会し教育と研究に専念することになった。教育者となったので，国連NGOとしての経験を活用して，有意義な教育活動ができないかと模索した。日本友和会（JFOR）の協力を得て，ジュネーブ国連欧州本部という国際会議の現場で国連人権NGO実務活動のトレーニングをするという実験授業を始めた。幸い博士前期課程の熱意あふれる優秀な院生の参加を得ることができたので，一定の実績をつむことができた。カナダ・ブリティッシュコロンビア大学（法学部客員助教授）を経て，現在は龍谷大学法科大学院（教授。国際人権法担当）に勤務している。

この間いくつかの研究成果を上げることができたのは幸いだった。特筆しておきたいことは，4点ある。

第1は，海軍指定慰安所への女性の拉致事件に関する1936年長崎地裁・同控訴院刑事裁判判決を発掘して全文を公表[32]し，併せてこの問題がどのように事実上の不処罰によって隠蔽されてきたのかを解明する日英の研究論文を発表した[33]。当時の日本政府・軍が日本刑事法上犯罪を構成すると知っていたにもかかわらず，どのようにして被害女性を「募集」[34]し，秘密裏に軍「慰安所」制度を維持し続けることになったのか，その端緒を示唆する重要な公的文書の発掘であった。メディアにも注目された[35]が，法学と歴史学の交差する領域で新規性のある学術的研究成果となったとも言えると思う。

第2は，『ILOとジェンダー』（日本評論社。2006年）[36]を上梓したことである。1919年国際労働機関（ILO）創設の過程で男女平等賃金原則が確立されたが，そこに至るまでの世界の女性の人権擁護運動の歴史に着目した。日本軍性奴隷問題が，極端な女性賃金差別問題と併せてILO監督機構によってどのように継続的批判の対象になってきたのか，その事実

を研究し、世界的な枠組みの中に日本男性中心社会の構造的な問題を位置づけ、その解決に向けた研究と運動の方向をジェンダーの視点から解明しようとした。

前記名古屋講演でも述べたように、公開の場で、筆者の国連活動には「フェミニズムの視点がない」旨の批判を受けたことがあったが、この批判は正鵠を得ていたので、反省する良い機会となり、その後の筆者の生き方に大きな影響を与えた。これが、同書出版に至る研究を続ける原点となった。

第3は、論文:「統監府設置100年と乙巳保護条約の不法性――1963年国連国際法委員会報告書をめぐって――」[*37]を公表したことである。上記第1、第2で取り上げた日本軍「慰安婦」問題の焦点になった女性の拉致についての事実上の不処罰制度は、軍人総督による過酷な植民地支配下にあった朝鮮においてこそ可能だったと思われる。朝鮮植民地化の拠点となった統監府設置を根拠づけた1905年韓国保護条約は、絶対的無効な条約であったと論じている。国連国際法委員会（ILC）1963年報告書にこの条約締結が代表者に対する脅迫による場合として絶対的無効の事例として挙げられていた事実の「発掘」を一つの根拠として、それを論述したものである。

1993年国際友和会（IFOR）代表として国連人権委員会に参加した際、英文で文書提出し、この「発掘」の骨子を報告したことがある[*38]。日本では朝鮮の植民地支配の合法性に関する議論は、タブー視されていた時代だったが、これを機に、国会、シンポジウム、雑誌などで公開の論議がされるようになった。その過程でなされた講演の記録をもとに研究のまとめを学術雑誌に公表し、この問題の論議の研究の一資料として提供しようとしたのである。

以上は、日本軍性奴隷問題と朝鮮の植民地化にかかわる問題の研究成果である。

第4に、上記の研究は、一般的な国際人権法に関する研究と無関係ではないので、それを簡略に整理しておきたい。

日本軍性奴隷問題では、日本政府は国内裁判所ではほとんどの事件で勝訴しているが、それは国内法の不備の故であり、また日本の司法裁判所による国際法直接適用への消極性という大きな限界のためでもある。国際法

違反については，国際機関の指摘を受けているのであって，国家としてはそれを無視することはできないはずである。しかるに，戦後日本をほぼ恒常的に支配し続けてきた保守政権とそれを支える官僚機構は，一向に国際法と国際機関を尊重しようとしてこなかった。この問題は，憲法98条と国際法の関係，その国内的実施の問題に帰着する。

『国際人権法入門』（明石書店，2003年）の第1章には，参議院憲法調査会での参考人として提出した論文を掲載しているが，この問題を概論的に扱っている。同書の第1章は，日本の国際法の不遵守問題を解決するための方策も提言しているが，長期的には，第3章の提言が有効であろう。

これは，日本の国際化を実現しない限り解決できないが，硬直化した保守政権・官僚機構は変革能力を失ってしまい，国際化への対応ができない。仮に，政権交代が実現しても，政策の準備がなければ，変革へのきっかけをつかむことはできないおそれもある。そこで，2004年7月「国際人権法政策研究所」（本岡昭次所長。筆者事務局長）の創立に参画し，以後政策研究[*39]を続けてきた。

また，この間も，週刊法律新聞『戸塚悦朗の国際人権法レポート』の連載は継続され，法律実務家向けの情報提供にも努めてきた。

これらの研究が，『日本が知らない戦争責任』の普及版を補足するにふさわしい研究成果であることを希望してまとめとしたい。読者のご批判を乞う次第である。

*1 【資料】は，法案のうち最近のもので，2006年3月29日参議院へ提案。民主党としては野党共同提案も含め9回目の提案になる。提案者は岡崎トミ子議員外7名。参議院法制局作成参法一覧より。第164回国会参第7号「戦時性的強制被害者問題の解決の促進に関する法律案」（補論資料として，本書に収録）。
　　初提案のときには，通称「本岡法案」とも呼ばれた。本岡昭次参議院議員（当時）の要請にこたえて，1999年の野中広務官房長官（当時）答弁（条約違反，憲法違反がないとするもの）を踏まえて，参議院法制局のチームの協力により作成されたもの。筆者は，同議員の法律顧問として，1995年から同法制局と協議を重ね国家による日本軍性奴隷被害者への補償のための法案の作成にかかわったが，筆者私案によっては，同法制局の「憲法違反，条約違反の疑義がある」との回答を突き崩すことができなかった。最終的な法案を練り上げたのは，同法制局のチームである。筆者の原案をはるかにしのぐ出来栄えであった。とりわけ，韓国挺身隊問題対策協議会（韓国挺対協）が筆者私案を不十分とした意見書を十分に研究した上で，被害者への「謝罪」（金銭の支払いは，その

ための象徴的行為としている）を柱に置いた点に優れた点がある。本岡議員は，当時筆者の私案に同意していなかった韓国挺対協と協議し，この法案の提案への同意を得たうえで，民主党の次の内閣に提案した。民主党次の内閣の協議は紛糾したが，結局鳩山由起夫代表（当時）の決断によって2000年4月10日この法案を参議院に提案した。
* 2 　戸塚悦朗「国連改革の動向──人権理事会創設へ──人権委員会は60年の歴史に閉幕」法律時報78号9号（2006年）91～98頁。
* 3 　戸塚悦朗「【資料】国連人権理事会の制度構築決議──2007年6月18日付国連人権理事会決議5／1「国連人権理事会の制度構築」【全訳】」龍谷法学40巻3号。
* 4 　戸塚悦朗「国連人権理事会制度構築──ＮＧＯの視点から」法律時報79巻13号（2007年）359～365頁。
* 5 　（House, H. Res, 121EH, 30/7/07）
　　http://thomas.loc.gov/cgi-bin/query/D?c110:2:./temp/~c110bacynl::
* 6 　アクティブミュージアム・女たちの戦争と平和の資料館ウェブサイト参照。http://www.wam-peace.org/main/modules/bulletin/index.php?page=article&storyid=21
* 7 　たとえば，共同通信（ブラッセル発）は11月10日にオランダ議会下院が全会一致でこの問題に関する決議を採択した旨のニュースを配信した。その直後に，その英文記事を付してＮＧＯ筋からeメール情報が送られてきた。
* 8 　2007.11.21 00:20 ＭＳＮ産経ニュース。
　　http://sankei.jp.msn.com/world/europe/071121/erp0711210020000-n1.htm
　　「慰安婦非難決議オランダ下院で可決　欧州議会でも動き」【ハーグ＝木村正人】「オランダ下院本会議は20日，日本政府に対し「慰安婦」問題で元慰安婦への謝罪と補償などを求める決議案を全会一致で可決した。オランダ政府は日本政府に決議を伝え，回答を求める。欧州連合（ＥＵ）の欧州議会にも12月に慰安婦問題で非難決議案を採択しようという動きがあり，日本政府は対応に追われている。」
* 9 　NIEUWS MAGAZINE Informatie van de Stichting Japanse Ereschulden, ausutus 2007 No.2, P. 17.
* 10　カナダ議会のウェブサイトに議事録がある。http://www2.parl.gc.ca/HousePublications/Publication.aspx?Language=E&Mode=1&Parl=39&Ses=2&DocId=3137034　2007年11月30日閲覧。
* 11　AMNESTY INTERNATIONAL Media Advisory, AI Index: ASA 22/014/2007 (Public), News Service No: 210, 31 October 2007, "Japan: 'Comfort Women' European Speaking Tour". http://web.amnesty.org/library/Index/ENGASA220142007?open&of=ENG-373 hit on 25 November 2007.
* 12　P6_TA-PROV (2007) 0632 "Comfort women" PE 398.224, European Parliament resolution of 13 December 2007 on Justice for the 'Comfort Women' (sex slaves in Asia before and during World War II).
　　http://www.europarl.europa.eu/sides/getDoc.do?pubRef=-//EP//NONSGML+TA+

20071213+SIT+DOC+WORD+V0//EN&language=EN」

＊13　2007/12/14 01:57【共同通信】は「欧州議会が慰安婦決議　日本政府に公式謝罪要求」として、以下のように報じた。【ブリュッセル13日共同】「第2次大戦中の旧日本軍の従軍慰安婦問題をめぐり、欧州連合（EU）の欧州議会（フランス・ストラスブール）本会議は13日午後（日本時間同日深夜）、日本政府に公式謝罪などを求める決議案を一部修正して賛成多数で採択した。同種の決議は7月に米下院、11月にオランダ、カナダ両国の下院で採択されている。立法権がなく、EUの『諮問機関』と位置付けられる欧州議会の決議に法的拘束力はないが、加盟27カ国、計4億9000万人の『民意』を表明する役割がある。採択は、慰安婦問題への対応をめぐる日本政府への不信感が国際社会で拡大していることをあらためて裏付けた。最大会派の欧州人民民主党、第2会派の欧州社会党など計5会派の代表が名を連ねた決議案は『過去の日本政府が慰安婦徴用に関与した』として、人権保障条約や国連決議に違反した『20世紀最大の人身売買の1つ』と非難した。」

＊14　つまりは、奴隷禁止の長年の歴史という基礎的事実に言及することよって、奴隷の禁止がずって以前から国際慣習法となっていることを示唆しているものと思われる。恥ずかしいことであるが、国連人権会議において日本政府は、奴隷禁止が国際慣習法となっていたことを否定したことを想起されたい。

＊15　CAT/C/JPN/CO/1, 3 August 2007, Conclusions and recommendations of the Committee against Torture. http://daccessdds.un.org/doc/UNDOC/GEN/G07/433/72/PDF/G0743372.pdf?OpenElement hit on 25 November 2007.

＊16　戸塚悦朗「【資料】国連人権理事会の制度構築決議──2007年6月18日付国連人権理事会決議5／1「国連人権理事会の制度構築」【全訳】」龍谷法学40巻（2007年）3号。

＊17　戸塚悦朗「国連人権理事会制度構築──ＮＧＯの視点から」法律時報79巻13号（2007年）359～365頁。

＊18　「『慰安婦』問題解決オール連帯ネットワーク旗揚げ集会」2007年11月17日（土）13時半～16時半、場所：在日韓国ＹＭＣＡ9階国際ホール。同前オール連帯ウェブサイト。

＊19　「『慰安婦』問題解決オール連帯ネットワーク」は、「今こそ「公聴会」の開催と国会決議の実現を！」を訴える。その理由・運動目標として挙げるところは、以下のとおりであって、情勢認識も当面の具体的な運動目標も筆者のそれと近似している。

　「『慰安婦』問題は、今年に入って、希望の兆しが見えはじめました。米下院の『慰安婦』決議案が本会議で採択され、続いてカナダ・オーストラリア・フィリピンでも同様な決議案が議会に上程されるなど、『慰安婦』問題が重大な人権問題であるとの認識が国際的に広がってきました。また、国内的には、先の選挙で民主党が大勝し、参議院では野党が過半数を超える状況が生まれています。この国内外の変化は、私たちに千載一遇の機会をあたえています。私たちは、この機を生かさなければ、次々に被害者の訃報が届く中で、永久に解決

の道が閉ざされてしまうという思いに駆られています。『被害者が生きているうちに真の解決を！』——これが今の私たちの切なる思いです。そこで、私たちは、研究者・議員・支援団体・弁護士・市民・学生など、『慰安婦』問題の解決を求めるあらゆる団体・個人が連帯し、世界の支援団体・個人とも連携して『慰安婦』問題の解決をめざし、『「慰安婦」問題解決オール連帯ネットワーク（略称オール連帯）』を立ちあげました。

　私たちは、次のことの実現をめざします。1、国会での『公聴会』の開催。2、国会での謝罪決議。3、立法による補償。4、歴史教育などを通じての再発防止措置。」

　http://d.hatena.ne.jp/all-rentai/20071104　2007年11月26日閲覧。

*20　筆者は、以下の2点を強調してきた。第1に、立法解決運動は、韓国などの被害者・支援団体などの被害国の人々から歓迎されているので、この運動を市民と議員が推進すること自体が、被害者・被害国との和解のプロセスとなる。第2に、政権交代すれば、立法解決は実現するだろう。しかし、その場合でも、謝罪と補償は象徴的なものに過ぎず、被害者たちの被害は元に戻ることはないし、無くなりもしないことに留意すべきである。この立法を契機に、被害者が生存中に、謝罪を受け入れてもらえるような努力とプロセスを進めることこそが重要なのである。

*21　大沼保昭『「慰安婦」問題とは何だったのか——メディア・ＮＧＯ・政府の功罪』（中公新書、2007年）8〜10頁。

*22　前掲・大沼148頁。

*23　前掲・大沼149頁。

*24　前掲・大沼150頁。

*25　前掲・大沼191頁には、「「慰安婦」問題は、1990年代から国連の人権委員会やＩＬＯでしばしば取り上げられ、論議された」という記載があるが、他にＩＬＯ勧告への言及は見当たらなかった。筆者が見落としたのだろうか。

*26　前掲・大沼152〜154頁。

*27　戸塚悦朗・荒井信一訳、R．クマラスワミ著『R．クマラスワミ国連報告書：人権委員会決議1994／45にもとづく「女性への暴力に関する特別報告者」による戦時の軍事的性奴隷制問題に関する報告書』（日本の戦争責任資料センター、1996年）。

*28　大沼教授は、研究者には学問的「作法」があることは認めている。前掲・大沼238頁。法律実務家にも弁護士倫理など遵守すべき「作法」がある。体験的に学ぶしかないが、和解交渉に携わる場合にも心得るべき常識もある。筆者は、人間的な誠実さのみならず、相手方の尊重、当事者の同意ほかプロセスの重要性もそのような「作法」の一つであることを弁護士実務から体験的に学んできた。和解へのプロセスである以上は、この問題にもこれらが重要なのではないだろうか。

*29　http://www.awf.or.jp/index.html

*30　http://www.awf.or.jp/4/un-00.html

*31　AWFウェブサイトは，「国連等国際機関における審議」のタイトルのもとで，以下のように説明している。「慰安婦問題に関連する文書としては，国連人権委員会で任命されたクマラスワミ特別報告者が提出した1996年1月4日の報告書付属文書『戦時軍性奴隷制問題に関する朝鮮民主主義人民共和国，大韓民国及び日本への訪問調査報告書』（全文はこちら）があります。報告者は，慰安婦の存在は『軍性奴隷制』の事例であるという認定の下，日本政府が国際人道法の違反につき法的責任を負っていると主張しました。もっとも，同氏は，日本政府が道義的な責任を認めたことを『歓迎すべき端緒』とし，アジア女性基金を設置したことを『日本政府の道義的配慮の表現』だと評価しています。しかし，これによって政府は『国際公法下で行われる「慰安婦」の法的請求を免れるものではない』とも強調しています。日本政府は法的責任を認め，補償を行い，資料を公開し，謝罪し，歴史教育を考え，責任者を可能な限り処罰すべきだというのが同報告書の勧告でした。国連人権委員会は，この報告書付属文書に『留意する（take note)』と決議しました。」
　　　http://www.awf.or.jp/4/un-00.html　2007年11月26日閲覧。

*32　戸塚悦朗「資料：日本軍『従軍慰安婦』被害者の拉致事件を処罰した戦前の下級審刑事判決を発掘――資料　国外移送誘拐被告事件に関する長崎地方裁判所刑事部昭和一一年二月一四日判決」龍谷法学37巻3号（2004年）312〜365頁。戸塚悦朗「資料：日本軍『従軍慰安婦』被害者の拉致事件を処罰した戦前の下級審刑事判決を発掘（続）――資料　国外移送誘拐被告事件控訴審長崎控訴院第一刑事部昭和十一年九月二十八日判決」龍谷法学38巻4号（2006年）162〜243頁。

*33　戸塚悦朗「戦時女性に対する暴力への日本司法の対応，その成果と限界――発掘された日本軍『慰安婦』拉致処罰判決（1936年）をめぐって（上）」季刊戦争責任研究43号（2004年）35〜45，67頁。戸塚悦朗「戦時女性に対する暴力への日本司法の対応，その成果と限界――発掘された日本軍『慰安婦』拉致処罰判決（1936年）をめぐって（下）」季刊戦争責任研究44号（2004年）50〜63頁。補論2として本書に収録。Etsuro TOTSUKA, "Could Systematic Sexual Violence against Women during War Time Have Been Prevented?—Lessons from the Japanese Case of "Comfort Women" ", In: Ustinia Dolgopol and Judith Gardam (eds.), *The Challenge of Conflict*, Koninklike Brill BV (2006), pp. 499–513.

*34　「募集」というが，現実には，現代社会で言ういわゆる「拉致」行為であった。「慰安所」が国連人権小委員会特別報告者ゲイ・マクドゥーガルの報告書（1998年）では，「強姦所」（rape centers）と呼ばれていることと対比できるであろう。日本帝国軍・政府がいかに巧妙に言葉の魔術を活用したかに留意されたい。

*35　共同通信の配信で報道された。Yahoo News（社会ニュース）「慰安所業者有罪の判決現存　日本人15人を上海に移送」http://headlines.yahoo.co.jp/hl?a=20040615-00000104-kyodo-soci
　　　Wartime 'comfort women' rulings uncovered The Japan Times, Wednesday, June

16, 2004. http://www.japantimes.co.jp/cgi-bin/getarticle.pl5?nn20040616a8.htm
　中日新聞が 6 月15日夕刊で「「慰安婦」判決文が現存　長崎地検に保管」と報道した。その他，京都新聞，神戸新聞，熊本日日新聞，信濃毎日新聞，長崎新聞，河北新報などが，同日夕刊あるいは翌16日朝刊で同様の報道をした。
＊36　この著書により，2007年 9 月博士号（国際関係学・立命館大学）を授与された。
＊37　龍谷法学39巻 1 号（2006年 6 月）15～42頁。
＊38　UN. Doc. E/CN.4/1993/NGO/36, Written statement submitted by the International Fellowship of Reconciliation, a non-governmental organization in consultative status (category II). この文書は，筆者が執筆を担当し，国際友和会（ＩＦＯＲ）ジュネーブ首席代表（当時）レネ・ワドロー氏によって国連人権委員会に提出された。伊藤芳明「慰安婦問題『日韓保護条約は無効』スイスの人権組織，63年，国連委が報告書」毎日新聞1993年 2 月13日。"Treaties 'were forced on Korea' U.N. intervention urged over 'comfort women' ", The Japan Times, February 16, 1993.
＊39　その成果は，『国際人権法政策研究』（通算 1 ～ 3 号）及び『注解子どもの権利条約28条：教育についての権利』（現代人文社，2007年）として公表されている。

補論資料

第164回　参第 7 号

戦時性的強制被害者問題の解決の促進に関する法律案

（目的）
第一条　この法律は，今次の大戦及びそれに至る一連の事変等に係る時期において，旧陸海軍の関与の下に，女性に対して組織的かつ継続的な性的な行為の強制が行われ，これによりそれらの女性の尊厳と名誉が著しく害された事実を踏まえ，そのような事実について謝罪の意を表し及びそれらの女性の名誉等の回復に資するための措置を我が国の責任において講ずることが緊要な課題となっていることにかんがみ，これに対処するために必要な基本的事項を定めることにより，戦時性的強制被害者に係る問題の解決の促進を図り，もって関係諸国民と我が国民との信頼関係の醸成及び我が国の国際社会における名誉ある地位の保持に資することを目的とする。

（定義）
第二条　この法律において「戦時における性的強制」とは，今次の大戦及びそれに至る一連の事変等に係る時期において，旧陸海軍の直接又は間接の関与の下に，その意に反して集められた女性に対して行われた組織的かつ継続的な性的な行為の強制をいう。
2　この法律において「戦時性的強制被害者」とは，戦時における性的強制により被害を受けた女性であって，旧戸籍法（大正三年法律第二十六号）の規定による本籍を有していた者以外の者であったものをいう。

（名誉回復等のための措置）
第三条　政府は，できるだけ速やかに，かつ，確実に，戦時における性的強制により戦時性的強制被害者の尊厳と名誉が害された事実につい

て謝罪の意を表し及びその名誉等の回復に資するために必要な措置を講ずるものとする。
2　前項の措置には，戦時性的強制被害者に対する金銭の支給を含むものとする。

（基本方針）

第四条　政府は，戦時性的強制被害者に係る問題の解決の促進を図るための施策に関する基本方針（以下「基本方針」という。）を定めなければならない。
2　基本方針は，次に掲げる事項について定めるものとする。
　一　前条に規定する措置の内容及びその実施の方法等に関する事項
　二　前条に規定する措置を講ずるに当たって必要となる関係国の政府等との協議等に関する事項
　三　いまだ判明していない戦時における性的強制及びそれによる被害の実態の調査に関する事項
　四　前三号に掲げるもののほか，戦時性的強制被害者に係る問題の解決の促進に関し必要な事項
3　政府は，基本方針を定め，又は変更したときは，これを国会に報告するとともに，公表しなければならない。

（関係国の政府等との関係に関する配慮）

第五条　政府は，第三条に規定する措置を講ずるに当たっては，我が国が締結した条約その他の国際約束との関係に留意しつつ，関係国の政府等と協議等を行い，その理解と協力の下に，これを行うよう特に配慮するものとする。

（戦時性的強制被害者の人権等への配慮）

第六条　政府は，第三条に規定する措置を実施するに当たっては，戦時性的強制被害者の意向に留意するとともに，その人権に十分に配慮しなければならない。
2　政府は，第四条第二項第三号の調査を実施するに当たっては，戦時性的強制被害者その他関係人の名誉を害しないよう配慮しなければならない。

（国民の理解）

第七条　政府は，第三条に規定する措置を講ずるに当たっては，国民の

理解を得るよう努めるものとする。
（財政上の措置等）
第八条　政府は，戦時性的強制被害者に係る問題の解決の促進を図るため必要な財政上又は法制上の措置その他の措置を講ずるものとする。
（国会に対する報告等）
第九条　政府は，毎年，国会に，戦時性的強制被害者に係る問題の解決の促進に関して講じた施策及び第四条第二項第三号の調査により判明した事実について報告するとともに，その概要を公表しなければならない。
（戦時性的強制被害者問題解決促進会議）
第十条　内閣府に，戦時性的強制被害者問題解決促進会議（以下「会議」という。）を置く。
2　会議は，次に掲げる事務をつかさどる。
　一　基本方針の案を作成すること。
　二　戦時性的強制被害者に係る問題の解決の促進を図るための施策について必要な関係行政機関相互の調整をすること。
　三　第四条第二項第三号の調査を推進すること。
　四　前三号に掲げるもののほか，戦時性的強制被害者に係る問題の解決の促進に関する重要事項について審議し，及びそれに関する施策の実施を推進すること。
3　会議は，その所掌事務を遂行するため必要があると認めるときは，関係行政機関の長及び関係地方公共団体の長に対して，資料の提出，説明その他の必要な協力を求めることができる。
4　会議は，その所掌事務を遂行するため特に必要があると認めるときは，前項に規定する者以外の者に対しても，必要な協力を依頼することができる。
（会議の組織）
第十一条　会議は，会長及び委員をもって組織する。
2　会長は，内閣総理大臣をもって充てる。
3　委員は，内閣官房長官，関係行政機関の長及び内閣府設置法（平成十一年法律第八十九号）第九条第一項に規定する特命担当大臣のうちから，内閣総理大臣が任命する。

（調査推進委員会）
第十二条　会議に，第十条第二項第三号に掲げる事務を行わせるため，調査推進委員会を置く。
2　調査推進委員会は，定期的に，又は必要に応じて，第四条第二項第三号の調査の状況及びその結果を取りまとめ，これを会長に報告するものとする。
3　調査推進委員会の委員は，学識経験のある者及び関係行政機関の職員のうちから，内閣総理大臣が任命する。
（政令への委任）
第十三条　前三条に規定するもののほか，会議の組織及び運営その他会議に関し必要な事項は，政令で定める。

　　　附　則
（施行期日）
1　この法律は，公布の日から起算して一月を超えない範囲内において政令で定める日から施行する。
（内閣府設置法の一部改正）
2　内閣府設置法の一部を次のように改正する。
　附則第二条第四項中「前三項」を「前各項」に改め，同項を同条第五項とし，同条第三項の次に次の一項を加える。
　4　内閣府は，第三条第二項の任務を達成するため，第四条第三項各号及び前三項に掲げる事務のほか，戦時性的強制被害者問題の解決の促進に関する法律（平成十八年法律第▼▼▼号）がその効力を有する間，同法の規定による戦時性的強制被害者に係る問題の解決の促進を図るための施策に関する事務をつかさどる。
　附則第四条の二に次の一項を加える。
　2　戦時性的強制被害者問題の解決の促進に関する法律がその効力を有する間，同法の定めるところにより内閣府に置かれる戦時性的強制被害者問題解決促進会議は，本府に置く。
（この法律の失効）
3　この法律は，附則第一項の政令で定める日から起算して十年を経過した日にその効力を失う。

理由

今次の大戦及びそれに至る一連の事変等に係る時期において，旧陸海軍の関与の下に，女性に対して組織的かつ継続的な性的な行為の強制が行われ，これによりそれらの女性の尊厳と名誉が著しく害された事実を踏まえ，そのような事実について謝罪の意を表し及びそれらの女性の名誉等の回復に資するための措置を我が国の責任において講ずることが緊要な課題となっていることにかんがみ，これに対処するために必要な基本的事項を定めることにより，戦時性的強制被害者に係る問題の解決の促進を図る必要がある。これが，この法律案を提出する理由である。

この法律の施行に伴い必要となる経費

この法律の施行に伴い，戦時性的強制被害者問題解決促進会議における調査推進委員会の設置等に関し必要となる経費は，平年度約千二百万円の見込みである。

●執筆者プロフィール
戸塚悦朗（とつか・えつろう）

主な経歴
1942年静岡県に生まれる。
1964年、立教大学理学部（物理学科）卒業（理学士）後、同大学文学研究科修士課程（心理学専攻中退）を経て、同大学法学部法律学科に学士編入し、1970年卒業（法学士）。1990年、ロンドン大学（LSE）大学院卒業（LLM：法学修士）。2007年立命館大学より国際関係学博士（著書『ILOとジェンダー』を提出：論文博士）授与。1973年に弁護士登録（第二東京弁護士会所属）、2000年3月まで弁護士。

1973年から1981年まで、スモン訴訟原告代理人（東京第二グループ弁護団：1974年以降事務局事務所責任者）。
1984年以降現在まで、国連人権NGO代表として国際的人権擁護活動に従事。国際的な舞台で、精神障害者等被拘禁者の人権問題、日本軍「慰安婦」問題などの日本の戦争責任を問い続けてきた。この間、英国、韓国、米国、カナダの大学で客員研究員・客員教員を歴任。
2000年より、日本友和会（JFOR）ジュネーブ国連欧州本部主席代表。2000年4月から2003年3月まで神戸大学大学院国際協力研究科助教授。2003年4月より龍谷大学法学部教授。2005年4月から同大学法科大学院教授。2004年から国際人権法政策研究所事務局長。国際人権法実務専攻。

主な著書
『精神医療と人権（1）「収容所列島日本」』（共編、亜紀書房、1984年）
『精神医療と人権（2）「人権後進国日本」』（同、1985年）
『精神医療と人権（3）「人間性回復への道」』（同、1985年）
週刊法律新聞連載「戸塚悦朗の国際人権レポート」（1990年1月26日号～現在まで毎週継続中）
法学セミナー連載「日本が知らない戦争責任」（1994年1月号～1999年5月号計64回で完結）
法学セミナー連載「これからの国際人権法」（1999年6月号～2002年2月号計32回で完結）
『日本が知らない戦争責任』（現代人文社、1999年）
同上韓国語版（朴洪圭訳、ソナム出版社、2001年）
『国際人権法入門──NGOの実践から』（明石書店、2003年）
『ILOとジェンダー』（日本評論社、2006年）
その他日本語・英語による論文多数

普及版 日本が知らない戦争責任
日本軍「慰安婦」問題の真の解決へ向けて

初　版　1999年3月10日第1版第1刷発行
普及版　2008年4月20日第1版第1刷発行

著　者：戸塚悦朗
発行人：成澤壽信
発行所：株式会社現代人文社
　　　　〒160-0004 東京都新宿区四谷2-10 八ッ橋ビル7階
　　　　振替　00130-3-52366
　　　　電話　03-5379-0307（代表）　FAX　03-5379-5388
　　　　E-Mail　henshu@genjin.jp（代表）／hanbai@genjin.jp（販売）
　　　　Web　http://www.genjin.jp
発売所：株式会社大学図書
印刷所：株式会社ミツワ
装　丁：Malpu Design（黒瀬章夫）

検印省略　PRINTED IN JAPAN
ISBN978-4-87798-373-4　C0036
Ⓒ 2008　Etsuro TOTSUKA

本書の一部あるいは全部を無断で複写・転載・転訳載などをすること、または磁気媒体等に入力することは、法律で認められた場合を除き、著作者および出版者の権利の侵害となりますので、これらの行為をする場合には、あらかじめ小社または編集者宛に承諾を求めてください。